Die jüngere Generation in einer alternden Arbeitswelt
– Baby Boomer versus Generation Y –

Schriftenreihe des Instituts für Beschäftigung und Employability IBE

HERAUSGEGEBEN VOM

INSTITUT FÜR BESCHÄFTIGUNG UND EMPLOYABILITY IBE,
LUDWIGSHAFEN

Jutta Rump | Silke Eilers

Die jüngere Generation in einer alternden Arbeitswelt

Baby Boomer versus Generation Y

Verlag Wissenschaft & Praxis

Bibliografische Information der Deutschen Nationalbibliothek

Die Deutsche Nationalbibliothek verzeichnet diese Publikation in der Deutschen Nationalbibliografie; detaillierte bibliografische Daten sind im Internet über http://dnb.dnb.de abrufbar.

ISBN 978-3-89673-630-7

© Verlag Wissenschaft & Praxis
Dr. Brauner GmbH 2013
D-75447 Sternenfels, Nußbaumweg 6
Tel. +49 7045 930093 Fax +49 7045 930094
verlagwp@t-online.de www.verlagwp.de

Druck und Bindung: Esser Druck GmbH, Bretten

INHALTSVERZEICHNIS

1 EINFÜHRUNG: DIE JÜNGERE GENERATION IN EINER ALTERNDEN ARBEITSWELT

Die demografische Entwicklung verdeutlicht, dass der Anteil jüngerer Arbeitnehmer[1] in den kommenden Jahrzehnten deutlich sinken wird. Vielfach wird in diesem Zusammenhang der „War for Talents" heraufbeschworen, der Wettstreit der Unternehmen um die knapper werdenden Nachwuchskräfte. Jugend alleine jedoch ist allerdings nicht per se ein Garant für Unternehmenserfolg. Im Kontext zentraler Trends und Entwicklungen der Arbeitswelt interessiert vielmehr die Frage danach, inwieweit die Jugendlichen und jungen Erwachsenen von heute über die erfolgskritischen Kompetenzen verfügen, um den Herausforderungen der Zukunft zu begegnen. Es empfiehlt sich daher, einen Blick auf die Wünsche und Ängste, Kompetenzen, Werte und Haltungen, aber auch die konkreten Erwartungen an die Arbeitswelt derjenigen zu werfen, die bereits ihre ersten Schritte im Erwerbsleben tun oder in Kürze in den Arbeitsprozess eintreten.

Dabei zeigt sich zum einen, dass zahlreiche Publikationen, die sich auf Jugendliche und junge Erwachsene beziehen, auf theoretischer Ebene bleiben oder sich auf Einzelfälle berufen. Fundierte empirische Forschung ist rar. Zum anderen halten viele der Zuschreibungen, die sich vor allem in populärwissenschaftlichen Veröffentlichungen finden, der wissenschaftlichen Überprüfung nicht stand. Dies gilt insbesondere für die Vielzahl US-amerikanischer Beiträge in Zeitschriften, Websites und Vorlesungen, von denen nicht wenige mit persönlichen Fallbeispielen oder Anekdoten arbeiten und teils sehr extreme Grenzziehungen zwischen den Generationen postulieren. Dennoch entbehren sie vielfach nicht einer gewissen Grundlage, so dass sie insofern Berücksichtigung finden können als sie sich als Vergleichsmaterial zu deutschen Studien heranziehen lassen. Diese wiederum enthalten vielfach Werte und Einstellungen der Jugendlichen und jungen Erwachsenen eher als „Neben-

---

[1] Aus Gründen der vereinfachten Lesbarkeit wird im Folgenden auf die Differenzierung in weibliche und männliche Form verzichtet. Angesprochen sind jedoch stets beide Geschlechter.

produkt", da sie sich überwiegend auf spezifische Themenstellungen beziehen, wie z. B. das Mediennutzungsverhalten.

Bereits vor der detaillierten Betrachtung kann festgehalten werden: „Alle Versuche, die Jugend auf einen gemeinsamen Nenner zu bringen, sind mindestens schwierig."[2] Denn der Jugendbegriff wird zunehmend facettenreicher, so dass sich Generationen- und Jugendbilder kaum noch verallgemeinern lassen. Zum einen sind zur Darstellung der „heutigen Jugend" Veränderungen im körperlich-gesundheitlichen, seelisch-geistigen sowie sozialen Bereich heranzuziehen; daneben aber auch demografische Faktoren, die zum „Jungsein in einer alternden Gesellschaft"[3] und somit zu einer neuen Dimension des Heranwachsens führen. Eine ebenso bedeutsame Rolle spielen die sozialen Milieus, in denen junge Menschen sozialisiert werden, sowie ihre Lebenssituationen. Hinzu kommt, dass sich die ursprünglich altersklassenspezifische Kategorie „Jugend" zunehmend vom biologischen Alter ablöst.[4]

Eine weitere Fragestellung ergibt sich dahingehend, dass viele Zuschreibungen zur „Jugend von heute" typisch für die Lebensphase Jugend und nicht zwangsläufig spezifisch für die „heutige Jugend" sind. Hierzu wäre es erforderlich, eine bestimmte Altersgruppe aus der heutigen Zeit mit der gleichen Altersgruppe vor zehn, zwanzig, dreißig oder vierzig Jahren zu vergleichen und Unterschiede zu identifizieren – hierfür ist jedoch vielfach nur äußerst schwer vergleichbares Datenmaterial vorhanden. Eine Ausnahme bilden die Shell Jugendstudien, die bereits seit mehr als fünfzig Jahren jugendliche Lebenswelten, Einstellungen und Werte hinterfragen. Andere Merkmale wiederum lassen sich durchaus auch anderen Generationen zuordnen und sind nicht nur für die Jüngeren spezifisch, sondern zeigen sich zuweilen nur in einer „moderneren" Variante. So werden beispielsweise Jugendlichen und jungen Erwachsenen neuartige, arbeitsplatzrelevante Kompetenzen durch außerberufliche Aktivitäten zugesprochen, die sie durch das Agieren in sozialen Netzwerken, die selbstverständliche Behebung eigener Wissenslücken im Internet und das Aneignen technologischer Entwicklungen für den „Hausge-

---

2   Ferchhoff, W. (2007), S. 14.
3   In Anlehnung an die gleichnamige Publikation von Hoffmann, D./Schubarth, W./Lohmann, M. (Hrsg.) (2008).
4   Vgl.: Ferchhoff, W. (2007), S. 14 – 16.

brauch" erwerben.[5] Dabei stellt sich die Frage, inwieweit diese Kompetenzen umfangreicher oder einfach nur andersartig sind als bei älteren Generationen, die noch häufiger als ihre jüngeren Kollegen in Vereinen aktiv sind oder handwerkliche Fertigkeiten im privaten Bereich erlernen und einüben.

Es gilt also, auf verschiedenen Ebenen und aus unterschiedlichen Perspektiven sowohl die Verheißungen als auch die Negativzuweisungen in Bezug auf die heutigen und künftigen jungen Arbeitnehmer in der Arbeitswelt einer kritischen, interdisziplinären Betrachtung zu unterziehen.

Zudem agieren die Jugendlichen und jungen Erwachsenen nicht isoliert im Arbeitsleben. Sie treffen auf Beschäftigte anderer Altersgruppen bzw. Generationen, mit denen sie in Austausch treten und auf deren Wertesystem derzeit noch viele betriebliche Abläufe und Prozesse beruhen. Dieser Umstand verstärkt sich noch dadurch, dass einerseits die Lebensarbeitszeit sich verlängert und andererseits viele junge Menschen infolge des Wegfalls der Wehrpflicht und der Einführung von Bachelor-Abschlüssen früher als bisher ins Arbeitsleben eintreten. D. h. die Altersspanne derer, die tagtäglich miteinander arbeiten, vergrößert sich.[6] Damit liegt auf der Hand, dass es auch einer Betrachtung des Profils der mittleren und älteren Beschäftigtengruppen bedarf, um die Situation, in der sich die Jüngeren bewegen, adäquat einzuordnen. Dabei werden in der folgenden Betrachtung – mit Ausnahme wörtlicher Zitate – die in der Öffentlichkeit sehr populären Begrifflichkeiten der „Generation Y" und der „Baby Boomer", die sich im Titel dieses Buches finden, nicht wieder aufgegriffen. Vielmehr wird eine neutrale Darstellungsweise gewählt, die in eine **jüngere Generation** der heute bis 35-Jährigen, eine **mittlere Generation** der 36- bis 54-Jährigen sowie eine **ältere Generation** der ab 55-Jährigen differenziert.[7]

Eines sei vorausgeschickt: Es ist eher unwahrscheinlich, dass sich die Werte der jüngeren Generation denen der Älteren anpassen werden, wie es in der Vergangenheit vielfach zu beobachten war. Aufgrund der demografisch bedingten Alterung und Schrumpfung des Erwerbspersonenpotenzials und des

---

5   Vgl.: Parment, A. (2009), S. 29 – 30.
6   Vgl.: Frick, M. (2012), S. 19.
7   Zur Herleitung dieser Generationenclusterung siehe Kapitel II 2.1.2 (Generationencluster).

gleichzeitig steigenden Bedarfs an Fachkräften wandelt sich der Arbeitsmarkt in vielen Bereichen von einem Arbeitgeber- zu einem Arbeitnehmermarkt, denn die Jüngeren „… wissen, was sie draufhaben und dass sie auf dem Arbeitsmarkt ein knappes Gut sind. Das erlaubt ihnen, etwas divenhaft zu sein."[8]

Die nachfolgenden Ausführungen gliedern sich in vier Stufen. So ist zunächst das Augenmerk auf unterschiedliche **Einflussfaktoren** zu richten, die das Leben und Arbeiten der Generationen in erheblichem Maße determinieren. Der „Trichter" der externen Faktoren gilt daher zunächst einmal für alle Generationen gleichermaßen. Eine Konkretisierung erfahren sie durch den „Trichter" der individuellen Kontextfaktoren, über den die Generationenprägung, die Sozialisation sowie die jeweilige Lebens- und Arbeitssituation, in der sich ein Mensch befindet, den Einzelnen sehr spezifisch beeinflussen. Diese individuellen Kontextfaktoren werden auch in nicht unerheblichem Maße von den externen Faktoren bestimmt – so bleiben beispielsweise Erziehungsgrundsätze im Rahmen der Sozialisation nicht unbeeinflusst vom gesellschaftlichen Wandel.

Aufbauend auf den Auswirkungen, die externe Faktoren und individuelle Kontextfaktoren haben, lässt sich zunächst das **Profil der jüngeren Generation erarbeiten**. Dabei stehen einerseits Werte, Einstellungen und Haltungen im Fokus, die die jüngere Generation ausgewählten Themenstellungen entgegenbringt. Ebenso lassen sich Rückschlüsse auf die Kompetenzen ziehen, über die Jugendliche und junge Erwachsene verfügen. Schließlich bringt die jüngere Generation durchaus auch besondere Erwartungen mit in das Arbeitsleben.

An diesem sehr ausführlichen Profil der jüngeren Generation werden in einem dritten Schritt die **Profile der mittleren und älteren Generation**, aber auch bestimmte **Determinanten des intergenerationalen Miteinanders** im betrieblichen Kontext gespiegelt. Hieraus lassen sich wiederum bestimmte **Implikationen für Unternehmen** ableiten.

Abbildung 1 gibt einen Überblick:

---

8   Kofler, K./Güntert, A. (2011), S. 56.

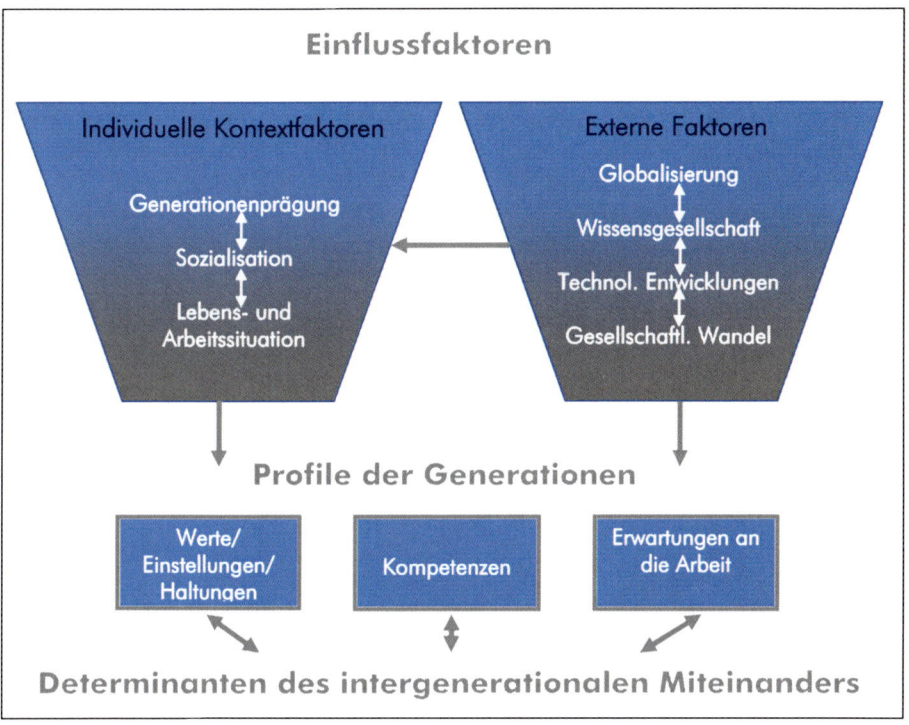

Abb. 1: Bezugsrahmen

II EINFLUSSFAKTOREN AUF DIE GENERATIONEN

Das Umfeld, in dem sich Menschen bewegen, prägt in erheblicher Weise ihre persönliche und berufliche Entwicklung. Dieses Umfeld ist auf der Makroebene gekennzeichnet von allgemeinen Trends und Entwicklungen, die wiederum Einfluss auf den sehr individuellen Lebenskontext jedes Einzelnen nehmen. So hinterlassen Veränderungen im gesellschaftlichen und wirtschaftlichen Bereich unweigerlich ihre Spuren in den Umständen des Aufwachsens und der Erfahrungen im Arbeitsleben. Dabei sind gewisse Überschneidungen zwischen den externen Faktoren und individuellen Kontextfaktoren unvermeidbar – nicht zuletzt aufgrund unterschiedlicher Verwendung von Begrifflichkeiten wie Sozialisation, Generation, Lebenslage etc. in der einschlägigen Literatur.

1. Externe Einflussfaktoren

Nachfolgend werden einige zentrale Trends und Entwicklungen beleuchtet, die eine besondere Relevanz für die weitere Betrachtung aufweisen:

• Globalisierung
• Entwicklung zur Wissens- und Innovationsgesellschaft
• Technologische Entwicklungen
• Gesellschaftlicher Wandel

Zu beachten sind dabei die ausgeprägten Interdependenzen zwischen den einzelnen externen Faktoren und auch deren Auswirkungen auf den Arbeitsmarkt.

1.1 Globalisierung

Seit den 1970er Jahren ist die Globalisierung in drei Dimensionen – wirtschaftlich, sozial und politisch – kontinuierlich gestiegen, insbesondere nach dem Ende des Kalten Krieges erlebt sie einen enormen Schub. Im weltweiten Vergleich belegt Deutschland aktuell Rang 18 der am stärksten globalisierten Länder. Auf europäischer Ebene ließ sich bereits vor fünf Jahren feststellen, dass nur noch 37 von den insgesamt 100 größten europäischen Unternehmen in ihrem ursprünglichen Heimatland angesiedelt waren. Dieser Globalisierungsprozess wird vor allem durch die technologischen Entwicklungen, wie z. B. Mikroelektronik, Computer- und Satellitennetze und Telekommunikation, befördert und führt am Ende dazu, dass jedes Produkt für jedermann an jedem Ort jederzeit verfügbar ist. Zwar gibt es regionalspezifische Ausprägungen, die Herstellung und der Vertrieb sind jedoch transnational.[9]

Eine weitere Folge dieser Entwicklung besteht in der Entkoppelung der Arbeit vom Ort ihrer Ausführung, d. h. vermehrt werden Produktionsschritte oder Dienstleistungen an Orten ausgeführt, an denen dies zu vergleichsweise günstigen Kosten möglich ist – unabhängig vom Sitz des eigentlichen Unternehmens.[10] In den Jahren 2001 bis 2006 wurden in deutschen Unternehmen mit 100 und mehr Beschäftigten durch Verlagerungen insgesamt 188.600 Stellen in Deutschland abgebaut. Gleichzeitig wurden am gleichen Standort 105.500 Stellen neu geschaffen, also 56 % der verlagerten Arbeitsplätze. Eine entscheidende Rolle spielt hierbei allerdings die Qualifikation, die für die betreffenden Arbeitsplätze erforderlich ist, d. h. es werden überwiegend Arbeitsplätze mit geringerer Qualifikation verlagert und gleichzeitig insbesondere Arbeitsplätze mit höherer Qualifikation geschaffen.[11] Für die Zukunft ist allerdings eine Veränderung dieser Praxis zu erwarten. So ist davon auszugehen, dass zunehmend auch Wertschöpfungsschritte aus nicht-produzierenden Bereichen, v. a. Dienstleistungen, ausgelagert werden.

Nicht zuletzt gilt es zu konstatieren, dass im globalen Wettbewerb ständige Innovationsfähigkeit und -bereitschaft ebenso wie die Anpassung des Produktentstehungsprozesses an die Verkürzung und Dynamisierung der Produktlebenszyklen zentrale Wettbewerbsfaktoren darstellen. Um weltweit konkurrenzfähig zu bleiben, müssen Arbeitsplätze also durch moderne Prozess- und Produkttechnologien und eine entsprechende Arbeitsorganisation eine ausreichende Rentabilität aufweisen, d. h. die Beschäftigten müssen flexibel und

---

9   Vgl.: KOF (2010), S. 1; Opaschowski, H. W. (2002), S. 53.; Lutz, C. (1995), S. 84.; Naisbitt, J. (2007), S. 157.
10 Vgl.: Ferchhoff, W. (2007), S. 68 – 69.
11 Vgl.: bpb (2010a); bpb (2010b); bpb (2010c) Statistisches Bundesamt (2009c), S. 26 – 28.

mobil bleiben und sich auf den technischen Fortschritt einstellen.[12] Wissen und Kompetenzen der Mitarbeiter werden dabei zum entscheidenden „Rohstoff". Hinzu kommt die immer mehr erforderliche Fähigkeit zur Vernetzung und Kooperation. Dies gilt auch und gerade im Hinblick darauf, dass künftig eine deutliche Zunahme multinationaler Projekte mit Teilnehmern aus unterschiedlichen Nationen realistisch erscheint und sich dank des technologischen Fortschritts Experten aus aller Welt auf virtuellem Wege austauschen und gegenseitig bereichern können.[13]

Eine weitere Folge der Globalisierung ist in der Beeinflussung regionaler Kulturen durch ein zunehmend global vereinheitlichtes und per Internet vielfach auch global verfügbares Angebot an Waren und Dienstleistungen sowie in einer steigenden weltweiten – meist virtuellen – Vernetzung zu sehen. Die *Bundeszentrale für politische Bildung* identifiziert in diesem Kontext insbesondere die Bereiche Fast Food, soziale Netzwerke, Fernsehunterhaltung, Jugendaustausch, Musik, Mode und Kunstmarkt als Eckpfeiler der kulturellen Globalisierung.

Zahlreiche Markenkonzerne – stellvertretend hierfür stehen McDonald's im Bereich Fast Food sowie H&M für den Bereich Mode – agieren zunehmend global und erweitern damit nicht nur das regionale Warenangebot, sondern ersetzen bzw. verdrängen es zum Teil auch. Ähnlich verhält es sich bei der weltweiten Verbreitung insbesondere US-amerikanischer Filme und Serien sowie bestimmter Fernsehformate wie „Big Brother" oder „Wer wird Millionär?", die inzwischen in vielen Ländern der Erde nach dem gleichen Vorbild produziert werden. Es fällt auf, dass gerade bedingt durch die Auflösung des Ost-West-Konfliktes die meisten Marken bzw. Formate, die global verfügbar sind, ihren Ursprung in westlichen Kulturen wie den USA oder Europa haben. Mit der kulturellen Globalisierung einher geht einerseits eine voranschreitende Homogenisierung der Lebenswelten in unterschiedlichen Kulturkreisen, andererseits auch eine entsprechend befürchtete „Verwestlichung" und Verdrängung kultureller Charakteristika. Diese Befürchtung wird insbesondere für die Unterhaltungsindustrie und den Bereich der Mode geäußert, da diese sehr

---

12 Vgl.: Meier, B./Schröder, C. (2007), S. 83; Abele, E./Reinhart, G. (2011), S. 12.
13 Vgl.: Hofmann, J./Rollwagen, I./Schneider, S. (2007), S. 46 – 49.

stark bestimmte Lebenswelten und -weisen vermitteln und daher vor allem auf Jugendliche und junge Erwachsene im Selbstfindungsprozess einen nicht unerheblichen Einfluss ausüben. Generell ist zu beobachten, dass gerade die Jugendkulturen in unterschiedlichen Staaten einen immer höhere Vereinheitlichungsgrad aufweisen.[14]

Soziale Netzwerke, die sich immer stärker über das Internet manifestieren, werden als Möglichkeit genutzt, auch über weite Distanzen hinweg ein Gefühl der Zusammengehörigkeit zu entwickeln und Kontakte zu Menschen aus anderen Kulturkreisen aufzubauen. Dabei ist zu beobachten, dass sich die Besucher- und Nutzerzahlen der sozialen Netzwerke in den vergangenen Jahren nahezu explosionsartig vergrößert haben. Inzwischen ist nahezu jeder dritte Bundesbürger aktiver Nutzer bei Facebook, dem weltweit größten sozialen Netzwerk.[15]

Der reale Austausch zwischen Menschen nimmt allerdings aufgrund der Globalisierung ebenfalls enorm zu. Dies gilt zum einen für den beruflichen Kontext, in dem das internationale Agieren inzwischen zur Selbstverständlichkeit geworden ist und interkulturelle Kompetenz zunehmend von Arbeitnehmern gefordert wird. Zum anderen sind in vielen Studiengängen Auslandsaufenthalte immer häufiger verbindlicher Teil des Curriculums. Und auch im privaten Bereich verstärkt sich die weltweite Orientierung durch die deutlich günstigere Verfügbarkeit von Fernreisen, die Verbreitung von „Billigfliegern" und den Abbau von Hemmschwellen anderen Kulturen gegenüber.[16] Hinzu kommen zahlreiche Austauschprogramme zwischen Jugendlichen aus den unterschiedlichsten Ländern. Diese gelten als „wichtiger Teil der kulturellen Globalisierung, da nie zuvor so viele Menschen die Möglichkeit hatten, freiwillig für einen längeren Zeitraum in einer für sie fremden Kultur zu leben."[17]

---

14 Vgl.: bpb (2010d); bpb (2010e); bpb (2010g); Ferchhoff, W. (2007), S. 71.
15 Vgl.: Google Ad Planner (2011); FOCUS Online (2012); Facebook (2012). Als Besucher wird in diesem Zusammenhang ein Internetnutzer bezeichnet, der mindestens einmal pro Monat ein soziales Netzwerk nutzt. Aktive Nutzer sind hingegen angemeldete Mitglieder des jeweiligen Netzwerkes, die ebenfalls innerhalb eines Monats mindestens einmal darauf zugreifen.
16 Vgl.: Ferchhoff, W. (2007), S. 70 – 71.
17 Vgl.: bpb (2010f).

1.2 Entwicklung zur Wissens- und Innovationsgesellschaft

Die Halbwertszeit des Wissens sinkt rapide und Wissen ist in immer kürzerer Zeit überholt – umso mehr, je spezieller dieses Wissen ist. Mit der ständigen Vermehrung und Kurzlebigkeit geht eine Spezialisierung des Wissens einher. Während vor 200 Jahren ein Universalgelehrter noch einen Gesamtüberblick über den Stand aller Forschungsgebiete haben konnte, gestaltet es sich heute bereits schwierig, einzelne Wissenschaftsgebiete und deren neueste Entwicklungen zu überblicken. Ein bekanntes Wirtschaftsmagazin formuliert diesen Sachverhalt auf der Titelseite folgendermaßen: „Wissen ist der erste Rohstoff, der sich bei Gebrauch vermehrt".[18]

Jedoch wäre es falsch, die Arbeitswelt als eindimensionales Gebilde zu betrachten. Vielmehr eignet sich eine Aufteilung des Arbeitsmarktes in zwei grobe Teile. In der einen Arbeitswelt sind Arbeitsplätze und Arbeitsbedingungen durch fortschreitende Rationalisierung und Standardisierung gekennzeichnet, Routinearbeiten und Arbeitsverdichtung gehören zum Alltag. Durch Prozessoptimierung wird dem Druck, immer noch schneller und billiger zu sein, Rechnung getragen. In der anderen Arbeitswelt spielen Wissen und Kompetenzen in Kombination mit hoher Flexibilität, Schnelligkeit und Wendigkeit eine entscheidende Rolle. Arbeitsplätze und Arbeitsbedingungen weisen hier eine hohe Wissensintensität auf und sind sehr komplex.[19]

Doch ganz gleich in welcher der beiden Arbeitswelten jemand beschäftigt ist, eines ist klar: ein hohes Maß an Kompetenz und Wissen ist das Basiswerkzeug für die tägliche Arbeit – ein Indikator für die Existenz einer Wissensgesellschaft in Deutschland. Wissen, Kompetenzen, Fertigkeiten und Motivation der Mitarbeiter – das Humankapital ist die Basis für innovative Ideen, die unbedingt notwendig sind, um als Unternehmen auf einem zunehmend vielfältigeren und komplexeren Markt zu überleben und die zunehmend wissensintensiven Prozesse, Systeme und Strukturen zu beherrschen. Wissen und Kompetenz, davon gehen Experten aus, sind auf dem Weg, in absehbarer Zeit zum Produktionsfaktor Nr. 1 zu werden – im Bereich der Dienstleistungen dürfte dieser Wandel bereits vollzogen sein. Während vor 20 Jahren 50 % der Produk-

---

18 Brand eins (2009), Titelseite.
19 Vgl.: Rump, J. (2010a), S. 18; Rump, J. (2010b).

tivitätszuwächse aus dem Einsatz von Wissen resultierten, sind es heute bereits 80 %. Für die nächsten 20 Jahre wird mit einem Anteil von 90 % gerechnet. In Schätzungen wird davon ausgegangen, dass sich im Jahr 2020 etwa 75 % der gesamten Arbeit der Wissensarbeit zurechnen lassen.[20]

Daher ist es ohne Zweifel für jeden Einzelnen immer wichtiger, sich lebenslang auf einem aktuellen Wissensstand auf hohem Niveau zu halten. Dabei ist das fachliche und technische Wissen genauso wichtig wie die Persönlichkeit und die Soft Skills eines Menschen.[21] Diese „erfolgskritischen" Kernkompetenzen werden zunehmend unter dem Begriff „Employability" oder zu Deutsch „Beschäftigungsfähigkeit" zusammengefasst.[22] Die Herausforderung besteht insbesondere darin, einerseits in Bewegung zu bleiben und an der Beschäftigungsfähigkeit zu arbeiten, andererseits aber auch in Balance zu bleiben und sich nicht zu überfordern.[23]

Bedingt durch die zunehmende Komplexität findet Arbeit gerade in wissensintensiven Bereichen und im Dienstleistungssektor immer weniger in Form des „Normalarbeitsverhältnisses"[24] statt. Dies bezieht sich einerseits auf die Arbeitszeiten und Arbeitsorte, die immer flexibler werden und sich je nach betrieblichen Bedarfen im Laufe der Zeit immer wieder verändern können. Andererseits verringert sich auch die Verweildauer an Arbeitsplätzen. Befristete Arbeitsverhältnisse, temporäre Auslandseinsätze und projektbezogenes Arbeiten werden immer mehr zur Regel. Nur noch 60 % der Erwerbstätigen in Deutschland hatten 2008 eine unbefristete Stelle mit mehr als 30 Wochenstunden. Prognosen gehen für 2030 von einem Anteil der Teilzeitbeschäftigten von 50 % an allen Erwerbstätigen aus.[25] Dabei gilt es Folgendes zu bedenken: Während Arbeitsverhältnisse in Teilzeit sich heute noch überwiegend durch geringe Wochenstundenzahlen – mit unter 20 Stunden pro Woche weist Deutschland die geringste durchschnittliche Wochenstundenzahl der

---

20 Vgl.: Rump, J./Schmidt, S. (2004), S. 17–18.; Opaschowski, H. W. (2002), S. 67.
21 Vgl.: Englisch, G. (2004), S. 186.; Lack, T. (2004), S. 14.; Bauer, W. (2007), S. 8.; Rump, J./Eilers, S. (2005), S. 5ff.; Rump, J./Wilms, G./MWVLW (2006), S. 9 u. 14. ; BMWi (2006), S. 17.
22 Vgl.: Rump, J./Eilers, S. (2011), S. 81.
23 Vgl.: Rump, J. (2010a), S. 18; Rump, J. (2010b).
24 Unter dem „Normalarbeitsverhältnis" wird ein unbefristetes Vollzeit-Arbeitsverhältnis verstanden. Vgl.: Bertelsmann Stiftung (2010), S. 7 – 10.
25 Vgl.: Bertelsmann Stiftung (2010), S. 7 – 10; Opaschowski, H. W. (2008), S. 81.

Teilzeitbeschäftigten aller EU-Staaten auf – und auf die Beschäftigung von Frauen konzentrieren, ist eine Veränderung dieser Praxis realistisch und wünschenswert. Denn vielfach geht mit einer drastischen Reduzierung der Arbeitszeit, beispielsweise durch Familienphasen, eine dauerhafte Verringerung der Aufstiegs- und Verdienstchancen einher, die wiederum überwiegend Frauen betrifft. Vor dem Hintergrund steigender Fachkräfteengpässe und einer verlängerten Lebensarbeitszeit ist es jedoch immer mehr erforderlich, Frauen wie Männern Perspektiven einer flexiblen Arbeitszeitgestaltung über den Lebensverlauf hinweg aufzuzeigen, um ihr Know-how dauerhaft zu erhalten.[26]

Der Trend zur Wissens- und Informationsgesellschaft bedingt auch, dass so genannte sekundäre Dienstleistungen, d. h. Dienstleistungen mit höherem Anspruch, wie z. B. Betreuen, Beraten, Lehren, Publizieren, Organisieren, Forschen oder Entwickeln, an Bedeutung gewinnen. Im industriellen Bereich spielen qualifizierte, innovationshaltige Tätigkeiten weiterhin und immer stärker eine Rolle, während gleichzeitig der Anteil der Erwerbstätigen abnimmt, die kognitive und manuelle Routinetätigkeiten ausführen. Dieser Strukturwandel wird nicht zuletzt durch die voranschreitende Technisierung und Informatisierung in Wirtschaft und Gesellschaft determiniert. Naturgemäß steigt damit auch die Nachfrage nach Fachkräften mit qualifizierter Ausbildung, die den gestiegenen Anforderungen in den nicht-akademischen Berufen gerecht werden können, während Menschen mit niedriger Qualifikation sich zunehmend mit prekären Arbeitsverhältnissen, nicht existenzsichernden Einkommen bzw. andauernder Arbeitslosigkeit konfrontiert sehen.[27]

1.3 Technologische Entwicklungen

Die folgende Betrachtung bezieht sich nicht auf Entwicklungen, die im Bereich der Nano- oder Biotechnologie oder in sonstigen Feldern der Hochtechnologie von statten gehen, da die Relevanz für diese Untersuchung eher als gering einzustufen ist. Vielmehr stehen Informations- und Kommunikationstechnolo-

---

26 Vgl.: Sachverständigenkommission zur Erstellung des Ersten Gleichstellungsberichtes der Bundesregierung/Fraunhofer-Gesellschaft zur Förderung der angewandten Forschung e.V. (2011), S. 29; 90 – 93.
27 Vgl.: Meier, B./Schröder, C. (2007), S. 77 – 78; Albert, M./Hurrelmann, K./Quenzel, G. (2010a), S. 41.

gie im Fokus. Diese gehören heute sowohl im beruflichen Bereich als auch im Privatleben zum Alltag. Im Jahr 2009 verfügten 79 % der Deutschen über einen privaten Internetzugang (zum Vergleich: im EU-Durchschnitt waren es 65 %).[28] Der Anteil der „Offliner" an der Gesellschaft ist seit 2003 in allen Altersgruppen deutlich zurückgegangen.[29] Gleichzeitig stieg auch die Anzahl der Mobilfunkteilnehmer in Deutschland von 5,5 Mio. im Jahr 1996 auf 108,6 Mio. im Jahr 2009.[30]

Nachfolgend wird eine Typologisierung der digitalen Gesellschaft von *TNS Infratest* vorgestellt, die veranschaulicht, in welcher Art unterschiedliche Gruppen digitale Technologien nutzen. Diese Studie „*Digitale Gesellschaft"* entstand im Rahmen der Initiative D21 unter Federführung der *TNS Infratest* und identifiziert sechs Nutzertypen:[31]

---

28 Vgl.: Eurostat (2009).
29 Vgl.: ARD/ZDF (2009g).
30 Vgl.: IZMF (2010).
31 Die Studie von TNS Infratest basiert auf einer repräsentativen telefonischen Befragung von 1014 Personen in Deutschland ab 14 Jahren, die im Dezember 2009 durchgeführt wurde. Vgl.: Initiative D21 e.V./TNS Infratest (2010), S. 8 – 21.

	Digitale Außenseiter (35 %)	Gelegenheitsnutzer (30 %)	Berufsnutzer (9 %)	Trendnutzer (11 %)	Digitale Profis (12%)	Digitale Avantgarde (3%)
Durchschnittsalter	62,5 Jahre	41,9 Jahre	42,2 Jahre	35,9 Jahre	36,1 Jahre	30,5 Jahre
Geschlecht	Vorwiegend weiblich (66 %)	Leicht erhöhter Frauenanteil (55 %)	Leicht erhöhter Männeranteil (52 %)	Stark erhöhter Männeranteil (78 %)	Vorwiegend männlich (66 %)	Erhöhter Männeranteil (60%)
Bildung	Überwiegend geringe formale Bildung	Überwiegend einfache und mittlere formale Bildung	Hauptsächlich einfache und mittlere formale Bildung	Mittlere formale Bildung und hoher Schüleranteil	Hohe formale Bildung	Hohe formale Bildung und hoher Schüleranteil
Haushaltseinkommen	Unterdurchschnittlich	Durchschnittlich	Überdurchschnittlich	Überdurchschnittlich	Stark überdurchschnittlich	Leicht unterdurchschnittlich
Berufliche Stellung	Überwiegend nicht berufstätig (74 %)	Geringer Anteil von Berufstätigen (56 %)	Höchster Anteil von Berufstätigen (85 %)	Eher berufstätig (65 %), aber auch hoher Schüleranteil (13 %)	Hoher Anteil berufstätig (81 %)	Vorwiegend berufstätig (74 %)
Haushaltsform	Überwiegend Ein- und Zwei-Personen-Haushalte	Überwiegend Partnerschaften oder Familien	Überwiegend Partnerschaften oder Familien	Überwiegend Partnerschaften oder Familien	Überwiegend Partnerschaften oder Familien	Hoher Singleanteil
Digitales Potenzial	• 25 % besitzen eine private Basisausstattung (PC, Drucker) • 14 % verfügen über privaten Internetzugang • 18 % sind in der Lage, zielgerichtet im Internet zu suchen	• 98 % besitzen eine private Basisausstattung • 76 % verfügen zusätzlich über eine digitale Kamera • Basiskompetenzen, z. B. Suchkompetenz im Internet oder einfache Textverarbeitung sind nahezu bei allen vorhanden	• Geschäftliche Internetnutzung deutlich über dem Durchschnitt • Private Internetnutzung leicht unter der der Gelegenheitsnutzer • Die Mehrheit beherrscht fortgeschrittene Textverarbeitungsfunktionen	• Deutlicher Wissenssprung im Vergleich zu den Berufsnutzern im Bereich Sicherheit und Web 2.0 • Schnelles Internet via DSL/Breitband als privater Standard (83%)	• Internet ist privat und geschäftlich dominierendes Medium • Im Vergleich zu den Trendnutzern und der digitalen Avantgarde geringere Selbstdarstellung im Internet	• Internet ist immer verfügbar, 54% verfügen über mobiles Internet, 50% über Internet via Handy • Internet infiltriert alle Lebensbereiche

	• 23 % beherrschen einfache Textverarbeitung • Basisbegriffe wie „E-Mail" sind der Mehrheit unbekannt	• Weiterführende Kompetenzen fehlen weitgehend • Basisbegriffe der „digitalen Welt" sind bekannt	• Administrative Fähigkeiten sind gut ausgeprägt • Die Kenntnisse zu Verschlüsselung und Datensicherung sind überdurchschnittlich	• 41 % verfügen über mobiles Internet • 30% verfügen über Internetzugang über das Handy • Internet wird vorzugsweise privat genutzt	• Nutzen des Mediums (Preisvergleich, Shopping, Nachrichten) steht im Vordergrund	• Höchster Anteil bei der Erstellung eigener Inhalte • Internet wird als individuelles Ausdrucksmittel und Werkzeug benutzt (Makroprogrammierung, eigene Contenterstellung) • Geringere Nutzung von Textverarbeitung vgl. mit den digitalen Profis
Einstellungen und Nutzung	• Geringe Nutzungsintensität von Computern und Internet • Geringe Nutzungsvielfalt • Befürchtungen bezüglich des „gläsernen Menschen"	• Überwiegend Nutzung von E-Mails, Recherchen und Preisvergleichen im Internet • Vorteile des Internets werden klar erkannt • Letztlich werden klassische Medien bevorzugt	• Überwiegend Nutzung von E-Mails, Textverarbeitung und Recherchen im Internet • Ähnliche Bewertungsstrukturen der digitalen Themen wie Gelegenheitsnutzer	• Zusätzliche Nutzung von Präsentationen, Installation von Software • Nutzung von Web 2.0, Erstellung von eigenen Inhalten	• Ähnliche Bewertungsstrukturen wie Trendnutzer • Sicherer, professionellerer Umgang • Internet wird privat und beruflich gezielt eingesetzt	

Abb. 2: Nutzertypologie der Digitalen Gesellschaft von TNS Infratest

Die rasant voranschreitende Ausbreitung der Informations- und Kommunikationstechnologie verbessert nicht nur die Möglichkeiten der Zusammenarbeit und der Koordination trotz räumlicher und zeitlicher Verteilung der Beteiligten. Sie eröffnet auch Möglichkeiten der räumlichen und zeitlichen Unabhängigkeit bei der Aufgabenbewältigung: „Viele der neuen Technologien können im Prinzip als Erweiterung unseres Kommunikationsvermögens betrachtet werden, die gleichzeitig unser Verständnis von Ort und Raum verändern."[32]

Die modernen Technologien sind Teil gesellschaftlicher Inklusionsprozesse geworden, d. h. in Bereichen, in denen sie immer stärker zur Selbstverständlichkeit werden, kann sich der Einzelne ihrer Nutzung kaum noch verwehren, wenn er nicht „außen vor" bleiben möchte.[33] Dies gilt über alle Generationen hinweg z. B. bei Bankgeschäften, bei denen immer mehr Abwicklungsvorgänge vom Kunden selbst an entsprechenden Automaten oder im Internet erledigt werden müssen. Dies gilt allerdings in besonderem Maße für Jugendliche und junge Erwachsene, die Inklusion in Gleichaltrigengruppen suchen. Wenn nun Verabredungen nur noch über Handy oder soziale Online-Netzwerke getroffen werden, steht der Einzelne vor der Wahl, sich dem Trend zu fügen oder sich der Gruppe zu entziehen. Aber auch für ältere Menschen stellt die gesellschaftliche Veränderungsgeschwindigkeit infolge des technologischen Wandels eine Herausforderung dar, der sich einige nicht gewachsen sehen und die sie in die Resignation oder Verweigerung treibt.[34]

Hinzu kommt, dass die technologischen Trends zwar im beruflichen wie auch im privaten Kontext zu enormen Zeitersparnissen beitragen, gleichzeitig jedoch eine Beschleunigung des Lebens und Arbeitens mit sich bringen. In der Zeitforschung spricht man in diesem Zusammenhang von „Tempowahn", „Beschleunigungsfieber" oder „Geschwindigkeitsrausch": „Dank Handy und E-Mail ist der Mensch von heute stets zu Diensten. Er lebt in einem Zustand der Dauerbelastung – und träumt von Erholung."[35]

---

32 Tully, C. J. (2008), S. 173.
33 Vgl.: Tully, C. J. (2008), S. 169 – 173.
34 Vgl.: Opaschowski, H. W. (2006b), S. 137.
35 Schuster, A. (2007), S. 3.

Bedingt durch den Umstand, dass Zeitersparnisse in vielen Bereichen nicht mehr zu erzielen sind – selbst der technische Fortschritt stößt über kurz oder lang an seine Grenzen – ist ebenso vermehrt die Tendenz zur „Verdichtung" zu beobachten. Menschen versuchen, immer mehr gleichzeitig zu tun[36] – während des Telefonierens noch schnell ein E-Mail zu schreiben oder ein Hemd zu bügeln, auf dem Weg zur Arbeit in der U-Bahn die Post zu bearbeiten und das nächste Meeting vorzubereiten oder das Mittagessen vor dem PC einzunehmen. Überlastungssituationen treten dabei besonders häufig am Arbeitsplatz auf. Doch auch das Gefühl, in der Freizeit möglichst viel und möglichst ständig etwas Neues erleben zu müssen und keine Chancen verpassen zu dürfen, sowie der Druck durch finanzielle Engpässe oder die Doppelbelastung von Beruf und Familie führen Menschen nicht selten an ihre Grenzen: „Das Problem ist, dass wir ständig das Gefühl haben, Zeit sei kostbar und dass sich deshalb jede Aktivität rechtfertigen müsse. Wenn ich mir vornehme, heute mal zu Hause in Ruhe ein Buch zu lesen, dann gäbe es da auch hundert andere Optionen: fernsehen, im Internet surfen, Mails checken... Das heißt: Wenn ich lese, muss ich zugleich das Gefühl haben, dies sei die nützlichste, die sinnvollste Verwendung meiner Zeit."[37]

Nicht selten äußern sich dauerhafter Stress und Überlastung früher oder später in psychischen ebenso wie in physischen Krankheitssymptomen. Immer häufiger entsteht daraus beim Einzelnen das gegenläufige Bedürfnis nach „Entschleunigung" – sicherlich eines der derzeit aktuellsten Schlagworte. Infolgedessen verweigern sich auch zunehmend jüngere Menschen der fortwährenden Beschleunigung ihres Lebens, kehren ihrem Beruf und Lebensumfeld den Rücken und schalten „einen Gang zurück", da sie mit dem Tempo, das ihnen abverlangt wird, nicht zurechtkommen. Dazu trägt auch der Umstand bei, dass psychische Krankheitsbilder wie Depressionen oder „Burn-Out-Syndrome" heute sehr viel offener thematisiert werden als noch vor einer Dekade und sich so viele Nachwuchskräfte durchaus der Risiken bewusst sind, die eine permanente Überforderung mit sich bringt. Andere verspüren nach Jahren „auf der Überholspur" keine Motivation mehr, in der gleichen Weise ihr Leben fortzusetzen.

---

36 Vgl.: Geißler, A. (2003), S. 1 – 2.
37 ZEIT Online (2010).

1.4 Gesellschaftlicher Wandel

Der gesellschaftliche Wandel in Deutschland ist äußerst vielfältig, so dass der nachfolgende Überblick vor allem die Aspekte herausgreift, die eine besondere Relevanz für die nachfolgenden Generationenbetrachtungen aufweisen.

1.4.1 Wandel von Familienformen und Familienverständnis

„Was die äußere Gestalt der Familien- und Haushaltsformen betrifft, so lässt sich zweifelsohne auch hier von einer Pluralisierung, Differenzierung, aber auch von einer Entnormierung bzw. Entstrukturierung familiärer Leitbilder und Lebensverhältnisse sprechen."[38]

Tatsächlich ist nicht von der Hand zu weisen, dass sich die Familienformen und auch das Selbstverständnis von Familie in Deutschland wandeln. Dies belegen die folgenden Zahlen, Daten und Fakten:

- Die Ehe als Institution hat an Verbindlichkeit verloren. Dies zeigt zum einen der Umstand, dass nur etwa zwei Drittel der Bevölkerung mindestens einmal im Leben heiraten und die Zahl derer, die zeitlebens ledig bleiben, zunimmt. Zum anderen steigt das Erst-Heiratsalter immer weiter an, auf heute ca. 33 Jahre bei Männern und 30 Jahre bei Frauen, d. h. die Ehe wird immer weniger als Basis angesehen, eine Beziehung einzugehen. Schließlich spricht die Tatsache, dass heute jede dritte Ehe scheitert, eine deutliche Sprache im Hinblick darauf, dass die Eheschließung nicht mehr zwangsläufig als lebenslange Entscheidung betrachtet wird. Begründet wird dies von Experten mit dem zunehmenden Gefühl, nicht alle verfügbaren Optionen im Leben angemessen ausgenutzt zu haben und sich daher nicht (endgültig) festlegen zu wollen. Zudem ist davon auszugehen, dass auch Versagensängste aufgrund gestiegener Erwartungen an gelungene Partnerschaften sowie die geringere Hemmschwelle, bei auftretenden Problemen die Ehe zu beenden, eine Rolle spielen. So werden auch zunehmend Ehen mit einer Dauer von mehr als 20 Jahren geschieden.[39]

---

38 Ferchhoff, W. (2007), S. 338.
39 Vgl.: Ferchhoff, W. (2007), S. 338 – 341; Kastner, M. (2004), S. 8 – 17; Opaschowski, H. W. (2006a), S. 33; Trendbüro/Steinle, A./Wippermann, P. (2003), S. 72; BMFSFJ (2010), S. 20 – 24.

- Auch wenn die so genannte „Kernfamilie" also eine Lebensform mit zwei Ehepartnern und mindestens einem Kind, mit 76 % noch immer eine dominante Rolle in Bezug auf die Familienformen mit Minderjährigen einnimmt, wachsen Kinder und Jugendliche auch immer häufiger in nicht-ehelichen Beziehungen, in Haushalten mit nur einem Elternteil oder in so genannten „Patchwork-Familien" auf. So leben aktuell 15 % aller Minderjährigen und 20 % in der Altersgruppe der 14- bis 17-Jährigen bei ihren allein erziehenden Müttern bzw. Vätern. Hinzu kommen, wenn auch in deutlich geringerem Umfang gleichgeschlechtliche Partnerschaften, „binukleare" Familien (d. h. Familien, die getrennt in zwei Haushalten leben, ohne geschieden zu sein) sowie „Commuter"-Familien, bei denen aus beruflichen Gründen ein Elternteil einen weit entfernten Zweitwohnsitz unterhält und sich nur partiell am Familienleben beteiligt.[40] Einen Überblick gibt die nachfolgende Grafik:[41]

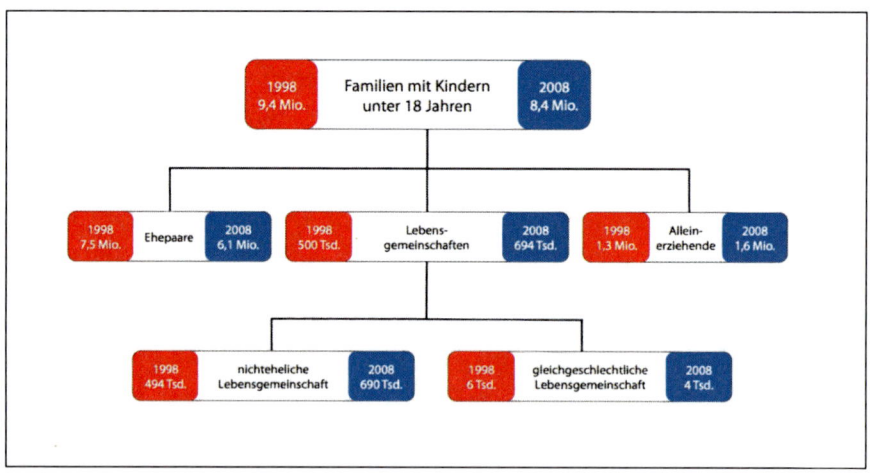

Abb. 3: Familienformen im Wandel (Vergleich der Lebensformen 1998 und 2008)

---

40 Vgl.: Ferchhoff, W. (2007), S. 340; Schäuble, I. (2010), BMFSFJ (2010), S. 20 – 24; Leven, I./ Quenzel, G./Hurrelmann, K. (2010), S. 56 – 57.
41 BMFSFJ (2010), S. 21.

- Familie gestaltet sich auch dahingehend neu, dass ihre Beziehungen weniger auf eine Haushaltsgemeinschaft begrenzt bleiben, sondern sich eher in Form von Vernetzungen aus regelmäßigen Kontakten, Besuchen und gegenseitigen Hilfeleistungen manifestieren. Hinzu kommt, dass derzeit mehr Generationen denn je innerhalb der Familie die Chance haben, einander kennenzulernen und voneinander zu profitieren.[42] Die durchschnittliche Zeit, die Großeltern und Enkel miteinander verbringen, verlängerte sich in den vergangenen Jahrzehnten aufgrund der gestiegenen Lebenserwartung – so hatten Anfang der 90er Jahre noch mehr als 80 % der 10- bis 14-Jährigen Großeltern, während dies bis 1950 eher die Ausnahme darstellte. Es ist nicht davon auszugehen, dass sich die gemeinsame Zeit künftig weiter verlängern wird, da zwar die Lebenserwartung weiter steigt, allerdings auch das Erstgeburtsalter, vielmehr ist von einer „Alterslückenstruktur" auszugehen, da sich die zeitlichen Abstände zwischen den Familienangehörigen vergrößern.[43]

- In 52 % aller Familien in Deutschland lebte im Jahr 2008 nur noch ein Kind, in etwas mehr als einem Drittel zwei Kinder. Familien mit drei oder mehr Kindern machen 11 % aller Familien mit Minderjährigen aus.[44]

- Auch wachsen immer mehr Kinder in so genannten „Stieffamilien" auf, die entstehen, wenn nach einer Trennung der Eltern ein leiblicher Elternteil mit dem Kind bzw. den Kindern und einem neuen Partner zusammenlebt. Aktuell sind 13,6 % der Haushalte mit Kindern unter 18 Jahren solche „Stieffamilienhaushalte".[45]

Ein modernes Familienverständnis umfasst also „das Zusammenleben und/oder das getrennte Leben von Eltern mit kleinen, heranwachsenden und erwachsenen Kindern und von Erwachsenen mit ihren älteren und hochbetagten Eltern bzw. Enkelkindern mit ihren Großeltern."[46] Die folgende Abbildung

---

42 Vgl.: BMFSFJ (2010), S. 26 – 28; Opaschowski, H. W. (2008), S. 503. Näheres hierzu auch im Abschnitt zur Alterung und Schrumpfung der Bevölkerung in diesem Kapitel.
43 Vgl.: Uhlendorff, H. (2008), S. 144 – 145.
44 Vgl.: BMFSFJ (2010), S. 20 – 24.
45 Vgl.: BMFSFJ (2010), S. 20 – 24.
46 Opaschowski, H. W. (2008), S. 503.

verdeutlicht den Wandel des Familienverständnisses in Deutschland zwischen 2000 und 2009:[47]

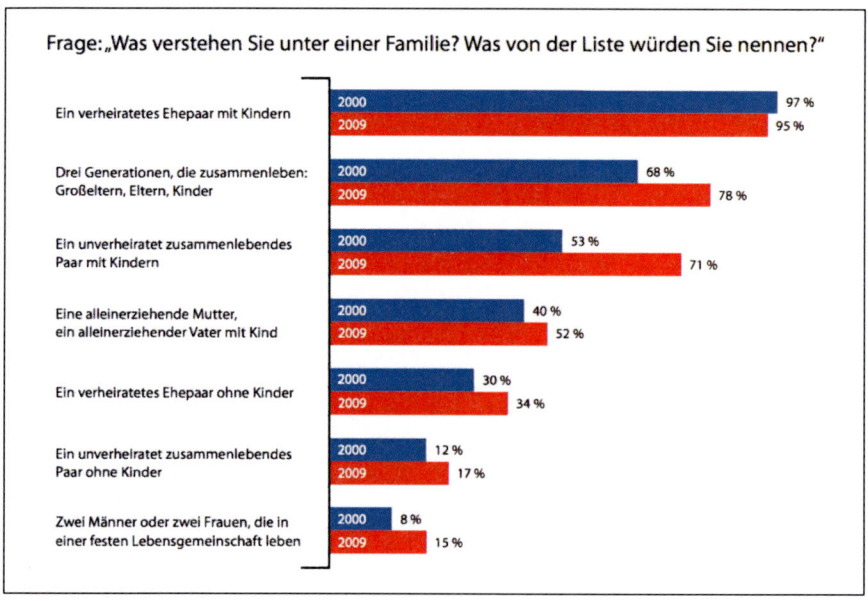

Frage: „Was verstehen Sie unter einer Familie? Was von der Liste würden Sie nennen?"

	2000	2009
Ein verheiratetes Ehepaar mit Kindern	97 %	95 %
Drei Generationen, die zusammenleben: Großeltern, Eltern, Kinder	68 %	78 %
Ein unverheiratet zusammenlebendes Paar mit Kindern	53 %	71 %
Eine alleinerziehende Mutter, ein alleinerziehender Vater mit Kind	40 %	52 %
Ein verheiratetes Ehepaar ohne Kinder	30 %	34 %
Ein unverheiratet zusammenlebendes Paar ohne Kinder	12 %	17 %
Zwei Männer oder zwei Frauen, die in einer festen Lebensgemeinschaft leben	8 %	15 %

Abb. 4: Verständnis von Familie

Ganz gleich, wie Familie definiert wird und wie umfangreich sie ist, deutet insbesondere das *Generationen-Barometer 2009* auf gute bis sehr gute Verhältnisse innerhalb von Familien hin, die sich im Vergleich zwischen 2006 und 2009 noch einmal verbessert haben. Auch berichten 82 % der Befragten von einem starken oder sehr guten Zusammenhalt im eigenen Familienkreis – auch wenn sie den meisten anderen Familien in Deutschland einen eher geringen Zusammenhalt zusprechen.[48]

---

47 BMFSFJ (2010), S. 35.
48 Das Generationen-Barometer 2009 des Bundesministeriums für Familie, Senioren, Frauen und Jugend (BMFSFJ) basiert auf der umfassenden Befragung einer repräsentativen Stichprobe der deutschen Bevölkerung, bestehend aus gut 2.200 Personen ab 16 Jahren. Rund 500 Interviewer des Instituts für Demoskopie Allensbach führten einstündige Interviews mündlich-persönlich auf Grundlage eines standardisierten Fragebogens durch. Dieser Fragebogen zur Untersuchung entstand auf Grundlage einer qualitativen Untersuchung, bei der 35 Väter und Mütter sowie Großväter und Großmütter in Tiefeninterviews

Ebenfalls im Wandel befindet sich seit Jahren das Selbstverständnis einer Vereinbarkeit von Beruf und Familie. Gerade in den vergangenen zehn Jahren ist eine deutliche „Modernisierung" der Einstellung zu beobachten, die allerdings noch immer bei den Frauen sehr viel deutlicher ausgeprägt ist als bei den Männern. Auch die Berufstätigkeit von Müttern mit kleinen Kindern findet eine zunehmende gesellschaftliche Akzeptanz. Während 1998 noch 48 % der Frauen und 56 % der Männer die Meinung vertraten, ein Kleinkind leide wahrscheinlich unter der Berufstätigkeit seiner Mutter, waren es bei einer ververgleichbaren Befragung im Jahr 2008 nur noch 32 % der Frauen und 38 % der Männer.[49]

Dies verdeutlicht die nachfolgende Grafik:[50]

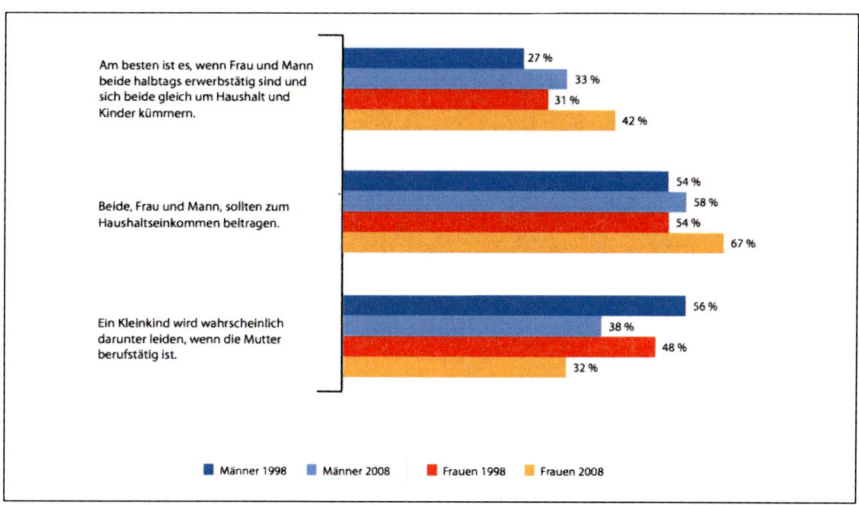

Abb. 5: Einstellungen von Männern und Frauen zur Vereinbarkeit
von Beruf und Familie 1998 und 2008

Diese Entwicklung steht nicht zuletzt in Zusammenhang mit dem immer weiter voranschreitenden beruflichen Engagement von Müttern. 2008 waren sechs

---

ausführlich Auskunft gaben. Er enthielt etwa 80 Fragen zur Ermittlung von Erfahrungen, Gewohnheiten und Einstellungen. Vgl.: Köcher, R. (2009), S. 35 – 36.
49 Vgl.: BMFSFJ (2010), S. 45 – 46.
50 Volz, R./Zulehner, P. M. (2009), S. 26; BMFSFJ (2010), S. 45.

von zehn Müttern mit Kindern unter 15 Jahren erwerbstätig, wobei nach wie vor der Umfang der Erwerbstätigkeit vom Alter der Kinder abhängig ist. So finden sich bei den Müttern mit jüngstem Kind unter drei Jahren lediglich 29 %, die einer Tätigkeit nachgehen. Mit dem Alter des jüngsten Kindes zwischen 3 und 5 Jahren steigt der Anteil der Erwerbstätigen auf 59 % an, bei 6 – 9-Jährigen auf 65 % und schließlich bei den 10- bis 14-Jährigen auf 70 %. Nicht beeinflusst vom Alter des jüngsten Kindes wird allerdings der Umfang der Tätigkeit: Auch unter den Frauen, deren jüngstes Kind zwischen 10 und 14 Jahren alt ist, arbeiten 70 % in Teilzeit. Dies entspricht teils dem Wunsch der Mütter, teils sind allerdings auch entsprechende Vollzeitarbeitsplätze für sie nicht verfügbar.[51]

Hierin zeigt sich nicht zuletzt, dass trotz einer gestiegenen gesellschaftlichen Akzeptanz die Vereinbarkeit von Beruf und Familie in Deutschland einerseits noch immer primär ein „Frauenthema" ist – die Betreuungsleistung wird maßgeblich von den Müttern erbracht – und andererseits die infrastrukturellen Voraussetzungen viele Frauen vor eine „Entweder-Oder-Entscheidung" stellen. In der Folge wird der Kinderwunsch nicht selten aufgeschoben oder gänzlich verworfen. Allerdings gilt in diesem Zusammenhang festzuhalten, dass auch Männer sich immer häufiger gegen Kinder entscheiden.[52]

1.4.2 Polarisierung der Gesellschaft

Nach Erkenntnissen des *Trendbüros* um *Peter Wippermann* nimmt die Polarisierung der Einkommensverhältnisse in Deutschland zu.[53] Der Zukunftsforscher *Horst W. Opaschowski* spricht gar von einer „Bedrohung der (Arbeitnehmer-)Mitte",[54] und auch die Marktforschungsunternehmen Sinus Sociovision und SIGMA berichten übereinstimmend davon, dass in Bezug auf soziale Milieus die „Mitte" seit den neunziger Jahren schrumpft.[55] Das Sozioökonomische Panel hingegen kann dies jedoch bislang nicht bestätigen.[56] Lohnenswert erscheint in jedem Fall ein Blick auf die Verteilung der unter-

---

51 Vgl.: Statistisches Bundesamt (2010).
52 Vgl.: Brandt, A./Kraft, S./Mayer, C./Neumann, C. (2006), S. 44 – 45.
53 Vgl.: Wippermann, P. (2010), S. 110.
54 Vgl.: Opaschowski, H. W. (2008), S. 44.
55 Vgl.: Raschke, M. (2005), S. 68 ff.
56 Vgl.: Gensicke, T. (2010), S. 194.

schiedlichen sozialen Milieus auf die deutsche Bevölkerung. Hierzu wird beispielhaft das Milieu-Konzept von *Sinus Sociovision* vorgestellt, um die Komplexität der Thematik zu verdeutlichen.

Das *Sinus-Institut* definiert anhand empirischer Untersuchungen die unterschiedlichen Milieus, in denen sich Menschen[57] bewegen und die ihre Lebensweise und ihre Einstellungen nachhaltig prägen. Teil der Analyse sind Bildung, Einkommen und Schichtzugehörigkeit, aber auch Wertvorstellungen und Alltagseinstellungen, z. B. zur Arbeit, zur Familie, zur Freizeitgestaltung, zu Geld und Konsum etc. Dabei werden demografische Eigenschaften mit den realen Lebenswelten verbunden, es erfolgt eine ganzheitliche Betrachtung des Menschen. Die Sinus-Milieus® bilden die Grundlage für Studien zur Sportaffinität, zur Mediennutzung, zum Konsumverhalten etc., aber auch zu politischen Fragestellungen. Die Milieus werden für jedes Land einzeln entwickelt und auch validiert – derzeit liegen sie für 18 Nationen vor. Die so genannten Sinus-Meta-Milieus® spiegeln zusätzlich kulturelle Gemeinsamkeiten und Unterschiede im Ländervergleich.[58]

Seit Beginn der achtziger Jahre wird die Milieustruktur ständig analysiert und geprüft. Während die Grundstruktur der Milieus weitgehend gleich bleibt, unterliegt der Anteil der jeweiligen Milieus an der Gesamtgesellschaft in Deutschland einem beständigen Wandel. Die unten stehende Grafik zeigt die Verteilung aus dem Jahr 2009 auf:[59]

---

57 Die Daten beziehen sich auf die Bevölkerung ab dem Alter von 14 Jahren.
58 Vgl.: Sinus Sociovision (2010).
59 Sinus Sociovision (2010).

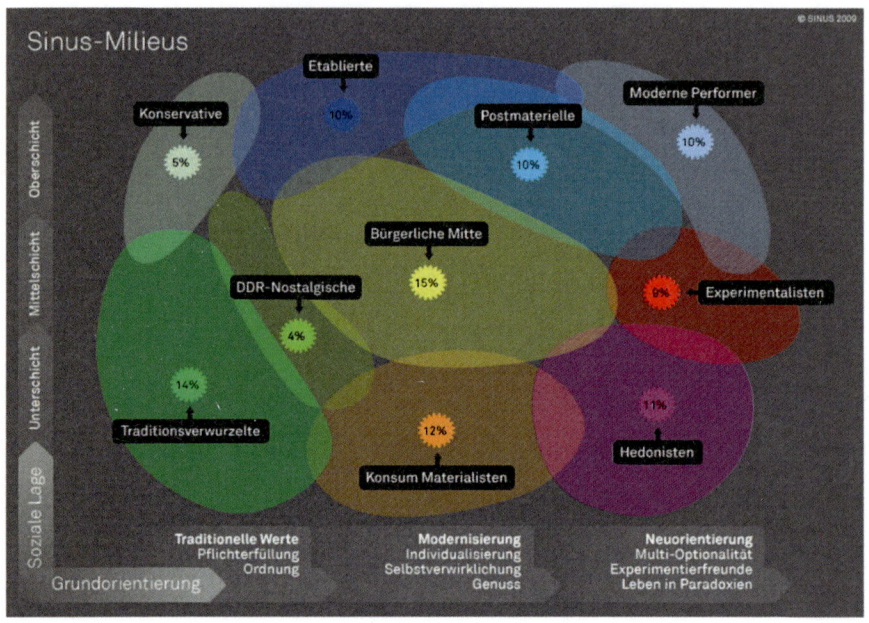

Abb. 6: Sinus-Milieus in Deutschland 2009

Über die Lebenswelten der einzelnen Milieus, ihre demografischen Eigenschaften, die soziale Lage sowie die Grundorientierung geben die folgenden Aufstellungen einen Überblick. Dabei bezieht sich die erste Abbildung auf die Konservativen, Traditionsverwurzelten, DDR-Nostalgiker, Etablierten und Postmateriellen. Die zweite Abbildung beschäftigt sich mit der Bürgerlichen Mitte, den Materialisten, Hedonisten, modernen Performern und Experimentalisten:[60]

---

60   Sinus Sociovision (2010).

	Konservative	Traditions-verwurzelte	DDR-Nostalgiker	Etablierte	Postmaterielle
Anteil	5%	14%	5%	10%	10%
Kurzbeschreibung	Repräsentanten des alten deutschen Bildungsbürgertums	Sicherheits- und ordnungsliebende Kriegs- und Nachkriegs-generation	Überwiegend Verlierer der Wende	Gut gebildete, gut situierte, sehr selbstbewusste Elite der Gesellschaft	Aufgeklärtes Nach-68er-Milieu
Werte/Grund-orientierung	Traditionelle Werte, humanistisch geprägtes Pflicht-gefühl, kulturelles und nationales Bewusstsein, z. T. rechtskonservative, chauvinistische Züge	Traditionelle Werte wie Pflicht-erfüllung, Sparsamkeit, Bescheidenheit, Sauberkeit und Ordnung	Traditionelle Werte bis hin zu Modernisierung, Verbitterung gegenüber der Gegenwart, Verklärung der Vergangenheit	Modernisierung, hohe Exklusivi-tätsansprüche, zeigen entsprechende Kennerschaft und Stil	Modernisierung, liberal, weltoffen, tolerant, multi-kulturell, Denken in globalen Zu-sammenhängen und Verantwort-lichkeiten
Gegenwärtige Situation	Verteidiger der Werte, Traditionen und der guten alten Ordnung	Werte sind vorgelebte Tugenden und Basis des Alltags	Inzwischen herrscht massive Unzufriedenheit und Frustration mit der eigenen und der gesell-schaftlichen Situation	Grenzen sich bewusst von anderen Milieus ab	Zunehmend entideologisiert

35

	Ab 60 Jahre	Ab 65 Jahre	Über 50 Jahre	40 bis 60 Jahre	Anfang 30 bis "Best Ager"
Altersschwerpunkt	Ab 60 Jahre	Ab 65 Jahre	Über 50 Jahre	40 bis 60 Jahre	Anfang 30 bis "Best Ager"
Typische Haushaltsgröße	Überwiegend Zwei-Personen-Haushalte	k. A.	k. A.	Drei- und Mehr-Personen-Haushalte	Häufig größere Haushalte mit Kindern
Bildungsschicht	Überdurchschnittlich viele akademische Abschlüsse, bei Frauen häufiger Volksschule und qualifizierte Berufsausbildung	Hauptschule und abgeschlossene Berufsausbildung	Meist einfache bis mittlere Bildungsabschlüsse	Hohes Bildungsniveau	Abitur und Studium
Typische Berufe	Höhere Angestellte und Beamte, Selbstständige, Freiberufler, hoher Anteil an Ruheständlern	Kleine Angestellte und Beamte, (Fach-) Arbeiter, Bauern, hoher Anteil an Rentnern und Pensionären	Einfache bis mittlere Angestellte, Beamte oder Facharbeiter, oft ehemalige Führungskader der DDR	Leitende Angestellte, höhere Beamte, Selbstständige, Unternehmer, Freiberufler	Qualifizierte und leitende Angestellte, Beamte, Freiberufler, auch Schüler und Studenten
Einkommens-schwerpunkt	Gehobene Einkommen	Kleine bis mittlere Einkommen	Kleine bis mittlere Einkommen, viele Altersübergangsgeld und Rentenbezieher	Hohe bis höchste Einkommen	Hohe Einkommen
Soziale Lage	Überwiegend Oberschicht	Unterschicht bis Mittelschicht	Unterschicht bis Mittelschicht	Oberschicht	Überwiegend Oberschicht

Abb. 7: Lebenswelt, demografische Eigenschaften, soziale Lage und Grundorientierung der Konservativen, Traditionsverwurzelten, DDR-Nostalgiker, Etablierten und Postmateriellen 2009

	Bürgerliche Mitte	Materialisten	Hedonisten	Moderne Performer	Experimentalisten
Anteil	15%	12%	11%	10%	9%
Kurz-beschreibung	Repräsentiert den statusorientierten Mainstream	Ausgeprägter Konsum-Materialismus	Auf der Suche nach Fun und Action	Junge, unkonventionelle Leistungselite	Locker, tolerant, offen gegenüber anderen Lebensformen und Kulturen
Werte/ Grund-orientie-rung	Modernisierung, Ziel, in gut-gesicherten Verhältnissen zu leben	Modernisierung, spontaner, prestige-trächtiger Konsum, Zurschaustellung des "Mithalten-Könnens"	Modernisierung bis hin zur Neuorien-tierung, Ziele: unterwegs sein, aus den Zwängen des Alltags ausbrechen, anders sein als die Spießer	Neuorientierung, intensives Leben, Multioptionalität, Flexibilität und Ehrgeiz, beruflich und privat werden Leistungsgrenzen erprobt	Neuorientierung, Individualismus, ungehinderte Spontaneität, Ex-perimentierfreude, Suche nach Grenz-erfahrungen
Gegen-wärtige Situation	Inzwischen viel massiver geplagt von Abstiegs-ängsten als früher	k. A.	Phasen der Hyperaktivität wechseln mit "energetischen Löchern"	k. A.	k. A.
Alters-schwer-punkt	30 bis 60 Jahre	Unter 60 Jahre	Unter 30 Jahre, auch mittlere Altersgruppen bis 50 Jahre	Unter 30 Jahre (jüngstes Milieu)	Unter 35 Jahre

Typische Haushaltsgröße	Oft Mehr-Personen-Haushalte, kinderfreundlich	k. A.	k. A.	k. A.	Viele Singles
Bildungsschicht	Qualifizierte mittlere Bildungsabschlüsse	Volks- oder Hauptschule, mit oder ohne abgeschlossene Berufsausbildung	Einfache bis mittlere Formalbildung, oft ohne abgeschlossene Berufsausbildung	Hohes Bildungsniveau	Gehobene Bildungsabschlüsse
Typische Berufe	Einfache Angestellte oder Facharbeiter, Arbeitslose	(Fach-)Arbeiter, Arbeitslose	Einfache Angestellt und Arbeiter, hoher Anteil an Schülern und Azubis	Viele Schüler und Studenten, Selbstständige, Freiberufler, qualifizierte und leitende Angestellte	Mittlere Angestellte, kleine Selbstständige oder Freiberufler, hoher Anteil an Azubis, Schülern und Studenten ohne eigenes Einkommen
Einkommensschwerpunkt	Mittlere Einkommen	Untere Einkommen, oft zusätzlich benachteiligt durch Krankheit, Arbeitslosigkeit oder unvollständige Familien	Meist im mittleren Bereich	Gehobene Einkommen	Überdurchschnittliche Einkommen
Soziale Lage	Überwiegend Mittelschicht	Unterschicht	Unterschicht	Überwiegend Oberschicht	Überwiegend Mittelschicht

Abb. 8: Lebenswelt, demografische Eigenschaften, soziale Lage und Grundorientierung der Bürgerlichen Mitte, Materialisten, Hedonisten, modernen Performer und Experimentalisten 2009

Der Wandel in den Anteilen der unterschiedlichen Milieus an der Gesellschaft sowie der Entwicklung völlig neuer Milieus steht auch im Fokus der Zukunftsforschung des Sinus-Institutes bezogen auf das Jahr 2020. Dabei liegen einige Milieu-Verschiebungen auf der Hand: Bedingt durch die demografische Entwicklung werden die „DDR-Nostalgiker" über kurz oder lang aussterben. Der Anteil der „Konservativen" und „Traditionalisten" wird stark zurückgehen, da diese noch Werte einer älteren Generation vertreten, die ebenfalls aussterben wird. Dafür werden die „Hedonisten", „Experimentalisten" und „jungen Performer" zunehmen.[61]

Im Kontext der Polarisierung der Gesellschaft interessiert auch, inwieweit eine **soziale Mobilität** existiert. Der Datenreport 2008 des *Statistischen Bundesamtes* stellt hierzu fest, dass insbesondere für westdeutsche Männer die soziale Herkunft immer weniger Einfluss auf die eigene Klassenposition nimmt. Für Ostdeutsche hingegen ist der Einfluss der sozialen Herkunft in den vergangenen zehn Jahren deutlich stärker geworden als dies traditionell der Fall war, so dass sich für beide Geschlechter eine Annäherung an das Westniveau ergibt.[62] Zwar haben sich laut *Shell Jugendstudie 2010* im Vergleich der vergangenen 30 Jahre die Chancen auf Abitur oder Hochschulabschluss für Kinder aus nicht-akademischen Haushalten erhöht – dies ist allerdings nahezu ausschließlich auf die mittleren Gesellschaftsschichten beschränkt. Im Gegenzug ist das Risiko, in der unteren Schicht zu verbleiben, weiter angestiegen.[63] Dies veranschaulicht auch die folgende Tabelle:[64]

---

61 Vgl.: Rickens, C. (2006).
62 Pollak, R. (2008), S. 186.
63 Die 16. Shell Jugendstudie im Jahr 2010 basiert auf einer persönlichen Befragung einer repräsentativ zusammengesetzten Stichprobe von 2.604 Jugendlichen und jungen Erwachsenen zwischen 12 und 25 Jahren mittels eines standardisierten Fragebogens. Hinzu kam eine qualitative Vertiefungsstudie aus 20 Fallstudien auf Basis explorativer Interviews mit 15- bis 24-Jährigen. Vgl. Leven, I./Quenzel, G./Hurrelmann, K. (2010), S. 54.
64 Leven, I./Quenzel, G./Hurrelmann, K. (2010), S. 72.

Angestrebte bzw. erreichte Abschlussart der Jugendlichen und jungen Erwachsenen	Gesamt-anteil	Kein oder einfacher Schulabschluss des Vaters (Volksschule etc.)	Mittlerer Schulabschluss des Vaters (Mittlere Reife etc.)	Höherer Schulabschluss des Vaters (Fachabitur, Abitur etc.)
Abgang ohne Abschluss	1 %	2 %	1 %	0
Hauptschul-abschluss	17 %	32 %	13 %	4 %
Realschule/ Mittlere Reife	33 %	41 %	37 %	18 %
Abitur/Fach-hochschulreife	49 %	26 %	49 %	77 %

Abb. 9   Erreichter bzw. angestrebter Schulabschluss der Jugendlichen und jungen Erwachsenen im Vergleich zum Schulabschluss des Vaters

1.4.3   Individualisierung und zunehmende Vielfalt der Lebensstile

„Die Grundthese lautet: Die tendenziell individualisierte Gesellschaft produziert Zuwächse und Ansprüche (Autonomie, Freiheit, Selbstentfaltung, Sinnerfüllung, Gerechtigkeit) und erschwert gleichzeitig ihre Verwirklichung."[65]

In den vergangenen Jahrzehnten sind die Wahlmöglichkeiten zur Gestaltung des eigenen Lebens und Arbeitens um ein Vielfaches angestiegen. Nicht selten wird auch von einer „Multioptionsgesellschaft" in Bezug auf die unterschiedlichsten Bereiche gesprochen. Die Individualisierungsschübe bieten den Menschen einerseits eine immense Chance einer eigenständigen Lebensgestaltung, bedeuten allerdings gleichzeitig auch die Herausforderung, selbst aus einer Vielzahl von Möglichkeiten immer wieder zu wählen, Entscheidungen zu treffen und ohne eine echte Orientierungsmöglichkeit an Vorbildern sein Leben „in die eigene Hand zu nehmen". Wo in der Vergangenheit keine Optionen in Bezug auf Lebensform, Lebensführung, Lebensplanung, Konsum, Partnerschaft, Kinderwunsch etc. bestanden, fühlt sich heute nicht selten das Individuum mit Wahlmöglichkeiten überfrachtet und empfindet sie eher als

---

65   Ferchhoff, F. (2007), S. 11.

Belastung denn als Segen.[66] Dies beginnt bei vergleichsweise kleinteiligen Beispielen wie der Wahl des optimalen Telefonanbieters und endet bei folgenreichen Entscheidungen z. B. in Bezug auf die Thematik der Vereinbarkeit von Beruf und Familie oder die Vielfalt schulischer und beruflicher Entwicklungswege, privater Fördermöglichkeiten etc. Während noch vor einigen Jahrzehnten der Weg vergleichsweise klar vorgezeichnet und die Auswahl begrenzt war, stellt sich heute bereits mit Eintritt in den Kindergarten vielen Eltern die Wahl zwischen halbtägiger oder ganztägiger Betreuung in wahlweise integrativen, mehrsprachigen oder alternativ ausgerichteten Konzepten usw. Diese Entwicklung zieht sich durch die gesamte schulische Laufbahn bis hin zu einer schier unüberschaubaren Vielzahl derzeit angebotener Ausbildungs- und Studiengänge. Die steigende Individualität in der Lebensgestaltung bedingt ebenfalls eine höhere Komplexität für alle Beteiligten. Um es überspitzt zu formulieren: „Wie feiert man zum Beispiel Weihnachten, wenn beide Partner zweimal geschieden sind und aus diesen Ehen jeweils zwei Kinder hervorgegangen sind?"[67] Im Bundesland Brandenburg ersetzt inzwischen das Unterrichtsfach „Lebensgestaltung, Ethik, Religionskunde" den herkömmlichen Religionsunterricht, um der zunehmenden Vielfalt in der Gesellschaft Rechnung zu tragen.[68] Hinzu kommt die Überflussgesellschaft, die suggeriert, dass alles erreichbar ist. Dies mündet in die Befürchtung, nicht alle Möglichkeiten, die das Leben bietet, ausnutzen zu können.[69] Eine Konsequenz dieser als Belastung erlebten dauerhaften Verpflichtung zum Treffen von Entscheidungen und der Überforderung durch ein Übermaß an Wahlmöglichkeiten kann in der Flucht in intolerante, autoritäre und fundamentalistische Weltanschauungsangebote bestehen. Weit häufiger allerdings ist die „Flucht" in Werte wie Beständigkeit, Glaube, Familie bzw. Netzwerk Gleichgesinnter und Heimat.[70]

Darüber hinaus gilt es festzuhalten, dass die multioptionalen Wahlmöglichkeiten, denen sich die modernen Menschen gegenübersehen, nur in bestimmten sozialen Kontexten zum Tragen kommen. In der Folge sind für viele Menschen die Risiken des Scheiterns in einer individualisierten Welt groß, was

---

66 Vgl.: Ferchhoff, W. (2007), S. 76 – 78; Schmidbauer, W. (2011), S. 37.
67 Trendbüro/Steinle, A./Wippermann, P. (2003), S. 60.
68 Vgl.: Trendbüro/Steinle, A./Wippermann, P. (2003), S. 61; MBJS (2010).
69 Vgl.: Parment, A. (2009), S. 16 – 21; 35 – 37; 43; 110; Opaschowski, H. W. (2008), S. 544.
70 Vgl.: Ferchhoff, W. (2007), S. 79.

wiederum zu Gefühlen der Unsicherheit, Überforderung und Passivität führen kann und zu Prozessen der Marginalisierung und Desintegration führt. Gerade Jugendliche und junge Erwachsene haben nicht selten Probleme, mit den hohen Anforderungen und Erwartungen an ihre Eigenverantwortlichkeit und verantwortungsbewusste Wahrnehmung ihrer Wahlmöglichkeiten im privaten und beruflichen Kontext zurechtzukommen und fürchten ihr Scheitern. Zwar ist ein großer Teil der jüngeren Generation durchaus in der Lage, sich diesen Herausforderungen zu stellen und schätzt die eigenen Freiheitsgrade, doch über alle historischen Zusammenhänge hinweg ist festzustellen, dass zu einer autonomen Persönlichkeitsentwicklung bestimmte gesellschaftliche Voraussetzungen erforderlich sind (z. B. Kommunikationsmöglichkeiten bzw. Medienvielfalt, Mobilität, Pluralismus, Wertevielfalt etc.), die nicht in allen sozialen Milieus gleichermaßen gegeben sind. Ebenso wie in der Gesamtgesellschaft entwickelt sich auch in der jüngeren Generation eine Zweiteilung zwischen in sozial stabilen Verhältnissen bei gutem Qualifikationsniveau befindlichen Jugendlichen und jungen Erwachsenen sowie solchen, die sich prekären Lebenssituationen gegenüber sehen, aus denen nur in geringem Maße ein „Entrinnen" möglich scheint. Ein Beispiel hierfür ist die teils über Generationen vererbte Sozialhilfe bzw. Hartz IV.[71]

Zusammenfassend gilt: „Solche strukturellen Globalisierungs- und Individualisierungsschübe und -zwänge erfordern hohe Ansprüche an die biographische Selbststeuerung und nicht selten eine enorme biographische Flexibilisierung von Verhaltensformen und Lebensweisen, mit denen nicht alle Gesellschaftsmitglieder in allen Lebensmilieus zurechtkommen können, zumal wenn die – nicht nur – ökonomischen Ressourcen zur ‚Bewältigung' fehlen und die Rahmenbedingungen von Sicherheiten nicht vorhanden sind."[72]

1.4.4 Alterung und Schrumpfung der Bevölkerung

Die bevorstehende Schrumpfung und Alterung der deutschen Bevölkerung ist hinlänglich bekannt. Dabei gilt zu bemerken, dass die Alterung aufgrund einer seit Jahren auf einem niedrigen Stand verharrenden Geburtenrate bereits

---

71 Vgl.: Ferchhoff, W. (2007), S. 12 – 14; 80 – 82; 282 – 283; Albert, M./Hurrelmann, K./Quenzel, G. (2010a), S. 41.
72 Ferchhoff, W. (2007), S. 78.

sehr bald zu spüren sein wird, während die merkliche Schrumpfung der Bevölkerung erst nach dem Jahr 2020 eintritt. Ausgehend von einer Bevölkerungszahl von ca. 80 Millionen im Jahr 2008 bewegen sich die Prognosen für das Jahr 2020 noch zwischen 79,9 Millionen Menschen unter Zugrundelegung eines angenommenen positiven Wanderungssaldos von 100.000 Personen und 80,4 Millionen bei 200.000 Personen. Für 2030 jedoch liegen die Zahlen bereits bei 77,4 bzw. 79 Millionen, 2050 leben nach diesen Berechnungen nur noch 69,4 bzw. 73,6 Millionen und 2060 dann 64,7 bzw. 70,1 Millionen Menschen in Deutschland.[73]

Was die Alterung betrifft, so wird das Durchschnittsalter von heute 44 Jahren auf 46 Jahre im Jahr 2020 und 50 Jahre im Jahr 2050 ansteigen.[74]

Eine entscheidende Bedeutung für das künftige Miteinander der Generationen in Gesellschaft und Arbeitswelt hat der so genannte „Altersstrukturwandel". Heute besteht die Bevölkerung in Deutschland zu 19 % aus Kindern, Jugendlichen und jungen Erwachsenen unter 20 Jahren, zu 61 % aus 20- bis unter 65-Jährigen sowie zu 20 % aus Menschen ab 65 Jahren.[75] Die folgende Tabelle stellt die Veränderung der Bevölkerungsanteile unterschiedlicher Altersgruppen bis zum Jahr 2050 dar, wobei insbesondere die stark rückläufigen Quoten der jüngeren Menschen sowie die hohe Zahl so genannter „Hochaltriger", d. h. Menschen über 80 Jahren, auffallen:[76]

	Insgesamt	0 – 19 Jahre	20 – 39 Jahre	40 – 59 Jahre	60 – 79 Jahre	80 Jahre und älter
Insgesamt	- 15,6 %	- 37,5 %	- 36,8 %	- 24,7 %	+ 5,9 %	+ 195,8 %
Männlich	- 16,4 %	- 37,4 %	- 37,3 %	- 25,4 %	+ 11,6 %	+ 336,4 %
Weiblich	- 14,8 %	- 37,5 %	- 36,3 %	- 24,0 %	+ 1,2 %	+ 143,6 %

Abb. 10: Veränderung der Bevölkerung in bestimmten Altersgruppen bis zum Jahr 2050

---

73 Unter dem „Wanderungssaldo" wird die Differenz zwischen den Zuzügen nach Deutschland und den Fortzügen ins Ausland, gelegentlich auch als Wanderungsgewinn oder -verlust bezeichnet, verstanden. Vgl.: Statistisches Bundesamt (2009a), S. 39.
74 Vgl.: Statistisches Bundesamt (2006), S. 17 – 19, unter Zugrundelegung eines angenommenen positiven Wanderungssaldos von 100.000 Personen.
75 Vgl.: BMFSFJ (2010), S. 14.
76 Meier, B./Schröder, C. (2007), S. 49.

Für das Miteinander der Generation im familiären Kontext bedeuten diese Entwicklungen, dass mehr Generationen als je zuvor die Chance haben, einander kennenzulernen. Auch auf gesellschaftlicher Ebene ergeben sich dadurch Potenziale für einen generationenübergreifenden Austausch. Allerdings ist gleichermaßen zu konstatieren, dass ein hoher Anteil Hochaltriger für eine Gesellschaft eine große Herausforderung im Hinblick auf die soziale und gesundheitliche Versorgung bedeutet, selbst wenn eine vergleichsweise gute gesundheitliche Verfassung durch verbesserte medizinische Versorgung und persönliche Vorsorge heute und in Zukunft durchaus bis in ein hohes Alter hinein gewährleistet sein kann. Die jüngeren Alterskohorten sehen sich darüber hinaus künftig mit der Situation des „Jungseins in einer alternden Gesellschaft"[77] konfrontiert, d. h. gerade für Jugendliche und junge Erwachsene reduziert sich die Zahl der Gleichaltrigen als Orientierungs- und Sozialisationsinstanz, während sie auf deutlich mehr Ältere in Gesellschaft und Arbeitswelt treffen als dies für heutige junge Menschen der Fall ist. Bis zum Jahr 2050 wird den Berechnungen zufolge mehr als jeder Zweite in Deutschland älter als 50 Jahre sein.[78] Damit besteht eine der zentralen Herausforderungen der jüngeren Generation in einer alternden Gesellschaft darin, ihre Bedürfnisse und Anliegen zu positionieren und ihre Identität zu entwickeln bzw. zu bewahren.[79]

1.4.5   „Vormarsch" der Frauen

„Frauen sind an allen Fronten auf dem Vormarsch – kulturell, politisch, wertemäßig, ökonomisch."[80] Die Gründe für diesen Vormarsch sind vielfältig.

Hier ist zunächst die Angleichung des Bildungsniveaus und Qualifikationsstandes zu nennen. Diese sind vor allem bei Frauen in den letzten Jahrzehnten deutlich gestiegen. 60 % der Abiturienten waren 2007 Frauen, der Anteil der weiblichen Studienanfänger lag bei 48 %, die Quote der erfolgreichen Absolventinnen von Hochschulen gar bei 54 %. Und auch der Anteil von

---

77   In Anlehnung an die gleichnamige Publikation von Hoffmann, D./Schubarth, W./Lohmann, M. (Hrsg.) (2008).

78   Vgl.: Meier, B./Schröder, C. (2007), S. 49 – 50; Schubarth, W./Speck, K. (2008), S. 118 – 120; Ferchhoff, W. (2007), S. 277.

79   Vgl.: Franz, J./Frieters, N./Scheunpflug, A./Tolksdorf, M./Antz, E.-M. (2009), S. 11.

80   Horx, M (2005), S. 80.

Frauen an Promotionen beträgt mittlerweile 42 %.[81] Es ist zu beobachten, dass mit steigendem Bildungsniveau der Wert des Berufs bzw. der Erwerbstätigkeit zunimmt. Qualifikation und Berufserfahrung geben die Möglichkeit der Bewegungsfreiheit in der Arbeitswelt und sind die Sicherungsanker schlechthin auf den Arbeitsmärkten.

Hinzu kommt die immer deutlichere Aufhebung des tradierten Rollenverständnisses. Das Alleinverdiener-Modell verliert zunehmend an Bedeutung, und immer mehr junge Frauen und Männer leben ein partnerschaftliches Modell, wie auch die folgende Grafik zeigt:[82]

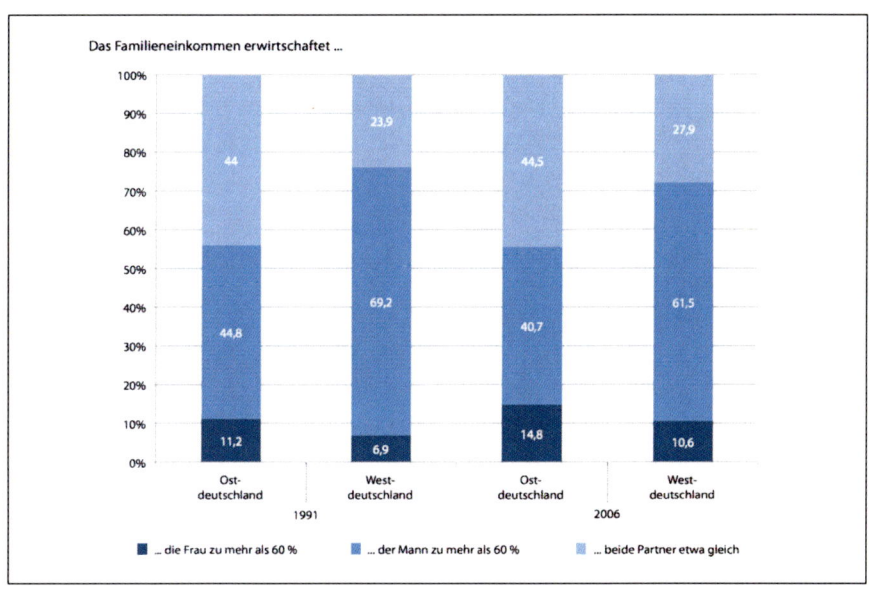

Abb. 11: Beitrag von Männern und Frauen zur Erwirtschaftung des Haushaltseinkommens

In engem Zusammenhang hierzu steht, dass Frauen ihre ökonomische Absicherung verstärkt in die eigenen Hände nehmen möchten. Hierfür sind zum

---

81 Vgl.: Statistisches Bundesamt (2007a); Statistisches Bundesamt (2007b); Statistisches Bundesamt (2009d).
82 BMFSFJ (2010), S. 25.

einen die steigenden Scheidungsraten verantwortlich, zum anderen jedoch auch das Bewusstsein, dass Arbeitsplatzsicherheit und Beschäftigungsgarantien immer seltener werden und somit die Erwerbstätigkeit beider Partner das wirtschaftliche Risiko einer Arbeitslosigkeit zumindest verringern kann. Damit eng verbunden sind steigende Lebenshaltungskosten und die Notwendigkeit, privat für das Alter vorzusorgen.

Nicht zu unterschätzen ist auch der Einfluss, den Frauen auf Märkte nehmen. Darüber hinaus konnte in Studien ermittelt werden, dass der weibliche Teil der Gesellschaft in der Tat eine enorme Konsumstärke besitzt, wobei alleine bei Fragen über Haushaltseinkäufe Frauen in bis zu 80 % aller Fälle die Entscheidung treffen.[83]

„Aufholpotenziale" im Kontext Arbeit gibt es weniger bei der Erwerbstätigenquote von Frauen, die bereits bei 66,2 % im Jahr 2009 und damit auf einem vergleichsweise hohen Stand angelangt ist,[84] sondern vielmehr beim Arbeitsvolumen, dem Anteil an Führungspositionen sowie dem Berufsspektrum. So trugen Frauen im Jahr 2004 lediglich 41 % zum Arbeitsvolumen bei, während ihr Anteil an den Erwerbstätigen bei 49 % lag. Verantwortlich für die Differenz ist vor allem der hohe Anteil an Teilzeitbeschäftigung. Drei Viertel aller Teilzeitstellen in Deutschland sind von Frauen besetzt, denn Teilzeitbeschäftigung stellt nach wie vor eines der häufigsten Angebote (und nicht selten auch das einzige) von Arbeitgebern zur Verbesserung der Vereinbarkeit von Beruf und Familie dar. Darüber hinaus ist noch immer nur etwa jede vierte Führungsposition in Deutschland von einer Frau besetzt. Schließlich konzentriert sich die Berufswahl von Frauen noch immer auf einige wenige Berufsgruppen, die vielfach mit einem geringeren Einkommen und verminderten Aufstiegschancen einhergehen als vermeintliche „Männerdomänen". Ein Grund hierfür ist darin zu sehen, dass Frauen gerade mit technisch orientierten Berufen eine unzureichende Vereinbarkeit von Beruf und Familie assoziieren. Hinzu kommt, dass diejenigen, die tatsächlich einen für weibliche Beschäftigte eher unübli-

---

83 Vgl.: Wirtschaftswoche (2007), S.37.
84 Die Erwerbstätigenquote beschreibt den Anteil der Erwerbstätigen einer Altersgruppe an der Gesamtbevölkerung derselben Altersgruppe. Sie darf nicht mit der Erwerbsquote verwechselt werden. Die Erwerbsquote steht für den Anteil der Erwerbspersonen – also Personen, die Arbeit haben (Erwerbstätige) oder suchen (Erwerbslose) – an der gleichaltrigen Gruppe in der Gesamtbevölkerung. Vgl.: Eurostat (2010).

chen Beruf wählen, häufiger als ihre männlichen Kollegen nur befristete Arbeitsverhältnisse erhalten, in ihren Karriereperspektiven eingeschränkt werden und etwa doppelt so häufig arbeitslos sind.[85] Vor dem Hintergrund der Fachkräfteengpässe auf den Arbeitsmärkten ist jedoch damit zu rechnen, dass das dargestellte Aufholpotenzial wahrscheinlich in den nächsten Jahren mehr und mehr realisiert wird.

1.5 Auswirkungen der externen Faktoren auf die Arbeitswelt

Zusammenfassend lassen sich folgende zentrale Konsequenzen der aufgeführten Trends und Entwicklungen auf die Arbeitswelt identifizieren:[86]

- Zunehmende Komplexität.
- Steigende Veränderungsgeschwindigkeit und sinkende Halbwertzeit von Wissen.
- Weitere Verdichtung von Arbeit.
- Weiterer Rückgang des Normalarbeitsverhältnisses.
- Bedeutungszuwachs von Wissen und Kompetenz als Wettbewerbsfaktor.
- Steigender Bedarf an Fachkräften.
- Zunehmende Forderung nach beruflicher Flexibilität und Mobilität sowohl im Hinblick auf häufige Berufswechsel und Kompetenzanpassungen als auch auf den Wechsel des Arbeits- und Wohnortes.
- Verlust von „Sozialzeit" durch Arbeitszeitflexibilisierung, Fernbeziehungen etc.
- Polarisierung der Erwerbsarbeit anhand der Qualifikation: „Wenigen Vollzeiterwerbstätigen steht ein großes Heer von Gelegenheitsarbeitern und Aushilfsjobbern, Teilzeitbeschäftigten und Arbeitnehmern auf Abruf gegenüber."[87]

---

85 Vgl.: IAB (2007 C6); DIW (2010).
86 Vgl.: Opaschowski, H. W. (2008), S. 86 – 89; Rump, J. (2008), S. 11; Bruch, H./Kunze, F./Böhm, S. (2010), S. 108 – 109; Paine, J. W. (2006).
87 Opaschowski, H. W. (2008), S. 86.

- Ausweitung des Zweiterwerbs im Nebenjob (2030 wird nach Schätzungen von *Opaschowski* voraussichtlich ein Drittel der Arbeitnehmer zu den Geringverdienern zählen und nicht mehr vom Haupteinkommen leben können).

- Beschleunigung des Lebens und Arbeitens, v.a. durch den technologischen Fortschritt und die Entgrenzung von Arbeit und Freizeit.

- Wandel des Familienverständnisses und steigende Pluralität von Lebensentwürfen.

- Zunehmende Selbstverständlichkeit der Vereinbarkeit von Familie, Beruf und Privatleben.

- Alterung der Gesellschaft und der Belegschaft in Betrieben.

- Sinkender Anteil von Nachwuchskräften und jungen Menschen in der Bevölkerung.

- Zunehmende Teilhabe von Frauen am Erwerbsleben.

2. Individuelle Kontextfaktoren

Die individuellen Kontextfaktoren, die in diesem Kapitel zunächst allgemein erläutert und darauf aufbauend ausführlich für die jüngere Generation sowie im Sinne eines Vergleichs für die mittlere und ältere Generation spezifiziert werden, erfahren unweigerlich auch von den externen Faktoren eine nicht zu unterschätzende Beeinflussung, da diese die Rahmenbedingungen für individuelles Erleben bilden.

Die **Generationenzugehörigkeit** sagt in erster Linie etwas über die Einordnung eines bestimmten Geburtsjahrgangs in ein Generationengefüge aus. Hierdurch erfolgt eine Prägung durch den Zeitgeist im Sinne gemeinsamer gesellschaftlicher, kultureller und politischer Ereignisse, die dieser Geburtsjahrgang und die ihn umgebenden Jahrgänge erleben und die zur Entstehung bestimmter Werte und Haltungen führen, die einen Menschen ein Leben lang begleiten. Zu bedenken ist bei Generationenzuschreibungen allerdings stets, dass es sich um eine Generalisierung handelt, die eine Mehrheit, aber niemals alle

Angehörige bestimmter Geburtenjahrgänge zutreffend charakterisieren kann. Vielmehr unterscheidet sich die Art des Erlebens auch innerhalb bestimmter Jahrgangskohorten noch einmal deutlich voneinander. Merkmale wie Geschlecht, sozioökonomischer Status, lebenswelt- und zeitbezogene Dimensionen oder kulturelle Hintergründe spielen bei einzelnen Ausprägungen eine entscheidende Rolle.[88] Einen großen Einfluss darauf, wie sich spezifische Entwicklungsphasen gestalten, nimmt das Umfeld während der **Sozialisation** jedes Einzelnen, d. h. beispielsweise die Frage, ob er in gesicherten oder eher prekären finanziellen Verhältnissen aufgewachsen ist, welche Erziehung er genossen hat und inwieweit Ereignisse im engeren persönlichen Kreis ihn in seiner Entwicklung gefördert oder beeinträchtigt haben. Schließlich spielt auch die **Lebenssituation**, in der sich ein Mensch befindet, eine Rolle bei der Schärfung seines persönlichen Profils. Diese Lebenssituationen lassen sich immer weniger am biologischen Alter festmachen, auch wenn es zweifellos bestimmte Schwerpunkte in bestimmten Altersgruppen gibt.[89] Gerade zwischen den Zuschreibungen zu den einzelnen Generationen und den Beschreibungen typischer Lebenssituationen finden sich Überschneidungen, wie auch die nachfolgenden Ausführungen immer wieder zeigen. Eine Möglichkeit der Abgrenzung dieser unterschiedlichen Konstrukte findet sich bei *Oertel*, die die These vertritt, dass Gemeinsamkeiten innerhalb einer Generation vor allem von gemeinsam erlebten Entwicklungen und Trends herrühren, während Unterschiede überwiegend auf der aktuellen Position im Lebenslauf basieren.[90] Hinzu tritt der soziale Hintergrund des Einzelnen.

2.1 Generationenprägung

2.1.1 Grundsätzliches zum Generationenbegriff

Auch wenn der Generationenansatz bereits durch *Mannheim* im Jahr 1928 begründet wurde, ist zu beobachten, dass in der wissenschaftlichen und populären Buchproduktion der Generationsbegriff seit den frühen 90er Jahren zunehmend Verwendung findet. Zuweilen ist gar die Rede von einem „fast in-

---

88 Vgl.: Ferchhoff, W. (2007), S. 105.
89 Vgl.: McCrindle, M./Wolfinger, E. (2009), S. 4; Bruch, H./Kunze, F./Böhm, S. (2010), S. 93.
90 Vgl.: Oertel, J. (2009).

flationären Gebrauch".[91] Vor allem am Themenfeld „Jugend" besteht ein reges Medieninteresse, da Jugend stets mit Wandel assoziiert wird und der Wunsch besteht, die „Generation, die da kommt" möglichst gut einschätzen zu können.

Grundsätzlich lassen sich folgende Generationenbegriffe unterscheiden:[92]

- Der so genannte **„genealogisch-familienbezogene"**, **„familiale"** bzw. **„synchrone"** Generationenbegriff ist mit Bezug zu einer bestimmten Abstammungsfolge im Familiengefüge – also z. B. Eltern-Kind- oder Großeltern-Kind-Beziehungen – zu verstehen. Danach wechselt ganz selbstverständlich die Generationenzugehörigkeit im Laufe des Lebens.

- Nach dem **(historisch)-gesellschaftlichen, historisch-soziologischen** bzw. **„diachronen"** Generationenbegriff werden Menschen eng beieinander liegender Geburtsjahrgänge anhand ihres gemeinsamen Lebens im „historischen Raum", gemeinsame prägende Erlebnisse und entsprechende ähnliche Verarbeitung dieser Erlebnisse gruppiert. Hierbei wird in die Generationenlagerung (d. h. die Zugehörigkeit zu einer Altersgruppe in einem bestimmten Zeitraum), den Generationenzusammenhang (dieser entsteht erst durch die gemeinsame Betroffenheit von historischen Konstellationen) und die Generationeneinheit (das einheitliche Reagieren bestimmter kleinerer Einheiten auf historische Konstellationen) differenziert.

- Der **pädagogische Generationenbegriff** ist bezogen auf das Verhältnis zwischen der so genannten vermittelnden und der so genannten aneignenden Generation, z. B. in Form einer Schüler-Lehrer-Beziehung. Dabei ist zu beachten, dass sich das klassische Verhältnis eines älteren Vermittelnden und jüngeren Aneignenden vor allem in hochdynamischen Gesellschaften umkehren und auch immer wieder verändern kann, d. h. es ist auch nicht selten, dass beide Gruppen der gleichen Generation angehören.

---

91 Weisbrod, B. (2005).
92 Vgl.: Willert, M./Picot, S. (2008), S. 91; Höpflinger, F. (1999), S. 6; 10; Kaufmann, F.-X. (2005), S. 202 – 203; Uhlendorff, H. (2008); Mannheim, K. (1928); Liebau, E. (1997), S. 26; Schubarth, W./Lohmann, M./Hoffmann, D. (2008), S. 15 – 16; Opaschowski, H. W. (2008), S. 491.

- Der **entwicklungspsychologische Generationenbegriff** bezieht sich auf Unterschiede in der Persönlichkeitsentwicklung, d. h. Personen gleichen Entwicklungsstands und gleicher Entwicklungsaufgaben können danach als Generation zusammengefasst werden. Die gleichen Generationen können raum- und zeitübergreifend immer wieder identifizieren.

Eine weitere Sicht auf die Generationenklassifizierungen geht von sozial hergestellten Unterschieden aus, d. h. die Differenz beruht auf menschlichem Handeln, so dass sie sich aufgrund sozialer Wandlungsprozesse auch verändern oder auflösen kann. Eine Verallgemeinerung ist nur begrenzt möglich. Dabei kann die Generationendifferenz einerseits als Unterschied in typischen Handlungs- und Wahrnehmungsweisen, andererseits aber auch als Unterschied in den Lebensumständen von Geburtskohorten und schließlich auch als Machtgefälle charakterisiert werden. Was die unterschiedlichen Handlungsweisen anbelangt, so spricht man auch von einer Generationentypik, mit der man beispielsweise innerhalb der Gruppe der älteren Menschen in „junge Alte", gekennzeichnet durch räumliche Mobilität und Aktivität, und „alte Alte", die sich eher passiv verhalten und den häuslichen Bereich vorziehen, differenzieren kann. Die Wahrnehmung bzw. Interpretation scheinbar gleicher Dinge durch Menschen unterschiedlicher Altersgruppen ist ebenfalls ein Indiz für die Zugehörigkeit zu einer bestimmten Generation. Vertreter eines Generationenbegriffes, der sich an Lebensumständen orientiert, argumentieren, dass ein Generationswechsel insbesondere dann stattfindet, wenn neuartige Lebensumstände aus verschiedenen eng beieinander liegenden Geburtsjahrgängen eine Gruppe mit einer besonderen Lebenslage formen. Der Bezug zum Machtgefälle wird daher abgeleitet, dass das Lebensalter darüber entscheidet, inwieweit eine Person die Chance erhält, Einfluss auf ein bestimmtes Geschehen zu nehmen. Hier wird beispielsweise auf die Problematik des nicht mehr funktionierenden „Generationenvertrags" abgehoben.[93]

Der Generationenbegriff findet seinen Einsatz vor allem zu dem Zweck, gesellschaftliche Veränderungsprozesse und die in ihnen agierenden Menschen einzuordnen und zu interpretieren. Dabei zeigt sich eine Schwierigkeit darin,

---

93   Vgl.: Schubarth, W./Lohmann, M./Hoffmann, D. (2008), S. 15 – 19.

unterschiedliche Generationen angemessen voneinander abzugrenzen. Während dies auf familiärer Ebene in der Regel ohne weiteres möglich ist, fällt eine gesamtgesellschaftliche Zuordnung vergleichsweise weniger trennscharf aus.[94] Deutlich wird dies nicht zuletzt durch die Vielzahl an Klassifizierungen und Zuschreibungen, die sich in der Literatur finden: „Der Begriff Generation ist keine rein akademische Konstruktion, sondern gehört wie viele sozialwissenschaftliche Termini zum Alltagswissen. Als Alltagsbegriff suggeriert er darum eine Eindeutigkeit, die sich bei näherer Betrachtung als Illusion erweist."[95] Dabei gibt es sowohl Überlappungen in der Wahl der jeweiligen Geburtsjahrgänge, die bestimmten Generationen zugeordnet werden, als auch unterschiedliche Verwendungen gleicher Begrifflichkeiten. Darüber hinaus finden sich in der kaum überschaubaren Zahl von Publikationen zur Thematik der Generationen(unterschiede) einerseits wissenschaftliche Untersuchungen, andererseits allerdings auch populärwissenschaftliche Arbeiten, die überwiegend mit Beispielen aus dem Alltag bzw. Zuschreibungen aus persönlichen Erfahrungen heraus arbeiten und vielfach auf einzelnen Interviews mit Vertretern der jeweiligen Generationen basieren. Dies gilt in besonderem Maße für die Arbeiten mit Bezug zur jüngeren Generation, über die sich insbesondere im Internet und hier wiederum vor allem aus dem US-amerikanischen Sprachraum zahllose Beiträge, Blogs und Anekdoten finden. Dabei steht bei einem großen Teil der Arbeiten die Frage im Mittelpunkt, wie im schulischen bzw. universitären Bereich mit der jüngeren Generation umzugehen ist. Eine äußerst umfassende Übersicht gibt *Schulmeister* in seinem Aufsatz „Gibt es eine ‚Net Generation'? Version 2.0" aus dem Jahr 2008.[96]

Generationenzuschreibungen sowie die Untersuchung von Generationenkonflikten im familiären und gesamtgesellschaftlichen Bereich sind in Deutschland hinreichend erforscht und dokumentiert worden. Dies gilt vorwiegend für die Disziplinen Soziologie, Genetik, Verhaltenswissenschaften oder Gerontologie. Die Generationendiversität am Arbeitsplatz hingegen wurde bislang eher am Rande thematisiert, während gerade in den USA sowohl von Wissenschaftlern als auch von Unternehmensberatern eine Vielzahl an Publikationen

---

94   Vgl.: Kohli, M. (2003), S. 2 – 3.
95   Schubarth, W./Lohmann, M./Hoffmann, D. (2008), S. 14; McCrindle, M./Wolfinger, E. (2009), S. 1.
96   Vgl.: Schulmeister, R. (2008).

mit Zuschreibungen zu den Generationen, der Beschreibung entsprechender Konflikte sowie der Nennung möglicher Gegenmaßnahmen existiert.

Zwar bietet der Generationenansatz ein hohes Potenzial, um Aufmerksamkeit für Heterogenität und Veränderung zu schaffen. Gleichzeitig üben zahlreiche Experten jedoch auch deutliche Kritik, die sich zum einen auf die schwierige und nicht selten mehrdeutige Abgrenzung der Generationen voneinander bezieht, zum anderen darauf, dass das Verhältnis von Generation zu „anderen Grundlagen der gesellschaftlichen Formierung von Bewusstsein und kollektiver Mobilisierung"[97] sich problematisch darstellt. Eine weitere Problematik der Generationenforschung liegt in der Vergleichbarkeit der Ergebnisse. Um beispielsweise aussagen zu können, ob die heutigen 20-Jährigen selbstständiger oder egoistischer sind als die 20-Jährigen es noch vor drei Dekaden waren, müsste eine mit identischen Messmethoden ausgeführte Untersuchung aus eben dieser Zeit vorliegen. Da dies nicht der Fall ist (eine Ausnahme bilden Langzeituntersuchungen wie z. B. die Shell-Studie oder die ARD-ZDF-Onlinestudie), steht die Vergleichbarkeit immer in gewissem Sinn in Frage.[98]

2.1.2 Generationencluster

Wie bereits angedeutet, findet sich in der Literatur eine schier unüberschaubare Vielzahl von Klassifizierungen, Begrifflichkeiten und Abgrenzungsmustern der unterschiedlichen Generationen. Dabei fällt auf, dass die Grenzen zwischen wissenschaftlich fundierten Erkenntnissen und populärwissenschaftlichen Zuschreibungen nicht selten verschwimmen. Gerade in der populären Literatur entsteht so der Eindruck, es gehe einigen Autoren primär darum, „...in der Öffentlichkeit als Erfinder einer neuen Generationskategorie aufzutreten und sich mit der eigenen Definition dauerhaft gegen Konkurrenten durchzusetzen."[99] In der Folge wird gerade in den auf US-Klassifizierungen beruhenden Quellen „...immer wieder auf die Präsentation populärer Namensgebungen zurückgegriffen."[100] Insofern stellt die nachfolgende Übersicht

---

97 Vgl.: Kohli, M. (2003), S. 2.
98 Vgl.: Trzesniewski, K. H./Donnellan, M. B. (2009); Richter, G. (2008), S. 3.
99 Kohli, M. (2003), S. 2.
100 Hebecker, E. (2001), S. 102.

über gängige Generationenbegrifflichkeiten nur eine Auswahl ohne Anspruch auf Vollständigkeit dar.

Für die **jüngsten Alterscluster** mit beginnenden Geburtsjahrgängen in den späten 70er und frühen 80er Jahren finden sich gerade in der US-amerikanischen Literatur diverse Zuschreibungen, von denen einige nachfolgend aufgeführt sind:[101]

- Net Geners/Net Genners,
- Digital Natives,
- Millennials,
- Multitaskers,
- Instant Message Generation,
- Gamer Generation/Games Generation,
- Generation @,
- Generation Y,
- Net Generation/Net Kids/Netzgeneration,
- Screenager,
- Homo Zappiens,
- Generation Nintendo,
- MeWe Generation,
- D Generation (wobei D für Digital steht),
- Computer-native Generation,
- Generation C (wobei C für Content steht),

---

101 Vgl.: Palfrey, J./Gasser, U. (2008), S. 1 – 3; Parment, A. (2009), S. 15 – 17; Seufert, S./Brahm, T. (2007), S. 5; Meyers, R. A. (2009), S. 202; McCrindle, M./Wolfinger, E. (2009); UCL (2008), S. 7; HRM (2010); Schulmeister, R. (2008), S. 1 unter Bezugnahme auf Strauss, W. (1991) zum Begriff der „Millennials", Pew Internet & American Life Project (2001) zum Begriff der „Instant Message Generation", Beck, J. C./Wade, M. (2006) zum Begriff der „Gamer Generation"; Hebecker, E. (1997), Schüre, F. (1997) und Opaschowski, H. W. (1999) zum Begriff der „Generation @", Tapscott, D. (1998) zum Begriff der „Net Generation", Prensky, M. (2001) zum Begriff der „Digital Natives", Lindren, M./Fürth, T./Lüthi, B. (2005) zum Begriff der „MeWe Generation" sowie Kuehl, S. L. (1992) zum Begriff der „Generation Y".

- Produsage,

- Under-30-Generation,

- Internet-Generation,

- Echo Boomers,

- Boomlets,

- Nexters,

- Generation Why,

- Generation Me,

- Google-Generation (Geburtsjahrgänge ab 1993).

Die beiden gängigsten Begriffe sind hierbei „Generation Y", der international verwendet wird, sowie „Millennials", von denen insbesondere US-Quellen sprechen.[102] Auch die Begrifflichkeit der „Digital Natives", geprägt durch *Marc Prensky*, findet recht häufig Verwendung.[103] Es zeigt sich, dass einige Autoren eine Differenzierung in verschiedene Nutzergenerationen von Computertechnologie vornehmen, während andere Wesensmerkmale der Generationsvertreter fokussieren. Die Jugendlichen und jungen Erwachsenen selbst allerdings nehmen sich laut *Shell Jugendstudie 2010* nicht als abgegrenzte Generation wahr, sondern reagieren sehr individuell auf die Anforderungen, denen sie sich gegenübersehen.[104]

Während die ältere Generation im Zusammenhang mit alternden Belegschaften bereits seit einigen Jahren im Blickpunkt von Forschung und betrieblicher Praxis steht und auch die jüngere Generation zunehmend Aufmerksamkeit als Gruppe der rarer werdenden Nachwuchskräfte erfährt, wird die **„mittlere Generation"** in der Generationenforschung eher weniger thematisiert. Die Rede ist von denjenigen, die sich derzeit im Alter zwischen 35 und 54 Jahren befinden und in Anlehnung an einen Roman von *Douglas Coupland* aus dem Jahr 1993 auch als „Generation X" bezeichnet werden. Für Deutschland fallen die

---

102 Vgl.: McCrindle, M./Wolfinger, E. (2009), S. 12.
103 Näheres zu dieser Begrifflichkeit findet sich in Kapitel III 3.1 (Medienkompetenz und Multitasking).
104 Vgl.: Albert, M./Hurrelmann, K./Quenzel, G. (2010a), S. 38.

gängigen Cluster „Generation Golf" und „Baby-Boomer-Generation" unter diese Alterskategorisierung.

Zu den **ältesten Kohorten** ab 55 Jahren, die noch im Erwerbsleben stehen, zählt die „Nachkriegsgeneration", die nicht selten noch einmal in „Kriegskinder" und „Konsumkinder" bzw. „Wirtschaftswundergeneration" aufgeteilt wird, aber auch die ältere Gruppe der „Baby Boomer", die wiederum auch als die Gruppe der „Krisenkinder" bezeichnet wird.[105]

Letztlich ist festzuhalten, dass es bislang noch keine einheitliche Klassifizierung von Generationen für Deutschland gibt. Nicht selten werden Klassifizierungen aus dem Ausland, insbesondere aus den USA und Australien, komplett oder in Teilen abgewandelt genutzt, was jedoch die Gefahr birgt, für Deutschland spezifische Entwicklungen unbeachtet zu lassen. Beispielsweise setzte der „Baby Boom" in Deutschland bedingt durch den Wiederaufbau nach dem Zweiten Weltkrieg etwa 10 Jahre später ein als in den USA.

Nachfolgend sollen daher exemplarisch lediglich zwei wissenschaftlich fundierte Generationen-Klassifizierungen vorgestellt werden. So differenziert *Oertel*[106] in

- Kriegskinder (1937 – 1946),
- Konsumkinder (1947 – 1956),
- Krisenkinder (1957 – 1966),
- Medienkinder (1967 – 1976) sowie
- Netzkinder (1977 – 1986).

Bruch, Kunze und Böhm unterscheiden[107]

- Nachkriegsgeneration (1935 – 1945),
- Wirtschaftswundergeneration (1946 – 1955),
- Baby Boomer Generation (1956 – 1965),

---

105 Vgl.: Oertel, J. (2007), S. 166; Bruch, H./Kunze, F./Böhm, S. (2010), S. 97 ff.
106 Vgl.: Oertel, J. (2007), S. 180.
107 Vgl.: Bruch, H./Kunze, F./Böhm, S. (2010).

- Generation Golf (1966 – 1980) und

- Internetgeneration (ab ca. 1981).

Einige Wissenschaftler gehen infolge dieser Entwicklung inzwischen dazu über, lediglich drei grobe Generationen-Cluster – jüngere Generation, mittlere Generation und ältere Generation – zu verwenden, die durch gemeinsame politische, wirtschaftliche und kulturelle Epochenerlebnisse geprägt sind.[108] Auf diese Clusterung soll auch im Folgenden zurückgegriffen werden:

Jüngere Generation[109]	Mittlere Generation	Ältere Generation
Gängigste Begrifflichkeiten:	Gängigste Begrifflichkeiten:	Gängigste Begrifflichkeiten:
Generation Y	Generation X	Nachkriegsgeneration
Millenials	Generation Golf	Wirtschaftswunder-
Digital Natives	Baby Boomer (jüngere	generation
	Jahrgänge)	Baby Boomer (ältere Jahr-
Altersabgrenzung:		gänge)
bis 35 Jahre	Altersabgrenzung:	
	36 – 54 Jahre	Altersabgrenzung:
		ab 55 Jahre

Abb. 12: Generationenkategorien

Die Zugehörigkeit zu einer Generation sagt allerdings noch nicht zwangsläufig etwas darüber aus, ob sich ein Individuum, das aufgrund seines Geburtsjahrgangs eindeutig einem dieser Cluster zuzuordnen ist, sich durchweg „generationentypisch" verhält, und es finden sich durchaus einige Soziologen, die nicht davon ausgehen, dass sich Generationen heute noch über gemeinsam geteilte Werte oder prägende Erfahrungen in der Kindheit und Jugend bilden.[110] In diesem Kontext gilt es auch zu beachten, dass jede Generation

---

108 Vgl.: Richter, G. (2009), S. 13 – 14; Opaschowski, H. W. (2008), S. 496 – 502.
109 In wörtlichen Zitaten finden sich zuweilen die Begrifflichkeiten, die die jeweiligen Autoren priorisieren. Des Weiteren gilt zu beachten, dass unterschiedliche Studien die Begriffe „Jugend" bzw. „Jugendliche" in stark abweichenden Altersgrenzen verwenden, so z. B. einerseits für 12- bis 17-Jährige, andererseits für 14- bis 29-Jährige.
110 Vgl.: Trendbüro/Steinle, A./Wippermann, P. (2003), S. 18.

durch ihre Vorgängergeneration, also durch ihre Eltern, in entscheidender Weise geprägt wird. So war beispielsweise die Kindheit vieler Angehöriger der jüngeren Generation durch die langen Arbeitszeiten der Eltern und die häufige Abwesenheit des Vaters aus beruflichen Gründen gekennzeichnet, was bei vielen zu dem Wunsch führt, mehr Zeit für das Familienleben zu haben.[111]

Somit erscheint eine ergänzende Betrachtung der Sozialisation sowie der Lebens- und Berufssituation, in der sich der Einzelne befindet, zwingend erforderlich.

2.2 Sozialisation

Eine deutschlandweite Befragung aus dem Jahr 2000 verdeutlicht, wie unterschiedlich Menschen gleicher Geburtsjahrgänge in ihren Verhaltens- und Denkweisen geprägt sind. Danach befragt, inwieweit der Zweite Weltkrieg oder die Wende Einfluss auf ihr Leben genommen haben, zeigen sich insbesondere zwar generationenspezifische Gemeinsamkeiten, jedoch auch signifikante Unterschiede. So wurden Menschen im Westen Deutschlands nach eigenen Angaben durch die Wende sehr viel weniger geprägt als Gleichaltrige aus den neuen Bundesländern. Ebenso äußert sich die Beeinflussung durch den Zweiten Weltkrieg bei denjenigen, die von Vertreibung oder dem Verlust eines Elternteils betroffen waren, deutlich stärker als bei Altersgenossen, die nur in vergleichsweise geringem Umfang den Krieg und seine Folgen zu spüren bekamen.[112] Der jeweilige Sozialisationshintergrund, zu dem die soziale Milieuzugehörigkeit, der Erziehungsstil etc. gehören, ist also ebenfalls von entscheidender Bedeutung für die Prägung eines Menschen. Von Interesse sind dabei insbesondere die sich über Generationen wandelnden Erziehungsziele und Sozialisationsinstanzen.

2.2.1 Sozialisationsinstanzen

Als besonders prägende Sozialisationsinstanzen werden neben den **Eltern** und dem **sozialen Umfeld**, in dem Kinder und Jugendliche aufwachsen, vor allem **Freunde** (so genannte „Peers") und **Medien** angesehen.

---

111 Vgl.: McCrindle, M./Wolfinger, E. (2009), S. 53 – 54.
112 Vgl.: Kohli, M. (2003), S. 3 – 5.

Die Rolle der „Peers" wird aus jugendsoziologischer Sicht schon immer als entscheidend für den Sozialisationsprozess angesehen, da diese die Loslösung der Jugendlichen und jungen Erwachsenen von den Eltern, das Einüben sozialer Verhaltensweisen, den Aufbau gleichberechtigter Beziehungen zu Gleichaltrigen des eigenen und des anderen Geschlechts, und die Selbstfindung auch und gerade außerhalb der Schule bzw. des Berufs befördern.[113] Als zentrale Merkmale und Aspekte der Einflussnahme der „Peer-Groups" lassen sich identifizieren:[114]

- Reflektion der gesellschaftlichen bzw. sozialen Zuordnungen durch ausgeprägte Homogenität in Bezug auf Schicht- bzw. Milieuzugehörigkeit und Stilrichtung.

- Hohe Geschlechtshomogenität.

- I.d.R. Fehlen einer organisierten und formalen Struktur, obgleich informelle Strukturen und Zeichen eine große Rolle spielen.

- Hohe prägende Wirkung auf die Entwicklung von Jugendlichen und jungen Erwachsenen.

- Abgrenzung gegenüber Erwachsenen, z. B. durch gruppenspezifische Codes, Symbole und Stilelemente sowie eigenständige Wert- und Normstrukturen.

- Vielfach geringe Stabilität in Bezug auf Dauer und Konsistenz.

- Hohe Solidarität bezogen auf gemeinsame Interessen, Ansichten und Aktionen.

Gerade aufgrund steigender Scheidungsraten und abnehmender Geschwisterbeziehungen ist davon auszugehen, dass Freunde künftig eine immer stärkere Bedeutung für die jüngere Generation einnehmen.[115] Demografisch bedingt ist allerdings in vielen Regionen ein (bevorstehender) Mangel an solchen „Peers" festzustellen. Das Wegbrechen der „Peer Groups" ist

---

113 Vgl.: Schubarth, W./Speck, K. (2008), S. 115 – 117; Opaschowski, H. W. (2008), S. 511; Ferchhoff, W. (2007), S. 347; Albert, M./Hurrelmann, K./Quenzel, G. (2010a), S. 46.
114 Vgl.: Ferchhoff, W. (2007), S. 345 – 346.
115 Vgl.: McCrindle, M./Wolfinger, E. (2009), S. 143.

insbesondere in strukturschwachen Regionen bereits heute zu beobachten und wird sich weiter verstärken. So zeigen Prognosen für das Land Brandenburg, dass Kinder und Jugendliche in vielen Regionen in den kommenden Jahren mit der Hälfte an Gleichaltrigen aufwachsen werden.[116] Ausgleichend wirkt hier in gewisser Weise, dass Jugendliche und junge Erwachsene sich heute deutlich länger als früher in altershomogenen Gruppen bewegen, was durch den vergleichsweise langen Verbleib im Schul- bzw. Hochschulsystem bedingt ist.[117] Somit ist zwar von einer Verringerung der Anzahl an „Peers", aber von einem Anstieg der gemeinsam verbrachten Zeit (auch im Vergleich zu den vergangenen fünfzig Jahren) auszugehen.[118] In diesem Zusammenhang werden unterschiedliche Thesen vertreten. Auf einer Seite steht die Befürchtung, eine mangelnde Auseinandersetzung mit „Peers" könnte zur Vereinzelung der Jugendlichen und jungen Erwachsenen und zur Förderung des Egoismus führen. Dem entgegen steht die Ansicht, dass die Entwicklung der jüngeren Generation hin zu einer Minderheit zu einer intensiveren Beziehung zur Mehrheit der Gesellschaft, also den mittleren und älteren Altersgruppen, führen kann und der Vorbildcharakter der Erwachsenen wieder an Bedeutung gewinnt. Letztlich erscheinen jedoch in erster Linie die Bedingungen entscheidend, unter denen sich junge Menschen in der Gesellschaft künftig bewegen (können).[119]

Die Ergebnisse des *Generationen-Barometers* 2009 zeigen, dass nicht wenige Befragte davon ausgehen, dass die **Eltern** an Bedeutung als Sozialisationsinstanz eingebüßt haben. Hier ergeben sich bei der Frage, ob die Familie noch genug Einfluss auf Kinder und Jugendliche hat, auch deutliche Divergenzen zwischen den unterschiedlichen Befragtengruppen. So gehen in der Gesamtbevölkerung lediglich 35 % der Befragten davon aus, der Einfluss sei groß genug und 39 % halten ihn für nicht ausreichend (26 % sind unentschieden in ihrer Meinung). Die befragten Eltern hingegen geben mit 80 % sehr deutlich an, ihr Einfluss auf die eigenen Kinder unter 16 Jahren sei groß genug.[120] Dies mag Ausdruck einer Beobachtung sein, auf die immer wieder

---

116 Vgl.: Schubarth, W./Speck, K. (2008), S. 115 – 117; Opaschowski, H. W. (2008), S. 511.
117 Vgl.: Ferchhoff, W. (2007), S. 344; Leven, I./Quenzel, G./Hurrelmann, K. (2010), S. 71.
118 Vgl.: Landesstiftung Baden-Württemberg gGmbH (2005), S. 71 – 96.
119 Vgl.: Schubarth, W./Speck, K. (2008), S. 117 – 118; Opaschowski, H. W. (2008), S. 511.
120 Vgl.: Köcher, R. (2009), S. 28.

hingewiesen wird: Das allgemeine Bild der Jugend in der Gesellschaft ist offenbar deutlich schlechter als diese sich tatsächlich darstellt.[121] Mehrere Untersuchungen betonen ebenfalls, dass nicht per se von einem Rückgang der Bedeutung von Eltern als Sozialisationsinstanz auszugehen ist, darunter die Studie "Jugend.Werte.Zukunft" der Landesstiftung Baden-Württemberg gGmbH.[122] Vielmehr lässt das sich immer stärker verbessernde Verhältnis zwischen den Generationen[123] darauf schließen, dass Werte und Normen der Eltern nicht kategorisch abgelehnt werden, wie es in den so genannten "rebellischen" Jugendgenerationen der Fall war, sondern diese vielmehr in hohem Maße als Orientierung dienen.[124] Ob die Werte, die die Eltern vermitteln, dabei übernommen oder abgelehnt werden, ist nicht entscheidend.[125]

Auffällig bei der Beurteilung heutiger Sozialisationsinstanzen im Rahmen des Generationen-Barometers 2009 sind auch die sehr unterschiedlichen Bewertungen der Gesamtbevölkerung im Vergleich zu Eltern insbesondere jüngerer Kinder:[126]

---

121 Vgl.: Zu diesem Ergebnis kommen unter anderem das Generationen-Barometer 2009, die Shell-Jugendstudie 2010 und die Studie mindsets 3.0 von Viacom Brand Solutions. Zur grundsätzlichen Einschätzung der Jugend in der Gesellschaft siehe auch Kapitel IV 3.2 (Stereotype, Vorurteile und Potenziale).

122 Im Rahmen der Studie "Jugend.Werte.Zukunft" der Landesstiftung Baden-Württemberg gGmbH wurden in zwei Zeiträumen Jugendliche zwischen 12 und 17 Jahren aus dem Rhein-Neckar-Gebiet mittels Fragebogen befragt. Zum ersten Messzeitpunkt im Herbst 2003 wurden insgesamt 1.195 Jugendliche mittels Fragebogen interviewt. Die zweite Befragung im Winter 2004/2005 umfasste 1.431 Jugendliche. Bei der Stichprobe fand insgesamt eine ausreichende und gleichmäßige Berücksichtigung von Mädchen und Jungen unterschiedlicher Altersgruppen und aus unterschiedlichen Bildungsgängen statt. Vgl.: Landesstiftung Baden-Württemberg gGmbH (2005), S. 71 – 96.

123 Näheres hierzu findet sich auch in Kapitel III 2.1 (Familie und Partnerschaft).

124 Vgl.: Shell Deutschland Holding (Hrsg.) (2006); Landesstiftung Baden-Württemberg gGmbH (2005), S. 81.

125 Vgl.: Trendbüro/Steinle, A./Wippermann, P. (2003), S. 15.

126 Köcher, R. (2009), S. 30.

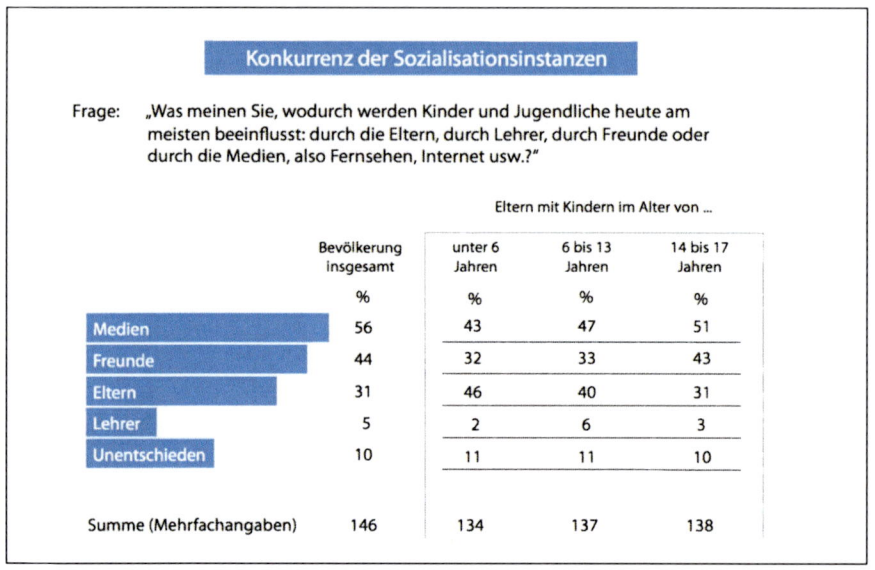

Abb. 13: Sozialisationsinstanzen heutiger Kinder und Jugendlicher

Zur stark prägenden Einschätzung der **Medien** sei auf Kapitel III 3.1 (Medien-kompetenz) verwiesen.

Eine Sozialisationsinstanz, die in der Aufstellung des *Generationen-Baro-meters* fehlt, jedoch inzwischen auch einen nicht unerheblichen Einfluss nimmt, ist die **Großelterngeneration**, die vielfach Betreuungsaufgaben ihrer eigenen berufstätigen Kinder an den Enkeln übernimmt. Großelternschaft, die in ihrem Einfluss auf die Enkel noch bis in die 90er Jahre hinein eher ungünstig einge-schätzt wurde, wird heute sowohl von den Großeltern und Enkeln selbst als auch von der Wissenschaft als überwiegend positiv angesehen. Dabei werden vor allem die Entwicklungspotenziale hervorgehoben.[127]

---

127 Vgl.: Uhlendorff, H. (2008), S. 144 – 145.

2.2.2   Wandel der Erziehungsziele und -werte

Die Geburtenraten in Deutschland liegen seit den 70er Jahren des 20. Jahrhunderts unter 2,0 Kindern pro Frau.[128] In der Folge sind die Vertreter der jüngeren Generation mehrheitlich in Ein- oder Zweikindfamilien groß geworden. Darüber hinaus ist zu beobachten, dass im Zuge der Aufweichung tradierter Rollenmuster sowie der Fragilität partnerschaftlicher Beziehungen die Entscheidung für ein Kind sehr viel bewusster und „ichbezogener" erfolgt als dies noch auf die älteren Generationen zutraf.[129] Eine Folge ist, dass „mittlerweile Kinder und Jugendliche häufig sogar in Elternhaus, Schule, Jugendorganisationen, Vereinen und auch auf dem Arbeitsmarkt zu nachgefragten und begehrten *Luxusgütern* werden."[130]

Eine weitere Folge dieser Entwicklung sind steigende Erwartungen an die **Erziehungsleistung**. Der Markt an Erziehungsratgebern und -zeitschriften boomt, es werden Vorträge und Kurse angeboten, über die die ältere Generation nicht selten die Köpfe schüttelt. Die Sorge darum, ihrem Kind die bestmögliche Förderung zuteilwerden zu lassen, um ihm alle Chancen im Leben offen zu halten, setzt viele Eltern unter einen Druck, der sich unweigerlich auch auf die Kinder überträgt.[131]

Ebenfalls aus dieser Entwicklung, allerdings auch aus der allgemeinen Veränderung der gesellschaftlichen Werte resultiert ein grundsätzlicher Wandel der **Erziehungsmaßstäbe und -methoden**. Die folgende Abbildung zeigt im Zeitvergleich beispielsweise die zunehmende Abkehr von Gewalt in der Erziehung:[132]

---

128 Vgl.: Statistisches Bundesamt (2009b).
129 Vgl.: Schobert, D. B. (2007), S. 23 – 26; BMFSFJ (2007a); Kastner, M. (2004).
130 Ferchhoff, W. (2007), S. 342.
131 Vgl.: Ferchhoff, W. (2007), S. 340 – 341; Kastner, M. (2004), S. 8 – 17; Opaschowski, H. W. (2006a), S. 33; Trendbüro/Steinle, A./Wippermann, P. (2003), S. 30; 72.
132 BMFSFJ (2010), S. 38.

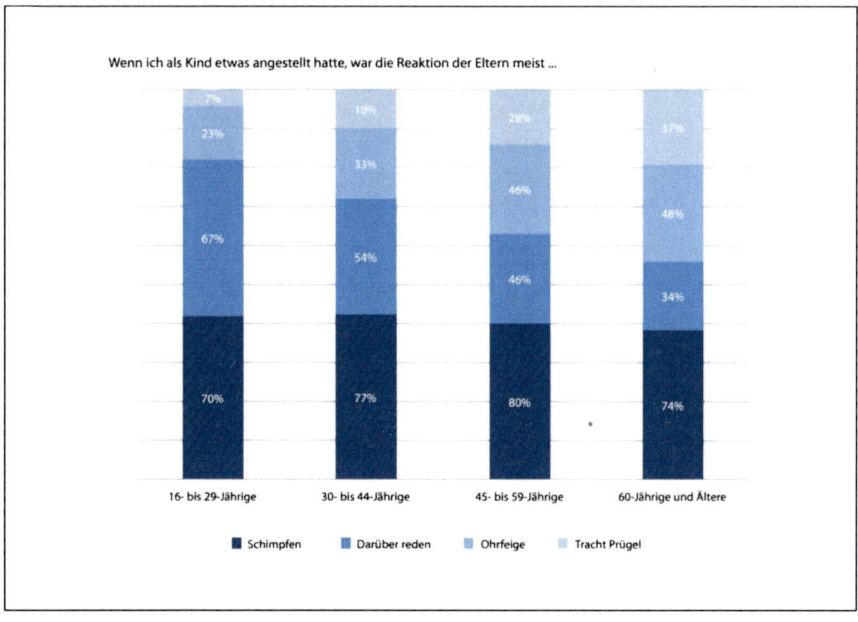

Abb. 14: Wandel der Erziehungsmaßnahmen

Vielmehr wird zunehmend Wert darauf gelegt, bereits Kinder an Entscheidungen teilhaben und Verantwortung übernehmen zu lassen und sie sowohl in ihrer persönlichen als auch in ihrer schulischen bzw. beruflichen Entwicklung zu unterstützen,[133] wie auch das *Generationen-Barometer 2009* nachweist:[134]

---

133 Vgl.: Ferchhoff, W. (2007), S. 322.
134 Köcher, R. (2009), S. 9.

Andere Kindheitserfahrungen

	16- bis 29- Jährige %	30- bis 44- Jährige %	45- bis 59- Jährige %	60-Jährige und Ältere %
Ich hatte eine glückliche Kindheit	67	64	55	49
Ich habe von meinen Eltern viel Aufmerksamkeit bekommen	61	56	39	34
Meine Eltern waren immer sehr liebevoll zu mir	60	48	37	35
Meine Eltern haben respektiert, dass ich meine eigenen Bereiche hatte	64	51	35	25
Meine Eltern haben mir viel geboten	53	37	26	18
Meine Eltern haben meine Interessen stark gefördert	51	36	25	20
Ich wurde als Kind von meinen Eltern oft gelobt	49	41	24	19
Ich durfte schon als Kind vieles selbst entscheiden	43	28	26	15

Abb. 15: Kindheitserfahrungen unterschiedlicher Altersgruppen

Befragt nach den **Werten**, die Kindern insbesondere vermittelt werden sollten, antworten die Teilnehmer einer Umfrage des *Instituts für Demoskopie Allensbach* wie folgt:[135]

- Ehrlichkeit (91 %).

- Höflichkeit und gutes Benehmen (90 %).

- Verlässlichkeit (84 %).

- Pünktlichkeit (76 %).

- Andersdenkende achten, tolerant sein (75 %).

- Rücksicht auf andere (75 %).

---

135 Zum Thema „Werteerziehung in der öffentlichen Meinung" befragte das Institut für Demoskopie Allensbach im Frühjahr 2007 insgesamt 1.824 Bundesbürger ab 16 Jahren. Vgl.: Institut für Demoskopie Allensbach (2007), S. 23 – 24.

- Disziplin, Durchhaltevermögen (74 %).

- Fleiß (73 %).

- Wissensdurst, den Wunsch, ständig Neues zu lernen (67 %).

- Ordentlich sein (65 %).

- Sparsamkeit (61 %).

- Sich durchsetzen, die eigenen Interessen klar vertreten (59 %).

- Sich die richtigen Freunde und Freundinnen aussuchen (56 %).

- Sich für andere einsetzen (54 %).

- Freude an Büchern haben (47 %).

- Technisches Verständnis, mit der modernen Technik umgehen können (46 %).

- Sich in eine Ordnung einfügen, sich anpassen (42 %).

- Bescheiden und zurückhaltend sein (29 %).

- Sich für Kunst und Musik interessieren (27 %).

- Religiöse Bindung, Glauben an Gott (27 %).

- Ein Instrument spielen (21 %).

Die Aufgaben der Eltern in Bezug auf die Werteerziehung werden in der gleichen Umfrage insbesondere darin gesehen,[136]

- den Kindern Vorbild zu sein (91 %),

- darauf zu achten, womit die Kinder sich beschäftigen (84 %),

- die Kinder nach klaren Regeln und Vorgaben zu erziehen (82 %),

- Versprechen gegenüber den Kindern einzuhalten (79 %),

- Kindern bereits früh bestimmte Pflichten und Aufgaben zuzuweisen (77 %),

- sich selbst klar zu machen, was richtig bzw. falsch ist (75 %),

---

136 Vgl.: Institut für Demoskopie Allensbach (2007), S. 17 – 18.

- Kindern frühzeitig zu vermitteln, dass sie Verantwortung für ihr Handeln übernehmen müssen (75 %),

- mit den Kindern explizit darüber zu sprechen, welche Werte im Leben wichtig sind (73 %),

- den Kindern gegenüber Fehler einzugestehen (70 %) sowie

- darauf zu achten, dass Kinder die richtigen Freunde haben (64 %).

Es zeigt sich, dass junge Eltern (bis 44 Jahre) mehr Wert auf Vorschriften und Gehorsam legen als gleichaltrige Kinderlose, die eher für eine freie Erziehung plädieren, in der Kinder selbst herausfinden können, was richtig bzw. falsch ist. Eine Sanktionierung der Nicht-Einhaltung von Geboten und Vorschriften hält nur eine Minderheit für angebracht (37 %). 65 % der Befragten halten es darüber hinaus für unerlässlich, dass bereits im Kindergarten auf die Vermittlung von Werten geachtet wird, um so die Werteerziehung durch die Eltern zu ergänzen.[137]

Das *Generationen-Barometer 2009* stellt in Bezug auf die Erziehungsziele eine ähnliche „Synthese" fest, wie sie sich auch bei den gesellschaftlichen Werten beobachten lässt. So haben traditionelle Werte wie gutes Benehmen, Pünktlichkeit und Ordnung heute durchaus noch ihren Platz im Kanon der bevorzugten Erziehungsziele. Daneben treten allerdings „moderne" Werte, die in der Erziehung der befragten Elterngeneration eher nachrangig waren wie Selbstbewusstsein oder Entfaltung der persönlichen Fähigkeiten. Die nachfolgende Tabelle gibt einen Überblick:[138]

---

137 Vgl.: Institut für Demoskopie Allensbach (2007), S. 19 – 21.
138 Vgl.: Köcher, R. (2009), S. 11 – 12.

Erziehungsziele/Werte	„Das haben mir meine Eltern mitgegeben" (Aussagen aus der Gesamtbevölkerung)	„Das sollen meine Kinder lernen" (Aussagen von Eltern mit Kindern unter 16 Jahren)
Selbstvertrauen/Selbstbewusstsein	42 %	89 %
Entfaltung der persönlichen Fähigkeiten	35 %	78 %
Durchsetzungsvermögen	42 %	71 %
Wissensdurst/Wunsch nach ständiger Erweiterung des Horizonts	37 %	68 %
Pünktlichkeit	78 %	68 %
Zeigen von Gefühlen	28 %	67 %
Sparsamkeit	77 %	67 %
Ordnungssinn	73 %	66 %
Fleiß	73 %	64 %
Mut	29 %	58 %
Willensstärke	35 %	55 %
Weltläufigkeit[139]	19 %	47 %
Entscheidungsfreude	17 %	40 %
Anpassungsfähigkeit/Einfügen in eine Ordnung	64 %	38 %
Bescheidenheit/Zurückhaltung	43 %	25 %

Abb. 16: Wandel der Erziehungsziele

Die Ergebnisse zum Wandel der Erziehungsziele sowie den Kindheitserfahrungen im Generationenvergleich zeigen, dass Erziehung heute sehr viel stärker als in der Vergangenheit auf die Beachtung der Wünsche und Bedürfnisse der Heranwachsenden sowie die Unterstützung und Förderung der Entfaltung ihrer Persönlichkeit und Fähigkeiten abzielt. Dabei verlieren erwartungsgemäß autoritäre Erziehungsstile an Bedeutung und Eltern treten auch mit immer jüngeren Kindern stärker in einen gleichberechtigten Austausch.

---

139 Unter Weltläufigkeit wird hier der Wunsch verstanden, viel zu erleben und viel Neues kennenzulernen.

Nicht selten wird jedoch auch das Fehlen einheitlicher Maßstäbe und die Wertevielfalt gerade von der älteren Generation dahingehend kritisiert, eine gewisse Unverbindlichkeit mit sich zu bringen, die dazu führt, dass Jugendliche und junge Erwachsene hin und her gerissen sind – zwischen der Flucht aus der Verbindlichkeit und der Sehnsucht nach Bindungen einerseits sowie dem Abschied von sozialen Verpflichtungen und der Suche nach eigenen verpflichtenden Lebenskonzepten andererseits. Mit dieser Balance lässt sich prinzipiell gut leben, die Grenze von der Bindungs- zur Orientierungslosigkeit ist allerdings schleichend. Wenn Orientierungslosigkeit eintritt, dann steigt die Sehnsucht nach intakten sozialen Beziehungen wieder an.[140]

Äußerst interessant stellen sich die Ergebnisse zur **Zeitverwendung** in Familien dar. Bedingt durch die zunehmende Erwerbstätigkeit beider Elternteile beklagen heute insbesondere in Vollzeit berufstätige Mütter (51 %) und Väter (46 %), nicht genügend Zeit für ihre Kinder zu haben. Den Ergebnissen des *Generationen-Barometers 2009* zufolge ist jedoch die gemeinsam verbrachte Zeit in den vergangenen Jahrzehnten deutlich angestiegen. Danach geben lediglich 38 % der heute 60-Jährigen und Älteren an, ihre Mütter hätten ausreichend Zeit für sie (gehabt), verglichen mit 63 % der 16- bis 29-Jährigen. Hier spielt offenbar auch der Umstand eine Rolle, dass die Älteren in der Regel mit mehreren Geschwistern aufwuchsen und die Hausarbeit, die die Mütter erledigten, deutlich aufwändiger und damit zeitintensiver war als dies heute der Fall ist (z. B. durch technische Entwicklungen wie Waschmaschine, Spülmaschine etc.). Die zunehmende Teilhabe der Väter an der Erziehung wird ebenfalls deutlich. So bewerten 34 % der unter 16- bis 29-Jährigen die Zeit, die ihr Vater mit ihnen verbrachte bzw. verbringt, als ausreichend, verglichen mit 10 % der 60-Jährigen und Älteren. Nichts desto trotz besteht hier noch Aufholbedarf, da offenbar viele Jugendliche und junge Erwachsene die mit ihren Vätern verbrachte Zeit doch als defizitär empfinden.[141]

---

140 Vgl.: Opaschowski, H. W. (2008), S. 575 ff.
141 Vgl.: Köcher, R. (2009), S. 17 – 20.

2.3 Lebens- und Arbeitssituation

Zwar sind die Familiengründung und auch die berufliche Neuorientierung jenseits der 50 nicht mehr allgemein üblich, kommen aber durchaus noch vor, so dass sich ein Mittfünfziger, der Vater wird, unter Umständen einem dreißigjährigen Vater verbundener fühlt als einem Gleichaltrigen, dessen Kinder bereits das Haus verlassen haben. Hier spielen die jeweiligen Lebens- und Arbeitssituationen eine immer größere Rolle, da sich der „idealtypische" Lebenslauf in den vergangenen Jahrzehnten stark verändert hat und vielfältiger geworden ist.[142]

So konstatieren Experten beispielsweise, dass Jugend als eine eigenständige und in sich geschlossene Phase nicht mehr auszumachen ist, sondern vielmehr „ausfranst".[143] Hinzu kommt eine immer größer werdende Vielfalt an Jugendkulturen mit diversen Subkulturen, die für Jugendforscher kaum noch greifbar sind und einem ständigen Wandel unterliegen. Dies steht nicht zuletzt im Zusammenhang mit der zunehmenden Individualisierung in der Gesellschaft und der Pluralisierung von Lebensentwürfen, die dazu führen, dass Jugendliche und junge Erwachsene sich nur noch selten trennscharf voneinander abgrenzen können.[144]

2.3.1 Modelle zur Beschreibung der Lebens- und Arbeitssituation

In der Literatur finden sich vielfältige Modelle, mit denen die Lebens- und Arbeitssituationen, die ein Mensch im Laufe der Jahre durchläuft, auf unterschiedliche Weise eingeordnet werden. Zu unterscheiden sind insbesondere Ansätze mit Bezug zu

- Lebenszyklen,
- Lebensereignissen,
- Lebensverlauf und
- Lebenslagen.

---

142 Vgl.: Tesch-Römer, C./Wurm, S./Hoff, A./Engstler, H./Motel-Klingebiel, A. (2006), S. 27.
143 Vgl.: Ferchhoff, W. (2007), S. 176.
144 Vgl.: Ferchhoff, W. (2007), S. 179 – 187.

Lebenszykluskonzepte sind dabei als Modelle zu begreifen, die auf der Entwicklungsbiologie aufbauen. Sie stellen im Allgemeinen die menschliche Entwicklung durch das Durchlaufen verschiedener Phasen dar, wobei die einzelnen Abschnitte durch kritische Übergänge getrennt sind, welche eine besondere Veränderungsbereitschaft und -fähigkeit erfordern.[145] Das **Lebensereigniskonzept** hingegen setzt fest definierte Lebensereignisse, die sich gegenseitig bedingen, an den Ausgangspunkt der Überlegungen.[146] Seit Beginn der 90er Jahre wird auch die **Lebensverlaufsperspektive**, die vier typische Lebensläufe fokussiert, bei Untersuchungen demografischer Veränderungen sowie bei der Analyse von Arbeitsmarktprozessen herangezogen. Zudem gewinnt sie im Hinblick auf die Thematik des „Lebenslangen Lernens" und des neuen Interesses an Bildungsfragen im Kontext einer „intensiven Sozialpolitik" zunehmend an Bedeutung.[147] Schließlich können auch spezifische **Lebenslagen** für die jüngere, mittlere und ältere Generation identifiziert werden, aus denen sich wiederum Arbeitsorientierungen ableiten lassen.[148]

2.3.2 Lebens- und Arbeitssituation der jüngeren Generation

Die oben genannten Modelle geben bereits Aufschluss darüber, welchen beruflichen und privaten Ereignissen Menschen in bestimmten Altersstufen typischer Weise begegnen. Gleichwohl wird deutlich, dass die Dynamik unterschiedlicher Lebens- und Arbeitssituationen beständig ansteigt und diese immer seltener einem „linearen" Ablauf folgen. So durchbrechen gerade Vertreter der jüngeren Generation häufig die „klassische Lebensplanung", indem viele von ihnen beispielsweise zunächst in einem dualen System studieren, dann für einige Jahre bei einem Arbeitgeber tätig sind und sich danach, z. B. mit einem Masterstudium, weiterbilden und/oder Sabbaticals einschieben.[149] Des Weiteren gilt auch: *„Jugendlichkeit* ist zweifelsohne ein gesell-

---

145 Vgl.: Rading, J. (2010), S. 30; Graf, A. (2002), S. 45; Blazek, S./Flüter-Hoffmann, C./Kössler, S./ Ottmann, J. (2011).

146 Vgl.: Böhne, A. (2009), S. 41 – 50.

147 Vgl.: Bertelsmann Stiftung (2007), S. 28 – 31.

148 Vgl.: Richter, G. (2008), S. 6.

149 Vgl.: Laick, S. (2009), S. 21.

schaftlich akzeptierter Wert, der nicht mehr entwicklungspsychologisch auf eine bestimmte Phase im Lebenslauf bezogen werden muss."[150]

„Die Jugend" als homogene Gruppe zu verstehen, greift also sicherlich zu kurz. Dennoch lassen sich zusammenfassend berufliche wie private Entwicklungs- bzw. Handlungsaufgaben identifizieren, die als „alterstypisch" für die Phase der Jugend und des jungen Erwachsenenalters gelten können:[151]

Berufliche Entwicklungs- und Handlungsaufgaben
• Vorbereitung auf die berufliche Karriere durch entsprechende Qualifizierung (Schule, Ausbildung, Studium), ehrenamtliches Engagement, Nebenjobs etc.
• Weichenstellung für die berufliche Zukunft und eigenständige ökonomische Sicherung
• Umwandlung beruflicher Phantasien in konkrete Berufsvorstellungen
• Entfaltung einer intellektuellen und sozialen Kompetenz zur eigenverantwortlichen Bewältigung schulischer und beruflicher Anforderungen
• Einstieg und Orientierung im Arbeitsleben
• Erste Überprüfung getroffener Entscheidungen in Bezug auf Bildungsweg, Beruf und Arbeitgeber und ggf. erste Neuorientierungen
• Zunehmende Konfrontation der eigenen Ideale und Wünsche in Bezug auf Ausbildung, Studium, Beruf, Weiterentwicklung etc. mit der Realität und in der Folge Eingehen erster Kompromisse
• Erkundung möglicher Laufbahnpläne in Bezug auf persönliche Ziele und Aufstiegsmöglichkeiten
• Bemühungen zum Halten bzw. Erweitern des eigenen Leistungsniveaus
• Ggf. Übernahme erster Führungsverantwortung
• Aufbau von Branchen- und Betriebs-Know-how

Abb. 17: Berufliche Entwicklungs- und Handlungsaufgaben der jüngeren Generation

---

150 Ferchhoff, W. (2007), S. 325.
151 Vgl.: Ferchhoff, W. (2007), S. 103 – 104; Bruch, H./Kunze, F./Böhm, S. (2010), S. 125; Schein, E. H. (1978), S. 27 ff., zitiert nach Graf, A. (2002), S. 56 – 58; Campbell, R. E./Heffernan, J. M. (1983), S. 231, zitiert nach Vgl.: Graf, A. (2002), S. 73 – 75; Böhne, A. (2009), S. 41 – 50; Hurrelmann, K. (2010), S. 27. Hurrelmann differenziert die Entwicklungsaufgaben in die vier Cluster „Qualifikation", „Ablösung und Bindung", „Regeneration" und „Partizipation".

Private Entwicklungs- und Handlungsaufgaben

- Entstehung eines Bewusstsein für den eigenen Körper sowie Akzeptanz der eigenen körperlichen Erscheinung
- Ausgestaltung der eigenen Geschlechtsrolle bzw. Aufbau einer Geschlechtsidentität
- Idealismus sowie allmählicher Abgleich idealistischer Vorstellungen mit der Realität
- Wunsch nach Experimentieren mit der eigenen Persönlichkeit
- Erwerb neuer und reiferer Beziehungen zu Altersgenossen beiderlei Geschlechts (hohe Bedeutung der „Peers")
- Soziale und emotionale Ablösung vom Elternhaus zugunsten der Hinwendung zu „Peers" sowie Gewinnung von Selbstständigkeit und Unabhängigkeit – nicht selten verbunden mit Konfliktpotenzial
- Vorbereitung auf Partnerschaften und Familienleben durch den Erwerb entsprechender Kenntnisse und sozialen Fertigkeiten
- Eingehen fester Partnerschaften und Gründung einer Familie
- Entstehung eines sozial verantwortungsbewussten Verhaltens im Finden einer Balance zwischen Autonomie und Persönlichkeitsentwicklung einerseits und der Auseinandersetzung mit dem Gemeinwohl andererseits
- Entwicklung eines in sich stimmigen und umsetzbaren Wertesystems sowie eines ethischen Bewusstseins in Abgrenzung von gängigen gesellschaftlichen Wertemustern
- Zunehmende Konfrontation der eigenen Ideale in Bezug auf Familie, Kinder, Freizeitgestaltung etc. mit der Realität und Eingehen erster Kompromisse
- Entwicklung selbstständiger Handlungsmuster in Bezug auf Konsumentscheidungen (z. B. Freizeitgestaltung, Mediennutzung, Umgang mit Geld)
- Erste Überprüfung getroffener Entscheidungen in Bezug auf die private Lebensgestaltung

Abb. 18: Private Entwicklungs- und Handlungsaufgaben der jüngeren Generation

Nicht zuletzt durch die gestiegenen Freiheiten in der Lebensgestaltung hat das „Erwachsenwerden" auch in gewisser Weise seinen Reiz verloren. Denn die Vertreter der jüngeren Generation erlangen bereits sehr früh Autonomie über einige Bereiche ihres Lebens, z. B. bei der Wahl ihres Freundeskreises, der Übernahme von Verantwortung für kleinere Einkäufe, Mitspracherecht bei Familienentscheidungen etc. Hinzu kommt der Pragmatismus der jüngeren Generation, die sehr wohl weiß, dass sie hart (an sich) arbeiten muss, um in der Arbeitswelt bestehen zu können und das soziale Niveau zu halten, dass man ggf. vom Elternhaus gewohnt ist. Und so ist seit Jahren festzustellen, dass durchaus nicht wenige junge Menschen ihren „Jugendstatus" beibehalten möchten und es mit dem „Erwachsenwerden", das letztlich insbesondere in der Gründung eines eigenen Haushaltes und der ökonomischen Eigenverantwortlichkeit besteht, nicht wirklich eilig haben. Immer mehr junge Erwachsene – vor allem Männer – leben in der Folge vergleichsweise lange im Elternhaus und genießen die Vorzüge der kostenfreien Wohnsituation verbunden mit allerlei Annehmlichkeiten wie Wasch- und Bügelservice sowie Essenszubereitung durch die Eltern bei gleichzeitiger Selbstständigkeit im Sinne der Lebensführung. Im Zuge der Verlängerung der Koexistenz von Kindern und Eltern bzw. Großeltern entschärft sich auch der traditionelle Generationenkonflikt.[152]

Darüber hinaus ist ein weiterer Aspekt zu beachten: „Aus der Perspektive von Jugendlichen gestaltet sich die eigene Lebensphase [...] als eine, die durch das Hin und Her zwischen Anforderungen der Wissens- und Leistungsgesellschaft und den Anreizen der Erlebnis- und Konsumgesellschaft geprägt ist. Der Versuch, sich auf den Status als Erwachsener mit all seinen Verantwortlichkeiten vorzubereiten, erhält zunehmend Konkurrenz durch die Möglichkeiten des Konsum- und Freizeitbereiches, das Hier und Jetzt der Jugendphase zu genießen."[153]

2.3.3 Lebens- und Arbeitssituation der mittleren Generation

Im privaten Bereich spielen für die mittlere Generation Partnerschaft und Familie eine herausragende Rolle. Im Alter zwischen 30 und 49 Jahren finden in der Regel das Eingehen fester Partnerschaften, die Familiengründung sowie die aktive Familienphase, d. h. die intensive Betreuung, Erziehung und Fürsorge in Bezug auf die eigenen Kinder statt. Vielfach ist hiermit auch die Festlegung auf einen bestimmten Wohnort bzw. der Bau eines Hauses verbunden. Die Übernahme von Verantwortung, aber auch die finanziellen Zwänge sind sehr viel deutlicher ausgeprägt als in jüngeren Lebensjahren. Damit sind berufliche Ambitionen – denn auch die Karriere manifestiert sich in eben diesem Zeitfenster – mit materiellen Notwendigkeiten und persönlichen Wünschen in Einklang zu bringen, eine „Rush Hour" des Lebens entsteht. Die Vereinbarkeit

---

152 Vgl.: Ferchhoff, W. (2007), S. 317; 337; Opaschowski, H. W. (2008), S. 496 – 497.
153 Landesstiftung Baden-Württemberg gGmbH (2005), S. 101.

von Beruf und Familie hat daher eine hohe Bedeutung, auch als Bindungsfaktor. Dies gilt in besonderem Maße für Frauen. Ebenso können sich bereits erste Trennungen, Phasen des Alleinlebens sowie zweite Ehen, Familiengründungen etc. im Sinne eines „Neuanfangs" ereignen.[154]

Eine Studie aus den späten neunziger Jahren zeigt auf, dass diese Generation in hohem Maße Leistungen für andere erbringt – insbesondere in Bezug auf das Kontakthalten und Miteinanderreden, gemeinsame Treffen und Unternehmungen, kleine Gefälligkeiten, Einkäufe sowie sonstige Hilfestellungen im täglichen Leben – im Umkehrschluss aber deutlich weniger Leistungen erhält. Aus der zeitlichen Dimension betrachtet wenden sie doppelt so viel Zeit für andere auf wie andere für sie. Bedingt durch ihr Alter können sie gleichermaßen für die Betreuung ihrer Kinder als auch ihrer pflegebedürftigen Eltern Verantwortung tragen – hiervon rührt eine weitere gängige Bezeichnung als „Sandwich-Generation" her. In der Folge empfinden nicht wenige Angehörige der mittleren Generation eine seelische Belastung.[155] Was die Dreifachbelastung durch Beruf, Kinderbetreuung und Pflege betrifft, ist allerdings zu konstatieren, dass de facto nur 4 % der 40- bis 44-Jährigen, 5 % der 45- bis 49-Jährigen und 4 % der 50- bis 54-Jährigen einer Erwerbstätigkeit nachgehen und gleichzeitig Kinder bzw. Enkelkinder betreuen sowie darüber hinaus Pflegeverantwortung für einen älteren Angehörigen tragen.[156]

Beruflich ergibt sich gerade für diejenigen, die bereits seit einiger Zeit im Erwerbsleben stehen, in der Regel im Alter zwischen 40 und 50 Jahren ähnlich wie auch im privaten Bereich nicht selten ein Wendepunkt, an dem das bisher Erreichte kritisch hinterfragt und die Weichen für das künftige Selbstverständnis und die Motivation gelegt werden. Die Angehörigen dieser Altersgruppen verfügen bereits über Berufserfahrung, Expertenwissen, zum Teil auch spezialisiertes Wissen, und Routine. Ihre Leistungsorientierung bezieht sich auf Leistungsbereitschaft und die Erwartung anspruchsvoller Aufgaben. Ebenso haben sie aufgrund der Entwicklung weg von „lebenslanger Beschäftigungssicherheit" bei einem Arbeitgeber teils auch (mehrere) Berufs- und infolge dessen

---

154 Vgl.: Richter, G. (2009), S. 17 – 21; 31; Bittman, M./Rice, J. M. (2000), S. 165 – 189; Bruch, H./Kunze, F./Böhm, S. (2010), S. 122 – 123.
155 Vgl.: Borchers, A. (1997), S. 42 ff.
156 Vgl.: Opaschowski, H.-W. (2008), S. 497 – 501; Richter, G. (2009), S. 18.

ggf. auch Ortswechsel vollzogen. Den Angehörigen der mittleren Generation ist gemeinsam, dass sie den Wandel traditioneller Arbeitsstrukturen hin zu einer Verdichtung der Arbeitstätigkeiten sowie zunehmender Komplexität und Flexibilität in der Arbeitswelt erlebt haben. Viele empfinden den Arbeitsdruck als hoch und zunehmend und stellen auch bereits gesundheitlichen Verschleiß fest. Diejenigen, die beruflich etabliert sind, identifizieren sich mit ihrer Organisation oder zumindest mit ihrer Arbeitsaufgabe und tragen zum Teil Personalverantwortung. Wer nicht spezialisiert ist oder über Expertenwissen verfügt, versucht, die Unsicherheit zu reduzieren und seine erreichte Position zu verteidigen. Ein Problem der mittleren Generation besteht darin, dass viele Karriereoptionen durch Angehörige der eigenen oder der älteren Generation besetzt sind und sich infolge dessen eine gewisse Resignation breit macht.[157]

Zusammenfassend lassen sich also folgende zentrale Themen im mittleren Lebensalter definieren:[158]

Abb. 19: Zentrale Themen im mittleren Lebensalter

---

157 Vgl.: Richter, G. (2009), S. 17 – 21.
158 Regnet, E. (2004), S. 53.

2.3.4 Lebens- und Arbeitssituation der älteren Generation

Für die ältere Generation, die noch im Erwerbsleben steht, hat der Übergang in den Ruhestand und die Frage nach dem „Danach" eine hohe Relevanz, die ihre Arbeitsorientierung bestimmt. Die Nachkriegsgeneration verlässt zunehmend den Arbeitsmarkt bzw. steht kurz vor dem Renteneintritt, hat jedoch die bestehenden Strukturen in den Unternehmen noch deutlich geprägt. Wahrgenommen wird im Verlauf des Erwerbslebens ein steigender Leistungsdruck. Angehörige der älteren Generation wissen einerseits durchaus um die vergleichbare Sicherheit ihrer angestammten Position im Unternehmen und profitieren von ihrem Erfahrungswissen. Andererseits allerdings kennen sie sehr gut die Risiken älterer Arbeitnehmer auf dem „freien Markt".[159]

Aufgrund der sich wandelnden Familienbildungsphasen sind einige Angehörige der älteren Generation privat noch in der Situation eines hohen Familien-Engagements, während andere bereits erwachsene Kinder haben. Vielfach findet bei der Generation der ab 55-Jährigen mit dem Auszug des letzten Kindes aus dem Elternhaus der Eintritt in eine neue Lebensphase statt, die z. B. mit dem Wunsch nach einer Ausweitung der Erwerbstätigkeit, gerade von Frauen, einhergehen kann. Nicht selten ist diese Generation auch bereits mit dem Tod nahe stehender Angehöriger konfrontiert (Eltern, Partner), trägt Pflegeverantwortung und/oder erlebt dauerhafte Erkrankungen. Damit einher geht ein bewussterer Umgang mit der eigenen Endlichkeit sowie dem Streben nach Entlastung und Genuss.[160] Die Rollenverteilung ist in diesen Altersgruppen noch eher traditionell, die Erwerbsarbeit hat für die männlichen Vertreter Vorrang vor dem privaten Bereich, während die Frauen zusätzlich zur Erwerbsarbeit auch die Familien- und Hausarbeit übernehmen. Viele Frauen der ältesten Kohorten haben nach der Familiengründung den Beruf aufgegeben und nicht wieder aufgenommen, andere weisen hohe Auszeiten auf. So waren von den Frauen der Jahrgänge 1942 – 1961 insgesamt 77 % im Laufe ihres Erwerbslebens für durchschnittlich zehn Jahre nicht erwerbstätig.[161]

---

159 Vgl.: Richter, G. (2009), S. 17 – 21; Bruch, H./Kunze, F./Böhm, S. (2010), S. 98 – 99.
160 Vgl.: Tesch-Römer, C./Wurm, S./Hoff, A./Engstler, H./Motel-Klingebiel, A. (2006), S. 22; Bruch, H./Kunze, F./Böhm, S. (2010), S. 98 – 99.
161 Vgl.: Richter, G. (2009), S. 17 – 21; Sachverständigenkommission zur Erstellung des Ersten Gleichstellungsberichtes der Bundesregierung/Fraunhofer-Gesellschaft zur Förderung der angewandten For-

2.4 Auswirkungen der individuellen Kontextfaktoren auf die unterschiedlichen Generationen

Die nachfolgende Übersicht zeigt die prägenden Sozialisationserlebnisse der unterschiedlichen Generationen auf. Ebenso gibt sie einen kurzen Überblick über die Lebens- und Arbeitssituationen, in den sich Angehörige bestimmter Generationencluster typischerweise befinden. Dabei gilt: „Ausnahmen bestätigen die Regel", d. h. bedingt durch die Tatsache, dass Lebens- wie Erwerbsverläufe immer seltener linear verlaufen, gelten die aufgeführten Situationen für die Mehrzahl der Generationenangehörigen, haben allerdings keinen Anspruch auf Ausschließlichkeit:[162]

schung e.V. (2011), S. 101. 161 Vgl.: Tesch-Römer, C./Wurm, S./Hoff, A./Engstler, H./Motel-Klingebiel, A. (2006), S. 22; Bruch, H./Kunze, F./Böhm, S. (2010), S. 98 – 99.
Vgl.: Richter, G. (2009), S. 17 – 21; Sachverständigenkommission zur Erstellung des Ersten Gleichstellungsberichtes der Bundesregierung/Fraunhofer-Gesellschaft zur Förderung der angewandten Forschung e.V. (2011), S. 101.
162 Vgl.: Wippermann, P. (2010), S. 31 – 32; Richter, G. (2009), S. 14 – 21; Oertel, J. (2007), S. 152 – 154; 167 – 168; Bruch, H./Kunze, F./Böhm, S. (2010), S. 97 – 125. Bruch/Kunze/Böhm differenzieren die nach dem Verständnis dieses Beitrags definierte „ältere Generation" in die Nachkriegsgeneration (Jahrgänge 1935 – 1945), die Wirtschaftswundergeneration (Jahrgänge 1946 – 1955) sowie die älteren Angehörigen der Baby Boomer Generation (Jahrgänge 1956 – 1965); Schubart, W./Speck, K. (2008), S. 118 – 120; Langness, A./Leven, I./Hurrelmann, K. (2006), S. 49; Albert, M./Hurrelmann, K./Quenzel, G. (2010a), S. 43 – 45; Leven, I./Quenzel, G./Hurrelmann, K. (2010), S. 53; Shell Deutschland Holding (Hrsg.) (2010), S. 15 – 35.

Jüngere Generation	Mittlere Generation	Ältere Generation
Sozialisationsprägende öffentliche Ereignisse:	**Sozialisationsprägende öffentliche Ereignisse:**	**Sozialisationsprägende öffentliche Ereignisse:**
• 11. September 2001 verbunden mit Terrorängsten	• Wiedervereinigung, für die Menschen aus der ehemaligen DDR vielfach verbunden mit einer privaten und beruflichen Neuorientierung	• Wiederaufbau bzw. Kriegsfolgen „Wirtschaftswunder"
• Weltweites Kriegsgeschehen		**Sozialisationsprägende technische Entwicklungen:**
• Reaktorunglück von Fukushima	• „Kalter Krieg" und dessen Ende	• Zunehmende Verbreitung von Fernsehen und Telefon
• Weitgehend stabile politische und gesellschaftliche Verhältnissen im Sinne einer „behüteten" Kindheit.	• Reaktorunglück von Tschernobyl	**Sonstige sozialisationsprägende Entwicklungen/Erfahrungen:**
• Voranschreitende Globalisierung	• Erste ökologische und ökonomische Krisen in den 70er und 80er Jahren	• Materielle Entbehrungen in den 50er und frühen 60er Jahren
Sozialisationsprägende technische Entwicklungen:	• Wachsendes Umweltbewusstsein in Medien und Öffentlichkeit	• Vollbeschäftigung und Wachstum ab Mitte der 60er Jahre
• Medienrevolution	• Ausbreitung von AIDS	• Teils Aufwachsen ohne männliche Bezugsperson
• Informationszeitalter	• Steigende Arbeitslosenquoten	• Stark nach Werten, Traditionen und Hierarchien ausgerichtete Erziehung und berufliche Situation
• Virtuelles Leben	• Ausweitung von Ausländerfeindlichkeit und Rechtsradikalismus	• Geringe Institutionalisierung der Kindheit mit großen Freiräumen
• Smartphones, Tablet PCs etc.	**Sozialisationsprägende technische Entwicklungen:**	• Klare Trennung von privater und beruflicher Sphäre
• Soziale Netzwerke, Blogs etc.	• Privatfernsehen	• Stark traditionelle Rollenverteilung in Familie und Berufsleben
Sonstige sozialisationsprägende Entwicklungen/Erfahrungen:	• Computer und Internet	
• Verringerung der Interaktionserfahrungen mit Gleichaltrigen durch die zahlenmäßige Reduzierung der „Peers"	• Handy	

- Enttraditionalisierung von Familienstrukturen
- Verringerung intergenerationeller Beziehungen durch steigende Scheidungsraten und zunehmende räumliche Mobilität
- Zunahme intergenerationeller Beziehungen durch erhöhte Lebenserwartung und Pluralisierung der Lebensformen
- Verschärfung sozialer Problemlagen und Ungleichheiten
- Entwertung von Bildungsabschlüssen
- Steigende Instabilität und Unkalkulierbarkeit der Arbeitsverhältnisse
- Zunehmende Erwerbstätigkeit von Müttern
- Zunahme frühkindlicher Fördermaßnahmen sowie des allgemeinen Bildungsniveaus in der Gesellschaft
- Zunahme der Wahlmöglichkeiten in Bezug auf Lebensführung, Freizeitgestaltung, schulische und berufliche Ausbildung etc.

- Schnurloses Telefon
- Euro-Einführung

Sonstige sozialisationsprägende Entwicklungen/Erfahrungen:

- Zunehmende Institutionalisierung des kindlichen Alltags durch die Entstehung von Kindergärten, Horten, Kinderspielplätzen ab Mitte der 60er Jahre
- Zunehmende Bedeutung medialer Freizeitangebote ab den 70er und 80er Jahren
- Ausbreitung von Freizeitangeboten für Kinder mit Fördercharakter, z. B. Musikschulen, ab den 70er und 80er Jahren
- Wachsende Selbstverständlichkeit der Gleichberechtigung von Frauen ab den 70er Jahren
- Wachsende Akzeptanz der Erwerbstätigkeit von Müttern
- Zunehmende Partizipationskultur und Mitarbeiterorientierung in der Arbeitswelt

- Verbreitete Wahrnehmung von Arbeitnehmern als „Produktionsmittel"
- Arbeit zum Zweck der materiellen Absicherung, weniger als Selbstverwirklichung

Lebenssituation:

- Aktive Familienphase bzw. Auszug der Kinder aus dem Elternhaus
- Traditionelle Rollenverteilung
- Zunehmende Konfrontation mit Krankheit und Tod

Arbeitssituation:

- Anwendung von Erfahrungswissen und Routine
- Auf dem Höhepunkt des Berufslebens
- Vorbereitung auf den Ausstieg

Lebenssituation:
- Auszug aus dem Elternhaus
- Partnersuche
- Vorbereitung bzw. Gründung einer eigenen Familie (ca. ab 30 Jahren)

Arbeitssituation:
- Übergang von Ausbildung bzw. Studium in das erste Beschäftigungsverhältnis
- Aufbau beruflicher Erfahrung und Etablierung im Berufsleben
- Anwendung aktuellen Wissens

Lebenssituation:
- Familiengründung bzw. aktive Familienphase
- Phase der Neuorientierung
- Übernahme erster Pflegeverantwortung

Arbeitssituation:
- Erlangen von Routine, Erfahrung und Spezialistenwissen
- Wendepunkt mit Reflexion des bisher Erreichten und Frage nach Perspektiven
- Karriere in der „Warteschleife"

Abb. 20: Auswirkungen der individuellen Kontextfaktoren auf die Generationen

3. Zwischenfazit: Prägung der Generationen durch externe und individuelle Faktoren

Beim Versuch, die Einflussnahme der externen Faktoren sowie der individuellen Kontextfaktoren auf die Generationen sowie die sich daraus ergebenden Wechselwirkungen auf einen gemeinsamen Nenner zu bringen, werden insbesondere zwei Muster deutlich:[163]

- Die Entwicklung von der Normal-Biografie zur Multigrafie
- Die „Macht der Situation"

Die Entwicklung von der Normal-Biografie zur Multigrafie[164]

Als Normal-Biografie wurde bis in die 70er Jahre eine Dreiteilung zwischen Jugend, Berufstätigkeit und Familienzeit sowie Ruhestand angesehen, die linear und stufenmäßig abliefen, d. h. die einzelnen Phasen griffen nicht ineinander, sondern folgten aufeinander. Aus der beruflichen Perspektive stand zu Beginn die (in der Regel einmalige) Ausbildung, gefolgt von der eigentlichen Berufstätigkeit – nicht selten über die gesamte Erwerbszeit hinweg bei einem Arbeitgeber und in einem Berufsfeld – und schließlich der Ruhestand. Bedingt durch die steigende Veränderungsgeschwindigkeit und die Entwicklung zur Wissens- und Innovationsgesellschaft ist diese Dreiteilung obsolet geworden. Die unterschiedlichen Lebens- und Berufsphasen werden immer enger miteinander verwoben und wechseln sich im Laufe eines Lebens untereinander ab.

Das *Zukunftsinstitut* spricht in diesem Zusammenhang von der Pluralisierung der Lebensstile, für die insbesondere folgende Megatrends als Treiber gesehen werden:

- Individualisierung

In diesem Zusammenhang werden die Infragestellung des traditionellen Familienmodells und der bürgerlichen Pflichtkultur in den 1980er Jahren angeführt, die die Pluralisierung der Lebensstile und -entwürfe vorantrieb und zu einer Vielfalt individueller Identitätsentwürfe und Beziehungskonzepte führte.

---

163 Vgl.: Dziemba, O. et al. (2007), S. 13 – 18.
164 Vgl.: Dziemba, O. et al. (2007), S. 13 – 15.

- New Work

Hierbei steht die Wissens- und Innovationsgesellschaft mit ihrer Verpflichtung zu lebenslangem Lernen und einem kontinuierlichen Anpassungsbedarf im beruflichen Bereich – z. B. durch Unternehmensverlagerungen oder -umstrukturierungen – im Fokus. Als Folge wird unter anderem ein Wechsel zwischen Phasen des Arbeitens und des Lernens über alle Altersstufen hinweg gesehen.

- Alterung

Die Forscher sehen in der Verlängerung der Lebenszeit eine Entzerrung des biografischen Drucks, da durchaus auch in späteren Lebensphasen noch einmal ein Neuanfang – sei es im beruflichen oder privaten Bereich – geplant wird. Auch das immer weiter ansteigende Alter der Erstgebärenden ist in diesem Kontext zu sehen.

Aus der Dreiteilung des Lebens in der Vergangenheit wird laut Zukunftsinstitut eine fünfphasige Biografie, die um die so genannte Postadoleszenz sowie den „zweiten Aufbruch" ergänzt ist. Unter **Postadoleszenz** wird eine Zeit des Ausprobierens, der Selbstfindung und Ausprägung individueller Eigenschaften verstanden, die zwischen der Jugend- und Erwachsenenphase liegt und sich immer mehr ausweitet. Als eine Ursache sehen die Forscher die Verlängerung der Ausbildungszeiten an, da immer mehr Menschen einen höheren Bildungsabschluss anstreben. Darüber hinaus ist zu erkennen, dass die berufliche Etablierung aufgrund des Trends zur Höherqualifizierung eine immer längere Zeit in Anspruch nimmt, was wiederum die Phase der Familiengründung weiter nach hinten verschiebt und ein längeres Verharren in einem eher jugendlich geprägten Lebensstil bedingt. Als **zweiten Aufbruch** bezeichnet das Zukunftsinstitut eine Phase der Neuorientierung im mittleren Alter, in der ein bewusster Neuanfang stattfindet. Vor dem Hintergrund einer verlängerten Lebenszeit werden vorhandene Fitness- und Gesundheitspotenziale noch einmal aktiv genutzt sowie beruflich und privat Neuorientierungen gewagt (nicht zuletzt mit der Folge einer ansteigenden Scheidungsrate in dieser Altersgruppe). Die Midlife Crisis hingegen ist inzwischen eher im Alter zwischen 20 und 30 zu erwarten.

Die Multigrafie tritt an die Stelle der bisherigen Biografien – das bedeutet, dass Lebensabschnitte zu Lebensphasen werden, die untereinander verbunden sind, sich überschneiden und sich im Laufe eines Lebens fortsetzen oder wiederholen können, was sich wie folgt darstellt:

- Im Laufe eines Lebens kann es durchaus zu mehreren Familiengründungen kommen. So sind laut einer Umfrage 61 % der geschiedenen Frauen und etwa 55 % der geschiedenen Männer bereit, erneut zu heiraten.

- Die Ausübung des gleichen Berufs über das gesamte Erwerbsleben hinweg wird zur Ausnahme. Stattdessen wechseln sich unterschiedliche Berufe und Beschäftigungsformen ab und stehen vielfach auch nebeneinander. Die Zahl der Mehrbeschäftigten hat sich beispielsweise zwischen 2002 und 2004 von 900.000 auf 1,5 Mio. Menschen erhöht.

- Menschen werden immer später Eltern. Ein Anstieg der Geburtenziffer war zwischen 2000 und 2004 lediglich bei den 35-Jährigen und den 40-Jährigen mit jeweils + 7,2 % zu verzeichnen, während sie sich bei den 25-Jährigen um − 8,9 % und bei den 30-Jährigen um − 1 % reduzierte.

Die „Macht der Situation"[165]

Im Zuge der beherrschenden Megatrends unterliegt auch die Gesellschaft einem beständigen Wandel. Während in den 50er Jahren das Aufwärtsstreben der Mittelschicht eine Art Leitbild darstellte, ändern sich die Lebenssituationen der Menschen heute zum einen schneller und zum anderen häufiger im Verlauf eines Lebens. Diese Lebenssituationen bzw. situativen Faktoren wiederum bestimmen das Verhalten im beruflichen und privaten Kontext in hohem Maße. Ein klassisches Beispiel hierfür ist, dass ein prinzipiell modernes Rollenverständnis vieler junger Paare, in dem beide Elternteile gleichermaßen im Berufsleben stehen und ihre Kinder erziehen möchten, nicht selten an den äußeren Umständen scheitert. Tendenziell höhere Einkommen der Männer, eine vielerorts unzureichende Betreuungsinfrastruktur sowie ein mangelndes Verständnis für väterliche Betreuungspflichten seitens der Arbeitgeber führen vielfach zu einer unfreiwilligen Re-Traditionalisierung der Familie. Festzuhalten ist

---

165 Vgl.: Dziemba, O. et al. (2007), S. 18.

allerdings auch, dass unterschiedliche Menschen auf gleiche oder ähnliche Situationen durchaus auch unterschiedlich reagieren.[166]

Die erweiterte „biografische Freiheit" begünstigt die Ausprägung neuer Lebensstilgruppen, die das *Zukunftsinstitut* näher beschreibt. Dabei werden diese nicht als klassische Milieus, sondern eher als Lebenssituationen verstanden, durch die Menschen im Zuge des gesellschaftlichen Wandels geprägt werden. Zudem werden nur die Gruppen dargestellt, die „für die übrige Gesellschaft Zugkraft besitzen, weil sie mit ihrem Lebensmodell in die Zukunft weisen und an demographischer Größe und an Einfluss zunehmen werden."[167]

---

166 Vgl.: Dziemba, O. et al. (2007), S. 18.
167 Dziemba, O. et al. (2007), S. 18.

III DAS PROFIL DER JÜNGEREN GENERATION

1. Grundsätzliches

Auch wenn es – wie gesehen – „**die** jüngere Generation" nicht gibt, so lassen sich dennoch durchaus auf Basis dessen, was an externen Trends und Entwicklungen, aber auch sehr individuellen Kontextfaktoren in Jugendliche und junge Erwachsene „hineinfließt" zentrale Tendenzen verdichten, die dabei helfen, ihr Verhalten einzuschätzen. Dabei interessieren einerseits die Werte, Haltungen und Einstellungen, die das Denken und Handeln prägen, andererseits auch bestimmte Kompetenzfelder und schließlich die konkreten Erwartungen, die junge Menschen an die Arbeitswelt stellen.

2. Werte, Haltungen und Einstellungen der jüngeren Generation

In diesem Themenkomplex werden folgende Aspekte aufgeführt, die als besonders relevant erachtet und in der Literatur eingehend behandelt werden:

- Familie und Partnerschaft,
- Freundschaft/Soziale Kontakte und Freizeitgestaltung,
- Engagement, Motivation und Zufriedenheit,
- Gesellschaftliche Fragestellungen und Zukunftssicht,
- Leistungs- und Zielorientierung,
- Gesundheitsbewusstsein und –verhalten,
- Gleichstellung und Toleranz,
- Geld und Konsum,
- Bildung.

Hierzu gilt es zu beachten, dass in der Lebensphase „Jugend" eine erhöhte Veränderlichkeit von Werten charakteristisch ist, während ältere Generationen bereits zahlreiche Lebenserfahrungen gemacht und Weichen in ihrem Leben gestellt haben, so dass sich ihre Wertvorstellungen festigen konnten. Auch kann festgehalten werden, dass Werte bei Jugendlichen und jungen Erwachsenen nicht zwangsläufig mit dem dazu passenden Verhalten einhergehen, sie sind vielmehr als „Leitplanken" für bestimmte Verhaltensweisen anzusehen.[168]

Grundsätzlich lässt sich in Gesellschaften wie der deutschen, in denen das Niveau der ökonomischen Sicherheit und der Entwicklung hoch ist, ein allmählicher Wertewandel hin zu postmaterialistischen Werten wie Zugehörigkeit, Lebensfreude, Wertschätzung und Selbstverwirklichung beobachten. Dies schlägt sich wiederum überwiegend bei der jüngeren Generation nieder.[169] Hierzu kann bereits vor der detaillierten Analyse feststellen werden: „Von einem Werteverfall kann dabei nicht die Rede sein, höchstens von einem Verfall der Allgemeingültigkeit von Werten. An die Stelle gesellschaftlicher Moral setzt die nächste Generation individuelle Absprachen. [...] Alles wird frei ausgehandelt."[170]

2.1 Familie und Partnerschaft

In der *Shell Jugendstudie 2010* nehmen eine vertrauensvolle Partnerschaft für 95 % sowie ein gutes Familienleben für 92 % der Jugendlichen und jungen Erwachsenen eine hohe bzw. sehr hohe Bedeutung ein – eine erneute Steigerung von bereits hohen Vergleichswerten der Vorgängerstudien.[171] Nachfolgend wird zwischen den Beziehungen zur Herkunftsfamilie sowie den Wünschen und Erwartungen bzw. bereits existierenden Verhaltensweisen im Zusammenhang mit einer eigenen Familiengründung unterschieden.

2.1.1 Beziehungen zur Herkunftsfamilie

Das Verhältnis zu den eigenen Eltern bzw. zur Herkunftsfamilie wird seit den 90er Jahren durchgehend von der überwiegenden Mehrheit der jüngeren Generation in unterschiedlichen Studien als gut oder sehr gut bezeichnet – zuletzt von 90 % der Befragten in der *Shell Jugendstudie 2010* als gut, von

---

168 Vgl.: Hurrelmann, K./Albert, M./Quenzel, G./Langness, A. (2006), S. 38 – 39; Landesstiftung Baden-Württemberg (2005), S. 25.
169 Vgl.: Oertel, J. (2007), S. 149 – 151; Meier, B./Schröder, C. (2007), S. 90.
170 Trendbüro/Steinle, A./Wippermann, P. (2003), S. 12.
171 Vgl.: Gensicke, T. (2010), S. 197.

35 % als bestens (weitere 56 % „kommen klar").[172] Dies untermauern die folgenden Zahlen:

- Im Jahr 2010 glauben 76 % der befragten Jugendlichen und jungen Erwachsenen in der *Shell Jugendstudie*, dass man eine Familie braucht, um wirklich glücklich leben zu können. Die Familienorientierung der jungen Frauen ist dabei mit 81 % noch einmal höher als die der jungen Männer (71 %). In den vergangenen Jahren ist eine stetige Steigerung dieser Wertigkeit zu bemerken.[173]

- 76 % der unter 25-jährigen Männer und 69 % der unter 25-jährigen Frauen leben noch bei ihren Eltern. Ab der Volljährigkeit erhöht sich der Anteil derer, die alleine bzw. in Wohngemeinschaften leben, zwar signifikant, doch immerhin 38 % der 22- bis 25-Jährigen aus der *Shell Jugendstudie 2010* sind noch nicht von zuhause ausgezogen. Als Ursachen werden etwa zu gleichen Teilen Bequemlichkeit sowie finanzielle Hürden genannt. Doch auch der Wunsch nach Gemeinsamkeit scheint eine Rolle zu spielen.[174]

- 73 % der in der *Shell Jugendstudie 2010* befragten Jugendlichen und jungen Erwachsenen geben an, sie würden ihre eigenen Kinder im gleichen oder ungefähr gleichen Stil erziehen wie sie selbst erzogen wurden (im Jahr 1986 lag dieser Prozentsatz gerade einmal bei 58 %), darunter insbesondere Befragte aus den höheren gesellschaftliche Schichten.[175]

- 33 % der 14- bis 29-Jährigen in einer Befragung besuchen mehrfach in der Woche ihre Eltern oder Großeltern.[176]

- Je jünger die befragten Alterskohorten im *Generationen-Barometer 2009* sind, desto höher sind ihre Zustimmungswerte zu Fragen nach einer

---

172 Vgl.: Shell Deutschland Holding (Hrsg.) (2010), S. 17 – 18.

173 Vgl.: Krieger, S./Weinmann, J. (2008), S. 46; Shell Deutschland Holding (Hrsg.) (2010), S. 17; Leven, I./Quenzel, G./Hurrelmann, K. (2010), S. 57. Die Frage, inwieweit man eine Familie braucht, um glücklich zu leben, bezieht sich in der Shell Jugendstudie 2010 sowohl auf die Herkunftsfamilie als auch auf die Gründung einer eigenen Familie.

174 Vgl.: Leven, I./Quenzel, G./Hurrelmann, K. (2010), S. 68 – 70; Dziemba, O. et al. (2007), S. 24 – 30.

175 Vgl.: Shell Deutschland Holding (Hrsg.) (2010), S. 17 – 18; Leven, I./Quenzel, G./Hurrelmann, K. (2010), S. 63 – 65.

176 Repräsentativbefragung von 2000 Personen ab 14 Jahren. Vgl.: Opaschowski, H. W. (2008), S. 508.

glücklichen und liebevollen Kindheit, nach Aufmerksamkeit, Lob und Respekt seitens der Eltern, Beteiligung an Entscheidungen sowie Förderung eigener Interessen.[177]

Es wird deutlich, dass Familienangehörige für Kinder, Jugendliche und junge Erwachsene eine hohe Bedeutung sowohl bezüglich emotionaler Werte als auch für konkrete Unterstützungsleistungen haben. Darüber hinaus wird der Bedeutungszuwachs der Familie im Zusammenhang mit den Unsicherheiten am Arbeitsmarkt, der schwierigen Wirtschaftslage sowie den gestiegenen Anforderungen im Erwerbsprozess diskutiert, so dass die Herkunftsfamilie einen „sinnstiftenden Wert" erhält.[178]

Deutlich zutage treten hierbei Unterschiede in den sozialen Schichten, die neben den *Shell Jugendstudien* der vergangenen Jahre auch die jugendspezifische Auswertung der *Verbraucheranalyse 2008* zeigt.[179] So nimmt mit steigender Schichtzugehörigkeit die Zustimmung zum Erziehungsstil der Eltern und auch die gemeinsame Suche nach einer Lösung in Konfliktsituationen im Gegensatz zu einer autoritären Durchsetzung der elterlichen Interessen signifikant zu. In der logischen Konsequenz stammen die Jugendlichen und jungen Erwachsenen, die von einem schlechten Verhältnis zu ihren Eltern sprechen, überwiegend aus unteren sozialen Schichten, nur 40 % sind mit dem Erziehungsstil, den sie zuhause erleben, einverstanden. Sie sind es auch, die überdurchschnittlich früh aus dem Elternhaus ausziehen.[180]

2.1.2 Bezug zur eigenen Familiengründung

69 % der Jugendlichen und jungen Erwachsenen möchten laut *Shell Jugendstudie 2010* eine Familie gründen. Und auch bei der Frage, was sie unter Wohlstand verstehen, denken mehr Jugendliche und junge Erwachsene an

---

177 Vgl.: Köcher, R. (2009), S. 9.

178 Vgl.: Willert, M./Picot, S. (2008), S. 95 – 96; Shell Deutschland Holding (Hrsg.) (2006), S. 16 – 17; Leven, I./Quenzel, G./Hurrelmann, K. (2010), S. 55 – 59; Schupp, J./Spieß, C. K. (2008), S. 190 – 192; Köcher, R. (2009), S. 8 – 9; Ferchhoff, W. (2007), S. 337.

179 Die jugendspezifische Auswertung der Verbraucheranalyse (VA) 2008 der Verlagsgruppe Bauer/Axel Springer bezieht sich auf die deutschsprachige Bevölkerung zwischen 12 und 19 Jahren in Privathaushalten in der Bundesrepublik Deutschland mit mehr als 30.000 Fällen. Vgl.: Verlagsgruppe Bauer/Axel Springer (2008), S. 18.

180 Vgl.: Shell Deutschland Holding (Hrsg.) (2010), S. 18; Leven, I./Quenzel, G./Hurrelmann, K. (2010), S. 64 – 69.

„eine Familie haben" als an „Geld für einen längeren Urlaub" - für *Opaschowski* Ausdruck eines wieder aufkommenden Wunsches nach Beständigkeit und Sinnsuche im Außerberuflichen.[181] Allerdings ist auch zu bemerken, dass in der *Shell-Studie* nur 43 % ihr Lebensglück von Kindern abhängig machen, während 35 % sich vorstellen können, ohne Kinder genauso glücklich zu leben.[182] Grundsätzlich zeigt sich, dass die über viele Jahre hinweg zu beobachtenden Unterschiede im Kinderwunsch zwischen Jugendlichen und jungen Erwachsenen in den alten bzw. neuen Bundesländern sich immer weiter verringern und sich auch die Vorstellungen der Geschlechter immer stärker annähern. Nichts desto trotz äußern noch immer junge Frauen mit 73 % etwas häufiger den Wunsch nach eigenen Kindern als junge Männer (65 %). Was die Schichtzugehörigkeit anbelangt, so äußern Befragte aus den unteren sozialen Schichten seltener den Wunsch nach eigenen Kindern, was einerseits mit dem tendenziell eher negativ besetzten Verhältnis zu den eigenen Eltern in Zusammenhang gebracht werden kann, zum anderen mit den schlechteren Zukunftsperspektiven. Denn Jugendliche und junge Erwachsene mit einem guten Verhältnis zu den eigenen Eltern äußern häufiger (73 %) den Wunsch nach eigenen Kindern als diejenigen, die sich mit ihren Eltern nicht so gut verstehen (51 %). Ebenso wünschen sich Jugendliche und junge Erwachsene, die der eigenen Zukunft positiv entgegensehen zu 74 % Kinder, während dies nur bei 50 % derjenigen, die „düstere" Zukunftsaussichten für sich erwarten, der Fall ist. Allerdings stehen die tatsächlichen Geburtenraten in einem deutlichen Widerspruch zu diesen Wünschen, denn trotz eines allgemeinen Rückgangs sind diese gerade bei den Jugendlichen und jungen Erwachsenen in den unteren sozialen Schichten am höchsten.[183]

Mit Blick auf die Vorbehalte, die Vertreter der jüngeren Generation in Bezug auf die eigene Familiengründung anführen, legt mehr als die Hälfte der männlichen Befragten (55 %) mehr Wert auf die eigene Freiheit und Unabhängigkeit (verglichen mit 37 % der Frauen). Die weiblichen Befragten wiede-

---

181 Repräsentativbefragung von 2000 Personen ab 14 Jahren. Vgl.: Opaschowski, H. W. (2008), S. 605; 648; Shell Deutschland Holding (Hrsg.) (2010), S. 18.
182 Vgl.: Leven, I./Quenzel, G./Hurrelmann, K. (2010), S. 58 – 59.
183 Vgl.: Leven, I./Quenzel, G./Hurrelmann, K. (2010), S. 63.

rum befürchten zu 60 %, dass im Familienleben nicht genügend Zeit für ihre persönlichen Interessen bleibt (39 % bei den Männern).[184]

Mehrheitlich (71 %) sprechen sich diejenigen Jugendlichen und jungen Erwachsenen, die einen Kinderwunsch äußern, für zwei Kinder aus, während 12 % nur ein Kind und 17 % drei oder mehr Kinder planen. Jugendliche gehen immer früher feste Partnerschaften ein, wobei dies in besonderem Maße für junge Frauen sowie für Befragte aus den neuen Bundesländern gilt. Während Treue für sie einen hohen Wert darstellt (Zustimmung in der *Shell Jugendstudie 2006* bei 81 %), ist Heiraten nur für 39 % der Jugendlichen und jungen Erwachsenen „in", wobei auch hier Mädchen sich deutlich positiver äußern.[185]

Recht deutlich unterscheiden sich auch in der jüngeren Generation noch die Einstellungen zu den Zuständigkeiten in Bezug auf die künftige Vereinbarkeit von Beruf und Familie. So unterstützen laut einer aktuellen Studie des *Bundesministeriums für Familie, Senioren, Frauen und Jugend* 41 % der unter 19-jährigen Frauen eine gleichberechtigte Arbeitsteilung und Berufstätigkeit der Frau, allerdings nur 13 % der gleichaltrigen Männer.[186] Junge Frauen wiederum – so die Ergebnisse der jüngsten *Brigitte*-Studie unter 17- bis 30-Jährigen – wünschen sich von einem „richtigen Partner" insbesondere, dass er sich Zeit für die Familie nimmt.[187]

---

184 Vgl.: Opaschowski, H. W. (2008), S. 605.

185 Die Shell Jugendstudie 2006 der Shell Deutschland Holding GmbH wurde im Jahr 2006 mit einer repräsentativen Stichprobe von 2.532 Jugendlichen und jungen Erwachsenen im Alter von 12 bis 25 Jahren durchgeführt. Dabei wurden die Teilnehmer anhand eines standardisierten Fragebogens persönlich befragt. Vgl.: Langness, A./Leven, I./Hurrelmann, K. (2006), S. 55 – 56; Shell Deutschland Holding (Hrsg.) (2010), S. 18; Leven, I./Quenzel, G./Hurrelmann, K. (2010), S. 62 – 63.

186 In der Gesamtbevölkerung ist allerdings sowohl bei Männern als auch bei Frauen in den vergangenen zehn Jahren die Akzeptanz für eine Erwerbstätigkeit beider Elternteile deutlich angestiegen. Vgl.: BMFSFJ (2010), S. 45.

187 Für das Update der BRIGITTE-Studie „Frauen auf dem Sprung" wurden im April und Mai 2009 die bereits im Herbst 2007 interviewten Frauen gebeten, erneut Fragen zu ihrer aktuellen Lebenssituation, ihren Lebensentwürfen und zum wirtschaftlichen und politischen Geschehen zu beantworten. Im Herbst 2007 waren 1.020 Frauen und 1.018 Männer im Alter von 17 bis 19 und von 27 bis 29 Jahren befragt worden. Nach dem ersten Interview erklärten sich 83 Prozent dieser jungen Frauen und Männer bereit, an einem weiteren Interviewgespräch teilzunehmen. Diese Personen wurden dann erneut kontaktiert. Mit 533 Frauen konnte ein weiteres Interviewgespräch geführt werden, davon 282 im Alter von 18 bis 21 Jahren und 251 im Alter um die 30. Parallel zu diesen Frauen konnten 445 der Männer in den gleichen Altersgruppen noch einmal erreicht und interviewt werden. Die standardisierten Interviews wurden wieder persönlich geführt. Vgl.: Brigitte (2009).

Die Umfragewerte zum Thema Familie sind durchaus ambivalent zu betrachten. Experten führen sie zum einen darauf zurück, dass gerade Jugendliche und junge Erwachsene, die selbst Brüche in den familiären Beziehungen erlebt haben – was immer häufiger der Fall ist – umso stärker den Wunsch nach der „heilen Familienwelt" in sich tragen. Zum anderen bedingt die zunehmende Komplexität und Veränderungsgeschwindigkeit, die das Leben der jüngeren Generation prägt, die Sehnsucht nach Sicherheit und Stabilität: „Die Netzwerkkinder sehnen sich nach Balance. Sie suchen einen Ausgleich zwischen individuellem Erfolgsstreben und der Geborgenheit in harmonischen Partnerschaften."[188] Zudem sehen sie in der Beständigkeit einer festen Partnerschaft einen Gegenpol zu der Mobilität und Flexibilität, die ihnen das Arbeitsleben nicht selten abverlangt.[189]

Es wird allerdings bezweifelt, dass die geäußerten Wunschvorstellungen letztlich tatsächlich gelebt werden. Dagegen sprechen einerseits die sinkende Zahl der Eheschließungen und steigende Zahl der Scheidungen sowie die seit Jahrzehnten stagnierende Fertilitätsrate[190] in Deutschland. Andererseits führen die hohe Bedeutung einer adäquaten Ausbildung und die steigende Unsicherheit am Arbeitsmarkt, verbunden mit dem ausgeprägten Pflicht- und Leistungsbewusstsein dazu, dass die Familiengründung immer weiter hinausgezögert wird und schlussendlich zum Teil gar nicht mehr stattfindet, so wie es bereits heute zu beobachten ist.[191] Psychologen sprechen in diesem Zusammenhang auch von einer „Kultur des Zögerns" gerade bei den etwa 30-Jährigen aus der mittleren Schicht: „Irgendwo könnte immer noch ein besserer Job warten, ein toller Partner, ein glücklicheres Leben."[192] Anders ausgedrückt: „Der große Konflikt, in dem sich die Jugendlichen heute befinden, ist ihr Drang nach Selbstverwirklichung und das gleichzeitige Streben nach Harmonie. [...] Die Jugendlichen träumen nicht vom Familienleben, sondern vom ‚COOLEN' FAMILIENLEBEN. Das bedeutet Kinder, Karriere, Lifestyle und Freunde mitei-

---

188 Trendbüro/Steinle, A./Wippermann, P. (2003), S. 176.
189 Vgl.: von Rohr, M./Schulz, S. (2009), S. 22.
190 Unter Fertilitätsrate wird die Zahl der Kinder verstanden, die eine Frau im Laufe ihres Lebens zur Welt bringt. Für Deutschland liegt dieser Wert derzeit bei 1,38. Vgl.: WKO (2010).
191 Vgl.: Trendbüro/Steinle, A./Wippermann, P. (2003), S. 54 – 55; Rump, J./Groh, S./Eilers, S. (2006), S. 37f.; Albert, M./Hurrelmann, K./Quenzel, G. (2010a), S. 43.
192 Weiguny, B. (2010), S. 42.

nander zu verbinden. Auch spannende Projekte müssen sich nebenbei realisieren lassen, die persönliche Freiheit bleibt weiterhin wichtigstes Ziel."[193]

2.2 Freundschaft/Soziale Kontakte und Freizeitgestaltung

In den *Shell Jugendstudien* der vergangenen acht Jahre erfährt der Wert „Freundschaft" eine stetige Bedeutungssteigerung bis hin zu 97 % der Jugendlichen und jungen Erwachsenen im Jahr 2010, die ihn als wichtig bzw. sehr wichtig einstufen und damit noch vor Partnerschaft und Familie nennen.[194] Auch in der europaweiten Befragung „Planet Edge" geben 58 % der 18- bis 24-Jährigen an, ihre Freunde seien das Wichtigste in ihrem Leben,[195] und für die 14- bis 29-Jährigen Befragten in der Viacom-Studie „Mindsets 3.0" sind Freunde, auf die man sich verlassen kann, eines der am meisten angestrebten Lebensziele.[196]

Der Freundeskreis, die so genannte „Peer Group", ist seit jeher eine entscheidende Sozialisationsinstanz für Jugendliche und junge Erwachsene in Bezug auf die Selbstfindung und Ablösung vom Elternhaus, wie bereits in Kapitel II 2.2.1 ausgeführt. Bei Problemen und Schwierigkeiten sind Freunde laut *Shell Jugendstudie 2010* die erste Anlaufstelle der Jugendlichen und jungen Erwachsenen noch vor den Eltern. 79 % der Befragten nehmen öfter oder immer freundschaftliche Hilfe in Anspruch. Gleichzeitig übt die „Peer Group" einen großen Einfluss auf das Freizeit- und Konsumverhalten der jungen Männer und Frauen aus.[197]

---

193 Trendbüro/Steinle, A./Wippermann, P. (2003), S. 177.
194 Vgl.: Gensicke, T. (2010), S. 196 – 197.
195 Das britische Marktforschungsinstitut Synovate untersuchte im Rahmen der Studie „Planet Edge" in 11 europäischen Ländern – UK, Deutschland, Italien, Frankreich, Spanien, Griechenland, Niederlande, Belgien, Portugal, Schweden und Norwegen – das Freizeitverhalten von Jugendlichen und jungen Erwachsenen zwischen 18 und 24 Jahren. Vgl.: Synovate (2007).
196 Die Studie „Mindsets 3.0" von Viacom Brand Solutions unter der Federführung des TV-Senders MTV bezieht sich auf die Gruppe der 14- bis 29-Jährigen. Für die Stichprobe wurden mehr als 5.100 Personen befragt. Zwar stehen bei dieser Studie Marketinginteressen im Vordergrund, doch zeichnet sie ein recht differenziertes Bild dieser Jugendlichen bzw. jungen Erwachsenen. Vgl.: Viacom Brand Solutions (2008), S. 14.
197 Vgl.: Leven, I./Quenzel, G./Hurrelmann, K. (2010), S. 81; Landesstiftung Baden-Württemberg gGmbH (2005), S. 11; Gensicke, T. (2010), S. 227 – 228.

Für die jüngere Generation besteht der Freundeskreis gleichermaßen und gleichberechtigt aus Personen, die in der realen Welt kennengelernt werden, als auch aus solchen, die man in virtuellen Welten trifft. Untersuchungen haben gezeigt, dass in sozialen Netzwerken ein Teil der dort als Freunde titulierten Menschen nie real getroffen wurden.[198] Dabei haben Online-Freundschaften mit den „realen" Freundschaften gemein, dass sie auf ähnlichen Aspekten basieren, wie z. B. Gemeinsamkeiten in Bezug auf Musikgeschmack, Freizeitaktivitäten oder die private Situation. Sie unterscheiden sich dahingehend, dass sie nicht selten oberflächlicher und schnelllebiger sind, da sie leichter wieder gelöst werden können. Vermehrt werden kreative, ideele oder politische Aktivitäten – im positiven wie im negativen Sinne – über diese Netzwerke weltweit miteinander verknüpft.[199] Auch das so genannte „Bullying", bei dem Kinder im Schulalter von anderen bewusst gemobbt werden, findet in zunehmendem Maße im virtuellen Raum statt und wird daher auch als „Cyberbullying" bezeichnet. Dazu werden SMS, Mailbox-Nachrichten und Anrufe, aber auch das Verbreiten falscher, beleidigender oder verletzender Informationen über den Betroffenen in sozialen Netzwerken oder Blogs, gleichermaßen genutzt. Es ist davon auszugehen, dass beim „Cyberbullying" die Empathie und damit auch die Hemmschwellen deutlich herabgesetzt sind.[200] Letztlich ist es der jüngeren Generation allerdings noch immer sehr wichtig, sich „von Angesicht zu Angesicht" mit Freunden austauschen zu können. Nicht zuletzt deshalb findet auch ein Großteil der virtuellen Kommunikation mit Personen aus dem unmittelbaren Lebensumfeld statt.[201]

71 % der befragten Jugendlichen und jungen Erwachsenen in der *Shell Jugendstudie 2010* geben an, Mitglied in einer Clique zu sein. Dies gilt insbesondere für die 18- bis 21-Jährigen.[202] Da die Freundeskreise allerdings immer größer werden und sich je nach Interessensfokus differenzieren (Freunde in der Schule, in virtuellen Netzwerken, beim Sport etc.), ist immer stärker

---

198 Vgl.: Parment, A./Dyhre, A. (2009).
199 Vgl.: Palfrey, J./Gasser, U. (2008), S. 5. Dieser Punkt wird auch in Kapitel III 3.1 (Medienkompetenz und Multitaskingfähigkeit) noch einmal aufgegriffen.
200 Vgl.: Palfrey, J./Gasser, U. (2008), S. 111 – 113.
201 Vgl.: Viacom Brand Solutions (2008), S. 14; Livingstone, S./Bober, M. (2004), S. 1 – 7.
202 Vgl.: Leven, I./Quenzel, G./Hurrelmann, K. (2010), S. 83.

auch „…eine systematische, benefitorientierte Organisation des Bekanntenkreises zu beobachten."[203]

Wie im Zusammenhang mit der Medienkompetenz (vgl. Kapitel III 3.1) noch näher zu erläutern sein wird, integriert die jüngere Generation die neuen Medien in ihre Freizeitgestaltung bzw. nutzt sie ergänzend zur Befriedigung jugendspezifischer Bedürfnisse, wie die folgende Aufstellung aus der Studie „Circuits of Cool" zeigt:[204]

Bedürfnis	Beschreibung	Beispiele für Bedürfnisbefriedigung[205]
Erlebnis-orientierung	Aktiv sein, das Leben voll ausschöpfen, alles ausprobieren	• Etwas unternehmen • Mit Freunden treffen • TV • Internet • Jederzeit kommunizieren per Handy, Instant Messaging, E-Mail etc.
Wunsch nach Zugehörigkeit	Dazugehören, Gleichgesinnte finden, die Halt geben	• Freundesclique • Sportverein • Familie • Communities • Instant Messaging • Virtuell nie von Freunden getrennt sein
Entwicklung einer eigenen Identität	Eigene Rolle finden, eigene Werte und Maßstäbe entwickeln	• Auseinandersetzung mit anderen • Tagebuch • Communities • Online Rollen ausprobieren • Spaces • Blogs • UGC (User Generated Content = durch Nutzer erzeugte Inhalte im Internet)
Streben nach Freiheit und Unabhängigkeit	Freiräume zum Ausprobieren und Experimentieren	• Rebellieren gegen Autoritäten • Reisen • „Elternfreie Zonen" im Internet • Per Handy für Eltern erreichbar sein • VOD (Video on Demand)

---

203 Viacom Brand Solutions (2008), S. 14.
204 In Zusammenarbeit von MTV Networks und msn, dem Webportal von Microsoft, entstand 2007 die Studie „Circuits of Cool". Sie basiert auf weltweiten Befragungsergebnissen unter 18.000 Personen zwischen 8 und 24 Jahren in 16 Ländern. Vgl.: MTV Networks (2007), S. 19 – 21.
205 Die traditionellen Formen der Bedürfnisbefriedigung, die auch schon Jugendliche vor 20 Jahren nutzten, sind in schwarzer Schrift dargestellt, die neuzeitlichen Ergänzungen in blauer Schrift.

Suche nach Orientierung und Sicherheit	Zu viele Möglichkeiten und zu wenige feste Maßstäbe schüren Ängste und führen zu Orientierungslosigkeit	• Zeitschriften • TV • Autoritäten • Marken • „Mit Handy ist man nie allein" • Internet • Foren
Umgang mit Sexualität	Steigendes Interesse am anderen Geschlecht und an sexueller Betätigung	• Flirten auf dem Schulhof, im Schwimmbad etc. • Lesen der „Bravo" • Flirten per Instant Messaging • Aufklärung per Internet
Streben nach Status	Wunsch nach Respekt und Wertschätzung, Ausprobieren der neuen Fähigkeiten	• Sport • Mode • Handies und Kontakte im Instant Messaging • Online-Bestenlisten für Gamer

Abb. 21: Jugendspezifische Bedürfnisse und Formen der Bedürfnisbefriedigung

Für die meisten Jugendlichen und jungen Erwachsenen nehmen reale Treffen mit Freunden und andere nicht-mediale Beschäftigungen einen entscheidenden Anteil an den bevorzugten Freizeitaktivitäten ein. Und so rangieren auch in den Studien „KIM" und „JIM" des Medienpädagogischen Forschungsverbundes Südwest (mpfs) Hausaufgaben/Lernen, Freunde treffen und Fernsehen bei den 6- bis 13-Jährigen sowie Freunde treffen, Sport und Ausruhen bei den 12- bis 19-Jährigen auf den ersten drei Plätzen. Hierbei sind die Werte in den vergangenen fünf Jahren nahezu unverändert geblieben. Bei den Jugendlichen ab 13 Jahren zeigt sich, dass mit zunehmendem Alter der Freundeskreis an Bedeutung gewinnt, während sportliche Aktivitäten, Unternehmungen mit der Familie und kreative Tätigkeiten seltener werden.[206] 96 % der befragten 18- bis 29-Jährigen in der Verbraucheranalyse 2009 geben an, in ihrer Freizeit am liebsten mit Freunden zusammen zu sein.[207] Das gleiche Bild ergibt sich in einer weiteren Untersuchung, in der Musik hören, mit Freunden

---

[206] Die 2008 bzw. 2009 durchgeführten Studien des Medienpädagogischen Forschungsverbundes Südwest untersuchten die Mediennutzung 6- bis 13-Jähriger („KIM-Studie") bzw. 12- bis 19-Jähriger („JIM-Studie"). Für die „KIM-Studie" 2008 wurden 1206 Kinder zwischen 6 und 13 Jahren sowie deren Mütter befragt, für die „JIM-Studie" 2009 insgesamt 1200 Kinder und Jugendliche zwischen 12 und 19 Jahren telefonisch und anschließend aus der Grundgesamtheit noch einmal 102 Personen vertiefend. Vgl.: Medienpädagogischer Forschungsverbund Südwest (mpfs) (2008), S. 9; 12; Medienpädagogischer Forschungsverbund Südwest (mpfs) (2009), S. 9 – 10.

[207] Die Ausgabe 2009 der Verbraucheranalyse (VA) Klassik bezieht sich auf die deutschsprachige Bevölkerung ab 14 Jahren mit mehr als 30.000 Fällen. Vgl.: Glas, I. (2009), S. 23.

zusammen sein sowie Computer/Internet/Handy die Rangfolge anführen,[208] und auch die Ergebnisse der *Shell Jugendstudie 2010* bestätigen die nach wie vor hohe Bedeutung des Austauschs mit „Peers" sowie weiterer nicht-medialer Aktivitäten für die Phase der Jugend und des jungen Erwachsenenlebens. Hier ist allerdings im Zeitvergleich der Studien aus den Jahren 2002, 2006 und 2010 auch ein deutlicher Beleg dafür zu finden, wie stark das Interesse der jüngeren Generation an neuen Medien ansteigt ohne dabei traditionellen Beschäftigungen „den Rang abzulaufen":[209]

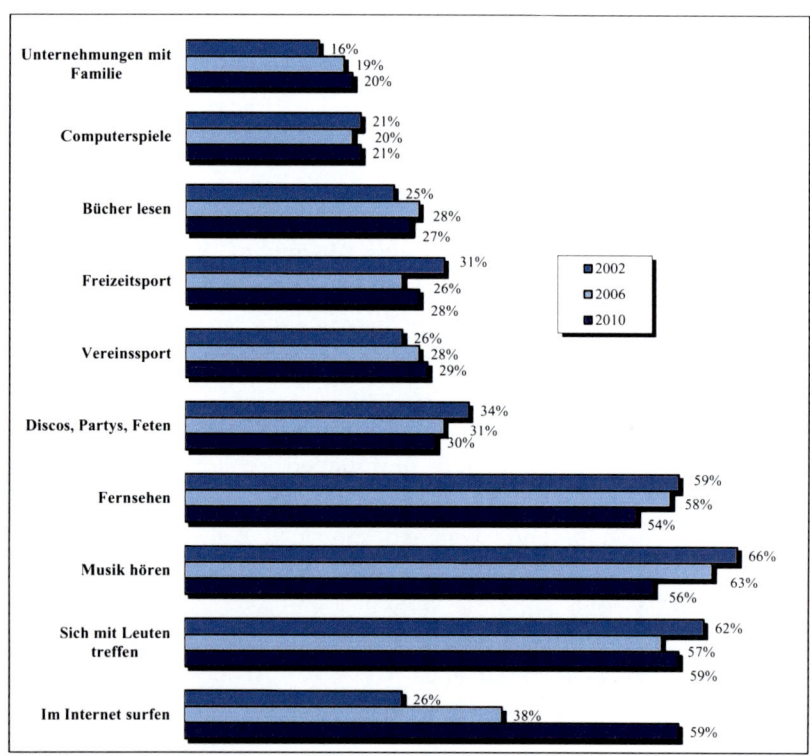

Abb. 22: Die zehn häufigsten Freizeitbeschäftigungen im Laufe einer Woche

---

208 Vgl.: Tully, C. J. (2008), S. 183.
209 Leven, I./Quenzel, G./Hurrelmann, K. (2010), S. 96 – 97.

Nach Erkenntnissen der *Shell Jugendstudien* wird das Freizeitverhalten von Jugendlichen und jungen Erwachsenen stark von deren sozialer Herkunft und ihrem Bildungsniveau geprägt. So verstärken sich bei jungen Menschen aus den oberen sozialen Schichten die prägenden Einflüsse des Elternhauses in der Freizeit, d. h. sie suchen Beschäftigungen wie Lesen, kreative oder künstlerische Aktivitäten oder pflegen aktiv soziale Kontakte, während sich die Freizeitgestaltung der weniger privilegierten Jugendlichen und jungen Erwachsenen eher als „Abtauchen" in die Gleichaltrigengruppe darstellt und von hoher Passivität geprägt ist, wobei Fernsehen und Computerspiele eine hohe Bedeutung einnehmen.[210] Dies bestätigt auch das *Generationenbarometer 2009*, wonach 55 % der 14- bis 17-Jährigen aus der „einfachen Schicht" täglich durchschnittlich drei oder mehr Stunden Fernsehen oder vor dem Computer sitzen (verglichen mit 34 % in der „breiten Mittelschicht" und 32 % in der „gehobenen Schicht").[211] Nicht selten geht damit eine Abwendung von Schule und Berufsausbildung einher bzw. die „Peer-Group" erzeugt eine Art Gruppendruck, sich im schulischen und beruflichen Bereich nicht zu stark zu engagieren.[212]

Die *Shell Jugendstudie 2010* differenziert vier Freizeittypen anhand typischer Freizeitbeschäftigungen:[213]

---

210 Vgl.: Shell Deutschland Holding (Hrsg.) (2010), S. 18; Langness, A./Leven, I./Hurrelmann, K. (2006), S. 77 – 86.

211 Vgl.: Köcher, R. (2009), S. 33.

212 Vgl.: Shell Deutschland Holding (Hrsg.) (2010), S. 19; Albert, M./Hurrelmann, K./Quenzel, G. (2010a), S. 42.

213 Die Bestimmung der unterschiedlichen Schichttypen erfolgt dabei mittels eines bestimmten Index, der vornehmlich auf dem Schulabschluss des Vaters basiert. Eine weitere Differenzierung ergibt sich über die finanzielle Lage, erfasst über die Selbsteinschätzung der Jugendlichen und jungen Erwachsenen zur Zufriedenheit mit der finanziellen Situation im Haushalt, über die Wohnform der Eltern (Eigenheim oder Miete) sowie über die geschätzte Anzahl der Bücher im Elternhaus. Vgl.: Leven, I./Quenzel, G./Hurrelmann, K. (2010), S. 98 – 100; Shell Deutschland Holding (Hrsg.) (2010), S. 400.

Freizeittyp	Anteil	„Top Ten" der Freizeitbeschäftigungen	Alter	Soziale Herkunft	Geschlecht
Kreative Freizeitelite	23 %	Musik hören (70 %) Bücher lesen (65 %) Sich mit Leuten treffen (48 %) Freizeitsport (47 %) Im Internet surfen (42 %) Fernsehen (42 %) Unternehmungen mit Familie (38 %) Kreatives/Künstlerisches (30 %) Computerspiele (22 %) Zeitschriften lesen (17 %) Vereinssport (17 %)	33 % 12 – 14 Jahre 20 % 15 – 17 Jahre 18 % 18 – 21 Jahre 25 % 22 – 25 Jahre	11 % Unterschicht 20 % Untere Mittelschicht 25 % Mittelschicht 25 % Obere Mittelschicht 29 % Oberschicht	18 % männlich 29 % weiblich
Gesellige Jugendliche	28 %	Sich mit Leuten treffen (87 %) Discos, Partys, Feten (57 %) Im Internet surfen (56 %) Musik hören (53 %) Fernsehen (40 %) Shoppen (34 %) Bücher lesen (24 %) Vereinssport (21 %) Freizeitsport (18 %) Unternehmungen mit Familie (17 %)	16 % 12 – 14 Jahre 26 % 15 – 17 Jahre 36 % 18 – 21 Jahre 28 % 22 – 25 Jahre	25 % Unterschicht 28 % Untere Mittelschicht 28 % Mittelschicht 29 % Obere Mittelschicht 27 % Oberschicht	20 % männlich 36 % weiblich
Medienfixierte	26 %	Fernsehen (84 %) Musik hören (79 %) Im Internet surfen (77 %) Sich mit Leuten treffen (56 %) Videos/DVD (46 %) Rumhängen (33 %) Discos, Partys, Feten (30 %)	23 % 12 – 14 Jahre 30 % 15 – 17 Jahre 24 % 18 – 21 Jahre 27 %	47 % Unterschicht 31 % Untere Mittelschicht 24 % Mittelschicht 19 % Obere Mittelschicht	31 % männlich 21 % weiblich

		Computerspiele (27 %) Shoppen (11 %) Vereinssport (9 %) Freizeitsport (9 %)	22 – 25 Jahre	20 % Oberschicht	
Engagierte Jugendliche	23 %	Vereinssport (74 %) Im Internet surfen (60 %) Fernsehen (48 %) Sich mit Leuten treffen (43 %) Freizeitsport (42 %) Computerspiele (36 %) Unternehmungen mit Familie (27 %) Discos, Partys, Feten (26 %) Musik hören (21 %) Sich im Projekt engagieren (19 %)	29 % 12 – 14 Jahre 24 % 15 – 17 Jahre 22 % 18 – 21 Jahre 20 % 22 – 25 Jahre	17 % Unterschicht 21 % Untere Mittelschicht 23 % Mittelschicht 28 % Obere Mittelschicht 25 % Oberschicht	32 % männlich 14 % weiblich

Abb. 23: Unterschiedliche Freizeittypen nach bevorzugten Freizeitbeschäftigungen und relevanten sozialen Merkmalen

Als eines der zentralen Probleme, die Kinder heute haben, sieht nahezu die Hälfte der Befragten in einer Untersuchung des *Instituts für Demoskopie Allensbach* eine zu starke Verplanung der Freizeit mit Aktivitäten.[214] In der Tat nehmen bzw. nahmen Angehörige der jüngeren Generation, gerade aus eher privilegierten Elternhäusern, an sehr viel mehr strukturierten, geplanten und überwachten Aktivitäten (z. B. musikalische und sprachliche Förderangebote, Nachhilfeunterricht, sportliche Aktivitäten etc.) teil als die Generationen vor ihnen, die vielfach noch ihre Freizeit im Freien mit Freunden in weitgehender „Eigenregie" verbrachten.

---

214 Für die Studie wurden insgesamt 1824 Personen ab 16 Jahren befragt. Vgl.: Institut für Demoskopie Allensbach (2007), S. 1 – 2; 7.

2.3 Engagement, Motivation und Zufriedenheit

Die jüngere Generation sieht den Einsatz für gesellschaftliche Angelegenheiten sowie für andere Menschen nach wie vor als selbstverständlich an. So halten beispielsweise 92 % der Studierenden im Rahmen Studie *„Generation05"* des *manager magazins* gesellschaftliches Engagement für gut und sinnvoll, nur 4 % lehnen es für sich persönlich grundsätzlich ab. Das tatsächliche Engagement deutscher Jugendlicher und junger Erwachsener fällt allerdings im internationalen Vergleich eher zurückhaltend aus.[215] Anzumerken ist in diesem Kontext jedoch, dass dauerhaftes ehrenamtliches und gesellschaftliches Engagement aufgrund der zunehmenden Instabilität der Lebensentwürfe und der Forderung nach Flexibilität und Mobilität seitens des Arbeitsmarktes immer schwieriger zu realisieren ist.[216] So engagieren sich 39 % oft, 41 % gelegentlich, viele von ihnen allerdings in mehreren Ehrenämtern gleichzeitig – ein leichter Anstieg in der *Shell Jugendstudie 2010* im Vergleich zu den Vorgängerstudien. Eher seltener beteiligen sich junge Menschen an übergreifenden Zielen oder setzen sich für unmittelbare gesellschaftspolitische Veränderungen ein. Sehr beliebt sind gerade bei Mädchen das Freiwillige Soziale Jahr, das Freiwillige Ökologische Jahr sowie der Europäische Freiwilligendienst. Jugendliche und junge Erwachsene aus den oberen Herkunftsschichten und mit höherer Bildung engagieren sich deutlich häufiger als junge Männer und Frauen sozial schwächerer Herkunft und niedrigeren Bildungsstandes.[217] Bei den bevorzugten Feldern für gesellschaftliches bzw. soziales Engagement stehen insbesondere jugendbezogene Interessen, z. B. in Bezug auf die Freizeitgestaltung, im Vordergrund, aber auch karitative Aktivitäten für sozial Schwache, Ausländer oder Benachteiligte sowie für ein besseres Zusammenleben,

---

215 Im Jahr 2005 erarbeitete das manager magazin in Kooperation mit der Unternehmensberatung McKinsey die Jugendstudie „Generation05". Dafür wurden 1.072 Studierende im Hauptstudium mit einem Durchschnittsalter von 24,7 Jahren befragt. Die Studie betrifft die Erwartungen und Einstellungen zum Arbeitsleben der Hochschüler in Deutschland. Vgl.: manager magazin (2005); Werle, K. (2005).
216 Vgl.: Allespach, M./Bartmann, M. (2011), S. 32.
217 Vgl.: Shell Holding Deutschland (Hrsg.) (2010), S. 22 – 23; Schneekloth, U. (2010), S. 152 – 157; Landesstiftung Baden-Württemberg (2005), S. 43; 92 – 94; Ferchhoff, W. (2007), S. 397; Trendbüro/Steinle, A./Wippermann, P. (2003), S. 42 – 45.

Sicherheit und Ordnung oder sonstige konkrete Fragestellungen, z. B. auch im kulturellen Bereich im Fokus.[218]

Als politisch interessiert bezeichnen sich 40 % der Befragten in der *Shell Jugendstudie 2010.* Ein recht geringer Wert verglichen mit dem hohen politischen Engagement der jüngeren Generation in den 1970er und 1980er Jahren und auch noch 57 % Zustimmung in der *Shell Jugendstudie* im Jahr 1991. Dennoch lässt sich im Laufe der vergangenen acht Jahre wieder ein leichter Aufwärtstrend bemerken, nachdem das politische Interesse im Jahr 2002 auf den bislang niedrigsten Wert von 34 % gesunken war. Dabei bekunden Gymnasiasten bzw. Abiturienten und Studierende sowie Jugendliche und junge Erwachsene aus der oberen Mittelschicht und Oberschicht deutlich mehr Interesse als ihre Altersgenossen mit einem niedrigeren Bildungsniveau sowie aus der unteren Mittelschicht und Unterschicht. Ebenfalls eine Rolle spielt offenbar das politische Interesse der Eltern – denn 69 % der Befragten mit stark politisch interessierten Eltern stellen dies auch für sich selbst fest. Im Zeitverlauf zeigt sich, dass gerade die 12- bis 14-Jährigen sowie die 15- bis 17-Jährigen sich in zunehmendem Maße für Politik interessieren. Geschlechtsbezogen weisen seit Jahren die jungen Männer ein deutlich höheres Interesse auf als die jungen Frauen. Die meisten Jugendlichen und jungen Erwachsenen, die sich aktiv über Politik informieren, tun dies nach wie vor über das Fernsehen, in etwas geringerem Umfang werden gleichrangig das Internet und Tageszeitungen herangezogen. Politisches Engagement findet allerdings nach wie vor jeder zweite Befragte für sich persönlich eher unwichtig, trotz einer leichten Bedeutungszunahme im Vergleich zum Jahr 2006. Auch die Wahlbeteiligung unter den Jüngeren bleibt eher rückläufig, und eine Herabsetzung des Wahlalters auf 16 Jahre und damit eine zahlenmäßig größere Einflussnahme auf politische Entscheidungen lehnen im Zeitverlauf immer mehr Jugendliche und junge Erwachsene ab - aktuell liegt dieser Wert bei 56 %.[219] Es zeigt sich eine ‚Tendenz zur Mitte', Ideologien wie sie die Elterngeneration noch vertrat, lassen sich nicht trennscharf ausmachen. Und so

---

218 Vgl.: Schneekloth, U. (2010), S. 153 – 154; manager magazin (2005); Werle, K. (2005); Landesstiftung Baden-Württemberg (2005), S. 43; 92 – 94.
219 Vgl.: Shell Deutschland Holding (Hrsg.) (2010), S. 20; Schneekloth, U. (2010), S. 130 – 133; 142 – 145.

lässt sich konstatieren: „Sicher ist, dass diese Generation wenig Lust verspürt, das System zu bekämpfen, sie hat große Lust, im System zu funktionieren."[220]

Das Gefühl der persönlichen Zugehörigkeit und des „Gebraucht-Werdens" bei einer sinnvollen Tätigkeit ist der Haupttreiber für das Engagement. Dabei erfolgt eher eine individuelle Orientierung, d. h. die Jugendlichen lassen sich nicht unbedingt von kollektiven Mustern oder entsprechenden Organisations-formen begeistern, sondern treten bevorzugt für konkrete Projekte ein. Institu-tionalisierte Gemeinschaftsformen (Parteien, Verbände etc.), die eine dauer-hafte Bindung voraussetzen, entsprechen nicht ihrer flexiblen Lebensweise und werden als zu starr und hierarchisch empfunden, weshalb hier die Mitglieds-zahlen unter Jugendlichen und jungen Erwachsenen eher rückläufig sind bzw. auf einen niedrigen Niveau verharren. Recht unterschiedlich ist dabei die Ein-schätzung von Vereinsaktivitäten. Während einige Quellen auch hier von ei-nem Rückgang der Zugehörigkeit sprechen, zeigt die *Shell Jugendstudie 2010* einen Anstieg im Zeitvergleich auf immerhin 47 % der Jugendlichen und jun-gen Erwachsenen, die in Vereinen gesellschaftlich aktiv sind, auf.[221] Politi-sches Engagement manifestiert sich immer seltener durch Parteizugehörigkeit in den traditionellen Parteien, sondern vermehrt über einzelne Aktionen, die für die Jugendlichen und jungen Erwachsenen von persönlicher Bedeutung sind (hierzu findet sich in der *Shell Jugendstudie 2010* eine Zustimmung von 77 % z. B. für eine Unterschriftenaktion) sowie auf globaler Ebene über das Internet (so z. B. in Form von Vereinigungen wie „Attac" oder „Occupy") bzw. durch Nichtwählertum oder die Hinwendung zu neuen, unkonventionellen Parteien wie der „Piraten-Partei".[222]

Untersuchungen weisen einen positiven Einfluss sozialen Engagements auf die Werteentwicklung junger Menschen nach, insbesondere im Hinblick auf die Berufsvorbereitung, die Fairness und das soziale Verhalten. Dies rührt nicht

---

220 Vgl.: von Rohr, M./Schulz, S. (2009), S. 22.
221 Vgl.: Shell Holding Deutschland GmbH (2010), S. 22; Schneekloth, U. (2010), S. 146 – 149; 156; Landesstiftung Baden-Württemberg (2005), S. 43; 92 – 94; Opaschowski, H. W. (2008), S. 540; Ferchhoff, W. (2007), S. 397; Trendbüro/Steinle, A./Wippermann, P. (2003), S. 42; manager magazin (2005); Werle, K. (2005).
222 Vgl.: Shell Deutschland Holding (Hrsg.) (2010), S. 22; Schneekloth, U. (2010), S. 146 – 147; Trendbü-ro/Steinle, A./Wippermann, P. (2003), S. 42 – 43; Attac (2010); Occupy (2011).

zuletzt daher, dass sie sich als „wirksamer Teil der Gesellschaft" erleben und lernen, Verantwortung zu übernehmen.[223]

Es gibt allerdings durchaus auch Stimmen, die daran zweifeln, dass die jüngere Generation in ausreichendem Maße Motivation und Energie besitzt, um beispielsweise den Arbeitsmarkt der Zukunft zu prägen.[224] *Opaschowski* verweist in diesem Kontext darauf, dass die Motivation der jüngeren Generation insbesondere durch die Interessantheit einer sinnvollen Tätigkeit, das unmittelbare Erleben von Leistung und Erfolg aus dem eigenen Handeln sowie die soziale Anerkennung der eigenen Leistung durch andere im Arbeitskontext gefördert wird – mehr als durch Gehalt und Status.[225] Die „Global Workforce Study" von *Towers Perrin* deutet darauf hin, dass Engagement und Motivation weitgehend altersunabhängig sind.[226]

74 % der Jugendlichen und jungen Erwachsenen in der *Shell Jugendstudie 2010* sind zufrieden bzw. sehr zufrieden mit ihrer aktuellen schulischen bzw. beruflichen Situation – ein recht stabiler Wert im Vergleich zu den Vorgängerstudien.[227] Nahezu identisch sind die Ergebnisse der *jugendspezifischen Auswertung der Verbraucheranalyse 2008*. Danach geben 85,3 % der 12- bis 19-Jährigen an, sehr zufrieden bis zufrieden mit ihrem Leben zu sein. Es zeigt sich allerdings, dass die Zufriedenheit mit steigendem Alter abnimmt und sich so den Werten den Erwachsenen annähert: Während bei den 12- bis 13-Jährigen noch 90,2 % sehr zufrieden bzw. zufrieden sind, sinkt der Wert für die 18- bis 19-Jährigen bereits auf 79,9 %.[228] Und auch die *Verbraucheranalyse 2009* weist ähnliche Zustimmungswerte bei den 18- bis 29-Jährigen auf: 81 % sind zufrieden mit ihrem Leben.[229]

Ebenso wie bereits in anderen Aspekten angeführt, hängt die Zufriedenheit nicht unerheblich vom sozialen Niveau ab – nur 40 % der Jugendlichen und

---

223 Vgl.: Landesstiftung Baden-Württemberg (2005), S. 55 – 57.
224 Vgl.: Parment, A. (2009), S. 67 – 68.
225 Vgl.: Opaschowski, H. W. (2008), S. 59.
226 Für die „Global Workforce Study" wurden im Jahr 2007 über 86.000 Arbeitnehmer weltweit, darunter mehr als 3.000 in Deutschland, befragt. Zentrales Anliegen der Studie ist es, die wesentlichen Aspekte des Mitarbeiterengagements, der Mitarbeiterbindung sowie der Attraktivität von Unternehmen zu erfassen und zu analysieren. Vgl.: Towers Perrin (2007), S. 19 – 20.
227 Vgl.: Leven, I./Quenzel, G./Hurrelmann, K. (2010), S. 122 – 124; Gensicke, T. (2010), S. 190.
228 Verlagsgruppe Bauer/Axel Springer (2008), S. 6 – 7.
229 Vgl: Glas, I. (2009), S. 18.

jungen Erwachsenen aus der Unterschicht geben an, (sehr) zufrieden mit ihrem Leben zu sein, verglichen mit 84 % aus der Oberschicht. Analog sind auch nur 24 % derjenigen, die ihre finanzielle Lage als sehr schlecht einstufen, mit ihrem Leben zufrieden.[230] Einen Einfluss auf die Zufriedenheit nehmen darüber hinaus auch die Wertorientierungen und Muster der Lebensbewältigung jedes Einzelnen.[231] Von den Studierenden, die im Rahmen der *Studentenstudie* der *Ernst & Young GmbH* befragt wurden, zeigen sich 87 % zufrieden mit ihrer aktuellen persönlichen Situation. Diese umfasst nach der vorgegebenen Definition sowohl private und familiäre als auch finanzielle Faktoren. Etwa jeder Dritte gibt gar an, sehr zufrieden zu sein. In den Vergleichsstudien 2008 und 2009 zeigen sich hierbei nahezu identische Werte.[232]

2.4 Gesellschaftliche Fragestellungen und Zukunftssicht

Befragt nach der **Zukunft der Gesellschaft** äußern sich 47 % der Jugendlichen und jungen Erwachsenen in der *Shell Jugendstudie 2010* zuversichtlich – eine Steigerung zum Positiven, nachdem die Zukunftssicht im Jahr 2006 mit 43 % Optimisten einen Tiefstand im Zeitverlauf erlebt hatte.[233] In der Studie *„Mindsets 3.0"* blicken gar nur 24 % der Befragten positiv in die gesellschaftliche Zukunft.[234] An dieser Stelle empfiehlt sich eine Vertiefung ausgewählter Fragestellungen zur Zukunft der Gesellschaft.

Die Studierenden im Rahmen der Befragung zur *„Generation05"* werden durchaus nicht unerheblich von Ängsten in Bezug auf die Gesellschaft bewegt, die sich differenziert nach Geschlecht sowie Studienrichtung (nachfolgend ist beispielhaft die Fachrichtung Wirtschaftswissenschaften aufgeführt) in

---

230 Vgl.: Leven, I./Quenzel, G./Hurrelmann, K. (2010), S. 122 – 124; Gensicke, T. (2010), S. 191.
231 Vgl.: Gensicke, T. (2010), S. 208 – 226.
232 Die Studentenstudie „Studenten in Deutschland 2009" basiert auf einer repräsentativen Befragung von 3.000 Studenten in Deutschland. Die Befragung erfolgte per Telefon und wurde im Juni 2009 von einem unabhängigen Meinungsforschungsinstitut (Valid Research, Bielefeld) im Auftrag der Ernst & Young GmbH Wirtschaftsprüfungsgesellschaft durchgeführt. Vgl.: Ernst & Young GmbH (2009), S. 4.
233 Vgl.: Shell Deutschland Holding (Hrsg.) (2006), S. 15 – 17; Langness, A./Leven, I./Hurrelmann, K. (2006), S. 73 – 76; Willert, M./Picot, S. (2008), S. 93 – 95. Nichts desto trotz beobachtet die Shell Jugendstudie 2010 einen leichten Anstieg des Optimismus im Vergleich der Jahre 2006 und 2010. Vgl.: Shell Deutschland Holding (Hrsg.) (2010), S. 16; Leven, I./Quenzel, G./Hurrelmann, K. (2010), S. 117 – 127.
234 Vgl.: Viacom Brand Solutions (2008), S. 7 – 20.

unterschiedlicher Ausprägung zeigen, wie die nachfolgende Abbildung veranschaulicht:[235]

	Alle Studierenden in %	Männliche Studierende in %	Weibliche Studierende in %	Fachrichtung Wirtschaftswissenschaften in %
Wirtschaftskrise, Arbeitslosigkeit	62	49	76	66
Bildungsmisere	55	51	60	54
Demografische Entwicklung/Überalterung	55	63	45	61
Pessimismus/Mutlosigkeit	35	35	35	35
Klimaveränderung/ Umweltzerstörung	30	33	28	22
Kampf der Kulturen	21	24	18	20
Erschöpfung der Rohstoffe/Energieversorgung	12	15	9	12
Kriege	8	7	10	10
Bio-/Gentechnologie	4	3	6	6
Technikfeindlichkeit	4	5	3	0

Abb. 24: Ängste von Studierenden

67 % der in der *Shell Jugendstudie 2010* befragten Jugendlichen und jungen Erwachsenen halten die **Alterung der Bevölkerung** für ein großes bzw. sehr großes Problem – ein Trend, der sich zwar seit 2006 leicht abgeschwächt hat (70 %), jedoch noch immer fortsetzt. Die *Shell Jugendstudie 2006* beobachtete das Problembewusstsein insbesondere bei bereits Erwerbstätigen bzw. Jugendlichen kurz vor dem Eintritt in das Erwerbsleben – jedoch ließ sich keine Einheitlichkeit dahingehend feststellen, was genau daran als problematisch

---

235 manager magazin (2005).

erachtet wurde. Recht klar scheint der jüngeren Generation allerdings in überwiegender Mehrheit, dass sie mit Bezug zur staatlichen Rente nicht mehr viel wird erwarten können und private Vorsorge treffen muss.[236] So stieg in einer *forsa*-Umfrage im Auftrag des Magazins *NEON* in der Gruppe der 18- bis 35-Jährigen zwischen 2009 und 2011 der Anteil derer, die angeben, eine private Rentenvorsorge getroffen zu haben, von 47 % auf 62 %.[237] Nur 7 % der Befragten der Studie „Generation05" rechnen damit, vor ihrem 65. Lebensjahr in **Rente** gehen zu können. Als wünschenswert bezeichnen dies indes 72 % von ihnen. 23 % glauben, das künftige Renteneintrittsalter sei nicht vorhersagbar, etwa gleich viele gehen von einem Renteneintrittsalter von 65 bzw. 70 Jahren aus.[238] 72 % der von *forsa* befragten jungen Erwachsenen befürchten, im Alter zu wenig Geld zu haben.[239]

Mit **Globalisierung** verbindet die jüngere Generation laut *Shell Jugendstudie 2010* vor allem (84 %), in der ganzen Welt reisen, studieren oder arbeiten zu können, 80 % sehen insbesondere die kulturelle Vielfalt. Allerdings stellen sehr viel mehr Jugendliche und junge Erwachsene (53 %) als noch 2006 (37 %) einen Zusammenhang zwischen der Globalisierung und wirtschaftlichem Wohlstand her. Angestiegen ist auch der Anteil derer, die mit Globalisierung Umweltzerstörung (Anstieg von 56 % in 2006 auf 63 % in 2010) assoziieren. Die *Shell Jugendstudie 2010* unterscheidet Globalisierungsbefürworter, die insgesamt 28 % der Befragten ausmachen, Globalisierungsgegner, die mit 19 % vertreten sind sowie den Globalisierungs-Mainstream mit 50 %, für den Vor- und Nachteile sich in etwa aufwiegen. Im Vergleich zur Studie des Jahres 2006 zeigt sich, dass die Globalisierung deutlich mehr Jugendlichen und jungen Erwachsenen – auch aus der Unterschicht – ein Begriff ist. Auf diesen erhöhten Wissensstand wird auch die Zunahme der Befürworter (2006 lag dieser Anteil noch bei 18 %) sowie der

236 Vgl.: Willert, M./Picot, S. (2008), S. 103 – 105; Shell Deutschland Holding GmbH (2006), S. 22 – 23 Schneekloth, U. (2006b), S. 152 – 157; Schneekloth, U./Albert, M. (2010), S. 166 – 169.
237 Vgl.: Haaf, M./Bauer, P. (2012), S. 35. Das Meinungsforschungsinstitut forsa befragte 2011 im Auftrag der Zeitschrift NEON 1000 Männer und Frauen zwischen 18 und 35 Jahren. Die Vergleichswerte stammen ebenfalls aus einer forsa-Umfrage aus dem Jahr 2009.
238 Vgl.: manager magazin (2005); Werle, K. (2005).
239 Vgl.: Haaf, M./Bauer, P. (2012), S. 35.

Rückgang im Anteil der Gegner (2006 waren es noch 27 %) zurückgeführt.[240] Auch wenn die Bedenken in Bezug auf die Folgen der Globalisierung nach einer Umfrage des *Instituts für Demoskopie Allensbach* aus dem Jahr 2006 in der Gruppe der 16- bis 29-Jährigen geringer sind als in älteren Kohorten, überwiegen für 42,3 % doch die Risiken. 54,2 % befürchten, dass Arbeitsplätze verloren gehen, 76,2 %, dass diese ins Ausland verlagert werden.[241] In der *Shell Jugendstudie 2010* lässt sich, wenn auch nur vergleichsweise schwach, ein Zusammenhang zwischen Globalisierungsängsten bzw. einer nachteiligen Sicht und einem niedrigen Bildungsstand bzw. sozialen Risikolagen erkennen.[242] So überrascht es auch kaum, dass sich in der isolierten Befragung von Studierenden im Rahmen der Studie *„Studenten in Deutschland 2009"* der *Ernst & Young GmbH* eine deutlich höhere Zustimmung zur Globalisierung zeigt: 78 % sehen sie als Chance für ihr Land und gar 85 % glauben, dass die Globalisierung einen Vorteil für ihre persönliche Entwicklung darstellt.[243]

Der **Klimawandel** ist 95 % der Jugendlichen und jungen Erwachsenen in der *Shell Jugendstudie 2010* ein Begriff, 47 % von ihnen halten ihn über alle sozialen Schichten und Bildungspositionen hinweg für ein großes, 29 % für ein sehr großes Problem. Immerhin 52 % der Befragten ab 18 Jahren berichten, dass sie infolge dessen bewusst im Alltag Energie sparen, 44 % fahren häufiger Fahrrad als Auto und 39 % entscheiden sich für ein kleineres Auto. Weitere Aktivitäten wie der Verzicht auf Fernreisen oder konkretes politisches Engagement für den Klimaschutz sind eher selten anzutreffen.[244] Beim allgemeinen Thema **Umweltschutz** weisen die älteren Kohorten allerdings deutlich höhere Aktivitätswerte auf als die unter 30-Jährigen: Während 62 % der 30- bis 49-Jährigen sowie 63 % der über 50-Jährigen angeben, in den letzten Jahren

---

240 Vgl.: Shell Deutschland Holding (Hrsg.) (2010), S. 25 – 26; Schneekloth, U./Albert, M. (2010), S. 170 – 175.
241 Im Jahr 2004 wurden im Rahmen dieser Befragung durch das Institut für Demoskopie Allensbach 1.269 Personen mit folgender Frage konfrontiert: „Woran denken Sie, wenn Sie das Wort ‚Globalisierung' hören, was denken Sie über die Globalisierung?" Im Anschluss daran wurden 728 der Befragten, die eine ungefähre Vorstellung von Globalisierung hatten, weitergehend interviewt: „Wenn von Globalisierung die Rede ist, was überwiegt dann bei Ihnen: Sehen Sie alles in allem mehr die Chancen oder mehr die Risiken?" Vgl.: Meier, B./Schröder, C. (2007), S. 84.
242 Vgl.: Shell Deutschland Holding (Hrsg.) (2010), S. 25 – 26; Schneekloth, U./Albert, M. (2010), S. 170 – 175.
243 Vgl.: Ernst & Young GmbH (2009), S. 5.
244 Vgl.: Schneekloth, U./Albert, M. (2010), S. 177 – 184.

persönlich umweltbewusster geworden zu sein, bejahen dies nur 50 % der unter 30-Jährigen.[245] Dies bestätigt auch die *Verbraucheranalyse 2009*, in der sich das Bewusstsein für Nachhaltigkeit und ökologische Produkte in der Gruppe der 18- bis 29-Jährigen im Altersvergleich als eher gering erweist:[246]

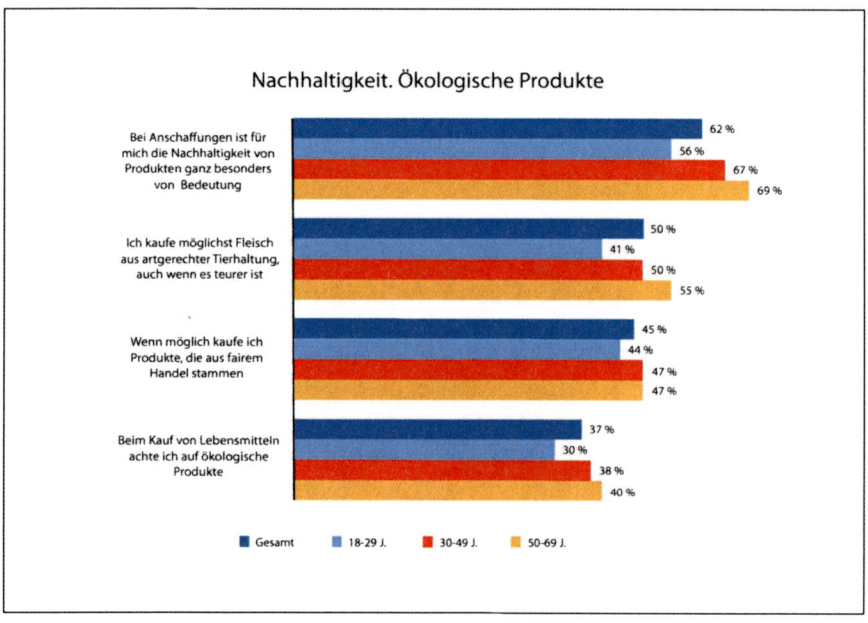

Abb. 25: Einstellung unterschiedlicher Altersgruppen zu Nachhaltigkeit und ökologischen Produkten

Mit der **Demokratie** in Deutschland zeigen sich 63 % der Befragten in der *Shell Jugendstudie 2010* zufrieden. Dabei ist die Zustimmung in den alten Bundesländern nach wie vor stärker ausgeprägt, allerdings steigen die entsprechenden Werte auch im Osten beständig an. Ebenso nähern sich die unterschiedlichen sozialen Gruppen in ihrer Demokratiezufriedenheit immer mehr aneinander an, so dass hier kaum noch nennenswerte Unterschiede auszumachen sind. Arbeitslose Jugendliche und junge Erwachsene sowie die-

---

245 Repräsentativbefragung von 2000 Personen ab 14 Jahren. Vgl.: Opaschowski, H. W. (2008), S. 202.
246 Glas, I. (2009), S. 33.

jenigen ohne Ausbildungsabschluss sind erwartungsgemäß am wenigsten, Studierende am meisten zufrieden.[247] Ablehnend steht die Mehrheit der Jugendlichen und jungen Erwachsenen (53 %) den **Auslandseinsätzen der Bundeswehr** gegenüber – eine deutliche Veränderung zum Wert des Jahres 2002 (29 %) und Ausdruck dafür, dass auch dieses Thema stärker in das Alltagswissen der jüngeren Generation vorgedrungen ist. Während die Unterschiede zwischen den sozialen Schichten nur marginal sind, sprechen sich im Osten deutlich weniger Jugendliche und junge Erwachsene für eine Beteiligung der Bundeswehr aus.[248]

Als **gesellschaftliche Gestaltungsfelder** sieht die jüngere Generation in der *Shell Jugendstudie 2006* insbesondere den Arbeitsmarkt (78 %), Kinder und Familie (53 %), Bildung (42 %) sowie die Altersversorgung (40 %) an,[249] die Befragten in der Studie *„Mindsets 3.0"* bemängeln vor allem die große Kluft zwischen Arm und Reich,[250] und *Opaschowski* stellt fest, dass Jugendlichen und jungen Erwachsenen zwischen 14 und 29 die Friedenssicherung sowie die Lösung des Umweltproblems wichtiger als die Sicherung des Wohlstands bzw. des Lebensstandards erscheinen.[251] Auch die *Generationenstudie 2005* der *Hanns Seidel Stiftung* zeigt, dass die jüngere Generation gemeinsam mit den mittleren Altersjahrgängen als zentrale bundespolitische Aufgaben Arbeitslosigkeit bzw. -plätze, sowie Schul-/Bildungspolitik und Hochschulpolitik/Studiengebühren nennt. Generell lassen sich in dieser Studie zwischen den verschiedenen Generationen zwar graduelle, jedoch keine grundlegenden Auffassungsunterschiede im Hinblick auf die Wahrnehmung der Wichtigkeit politischer Probleme und Aufgaben feststellen.[252]

Was ihre **persönliche Zukunft** anbelangt, sind deutlich mehr Optimisten zu finden als im Zusammenhang mit der gesellschaftlichen Entwicklung: 59 % der Jugendlichen und jungen Erwachsenen in der *Shell Jugendstudie 2010*

---

247 Vgl.: Schneekloth, U. (2010), S. 136 – 137.
248 Vgl.: Schneekloth, U. (2010)/Albert, M. (2010), S. 175 – 177.
249 Vgl.: Schneekloth, U. (2006a), S. 120.
250 Vgl.: Viacom Brand Solutions (2008), S. 7 – 20.
251 Vgl.: Opaschowski, H. W. (2008), S. 535.
252 Für die „Generationenstudie 2005" der Hanns Seidel Stiftung wurden 2.508 Interviews mit Personen ab 16 Jahren in Deutschland geführt. Dabei gilt die Kategorisierung „jung" für die 16- bis 34-Jährigen, „mittel" sind die 35- bis 59-Jährigen, „alt" alle Befragten über 60 Jahre. Vgl.: Hanns Seidel Stiftung (2005), S. 15.

äußern sich eher zuversichtlich, 35 % haben „gemischte Zukunftssichten" und nur 7 % sind pessimistisch.[253] Ebenso in der Studie „Mindsets 3.0", nach der 74 % der Befragten wohlgemut in die eigene Zukunft schauen.[254] Auch bei der Frage des *Instituts für Demoskopie Allensbach* Ende 2005, ob sie dem kommenden Jahr mit Hoffnungen oder Befürchtungen entgegen sehen, dominierten für sechs von zehn Befragten aus der Altersgruppe der 16- bis 29-Jährigen die Hoffnungen, wobei allerdings zu konstatieren ist, dass seit Mitte der achtziger Jahre eine tendenzielle Zunahme der Befürchtungen in allen Altersgruppen zu verzeichnen ist.[255]

Der Druck, keine Chancen im Leben zu verpassen, ist für die jüngere Generation deutlich höher als für die Vorgängergenerationen und vielfach bereits im Kindesalter spürbar. Dies steht einerseits im Zusammenhang mit der Zunahme an Wahlmöglichkeiten,[256] vor allem in Hinblick auf die Berufswahl, die früher recht eingeschränkt war: „Die Söhne von Bauern wurden Bauern und die von Schmieden wurden Schmiede, das war vorgezeichnet. Ein junger Mensch hatte damals nur wenige Wahlmöglichkeiten und daher auch wenig Angst, die falsche Entscheidung zu treffen."[257] Zum anderen resultieren Ängste aber auch aus dem steigenden Bemühen der Eltern, ihren Kindern möglichst früh die möglichst beste Förderung zuteilwerden zu lassen, da sie sich bewusst sind, dass eine gute Qualifikation immer stärker zum entscheidenden Faktor im Erwerbsleben wird. Nicht selten vermitteln auch die Eltern denjenigen, die nach einer vergleichsweise langen beruflichen Ausbildung im Altersvergleich deutlich länger als sie selbst dafür brauchen, sich eine stabile Existenz aufzubauen und eine Familie zu gründen, dass sie im Leben noch nichts erreicht haben. Als Kinder einer „Aufsteigergeneration" messen sich die heute etwa 30-Jährigen an ihren Eltern, können aber deren Aufstiegserfahrungen nicht mehr wiederholen, was nicht selten zu Frustrationen führt.[258] Hinzu

---

253 Vgl.: Shell Deutschland Holding (Hrsg.) (2010), S. 16.
254 Vgl.: Viacom Brand Solutions (2008), S. 7 – 20.
255 Bei dieser Umfrage des Instituts für Demoskopie Allensbach stand das Thema „Sehen Sie dem kommenden Jahr mit Hoffnungen oder Befürchtungen entgegen?" im Mittelpunkt. Zur Grundgesamtheit wird in der Quelle keine Aussage getroffen. Vgl.: Meier, B./Schröder, C. (2007), S. 95 – 96.
256 Vgl.: Haaf, M./Bauer, P. (2012), S. 26.
257 Schmidbauer, W. (2011), S. 37.
258 Vgl.: Trendbüro/Steinle, A./Wippermann, P. (2003), S. 39; Leuzinger-Bohleber, M. (2010), S. 42; Schmidbauer, W. (2011), S. 37 – 40.

kommt die gesellschaftliche Erwartungshaltung, wonach die Jüngeren „mehr arbeiten, immer flexibler sein, Kinder kriegen, die Umwelt schützen, den Euro retten"[259] sollen. Gerade bei dieser Altersgruppe ist auch sehr viel deutlicher als bei den jüngeren Kohorten das Bewusstsein zu erkennen, mit einer Schuldenlast des Staates in einer schrumpfenden und alternden Gesellschaft leben zu müssen.[260] In jedem Fall erwarten viele Angehörige der jüngeren Generation, dass ihre Zukunft sich schwieriger gestalten wird als das, was ihre Eltern zu bewältigen hatten.[261]

Der Zeitvergleich der *Shell Jugendstudien* zeigt, dass zwar bei der Mehrheit der Jugendlichen und jungen Erwachsenen der Optimismus ob der eigenen Zukunftsperspektiven zunimmt, dass allerdings die sozialen Unterschiede in der Wahrnehmung immer deutlicher zutage treten. So ist der Trend bei den Befragten aus der schwächsten sozialen Schicht gegenläufig, nur noch 33 % äußern sich 2010 optimistisch – diese Anteile lagen in den Vorgängerstudien 2002 und 2006 noch bei 40 % bzw. 35 %. Hinzu kommt, dass diejenigen, die sich unsicher sind, ihren angestrebten Schulabschluss zu erreichen, mit nur 27 % deutlich seltener optimistisch sind als diejenigen, die sich (sehr) sicher sind, dass sie den angestrebten Schulabschluss erreichen werden (60 %).[262]

2.5   Leistungs- und Zielorientierung

Opaschowski spricht im Zusammenhang mit der jüngeren Generation von einer „Leistungsexplosion" und bezieht sich damit nicht zuletzt darauf, dass seit Mitte der 90er Jahre ein Wiederaufleben von Werten wie Leistung und Sicherheit sowie Tugenden wie Fleiß und Ehrgeiz zu beobachten ist. Er führt die Abschwächung des Selbstentfaltungstrends in Westdeutschland nicht zuletzt auf die Wiedervereinigung zurück, die überwiegend konservative Werte aus dem Osten mit sich brachte. So stießen bei einer Umfrage im Jahr 2001 Pflicht- und Akzeptanzwerte (wie z. B. Fleiß, Pflichterfüllung, Gehorsam und

---

259 Kunz, A. (2010), S. 3.
260 Vgl.: Weiguny, B. (2010), S. 42.
261 Vgl.: Opaschowski, H. W. (2008), S. 517.
262 Vgl.: Shell Deutschland Holding GmbH (2010), S. 16 – 17; Leven, I./Quenzel, G./Hurrelmann, K. (2010), S. 125 – 126.

Disziplin) auf eine deutlich größere Resonanz als 1989, während im Vergleich die Selbstentfaltungswerte an Bedeutung einbüßten.[263] Das bestätigen die *Shell Jugendstudien* seit dem Jahr 2000, wonach die so genannten Sekundärtugenden Fleiß und Ehrgeiz in der Werteskala der Jugendlichen und jungen Erwachsenen bis hin zum Jahr 2010 eine stetige Bestärkung erfahren haben.[264] Auch 75 % der befragten 18- bis 29-Jährigen im Rahmen der *Verbraucheranalyse 2009* halten sich selbst für pflichtbewusst und diszipliniert. Hierzu gilt allerdings anzumerken, dass bei den älteren Befragten die Zustimmungswerte noch deutlich höher ausfallen. Was die Orientierung an den eigenen Plänen und Zielen anbelangt, zeigt sich die jüngere Generation durchaus auch sehr ehrgeizig. So bejahen in der gleichen Umfrage immerhin 81 % der 18- bis 29-Jährigen die Aussage „Ich habe ehrgeizige Pläne und Ziele, will weiterkommen" (verglichen mit 67 % der 30- bis 49-Jährigen und 41 % der 50- bis 69-Jährigen).[265]

Der Leistungsbegriff wird zunehmend breiter definiert als rein über den Beruf. Durch die Relativierung der Arbeit als „Lebenssinn" im Vergleich zu Lebensgenuss und der Wertschätzung von Familie und Freundeskreis bezieht sich Leistung immer stärker auf das gesamte Leben, in dem es darum geht, etwas „Produktives" zu leisten, seine Pflicht zu erfüllen und Erfolg zu haben. Gerade für die Jüngeren gehören auch kreative Leistungen unbedingt zur Leistungskultur. Daneben verstehen sie unter Leistung auch „sich Freiheiten leisten zu können".[266] Und so sprechen sich die 18- bis 29-Jährigen bei der Frage, ob sie Leistung oder Lebensgenuss den Vorzug geben, zwar sehr deutlich – deutlicher als noch in den vergangenen zehn Jahren – für die Leistungsorientierung aus,[267] allerdings stellen für die jüngere Generation Leistung und Lebensgenuss, Kreativität und ein sicheres Lebensumfeld keine Gegensätze mehr dar, d. h. Jugendliche und junge Erwachsene zeigen sich vor allem

---

263 Opaschowski, H. W. (2008), S. 591 – 626.
264 Vgl.: Gensicke, T. (2010), S. 194 – 197.
265 Vgl.: Glas, I. (2009), S. 19; 21.
266 Vgl.: Opaschowski, H. W. (2008), S. 627 – 629; Meier, B./Schröder, C. (2007), S. 100, von Rohr, M./Schulz, S. (2009), S. 22.
267 Bei Repräsentativbefragungen von jeweils 2000 Personen im Alter von 18 – 29 Jahren entschieden sich 1996 noch 37 % für Leistung und 31 % für Lebensgenuss, 2000 waren es 42 % bzw. 26 %, und 2007 stieg der Wert für die Leistungsorientierung auf 56 % an, während für den ausschließlichen Lebensgenuss nur noch 10 % votierten. Vgl.: Opaschowski, H. W. (2008), S. 626.

dann leistungsorientiert, wenn dadurch Lebensfreude und -genuss nicht zu stark beeinträchtigt werden.[268] „So ehrgeizig und karriereorientiert die junge Generation auch sein mag, wichtiger als ein hoher Lebensstandard und beruflicher Erfolg ist es für sie, ein gutes Familienleben zu führen, die Anerkennung durch Freunde zu genießen sowie in einer vertrauensvollen Partnerschaft zu leben. [...] Die herkömmlichen, ‚bürgerlichen' Wertorientierungen werden von den Jugendlichen jedoch mit den modernen Selbstentfaltungswerten zu einem individuellen ‚Wertecocktail' vermischt. Werte werden vor allem danach beurteilt, ob sie für das eigene Leben nützlich und sinnvoll sind."[269] Und so ist es zwar für 60 % der Befragten in der *Shell Jugendstudie 2010* besonders wichtig, fleißig und ehrgeizig zu sein, doch ebenso möchten 57 % mit gleicher Intensität ihr Leben genießen.[270]

Hinzu kommt ein weiterer Faktor. Vieles spricht dafür, dass sich das ausgeprägte Pflichtgefühl der jüngeren Generation weniger auf die Erfüllung von Verpflichtungen anderer gegenüber bezieht, wie dies bei Vorgängergenerationen der Fall war. Die Jugendlichen und jungen Erwachsenen fühlen sich eher ihrem persönlichen Erfolg verpflichtet. Dies verwundert kaum, denn die Angehörigen der jüngeren Generation stehen – wie gesehen – unter einem höheren Leistungsdruck als die Vorgängergenerationen, der teils sogar für Kinder als Problem identifiziert wird.[271] Bereits im jungen Alter wird insbesondere in der bildungsnahen Schicht vermittelt, dass in einer Leistungsgesellschaft Fleiß und Ehrgeiz unerlässlich sind, um seine Ziele zu erreichen.[272] Ebenso ist der jüngeren Generation bewusst, dass sie in der Regel über eine „komfortablere" Ausgangsposition in Bezug auf gesellschaftliche und politische Rahmenbedingungen sowie schulische und berufliche Perspektiven verfügt als noch die Eltern und Großeltern. Dies geht unweigerlich mit dem Druck und dem Pflichtgefühl einher, das beste aus der Vielfalt an vorhandenen Chancen zu machen, wobei es durchaus auch zu einer Umdeutung äu-

---

268 Vgl.: Opaschowski, H. W. (2008), S. 627 – 629; Gensicke, T. (2006), S. 175 – 176.
269 Albert, M./Hurrelmann, K./Langness, A./Quenzel, G. (2006), S. 445.
270 Vgl.: Shell Deutschland Holding (Hrsg.) (2010), S. 29.
271 Vgl.: Institut für Demoskopie Allensbach (2007), S. 1 – 2; 7.
272 In einer Repräsentativbefragung von 2000 Personen ab 14 Jahren aus dem Jahr 2008 geben 43 % der Befragten an, dass der Begriff „Leistungsgesellschaft" die gesellschaftliche Entwicklung bzw. derzeitige Situation am treffendsten beschreibt. Vgl.: Opaschowski, H. W. (2008), S. 624; Shell Deutschland Holding (Hrsg.) (2010), S. 28.

ßerer Erwartungshaltungen zu inneren Wünschen kommen kann. Und so beobachtet man nicht selten die Tendenz, alle Optionen auszuschöpfen, auch wenn die Karriereorientierung nicht besonders ausgeprägt ist – „für alle Fälle" möchte man den höchst möglichen Abschluss in der Tasche haben, um für die Eventualitäten des Lebens bestens gerüstet zu sein.[273] „Der Angehörige dieser Generation, das ist die Schwierigkeit, muss eigentlich in jeder Hinsicht perfekt sein. Selbstoptimierung nennt man das. Er soll nicht nur Karriere machen und toll aussehen, sondern sich mit Musik und Büchern und Filmen auskennen, Partys feiern, seinen Körper stählen, sexuell performen, Fremdsprachen können. Und dann auch noch einen Partner finden, der so perfekt zu sein hat, wie man es selbst gern wäre."[274] Darüber, inwieweit der Leistungsdruck als Belastung empfunden wird und zu psychischen Problemen führen kann oder aber als Selbstverständlichkeit gesehen und für gut und wichtig befunden wird gehen die Meinungen auseinander. So warnen Experten immer wieder davor, ein zu enger Terminkalender bei Jugendlichen verbunden mit einer entsprechenden Erwartungshaltung seitens der Eltern in Bezug auf schulische Leistungen, aber auch musische und/oder sportliche Aktivitäten berge die Gefahr von Depressionen und Störungen im Sozialverhalten.[275] Zu einem überraschend anderen Ergebnis hingegen kommt eine – nicht repräsentative, aber dennoch eindrucksvolle – Befragung einer Jugendlichen unter 120 Gleichaltrigen. Danach empfinden diese durchaus einen hohen Leistungs- und Erwartungsdruck, den sie sich aber zu einem beträchtlichen Teil auch selbst machen und als unerlässlich ansehen, um etwas zu erreichen. Sie loben ebenso die Erziehungsleistung ihrer Eltern und berichten trotz knapper Freizeit von einem ausgeprägten Lebensgenuss.[276]

In jedem Fall ist davon auszugehen, dass Jugendliche und junge Erwachsene durchaus realistisch einschätzen, dass sie sich auch am Arbeitsmarkt in gewisser Weise individualistisch und leistungsorientiert verhalten müssen, um kon-

---

273 Vgl.: Sierke, B. R. A./Albe, F. (2010), S. 35; Trendbüro/Steinle, A./Wippermann, P. (2003), S. 50 – 51; Albert, M./Hurrelmann, K./Quenzel, G. (2010b), S. 344; Held, J./Bibouche, S./Billmann, L./Kempf, M./Kröll, T. (2011a), S. 59 – 60.

274 Vgl.: von Rohr, M./Schulz, S. (2009), S. 23.

275 Vgl.: Kirchberg, A. (2012), S. 5; Lohaus, A. (2006); Stelzer, T. (2009).

276 Vgl.: Kloepfer, I./Kloepfer, I. (2012), 35.

kurrenzfähig zu bleiben und nicht „abzusteigen".[277] Bei der Befragung von Oberstufenschülern in der Studie *Arbeitswelten 2020* nach ihren Vorstellungen von einem künftigen Arbeitsplatz gehen mehr als die Hälfte davon aus, während ihres Arbeitsalltags mehrere Sprachen zu sprechen bzw. weltweite Aktivitäten zu haben. Viel Freizeit zu haben, rangiert bei den Erwartungen und Wünschen für das Berufsleben im Jahr 2020 auf einem der hintersten Plätze.[278] Im Kontrast dazu steht eine Umfrage des Soziologen Heinz Bude unter Berufsschullehrern aus dem Jahr 2006, in denen diese berichteten, ihrer Einschätzung nach seien etwa 15 % ihrer Schüler „ausbildungsmüde", d. h. diesen jungen Menschen fehle es an Leistungsmotivation. In der Folge prallen gut gemeinte Angebote an ihnen ab, sie sehen keinen Sinn darin, sich um einen erfolgreichen Ausbildungsabschluss zu bemühen. Als mögliche Ursache ist zum einen die offenbar verbreitete Überzeugung anzusehen, auch ohne festes Einkommen durchaus einen passablen Lebensstil über soziale Unterstützung bestreiten zu können. Zum anderen wird es immer schwieriger für den Einzelnen, den Zusammenhang zwischen Leistung und Erfolg nachzuvollziehen. Dies gilt insbesondere in niedrigen qualifikatorischen Bereichen, in denen eine erfolgreich abgeschlossene Ausbildung nicht selten kein Garant für eine Übernahme in ein Arbeitsverhältnis ist oder aber ein Einkommen mit sich bringt, das kaum über dem Sozialhilfesatz liegt.[279] Die *Shell Jugendstudie 2010* konstatiert, dass ein großer Teil der Jugendlichen und jungen Erwachsenen auf den zunehmenden Druck, den die Leistungsgesellschaft auf sie ausübt, mit einer Steigerung der Bemühungen, die eigenen Leistungen weiter zu steigern, reagiert. Sehr wohl sind allerdings auch diejenigen zu identifizieren, die die Leistungen „den antizipierten Chancen auf dem Arbeitsmarkt anpassen", darunter überwiegend Hauptschüler. Sie sind es auch, die nicht selten bei Schulversagen Erfolge jenseits der Legalität suchen. Es wird die Vermutung geäußert, dass der Druck, sich beruflich zu etablieren und zu integrieren, für sozial benachteiligte Jugendliche und junge Erwachsene in

---

277 Vgl.: Parment, A. (2009), S. 67 – 69; Oblinger, D./Oblinger, J. L. (2005); von Rohr, M./Schulz, (2009), S. 22.
278 Im Rahmen der der Dialogausstellung „Arbeitswelten 2020" wurden für die Studie von den ca. 7.000 Besuchern 2.400 Schülerinnen und Schüler von Oberstufenschulen aus ganz Deutschland zu ihren ganz persönlichen Erwartungen und Ansprüchen an die Arbeitswelt 2020 befragt. Von den ausgegebenen Fragebögen wurden 1.443 zurückgesandt. Vgl.: Sierke, B. R. A./Albe, F. (2010), S. 35.
279 Vgl.: ZEIT Online (2006).

den vergangenen Jahren sehr viel stärker zugenommen hat als für eher privilegierte Vertreter der jüngeren Generation.[280]

Die Divergenzen im Umgang mit dem Bildungsdruck in den unterschiedlichen sozialen Schichten fasst die *Shell Jugendstudie 2010* wie folgt zusammen: „In einer Zeit, in der durch die wirtschaftlichen und gesellschaftlichen Entwicklungen der Bewährungsdruck für die Angehörigen der jungen Generation ständig zunimmt, weil die Anforderungen an die aktive und selbstbestimmte Steuerung der eigenen Lebensführung im Bildungsbereich und damit verbunden im späteren Beruf und auch im Alltagsleben anwachsen, stellt sich eine relativ große Gruppe der Jugendlichen mit Mut und Geschick dieser Herausforderung und bietet ihr die Stirn. Die etablierte mittlerer Gruppe spürt die Herausforderung deutlich, reagiert hierauf und aktiviert alle Ressourcen, gerät dabei manchmal an die Grenzen der eigenen Möglichkeiten, sieht sich aber am Ende den wesentlichen Anforderungen gewachsen. Die dritte Gruppe der sozial benachteiligten und ‚abgehängten' Jugendlichen fühlt sich durch die komplexen gesellschaftlichen und wirtschaftlichen Umstände des Lebens teilweise überrollt und schafft es mitunter nicht, das hohe Ausmaß von Selbstmanagement zu aktivieren, das für einen Erfolg im Bildungs- und Ausbildungssystem und damit für die Sicherung eines ersehnten späteren bürgerlichen Lebens notwendig ist."[281]

2.6 Gesundheitsbewusstsein und -verhalten

Die jüngere Generation – das zeigen mehrere Studien unabhängig voneinander – weist ein deutlich niedrigeres **Gesundheitsbewusstsein** auf als der Durchschnitt der Bevölkerung.[282] So schätzen beispielsweise in einer aktuellen Umfrage des *infas-Institutes* im Auftrag der *ABDA (Bundesvereinigung Deutscher Apothekerverbände)* 80 % der 16- bis 29-Jährigen ihr Gesundheitsbewusstsein als gering ein. Dabei gibt fast die Hälfte der Jugendlichen und jun-

---

280 Vgl.: Albert, M./Hurrelmann, K./Quenzel, G. (2010a), S. 41 – 42.
281 Albert, M./Hurrelmann, K./Quenzel, G. (2010b), S. 346.
282 Glas, I. (2009), S. 34; DKV (2010).

gen Erwachsenen an, keine Zeit für Gesundheitsvorsorge zu haben, jedem Dritten ist nicht bekannt, wie er sich präventiv verhalten kann.[283]

Die *Shell Jugendstudie 2010* stellt immerhin fest, dass das Streben nach einem gesundheitsbewussten Leben bei Jugendlichen und jungen Erwachsenen, und hier insbesondere bei Frauen, seit 2002 zugenommen hat. 78 % der Befragten (im Vergleich zu 71 %) sprechen sich für gesundheitsbewusstes Leben als einen Wert aus.[284] Ebenso eine Studie der *forsa Gesellschaft für Sozialforschung und statistische Analyse mbH* im Auftrag der *DAK (Deutsche Angestellten-Krankenkasse)* aus dem Jahr 2006. Danach treiben die 18- bis 29-jährigen Befragten häufig Sport und achten auf eine gesundheitsbewusste Ernährung.[285] Als positiv ist in diesem Kontext auch das bereits beschriebene Streben nach einer ausgewogenen Balance zwischen be- und entlastenden Lebensfaktoren im Sinne einer Work-Life-Balance zu werten, da sich auf diesem Weg stressbedingte Erkrankungen wie das so genannte „Burn-Out-Syndrom" verhindern lassen.

Das Gesundheitsverhalten junger Menschen wird auch in nicht unerheblicher Weise durch deren Schichtzugehörigkeit geprägt. So findet sich in der *Shell Jugendstudie 2006* ein ungesunder Lebensstil signifikant häufiger in der Unter- als in der Oberschicht – z. B. beim täglichen Konsum von Cola und Limonade (46 % gegenüber 12 %), mangelnder körperlicher Bewegung (38 % gegenüber 14 %) sowie regelmäßigem Rauchen (37 % gegenüber 15 %).[286] Diese Tendenz bestätigen auch die Ergebnisse der *DAK*-Umfrage, wonach sportliche Aktivität und gesunde Ernährung mit zunehmendem Bildungsstand

---

283 Das Oberthema der Umfrage im Auftrag des ABDA (Bundesvereinigung Deutscher Apothekerverbände) lautete Gesundheit und Prävention. Insgesamt wurden 3.372 Menschen in ganz Deutschland befragt und die Ergebnisse regional und nach Altersklassen unterteilt. Die Befragten wurden in verschiedene Altersgruppen unterteilt: 16 bis 29 Jahre, 30 bis 49 Jahre, 50 bis 64 Jahre und 65+. Vgl.: Curado GmbH (2009).

284 Vgl.: Gensicke, T. (2010), S. 202 – 203.

285 Die Umfrage „Gesundheitsbewusstsein der nächsten Generation" erfolgte 2006 durch das Meinungsforschungsinstitut forsa Gesellschaft für Sozialforschung und statistische Analysen mbH im Auftrag der DAK (Deutsche Angestellten-Krankenkasse). Befragt wurden 1.002 Personen zwischen 18 und 29 Jahren. Vgl.: DAK (2006).

286 Vgl.: Shell Deutschland Holding (Hrsg.) (2006), S. 18; Langness, A./Leven, I./Hurrelmann, K. (2006), S. 91 – 96. Insgesamt ist allerdings seit der 2007 in Kraft getretenen Novellierung des Jugendschutzgesetzes der Anteil der minderjährigen sowie der volljährigen Raucher im Vergleich zu 2006 rückläufig ist. Vgl.: Leven, I./Quenzel, G./Hurrelmann, K. (2010), S. 93.

der Befragten 18- bis 29-Jährigen an Bedeutung gewinnen.[287] In diesem Zusammenhang ist eine weitere Verschlechterung bedingt durch den wachsenden Druck insbesondere im Bildungs- und Erwerbsbereich bei wenig privilegierten Jugendlichen und jungen Erwachsenen zu befürchten.[288] Beim Alkoholkonsum der jüngeren Generation allerdings, der laut *Shell Jugendstudie 2010* bei 17 % der 12- bis 14-Jährigen und 53 % der 15- bis 17-Jährigen „ab und zu" stattfindet, lassen sich keine Spezifika in Bezug auf die soziale Herkunft ausmachen.[289]

Danach befragt, wie sie ihren **Gesundheitszustand** beurteilen, zeigt sich, dass die Einschätzung in der *Shell Jugendstudie 2006* umso schlechter wird, je älter die Jugendlichen und jungen Erwachsenen sind. So beurteilen die 18- bis 25-Jährigen ihren Gesundheitszustand vermehrt nicht als ausgezeichnet, sondern nur noch als gut, d. h. sie nehmen bereits gewisse Einschränkungen wahr. Dabei ist die Einschätzung von Jungen positiver als die von Mädchen.[290] Zu einem ähnlichen Ergebnis kommt die aktuelle *„KiGGS"-Studie* des *Robert-Koch-Instituts*. 85 % der 11- bis 17-jährigen Studienteilnehmer bewerten ihren Gesundheitszustand als gut oder sehr gut, wobei ebenfalls mit zunehmendem Alter die Häufigkeit der Bewertung des Gesundheitszustandes als mittelmäßig oder schlecht zunimmt. In dieser Altersgruppe differieren die Angaben von Mädchen und Jungen kaum.[291] Deutliche Unterschiede bestehen in Bezug auf die Schichtzugehörigkeit. Von denjenigen Jugendlichen und jungen Erwachsenen, die in der *Shell Jugendstudie 2006* ihren Gesundheitszustand als einigermaßen oder gar als schlecht einstufen, gehört der größte Teil der Unterschicht bzw. unteren Mittelschicht an.[292]

---

287 Vgl.: DAK (2006).
288 Vgl.: Shell Deutschland Holding (Hrsg.) (2006), S. 18; Langness, A./Leven, I./Hurrelmann, K. (2006), S. 91 – 96.
289 Vgl.: Leven, I./Quenzel, G./Hurrelmann, K. (2010), S. 94 – 95.
290 Vgl.: Langness, A./Leven, I./Hurrelmann, K. (2006), S. 86 – 88.
291 An der „KiGGS"-Studie beteiligten sich insgesamt 8.656 Mädchen und 8.985 Jungen unter 18 Jahren sowie deren Eltern in 167 Städten und Gemeinden in Deutschland. Die Untersuchung umfasste eine schriftliche Befragung der Eltern, eine körperliche Untersuchung, diverse Tests sowie ein ärztliches Interview. Die Studienmodule befassten sich mit Umweltbelastungen, psychischer Gesundheit, motorischer Entwicklung sowie Ernährung. Vgl.: Robert-Koch-Institut (2006), S. 25.
292 Vgl.: Leven, I./Quenzel, G./Hurrelmann, K. (2010), S. 88.

Bei der Wahrnehmung des eigenen Körpergewichts fühlen sich 55 % der Befragten in der *Shell Jugendstudie 2010* „genau richtig", ein Drittel empfindet sich als zu dick, darunter sehr viele Mädchen, 12 % als zu dünn.[293] Auch in der bereits angesprochenen Umfrage des *infas-Institutes* fühlt sich ein Drittel der 16- bis 29-Jährigen zu dick und glaubt, abnehmen zu müssen.[294] In einer Fremdeinschätzung nennen 73 % der Befragten in einer Untersuchung des *Instituts für Demoskopie Allensbach* Fehlernährung als eines der größten Probleme, die Kinder heute haben.[295] Und tatsächlich ist der Anteil übergewichtiger bzw. stark übergewichtiger Kinder und Jugendlicher im Vergleich zu den Jahren 1985 – 1999 laut der aktuellen *KiGGS-Studie* um 50 % gestiegen.[296]

Die *DKV*-Studie weist im Kontrast zu den Einschätzungen bezüglich des gesundheitsbewussten Verhaltens für die 16- bis 29-Jährigen im Altersgruppenvergleich die höchsten Zufriedenheitswerte auf. So beurteilen 12,8 % der Befragten ihren Gesundheitszustand als sehr gut (Durchschnittswert über alle Altersgruppen: 10,8 %) sowie 54,7 % als gut (Durchschnittswert über alle Altersgruppen: 44,2 %).[297]

Zu diesen Ergebnissen ist Folgendes anzumerken: Generell ist zu beobachten, dass in der Phase der Ablösung vom Elternhaus sowie der Bewältigung neuer Herausforderungen wie Suche nach einer Lehrstelle, erste feste Partnerschaften oder Einstieg in das Berufsleben junge Menschen intensivem Erleben, Spaß und Selbstentfaltung Vorrang vor der Erwägung langfristiger Gesundheitsfolgen einräumen. Gerade in der Abgrenzung von den Eltern, die zuvor das Gesundheitsverhalten bestimmt haben, erfolgt in diesem Alter eine starke Prägung durch das soziale Umfeld und die Medien.[298] Dies bestätigen auch die 16- bis 29-Jährigen Befragten der *DKV*-Studie, von denen 82 % an die Motivationskraft glauben, die im Bereich Sport und Bewegung von ihren Freunden ausgeht. Somit ist das geringere Gesundheitsbewusstsein Jüngerer nicht zwangsläufig als Verschlechterung des Umgangs mit der eigenen Ge-

---

293 Vgl.: Leven, I./Quenzel, G./Hurrelmann, K. (2010), S. 88.
294 Vgl.: Curado GmbH (2009).
295 Vgl.: Institut für Demoskopie Allensbach (2007), S. 1 – 2; 7.
296 Vgl.: Robert-Koch-Institut (2006), S. 29.
297 Vgl.: DKV (2010).
298 Vgl.: Shell Deutschland Holding (Hrsg.) (2006), S. 18; Langness, A./Leven, I./Hurrelmann, K. (2006), S. 91 – 96.

sundheit in der Gesamtbevölkerung für die Zukunft zu interpretieren, sondern lässt sich zum Teil mit jugendtypischen Verhaltensweisen erklären, so dass sich mit zunehmendem Alter eine höhere Sensibilität für den eigenen Körper und dessen Bedürfnisse einstellt.[299] Hinzu kommt, dass viele Menschen erst dann ein gesundheitsbewusstes Verhalten entwickeln, wenn bereits erste Beeinträchtigungen eingetreten sind, was in der Regel erst mit voranschreitendem Alter der Fall ist.

2.7 Gleichstellung und Toleranz

„Diversity" ist für die jüngere Generation aufgrund ihrer Sozialisation sehr viel selbstverständlicher als noch für die Älteren. Gleiche Chancen für die unterschiedliche Altersgruppen, Geschlechter, unterschiedliche Rassen und Nationalitäten sind für sie eher die Regel denn die Ausnahme. Darüber hinaus gilt: „Und es ist die erste Generation, die sich selber als global begreift. Hierfür spielt das Internet eine große Rolle, doch ebenso tragen hierzu Satellitenprogramme, offene Grenzen und eine verstärkte Reiseaktivität bei."[300]

Die Überzeugungen und Einstellungen in Bezug auf konkrete Fragestellungen im Zusammenhang mit Gleichstellung und Toleranz spiegeln dies jedoch nicht uneingeschränkt wider, wie die nachfolgenden Ausführungen zeigen.

Was die **Gleichstellung der Geschlechter** im privaten und beruflichen Bereich anbelangt, so nimmt die jüngere Generation durchaus noch einen gewissen „Gap" zwischen den rechtlichen Rahmenbedingungen und der Realität wahr, der sich allerdings für viele noch auf eher theoretischer Ebene bewegt, da sie sich noch vor der Phase der beruflichen Etablierung und Familiengründung befinden. Unterschiede in der Akzeptanz der gesellschaftlichen und politischen Gleichstellung zeigen sich dabei in einer Untersuchung des *Sinus-Institutes* im Auftrag des *Bundesministeriums für Familie, Senioren, Frauen und*

---

299 Vgl.: DKV (2010).
300 Trendbüro/Steinle, A./Wippermann, P. (2003), S. 12. Vgl.:hierzu auch Kapitel II 1.1 (Globalisierung).

Jugend bezogen auf das Geschlecht, die Bildung und die Milieuzugehörigkeit:[301]

- **Für junge Frauen mit höherer Bildung** ist die tatsächliche Gleichstellung noch lange nicht umgesetzt. Ihrer Ansicht nach bedarf es einer Fortsetzung der Bemühungen. Allerdings sehen sie sich keineswegs als „Opfer" oder Verfechterinnen von Frauenrechten. Sie nehmen Chancen und Optionen realistisch wahr und versuchen, sie bestmöglich zu nutzen. Groß geschrieben wird von den jungen Frauen die Eigenverantwortung dafür, die bestehenden Rechte in Bezug auf Partnerschaft, Beruf und Freizeit einzufordern und durchzusetzen. Dazu gehört für sie auch die Wahl eines Partners, der eine gleichgestellte Partnerschaft akzeptiert: „Sie gehen optimistisch davon aus, dass sie mit einer guten Ausbildung (v.a. Studium) beruflich erfolgreich sein werden, Karriere machen, und wenn ein Kind kommt, sich Haushalt, Erziehung und Beruf mit ihrem Partner gerecht teilen. Aber sie wollen sich da jetzt auch noch nicht festlegen, sondern sich alle Optionen offen lassen: Multioptionalität."[302]

- **Junge Männer mit höherer Bildung** sehen sich Spannungsfeldern gegenüber. Einerseits sind sie von den Grundsätzen der Gleichberechtigung überzeugt und wünschen sich eine moderne Partnerschaft mit einer intelligenten und selbstständigen Frau. Andererseits fehlen ihnen die Rollenvorbilder zum Umgang mit dem neuen Selbstbewusstsein und Selbstverständnis einer gleichberechtigten Aufteilung aller Lebensbereiche mit ihren Partnerinnen, denn sie wurden überwiegend in einem männlichen Allein- oder Hauptverdienermodell sozialisiert.

- **Junge Männer mit mittlerer, vor allem aber auch mit geringer Bildung** glauben, das Ziel der Gleichstellung sei längst erreicht bzw. einige Bemühungen gingen über das Ziel hinaus, seien überflüssig oder sinnlos.

---

301 Sinus Sociovision untersuchte 2007 im Auftrag des BMFSFJ in der Umfrage „20-Jährige Frauen und Männer heute" die Einstellungen von 20-Jährigen. Dazu wurden typische VertreterInnen aus verschiedenen sozialen Lagen, Schulabschlüssen und sozialen Milieus (nach dem Sinus-Milieumodell) rekrutiert. Als Erhebungsmethode wurden kreative Gruppensitzungen (Extended Creativity Group ECG) eingesetzt, die per Video und Tonband aufgezeichnet wurden. Zusätzlich bekamen die Teilnehmer ein leeres Tagebuch mit dem Thema "Vorbilder" und der Aufgabe, auszudrücken, was ihnen zu "Vorbild als Frau" sowie "Vorbild als Mann" in den Sinn kam. Vgl.: BMFSFJ (2007b), S. 8 ff.
302 BMFSFJ (2007b), S. 9.

Bei ihnen sind Unsicherheiten gegenüber gleichaltrigen Frauen deutlich ausgeprägt, da sie die traditionelle Rollenverteilung priorisieren, diese aber gerade bei Frauen höherer Bildung als nicht akzeptabel erleben. Ihre Unsicherheit bezieht sich allerdings überwiegend auf die Phase der Partnerfindung und -bindung, da sie darauf vertrauen, dass sich letztlich doch ein klassisches Rollenverhältnis einstellen wird, in dem die Frau „moderat modern und selbstständig" ist und möglichst auch etwas zum Einkommen beiträgt, aber dennoch gerne Erziehung und Haushalt übernimmt. Gerade im technischen Bereich können sie sich eine berufliche Gleichstellung von Frauen kaum vorstellen, z. B. als Schweißerinnen, Dachdeckerinnen oder Schlosserinnen.

- **Junge Frauen mit mittlerer und geringer Schulbildung** priorisieren sehr klar ein eher traditionelles Familienmodell, in dem sie als Mütter in Teilzeit erwerbstätig sind, aber keine allzu großen Ambitionen verfolgen. Folglich sind sie mit den Errungenschaften der bisherigen Gleichstellungsbemühungen sehr zufrieden und fühlen sich mit den Aussichten für ihr berufliches und privates Leben wohl.

Die *Instant Talent Studie* des Beratungsinstituts *Trendence* in Zusammenarbeit mit dem *manager magazin* zu den „Young Professionals" zeigt allerdings in der realen Verteilung der Geschlechterrollen, dass von den befragten 25- bis 35-Jährigen mit Hochschulabschluss 44 % der Mütter, allerdings nur 2 % der Väter Teilzeit arbeiten.[303] Diese Ambivalenz rührt nicht zuletzt von kontroversen Rollenbildern her: So wird einerseits die Erwartungshaltung propagiert, es müsse zu bewältigen sein, sich im beruflichen Bereich zu verwirklichen und gleichzeitig Kinder großzuziehen. Andererseits steigt die Erwartung an die Erziehungsleistung und die Unterstützung des Elternhauses, z. B. im schulischen Bereich unvermindert an, und die zeitlichen Strukturen öffentlicher Einrichtungen und Institutionen suggerieren die Verfügbarkeit mindestens eines Elternteils (i. d. R. der Mutter), beispielsweise zur Teilnahme des Kindes an Kursen

---

[303] Im Jahr 2008 befragte das Beratungsinstitut Trendence in der „Instant Talent Studie" in Zusammenarbeit mit dem manager magazin rund 4000 „Young Professionals" und „Professionals" mit wirtschaftswissenschaftlichem oder technischem Hochschulabschluss und bis zu acht Jahren Berufserfahrung nach ihren Traumunternehmen, ihrer Zufriedenheit im Job und ihren Karriereerwartungen. Vgl.: Werle, K. (2008), S. 139.

zur musikalischen oder sportlichen Betätigung oder zur Beteiligung der Eltern an Veranstaltungen der Betreuungseinrichtungen.[304]

Befragt nach ihren Problemen mit bestimmten **gesellschaftlichen Randgruppen** äußern sich die Jugendlichen und jungen Erwachsenen in der *Shell Jugendstudie 2010* nicht generell intolerant. Es sind jedoch deutliche Abstufungen in den Antworten zu erkennen. So bestehen durchaus größere Vorbehalte gegenüber der Nachbarschaft russischer Aussiedler sowie türkischer Familien, während die Befragten sich mit Bezug zu weiteren zur Auswahl gestellten Randgruppen (kinderreiche Familie, homosexuelles Paar, Sozialhilfeempfänger, Rentner, afrikanische Familie sowie Studenten-WG) weniger ablehnend äußern. Es zeigt sich, dass höher gebildete Befragte weniger Vorbehalte an den Tag legen als Jugendliche und junge Erwachsene mit einem geringeren Bildungshintergrund sowie aus sozialen Risikolagen. Je geringer dabei der persönliche Kontakt zu Ausländern ausgeprägt ist, desto stärker äußern sich die Vorbehalte.[305] Kontakt zu in Deutschland lebenden Ausländern hatten laut *Shell Jugendstudie 2006* immerhin 82 % der Jugendlichen und jungen Erwachsenen aus den alten und 50 % aus den neuen Bundesländern, im Freundes- und Bekanntenkreis waren es 73 % bzw. 42 %. Ebenfalls ermittelt werden konnte in der *Shell Jugendstudie 2006* eine Abhängigkeit vom erlebten Erziehungsstil – ein kooperativer und mitwirkungsorientierter Erziehungsstil erhöht danach auch die Toleranz.[306] 44 % der Befragten aus den alten und 56 % aus den neuen Bundesländern sprechen sich in der *Shell Jugendstudie 2010* dafür aus, den Zuzug von Migranten nach Deutschland künftig zu verringern bzw. zu begrenzen, darunter insbesondere Jugendliche und junge Erwachsene mit Hauptschulabschluss sowie diejenigen, die von Arbeitslosigkeit betroffen sind. Hier lässt sich allerdings eine deutliche Entspannung im Vergleich zum Jahr 2006 erkennen, in dem der Wunsch nach einer Zuzugsbegrenzung noch bei 56 % in den alten und 65 % in den neuen Bundesländern lag.[307]

---

304 Vgl.: Held, J./Bibouche, S./Billmann, L./Kempf, M./Kröll, T. (2011a), S. 283; Sachverständigenkommission zum Achten Familienbericht (2012), S. 90.
305 Vgl.: Shell Deutschland Holding (Hrsg.) (2010), S. 23; Schneekloth, U. (2010), S. 158 – 160.
306 Vgl.: Schneekloth, U. (2006a), S. 131 – 137; Shell Deutschland Holding (Hrsg.) (2006), S. 21.
307 Vgl.: Schneekloth, U. (2010), S. 158 – 160.

2.8 Geld und Konsum

Nicht nur die Wahlmöglichkeiten im Konsumbereich haben sich vergrößert, sondern auch Einstellungen und Verhalten – so finden sich gleichermaßen wohlhabende Menschen, die ganz selbstverständlich mit der „Rolex" am Arm ihre Kinder zu „H&M" begleiten wie auch Geringverdiener, die sich wider jegliche Vernunft einen High-Tech-Fernseher für mehrere tausend Euro leisten. Gerade für die jüngere Generation ist es selbstverständlich, je nach Situation und Produktart sowohl Premium- als auch Volumen- und Budgetmarken zu kaufen.[308] Man spricht in diesem Zusammenhang auch von „Luxese".[309]

Der Individualismus im Konsumbereich wird durch den Anstieg an Wahlmöglichkeiten befördert. Denn nahezu jeder kann seine eigenen Präferenzen in die Kaufentscheidung einbringen und muss nicht auf wenige verfügbare „Kompromisslösungen" zurückgreifen. Dadurch wird es auch möglich, sich über das eigene Konsumverhalten zu profilieren,[310] Shopping wird zu einer Art sozialer Teilhabe, beispielsweise über so genannte „Third Places", halböffentliche Orte, an denen man konsumieren, Freunde treffen und auch mobil arbeiten kann (z. B. Coffee-Shops).[311] Dies gilt in besonderem Maße für die jüngere Generation, denn „Kinder wachsen heute in eine Welt hinein, die sich wie ein großes Warenhaus präsentiert."[312] Hinzu kommt, dass für Jugendliche und junge Erwachsene das Konsumverhalten in der Freizeit nicht unwesentlich zur sozialen Anerkennung und Selbstverwirklichung in der Gleichaltrigengruppe beiträgt. In der Folge nehmen die gegebenen Möglichkeiten der Umsetzung der entsprechenden Wünsche auch starken Einfluss auf das Selbstwertgefühl. Nicht selten ist die These zu hören, dass mit zunehmender Komplexität, mit der der Alltag und die Lebenswelt einhergehen, die Bedeutung von Konsumgütern zunimmt und die Gefühle, die mit dem Konsum verbunden sind, in den Vordergrund rücken bzw. Identifikation mit einer bestimmten Gruppe oder sozialen Schicht über Markenkonsum gesucht wird. Auch zeigt sich in den Kaufentscheidungen der jüngeren Generation nicht sel-

---

308 Vgl.: Parment, A. (2009), S. 37 – 38.
309 Vgl.: Opaschowski, H. W. (2008), S. 159.
310 Vgl.: Parment, A. (2009), S. 39; Ferchhoff, W. (2007), S. 27.
311 Vgl.: Trendbüro/Steinle, A./Wippermann, P. (2003), S. 106 – 109.
312 Trendbüro/Steinle, A./Wippermann, P. (2003), S. 103.

ten die Suche nach Sicherheit in Form der Bevorzugung etablierter und globaler Marken, da diese bereits bewiesen haben, dass sie ihr Markenversprechen einhalten und man ihnen Vertrauen schenken kann.[313]

Jugendliche und junge Erwachsene sind in ihren Kaufentscheidungen nicht nur autonomer als die Vorgängergenerationen, sondern auch – dank Internet – deutlich besser informiert. Nicht selten beraten sie ihre Eltern, insbesondere dann wenn es um den Kauf technologischer Neuheiten geht. Die größere Eigenständigkeit, auch in Bezug auf die Verwendung der ihnen zur Verfügung stehenden finanziellen Mittel, begleitet den Ablösungsprozess von Elternhaus und – so eine These – ersetzt in gewissem Sinn die Rebellion, die sich in Vorgängergenerationen fand.[314]

Die Wünsche und Erwartungen an die Erfüllung von Konsumwünschen sind bei den Jugendlichen und jungen Erwachsenen beträchtlich.[315] So sagen denn auch 61 % der befragten 18- bis 29-Jährigen in der *Verbraucheranalyse 2009*, es mache ihnen richtig Spaß, Geld auszugeben (verglichen mit 47 % der 30- bis 49-Jährigen sowie 33 % der 50- bis 69-Jährigen).[316] Im Umkehrschluss stimmen der Aussage „Das Konsumieren und Geldausgeben macht bald keinen Spaß mehr" im Rahmen einer anderen Umfrage nur 32 % der 14- bis 19-Jährigen und 48 % der 20- bis 29-Jährigen, jedoch 55 % bei den 30- bis 39-Jährigen, 59 % bei den 40- bis 49-Jährigen und 62 % bei den Befragten ab 50 Jahren zu.[317]

Die jüngere Generation verfügt über eine erhebliche Kaufkraft, um diesen „Spaß" umzusetzen. Dies gilt nicht nur für diejenigen, die in privilegierten Verhältnissen aufwachsen und von Eltern und Großeltern eine zum Teil beträchtliche finanzielle Unterstützung erfahren, sondern ebenso für gesellschaftliche Randgruppen. Zum einen trägt die wachsende Zahl von Ein-Kind-Familien zu dieser Entwicklung bei, zum anderen auch die Zunahme an Doppelverdiener-Eltern. Darüber hinaus ist zu beobachten, dass die Zahl derer,

---

313 Vgl.: Trendbüro/Steinle, A./Wippermann, P. (2003), S. 102 – 103; 115; Shell Deutschland Holding (Hrsg.) (2006), S. 17 – 18; Langness, A./Leven, I./Hurrelmann, K. (2006), S. 77 – 86.
314 Vgl.: Trendbüro/Steinle, A./Wippermann, P. (2003), S. 104 – 105.
315 Vgl.: Ferchhoff, W. (2007), S. 326 – 327.
316 Vgl.: Glas, I. (2009), S. 20.
317 Repräsentativbefragung von 2000 Personen ab 14 Jahren. Vgl.: Opaschowski, H. W. (2008), S. 157.

die durch Aushilfs-, Neben- und Ferienjobs ihre wachsenden Konsumbedürfnisse befriedigen, ansteigt. So übten nach den Erkenntnissen der *Shell Jugendstudie 2010* immerhin 34 % der Jugendlichen und jungen Erwachsenen – darunter naturgemäß insbesondere die Älteren – einen Nebenjob aus. Eine Schichtabhängigkeit lässt sich dabei nicht eindeutig identifizieren - während es 2002 und 2010 vor allem Befragte aus der Oberschicht waren bzw. sind, die ihre finanzielle Lage noch weiter verbessern wollten, ließen sich 2006 kaum nennenswerte Unterschiede ausmachen. So sind heute zwar noch immer zahlreiche Studierende in Nebenjobs aktiv, allerdings wächst auch der Anteil der Auszubildenden in diesem Bereich (von 19 % im Jahr 2002 auf 23 % in 2006 und 24 % in 2010). Etwa 30 % der Jugendlichen und jungen Erwachsenen mit Nebentätigkeit, insbesondere Studierende, jobben mehr als 10 Stunden in der Woche.[318] Als Gründe für Nebenjobs werden neben dem finanziellen Aspekt, der nicht zuletzt den steigenden Wunsch nach ästhetischer Selbstfindung über Mode und sonstige Konsumgüter unterstützt, auch häufig zukunfts- bzw. berufsbezogene Motive – wie z. B. das Sammeln von Erfahrungen in der Arbeitswelt – sowie soziale Aspekte genannt.[319]

Mit ihrer finanziellen Lage zeigen sich die meisten Vertreter der jüngeren Generation in der *Shell Jugendstudie 2010* eher zufrieden, wobei erwartungsgemäß mehr als 42 % der Jugendlichen und jungen Erwachsenen aus der Unterschicht sich unzufrieden sowie 65 % aus der Oberschicht sich zufrieden äußern. Im Zeitvergleich mit 2002 hat deutlich die Wahrnehmung einer finanziellen Besser- bzw. Schlechterstellung im Vergleich zu Freundeskreis zugenommen – 2010 gibt mehr als ein Drittel der Befragten aus der Oberschicht an, sich (viel) mehr als die Freunde leisten zu können (verglichen mit einem Viertel im Jahr 2002), während 50 % der Jugendlichen und jungen Erwachsenen aus der Unterschicht 2010 glauben, sich weniger leisten zu können als die Freunde (verglichen mit 39 % in 2002). Ebenso werden Klagen über eine schlechte finanzielle Situation im Vergleich zu Freunden eher in den neuen Bundesländern laut. Eine sehr realistische Einschätzung, da die Polari-

---

318 Vgl.: Langness, A./Leven, I./Hurrelmann, K. (2006), S. 85 – 86; Leven, I./Quenzel, G./Hurrelmann, K. (2010), S. 85 – 86.
319 Vgl.: Trendbüro/Steinle, A./Wippermann, P. (2003), S. 97; Langness, A./Leven, I./Hurrelmann, K. (2006), S. 85 – 86.

sierung der Einkommen wächst.[320] Es zeigt sich also, dass sich auch die Vertreter der jüngeren Generation, die in vergleichsweise einfachen Verhältnissen aufgewachsen sind, mit ihren besser gestellten „Peers" messen, was Wohlstand und Status anbelangt. Hieraus entsteht nicht selten ein gewisses Protestpotenzial. Aufgewachsen in vergleichsweise stabilen politischen und wirtschaftlichen Verhältnissen erleben aber gerade auch Jugendliche und junge Erwachsene aus der Mittelschicht, dass sich der gewohnte Lebensstandard nicht ohne Weiteres aufrecht erhalten lässt bzw. auch die Elterngeneration vom „Abrutschen" aus der Mittel- in die Unterschicht bedroht ist und ihnen somit nur noch in begrenztem Umfang finanzielle Unterstützung leisten kann.[321]

Obgleich geprägt von der Angst vor dem Abstieg in der mittleren und oberen Schicht und auch getrieben vom Traum vom Aufstieg in der unteren Schicht – die jüngere Generation geht offenbar auch mit Schulden unverkrampfter um als die Vorgängergenerationen.[322] Ein jüngst veröffentlichtes „Schuldenbarometer" zeigt für das erste Quartal 2010 einen dramatischen Anstieg um 72 % bei den Privatinsolvenzen der 18- bis 25-Jährigen verglichen mit dem Vorjahreszeitraum. Bei den 26- bis 35-Jährigen stieg der Anteil immerhin auch um 21,38 % (zum Vergleich: bei der Altersgruppe der 36- bis 45-Jährigen ist ein Anstieg um 11,66 Prozentpunkte, bei den 46- bis 60-Jährigen um 6,51 Prozentpunkte sowie bei den über 60-Jährigen um 0,29 Prozentpunkte zu verzeichnen).[323]

2.9 Bildung

Die Orientierung an der Bedeutung hoher Bildungsabschlüsse für das spätere Berufsleben ist bei den Jugendlichen und jungen Erwachsenen hoch. Dies zeigen internationale Erhebungen ebenso wie die *Shell Jugendstudien*, bei denen die entsprechenden Werte zwischen 2002 und 2006 noch einmal angestiegen sind und sich auch 2010 bestätigen. Knapp mehr als die Hälfte der

---

320 Vgl.: Langness, A./Leven, I./Hurrelmann, K. (2006), S. 85; Leven, I./Quenzel, G./Hurrelmann, K. (2010), S. 83 – 85.
321 Vgl.: Hurrelmann, K./Albert, M./Quenzel, G./Langness, A. (2006), S. 32.
322 Vgl.: Opaschowski, H. W. (2008), S. 158.
323 Vgl.: Bürgel Wirtschaftsinformationen GmbH & Co. KG (2010), S. 8.

Befragten streben das Abitur an, immer weniger junge Männer und Frauen möchten „nur" einen Hauptschulabschluss erreichen. Und auch diejenigen, die eine Haupt- oder Realschule besuchen, setzen sich vielfach einen Abschluss zum Ziel, der über die derzeitige Schulform hinausgeht. Dies gilt insbesondere für die jüngsten Befragten. Nicht selten birgt dies ein gewisses Enttäuschungspotenzial. Allerdings haben auch 17 % der Jugendlichen aus der Unterschicht Sorge, ihren Haupt- oder Realschulabschluss überhaupt erreichen zu können. In jedem Fall ist den Jugendlichen und jungen Erwachsenen sehr wohl bewusst, dass Bildung eine Schlüsselrolle für ihr weiteres Leben einnimmt. Fast jeder vierte Schüler nimmt inzwischen Nachhilfe in Anspruch.[324] Und so verwundert es kaum, dass 21 % der Schüler, Auszubildenden und Studierenden in der *Shell Jugendstudie 2010* den schulischen bzw. beruflichen Alltag als stressig und sehr belastend sowie 55 % als etwas belastend erleben, darunter insbesondere Gymnasiasten und Studierende.[325]

Der viel zitierte Zusammenhang zwischen den Bildungs- und Berufschancen und der sozialen Herkunft bestätigt sich auch in der *Shell Jugendstudie 2010* im Vergleich der erreichten bzw. angestrebten Schulabschlüsse der Jugendlichen mit denen ihrer Mütter und Väter. Wie bereits in Kapitel 1.4.2 (Polarisierung der Gesellschaft) dargestellt, erreichen mehr als zwei Drittel der jungen Männer und Frauen aus der Oberschicht und oberen Mittelschicht das Abitur, Jugendliche aus der Unterschicht hingegen weiterhin überwiegend Haupt- oder Realschulabschlüsse. Geschlechterbezogen zeigen sich bessere schulische Erfolge und höherwertige Abschlüsse bei den jungen Frauen, allerdings auch weiterhin eine stark geschlechtsspezifische Wahl bei Ausbildungsberufen und Studiengängen.[326] Bei den internationalen Schulleistungsstanderhebungen, besser bekannt unter dem Begriff PISA, sind es vor allem die männlichen Jugendlichen und jungen Erwachsenen aus wenig privilegierten Verhältnissen, die am schlechtesten abschneiden.[327] Die Wahrscheinlichkeit, dass Kinder

---

324 Vgl.: Shell Deutschland Holding (Hrsg.) (2010), S. 33; Langness, A./Leven, I./Hurrelmann, K. (2006), S. 68 – 70; Trendbüro/Steinle, A./Wippermann, P. (2003), S. 10; Leven, I./Quenzel, G./Hurrelmann, K. (2010), S. 75 – 76.
325 Vgl.: Shell Deutschland Holding (Hrsg.) (2010), S. 33; Langness, A./Leven, I./Hurrelmann, K. (2006), S. 68 – 70; Trendbüro/Steinle, A./Wippermann, P. (2003), S. 10; Leven, I./Quenzel, G./Hurrelmann, K. (2010), S. 75 – 76; 110 – 111.
326 Vgl.: Leven, I./Quenzel, G./Hurrelmann, K. (2010), S. 74 – 75.
327 Vgl.: Albert, M./Hurrelmann, K./Quenzel, G. (2010a), S. 42.

von Eltern aus der oberen Schicht bei gleicher Lesekompetenz und gleichem Niveau an kognitiven Grundfähigkeiten am Ende der Grundschulzeit eine Gymnasialempfehlung erhalten, liegt deutlich höher als bei Kindern aus Facharbeiterfamilien und noch einmal deutlich höher als bei Kindern von un- und angelernten Arbeitern. Ebenso wünschen sich Akademiker sehr viel häufiger als Facharbeiter und noch einmal häufiger als un- und angelernte Arbeiter den Gymnasialbesuch ihrer Kinder. Eine zusätzliche Segregation ist in Bezug auf den Migrationshintergrund zu erkennen. Was die Studienneigung anbelangt, so zeigt sich, dass 83 % der Kinder von Akademikern, aber nur 23 % der Kinder von Nicht-Akademikern studieren. Im weiteren Berufsverlauf manifestieren sich diese Unterschiede eher noch als das sie egalisiert werden. Neben der Erschwerung des Einstiegs in das Berufsleben nehmen niedrig Qualifizierte sehr viel seltener an Weiterbildung teil als Menschen, die bereits hohe Bildungsabschlüsse aufweisen.[328]

In der Folge geben bei der Frage danach, was sie unter Druck setzt, gerade Haupt- und Realschüler am häufigsten die Anforderungen im Bildungs- und Ausbildungssystem an. Sie sind es auch, die auf den empfundenen Druck am häufigsten mit Verweigerung und Rückzug reagieren bzw. zeitweise aus dem Qualifizierungssystem aussteigen. Allerdings – und dies widerspricht gängigen gesellschaftlichen Stereotypen gerade in Bezug auf Hauptschüler – gibt es durchaus auch diejenigen, die eine hohe Leistungs- und Weiterbildungsbereitschaft mitbringen und den Willen haben, sich pragmatisch den für sie eingeschränkten Optionen am Arbeitsmarkt anzupassen und flexibel bzw. mobil zu reagieren.[329]

Deutlich wird darüber hinaus die sehr realistische Einschätzung der beruflichen Perspektiven, die ihnen ihre persönliche Bildung bringt, durch die Jugendlichen und jungen Erwachsenen. So zeigt sich zwar in der aktuellen *Shell Jugendstudie 2010* im Vergleich zur *Shell Jugendstudie 2006* wieder ein deutlicher Anstieg in der Zuversichtlichkeit, nach der Ausbildung übernommen zu werden (von 62 % auf 76 %) sowie die eigenen beruflichen Wünsche verwirklichen zu können (von 64 % auf 71 %). Doch wie schon in anderen Bereichen

---

328 Vgl.: Allespach, M./Bartmann, M. (2011), S. 11; 17 – 20.
329 Vgl.: Shell Deutschland Holding (Hrsg.) (2010), S. 17; 33 – 34.

gezeigt, öffnet sich auch hier die „Schere" zwischen den unterschiedlichen Bildungs- und sozialen Schichten immer stärker. Während die Zuversicht der Jugendlichen und jungen Erwachsenen aus der Unterschicht immer weiter rückläufig ist, sind bei den höheren sozialen Schichten deutliche Zuwächse zu verzeichnen. Eine Ausnahme bilden die Studierenden, deren optimistische Grundhaltung sich ebenfalls verringert. Als Ursache wird die Unsicherheit über die Wertigkeit der neu eingeführten Bachelorabschlüsse im Vergleich zum Diplom vermutet.[330] Experten sehen auch Unterschiede zwischen den heute 30-Jährigen und den heute 20-Jährigen, wonach die ältesten Vertreter der jüngeren Generation eher sorgenvoll in die Zukunft blicken. Denn sie haben erlebt, dass ein hoher Bildungsabschluss oder eine langjährige Betriebszugehörigkeit alleine keine Garantie auf einen sicheren Arbeitsplatz mehr darstellen, nicht zuletzt deshalb, weil hohe Qualifikationen mit der allgemeinen Erhöhung der Ausbildungsniveaus gewissermaßen ihren Seltenheitswert verlieren („Wenn sich alle auf die Zehenspitzen stellen, sieht keiner besser") und sie nicht so recht daran glauben mögen, dass der demografische Wandel ihren Wert als Nachwuchskräfte auf dem Arbeitsmarkt steigern wird. Dahingegen scheinen die Jüngeren, wenn sie gut qualifiziert sind, ihre Chancen sehr viel deutlicher zu erkennen.[331]

2.10 Werte, Haltungen und Einstellungen – So „tickt" die jüngere Generation

Wenn die Wissenschaft von einer „Renaissance der alten Werte" im Zusammenhang mit der jüngeren Generation spricht, so bedeutet dies keineswegs, dass kleinbürgerliche Werte der 1950er Jahre wieder aufleben – vielmehr erfahren auch die traditionellen Werte eine gewisse Anpassung an die Herausforderungen des 21. Jahrhunderts.[332] Die Menschen, die diese Synthese leben, zeigen ein „spannungsreiches Persönlichkeitsprofil, können also diszipliniert und gleichzeitig kommunikativ, durchsetzungsfähig und kooperativ,

---

330 Vgl.: Shell Deutschland Holding (Hrsg.) (2010), S. 17; Leven, I./Quenzel, G./Hurrelmann, K. (2010), S. 115.
331 Vgl.: Weiguny, B. (2010), S. 42; Kunz, A. (2010), S. 3; Vester, M./Teiwes-Kügler, C./Lange-Vester, A. (2011), S. 56..
332 Vgl.: Hurrelmann, K./Albert, M./Quenzel, G./Langness, A. (2006), S. 39 – 40; Gensicke, T. (2010), S. 195.

fleißig und sensibel, aktiv und kreativ sein."[333] Der Wunsch nach einem Gleichgewicht unterschiedlicher Werte zeigt sich insbesondere bei den Jugendlichen und jungen Erwachsenen, die gleichermaßen die Gegenwart auskosten und genießen, sich aber auch mit Fleiß und Ehrgeiz langfristig auf die Zukunft vorbereiten möchten.[334] Hierzu trägt nicht zuletzt eine ausgeprägte Angst vor dem Abstieg, gerade unter jungen Menschen aus der Mittelschicht, bei, die vom Erleben der Brüchigkeit der ihre Kindheit prägenden wirtschaftlichen und gesellschaftlichen Sicherheit herrührt.[335] Es kommt zu einem „Wertemix" aus alten und neuen Werten, in dem Karriereorientierung und Lust am Leben sich ebenso wenig ausschließen wie Selbstdisziplin und Selbstverwirklichung. An die Stelle der Spaßgesellschaft tritt die Suche nach der Sinnhaftigkeit des Lebens in einer „Verantwortungsgeneration": „Die vermeintliche Fun-Generation ist erstaunlich ernst. Statt Egoismus leitet Teamgeist ihr Denken und Handeln. Die Netzwerkkinder wissen, dass es intelligent ist, nett zu sein."[336]

Auch die *Generationenstudie* der *Hanns-Seidel-Stiftung* zeigt, dass im derzeitigen Wertekanon Leistung und Daseinsgenuss widerspruchslos gleichberechtigt nebeneinander stehen. Sie stellt allerdings nur geringfügige Unterschiede zwischen den unterschiedlichen Altersgruppen fest. Für die 16- bis 34-Jährigen zeigen weiterführende Berechnungen des *Instituts der deutschen Wirtschaft Köln*, dass Leistung, Vertrauen, Verantwortung, Sicherheit, Pflichterfüllung und Altruismus sich ebenso unter den „Top Ten" der abgefragten Werte finden wie Selbstverwirklichung, Wissenserweiterung, Aktivität und Daseinsgenuss.[337]

Seit der Jahrtausendwende scheint sich zudem eine Trendwende in Bezug auf die Einstellung zur Familie zu vollziehen – Ehe, Kinder und Familie rücken wieder stärker in den Fokus, da sich der Einzelne davon langfristig mehr Erfüllung verspricht als von der Fixiertheit auf sich selbst und die Wahlfreiheit bei

---

333 Opaschowski, H. W. (2008), S. 594.
334 Vgl.: Hurrelmann, K./Albert, M./Quenzel, G./Langness, A. (2006), S. 39; Gensicke, T. (2010), S. 198.
    Vor allem die Altersgruppen ab 46 Jahren ordnen den Lebensgenuss dem Leistungs- und Erfolgsstreben noch deutlich nach.
335 Vgl.: von Rohr, M./Schulz, S. (2009), S. 18.
336 Trendbüro/Steinle, A./Wippermann, P. (2003), S. 38.
337 Vgl.: Meier, B./Schröder, C. (2007), S. 97 – 101.

der jüngeren Generation groß geschrieben wird. Arbeits- und Familienleben werden zunehmend nicht als Gegensatz, sondern als verbundene Bereiche wahrgenommen. Nicht zuletzt rührt diese Entwicklung von der Lage auf dem Arbeitsmarkt und den sinkenden Realeinkommen her – denn gewisse Annehmlichkeiten der Spaßgesellschaft lassen sich von vielen Menschen schlichtweg nicht mehr finanzieren. Zudem tendieren Menschen in unruhigen Zeiten in der Regel eher nach beständigen Werten und Geborgenheit.[338] Dieser Wunsch steht auch im Zusammenhang zu dem flexiblen Lebensstil der jüngeren Generation und der zunehmenden Komplexität familiärer Beziehungen in ihren Herkunftsfamilien, die Instabilität und Verunsicherung mit sich bringen. Hinzu kommen Fördermaßnahmen oder Engagement außerhalb von Schule oder Studium – denn Vertreter der jüngeren Generation haben bereits verinnerlicht, dass es z. B. ihren späteren Berufsaussichten förderlich ist, wenn sie sich sozial engagieren oder in Abendkursen über spätere Berufsfelder informieren und sich Zusatzkenntnisse aneignen. Druckfaktoren wie Zeitdruck, psychischer Druck, Arbeitsdruck, Zukunftsangst und Entgrenzung treten dabei vielfach in Kombination auf bzw. bedingen sich gegenseitig.[339]

Wiederholt wird der Pragmatismus der jüngeren Generation hervorgehoben: „Die Angehörigen dieser Generation müssen Deutschland nicht aus Trümmern wiederaufbauen, sie müssen auch nicht mit Marihuana den Atomkrieg verhindern. Alles, was sie wollen, ist anständig leben, so, wie sie es von klein auf gewohnt sind. Ihre Träume sind klein. Sie wollen einen Job. Sie wollen dazugehören. Sie wollen irgendwann mal eine Familie. Sie wollen sich was leisten können. [...] Aber sie haben Angst, dass es dazu nicht mehr reicht. Seit Jahren schwelt ein Krisengefühl in ihrem Leben, schon vor drei Jahren fürchteten sich fast drei Viertel vor Jobverlust und Wirtschaftskrise. Es ist das Wissen darum, dass das Versprechen nicht mehr gilt, dass es ihnen später mal besser gehen soll als ihren Eltern."[340]

---

338 Vgl.: Opaschowski, H. W. (2006b), S. 55 – 60; Trendbüro/Steinle, A./Wippermann, P. (2003), S. 14 – 15.
339 Vgl.: Held, J./Bibouche, S./Billmann, L./Kempf, M./Kröll, T. (2011b), S. 216 – 217.
340 Von Rohr, M./Schulz, S. (2009), S. 18.

3. Kompetenzen der jüngeren Generation

Bei der nachfolgenden Darstellung von Kompetenzen, die die jüngere Generation (vermeintlich) mitbringt, werden die Kompetenzen bevorzugt herangezogen, die sich wiederholt in der Literatur finden und die derzeit als bezeichnend für die Jugendlichen und jungen Erwachsenen gelten:

- Medienkompetenz und Multitaskingfähigkeit
- Veränderungsbereitschaft und Innovationsfähigkeit
- Selbstvertrauen, Eigenverantwortung und Eigeninitiative
- Lernbereitschaft und -fähigkeit
- Teamfähigkeit, Kommunikationsfähigkeit und Empathie

Die Medienkompetenz nimmt in diesem Zusammenhang eine besondere Rolle ein, da die jüngere Generation wie keine andere moderne Medien in ihren privaten und beruflichen Alltag integriert.

3.1 Medienkompetenz und Multitaskingfähigkeit

3.1.1 Medienkompetenz

Um sich der Medienkompetenz der jüngeren Generation zu nähern, ist es zunächst erforderlich, sich einen Überblick über die Art und Schwerpunkte ihrer Mediennutzung zu verschaffen. Zur Mediennutzung bzw. Medienaffinität von Kindern, Jugendlichen und jungen Erwachsenen gibt es zahllose Studien aus dem Inland sowie aus dem europäischen und außereuropäischen Ausland. So zieht eine Vergleichsuntersuchung alleine mehr als 50 empirische Studien zur Mediennutzung und Nutzermotiven heran, in denen spezielle Daten für Kinder, Jugendliche bzw. junge Erwachsene ausgewiesen werden.[341] Dabei ist anzumerken, dass unterschiedliche Studien zu unterschiedlichen Klassifizierungen gelangen, da sie bestimmte – ihrem Zweck dienliche – Fragestellungen zugrunde legen und unterschiedliche Methoden der Stichprobenauswahl, Datenerhebung etc. anwenden. So z. B. die *ARD/ZDF-Onlinestudie*, die briti-

---

341 Vgl.: Schulmeister, R. (2008), S. 49 ff.

135

sche Studie *UK Children Go Online*, die unterschiedlichen von *MTV* beauftragten Studien oder im US-amerikanischen Raum die *Pew Internet and American Life Studie*. Zudem ergibt sich ein verzerrtes Bild dadurch, dass einige Studien die Nutzung des Internets bzw. des Computers durch die jüngere Generation isoliert betrachten und nicht im Kontext anderer Freizeitaktivitäten bzw. der Nutzung „traditioneller" Medien wie Radio und TV. Des Weiteren spielt die Art der Internetnutzung eine entscheidende Rolle, d. h. es bedarf einer Differenzierung des Nutzungsverhaltens, z. B. in Zwecke der Kommunikation, Information, des Spielens etc. Nachfolgend wird eine repräsentative Auswahl herangezogen, um bestimmte, sich wiederholende Aussagen zu untermauern, d. h. es wird kein Anspruch auf Vollständigkeit erhoben.

Bedeutung und Verbreitung neuer Medien

Unbestritten ist, dass neue Medien eine große Rolle im Leben der jüngeren Generation spielen. Dies verdeutlichen die folgenden Zahlen:

- Die *Bitkom* geht heute von 98 % **Internet-Nutzern** in der Altersgruppe der 14- bis 29-Jährigen aus.[342] Dabei zeigt ein Zeitvergleich der Online-Nutzung der 14- bis 19-Jährigen im Rahmen der *ARD/ZDF-Onlinestudie 2009*, dass diese Altersgruppe bis zum Jahr 2000 eher unterdurchschnittlich vertreten war, seither aber an der Spitze aller Nutzer liegt.[343] Auch etwa 60 % der 6- bis 13-Jährigen verfügen laut *KidsVerbraucher-Analyse 2009* bereits über Erfahrungen mit dem Internet.[344]

- Bereits knapp ein Viertel der 10- bis 11-Jährigen beschäftigt sich nach einer Studie des *Deutschen Jugendinstituts (DJI)* **täglich mit dem Computer**, bei den 13- bis 14-Jährigen sind es etwas mehr als die Hälfte.[345]

---

342 Vgl.: BITKOM (2012).
343 Für die „ARD/ZDF-Onlinestudie", die seit 1997 jährlich durchgeführt wird, wurden im Jahr 2009 insgesamt 1.806 Personen ab 14 Jahren befragt. Vgl.: ARD/ZDF (2009c).
344 Die „Kids-Verbraucher-Analyse 2009" der Verlagsgruppe Bauer/Axel Springer befasste sich mit Kindern im Alter von 6 bis 13 Jahren in deutschen Privathaushalten. Dazu wurden rund 1600 repräsentativ ausgewählte Personen befragt. Die Befragung der Kinder erfolgte in persönlichen Interviews, die der Eltern per Fragebogen. Vgl.: FOCUS Medialine (2009).
345 Das Deutsche Jugendinstitut (DJI) führte in den Jahren 2007 – 2009 ein Projekt unter dem Titel „Digital Divide – Digitale Kompetenz im Kindesalter" durch. Dabei ging es insbesondere um die Frage, inwieweit Erfahrungen mit digitalen Medien, die Kinder und Jugendliche im Alter zwischen 10 und 14 Jahren sammeln, sich auf soziale und schullaufbahnrelevante Prozesse der Exklusion bzw. Inklusion auswirken

- Laut *ARD/ZDF-Onlinestudie* nutzen 64 % der 10- bis 24-Jährigen **täglich das Internet**.[346] Für die einzelnen Altersgruppen lassen sich aus weiteren Studien differenziertere Aussagen ablesen. So sind 10 % der 10- bis 11-Jährigen und rund 40 % der 13- bis 14-Jährigen täglich online,[347] bei den 14- bis 19-Jährigen sind es etwa 50 % (verglichen mit 21,9 % im Jahr 2005).[348]

- Die **Verweildauer im Internet** hat sich bei den 14- bis 29-Jährigen von 2002 bis 2009 von täglich 142 auf 180 Minuten, also um 38 Minuten, erhöht (zum Vergleich: bei den 30- bis 49-Jährigen fand eine Erhöhung um 8 Minuten, bei den über 50-Jährigen um 26 Minuten statt).[349] Daten für die 12- bis 19-Jährigen gehen von 134 Minuten und damit 17 Minuten mehr als in der Vorjahresstudie, aus.[350] Die weltweit angelegte Studie *„Circuits of Cool"* spricht für Deutschland gar von durchschnittlich 21 Stunden im Internet pro Woche bei den 14- bis 17-Jährigen sowie jeweils 29 Stunden bei den 18- bis 21-Jährigen und 22- bis 24-Jährigen.[351] In der *Shell Jugendstudie 2010* finden sich deutlich niedrigere Werte, auch wenn ebenfalls ein kontinuierlicher Anstieg der wöchentlichen Internetnutzung beobachtet wird: Während die 14- bis 29-Jährigen laut Studie im Jahr 2002 noch sieben und im Jahr 2006 bereits 9,3 Stunden pro Woche im Internet verbrachten, sind es 2010 immerhin 12,9 Stunden. Männliche Jugendliche und junge Erwachsene nutzen das Internet im Durchschnitt länger als junge Frauen, Jugendliche ab 14 Jahren wiederum deutlich häufiger als die unter 14-Jährigen.[352]

- Viele Jugendliche und junge Erwachsene nutzen das Internet zuhause. Rasant ansteigend sind allerdings auch die Zahlen derer, die mobil über Smartphones, Tablet PCs etc. auf das Internet zugreifen (derzeit laut *Bit-*

---

können. Die Untersuchung bezog sich auf 1000 Kinder und Jugendliche im Alter zwischen 10 und 11 bzw. 13 und 14 Jahren. Vgl.: DJI (2010a); DJI (2010b).

346 Vgl.: ARD/ZDF (2009b).

347 Vgl.: DJI (2010b). Die Kids Verbraucheranalyse verwendet andere Alters-Clusterungen, wonach 12 % der 6- bis 13-Jährigen täglich online sind. Vgl.: FOCUS Medialine (2009).

348 Vgl.: Verlagsgruppe Bauer/Axel Springer (2008), S. 24.

349 Vgl.: ARD/ZDF (2009e).

350 Vgl.: Medienpädagogischer Forschungsverbund Südwest (mpfs) (2009), S. 31 – 32.

351 Vgl.: MTV Networks (2007), S. 8.

352 Vgl.: Langness, A./Leven, I./Hurrelmann, K. (2006), S. 83; Shell Deutschland Holding (Hrsg.) (2010), S. 19; Leven, I./Quenzel, G./Hurrelmann, K. (2010), S. 103.

kom bereits 55 % der 14- bis 29-Jährigen verglichen mit 37 % der Gesamtbevölkerung).[353]

- In der Studie „*Circuits of Cool*" gibt jeder Dritte der befragten deutschen Jugendlichen und jungen Erwachsenen an, das erste, was er am Morgen und das letzte, was er am Abend tue sei, sein Handy zu checken. 83 % glauben gar, ohne das Internet nicht mehr leben zu können, und nahezu jeder vierte macht seinen Computer fast nie aus. 53 % gehen sofort online, wenn sie aus der Schule kommen.[354]

Mediale Ausstattung

Entsprechend der hohen Nutzungsfrequenz von Computer und Internet verwundert die beträchtliche mediale Ausstattung der deutschen Kinder- und Jugendzimmer kaum. Zunächst ist diese in der folgenden Grafik des *Deutschen Jugendinstituts* für die Gruppe der 10- bis 11- bzw. 13- bis 14-Jährigen dargestellt:[355]

---

353 Vgl.: Medienpädagogischer Forschungsverbund Südwest (mpfs) (2009), S. 31 – 32; MTV Networks (2007), S. 8; Shell Deutschland Holding (Hrsg.) (2010), S. 19; Leven, I./Quenzel, G./Hurrelmann, K. (2010), S. 103; BITKOM (2012).
354 Vgl.: MTV Networks (2007), S. 3 – 8.
355 DJI (2010b).

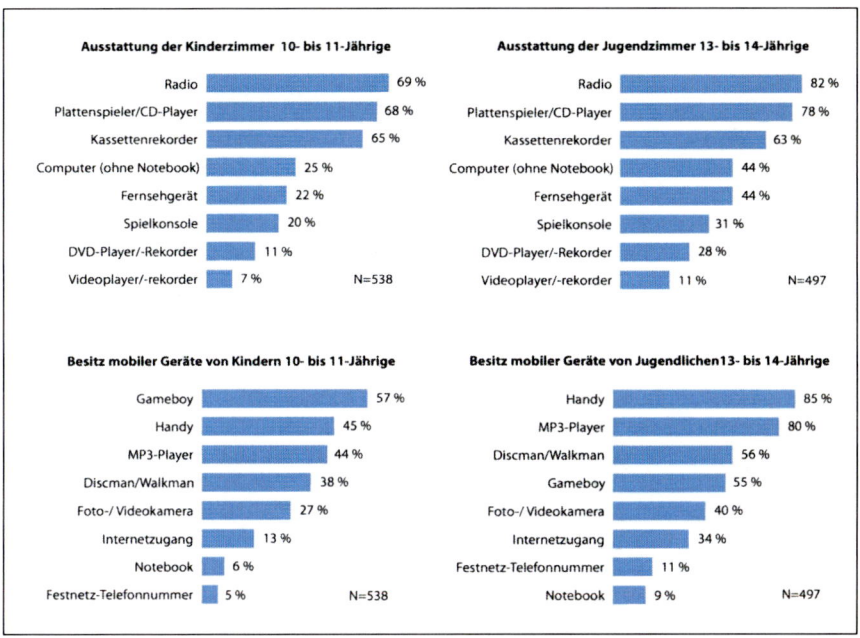

Abb. 26: Mediale Ausstattung der Kinder- und Jugendzimmer

Dies deckt sich nahezu mit den Ergebnissen der „KIM"-Studie 2008 mit Bezug zu den 6- bis 13-Jährigen, wonach mehr als 50 % der Kinder eine eigene Spielkonsole besitzen, jedes zweite Kind ein eigenes Handy oder einen CD-Player, mehr als zwei Drittel einen MP3-Player, ein Radio oder einen Walk-/ Discman. In 42 % der Kinderzimmer gibt es einen Fernseher, in 15 % einen Computer und etwa jedes zehnte Kind kann auch vom eigenen Zimmer aus ins Internet gehen.[356] Nach dem Generationen-Barometer 2009 verfügen 14 % der 6- bis 9-Jährigen, 32 % der 10- bis 13-Jährigen und 44 % der 14- bis 17-Jährigen über einen eigenen Fernseher, 10 % bzw. 60 % bzw. 86 % dieser Altersgruppen auch über ein eigenes Handy.[357]

---

356 Vgl.: Medienpädagogischer Forschungsverbund Südwest (mpfs) (2008), S. 7 – 8.
357 Köcher, R. (2009), S. 31.

Diese Zahlen stimmen in ihrer Tendenz auch mit der „JIM"-Studie 2009 zur Verfügbarkeit eigener medialer Geräte unter 12- bis 19-Jährigen überein, wobei deutliche geschlechtsspezifische Unterschiede zutage treten:[358]

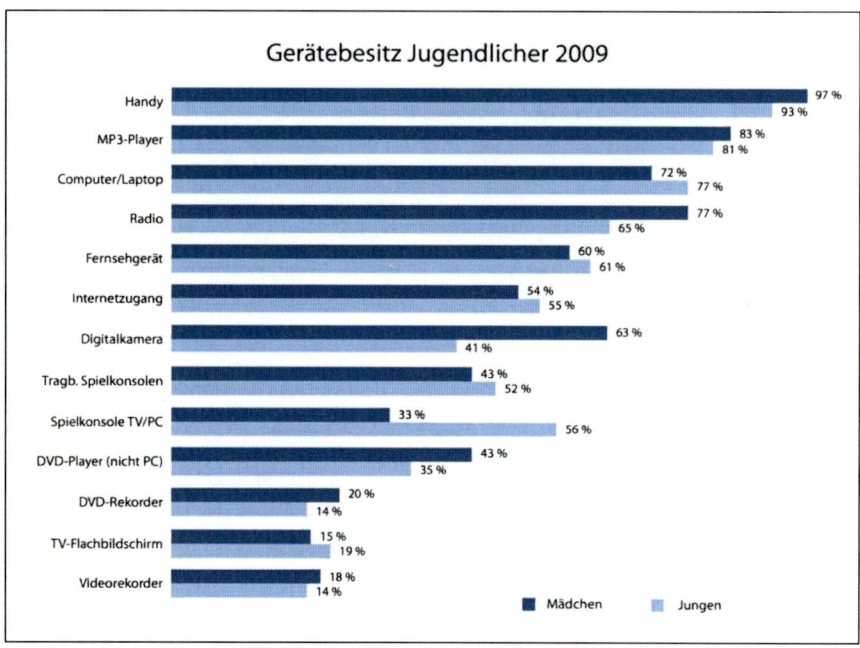

Abb. 27: Gerätebesitz Jugendlicher und junger Erwachsener

Hinzuzufügen ist, dass die Medienausstattung der Haushalte, in denen Kinder, Jugendliche und junge Erwachsene leben, ebenfalls Gegenstand der genannten Studien ist und davon auszugehen ist, dass vielfach Geräte bzw. Internetzugänge der Eltern mit genutzt werden.[359]

Einfluss sozio-ökonomischer Merkmale

Nicht zuletzt aufgrund der Selbstverständlichkeit, mit der das Internet und weitere moderne Medien inzwischen zum Leben der Kinder, Jugendlichen und

---

358 Medienpädagogischer Forschungsverbund Südwest (mpfs) (2009), S. 8.
359 Medienpädagogischer Forschungsverbund Südwest (mpfs) (2009), S. 6; Medienpädagogischer Forschungsverbund Südwest (mpfs) (2008), S. 7 – 8; FOCUS Medialine (2009).

jungen Erwachsenen gehören können sie – wie gesehen – zu den zentralen Sozialisationsinstanzen gerechnet werden.[360] Daher ist die Frage von Relevanz, inwieweit bestimmte sozio-ökonomische Merkmale den Zugang zu dieser Instanz bzw. den Ausschluss sowie die Art und Weise, wie im Elternhaus der Umgang mit diesen Medien vermittelt wird, beeinflussen.

Wenden wir uns zunächst der **medialen Ausstattung** von Kindern und Jugendlichen bzw. jungen Erwachsenen und deren Zugang zum Internet zu. Hier zeigt sich in Studien durchaus eine gewisse Abhängigkeit vom Einkommen der Eltern bzw. dem sozialen Milieu, in dem sie sich bewegen,[361] sowie vom Bildungsstand, wie die folgende Abbildung verdeutlicht:[362]

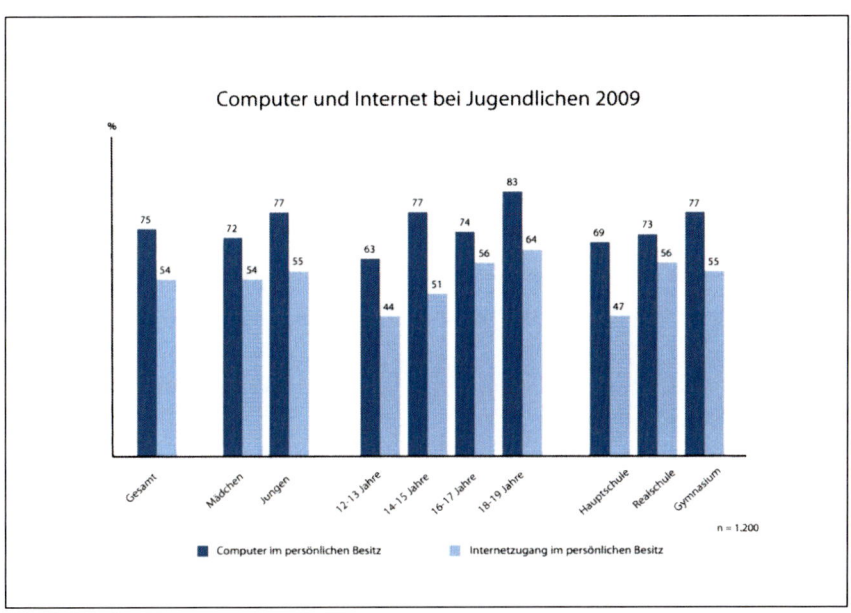

Abb. 28: Verfügbarkeit von Computer und Internetzugang nach Geschlecht, Alter und Bildung

---

360 Vgl.: Langness, A./Leven, I./Hurrelmann, K. (2006), S. 83.
361 Medienpädagogischer Forschungsverbund Südwest (mpfs) (2008), S. 7 – 8; Langness, A./Leven, I./Hurrelmann, K. (2006), S. 83.
362 Medienpädagogischer Forschungsverbund Südwest (mpfs) (2009), S. 31.

Allerdings ist zu konstatieren, dass diese Unterschiede in der medialen Ausstattung nicht gravierend sind und sich darüber hinaus beständig verringern. So ist die Differenz zwischen der Verfügbarkeit eines Internetzugangs für Jugendliche und junge Erwachsene aus der Unterschicht (91 %) bzw. der Oberschicht (98 %) laut *Shell Jugendstudie 2010* nur noch marginal, während vor vier Jahren mit Vergleichswerten von 59 % bzw. 94 % noch eine regelrechte „Kluft" herrschte.[363] Hierbei kommt nicht zuletzt der Umstand zum Tragen, dass gerade niedrige soziale Schichten ein hohes Bedürfnis nach Zugehörigkeit aufweisen, das sie mit der aktuellsten technischen Ausstattung zu befriedigen suchen.[364]

Die Kinder- und Jugendstudie des *Deutschen Jugendinstituts* ermittelt allerdings mit Bezug zur medialen Ausstattung der 10- bis 14-Jährigen zwar keinerlei Abhängigkeiten vom Haushaltseinkommen oder Bildungsstatus der Eltern, sehr wohl jedoch für einen eingeschränkten Zugang zum Internet, für den Familienarmut und ein niedriges Bildungsniveau im Haushalt als ausschlaggebend identifiziert werden. Die Studie spricht von einer Mehrfachbenachteiligung der betroffenen Kinder, Jugendlichen und jungen Erwachsenen, da „Offline"-Familien inzwischen zu einer gesellschaftlichen Randgruppe werden.[365] Auch aus der Nutzertypologie in der Studie des *DJI* lassen sich bezogen auf sozio-demografische Merkmale einige Besonderheiten herausarbeiten. Danach gehören 10- bis 11-jährige Kinder, die alternative Schulen oder Förderschulen besuchen, fast alle zur Gruppe der „Wenig- und Nichtnutzer", während die „Online-Kinder" und „frühen Handynutzer" jeweils etwa zu einem Drittel die Realschule und zu knapp der Hälfte das Gymnasium besuchen. Ostdeutsche 10- bis 11-Jährige sind in der Gruppe der „Online-Kinder" deutlich unterrepräsentiert, während sie überdurchschnittlich häufig unter den „arbeitsorientierten PC-Nutzern" zu finden sind.[366]

Gravierende Unterschiede zeigen sich auch in der **Art der Internetnutzung** der Jugendlichen und jungen Erwachsenen sowie in der **Vermittlung internet-**

---

363 Vgl.: Shell Deutschland Holding (Hrsg.) (2010), S. 19; Leven, I./Quenzel, G./Hurrelmann, K. (2010), S. 101 – 102.
364 Vgl.: Schulmeister, R. (2008), S. 82; Schorb, B./Keilhauer, J./Würfel, M./Kießling, M. (2008), S. 50.
365 Vgl.: DJI (2010a); DJI (2010b).
366 Vgl.: DJI (2010a); DJI (2010b).

relevanter Kompetenzen im Elternhaus. Denn während Eltern mit höherem Bildungsstand die aktive Nutzung unterschiedlicher Medien, d. h. auch von Zeitungen, Büchern etc. vorleben und bewusst reflektieren, findet in Familien aus der Unterschicht eher eine passiv-konsumierende Mediennutzung statt, die sich unweigerlich auch auf die Kinder, Jugendlichen und jungen Erwachsenen überträgt.[367] So sind Jugendliche und junge Erwachsene mit höherem Bildungsgrad häufigere Nutzer des Internet, von Tageszeitungen, MP3-Playern und Büchern, während diejenigen mit niedrigerem Bildungsniveau stärker an Fernsehen, Handy sowie Computer- und Konsolenspielen interessiert sind.[368] *Ferchhoff* spricht von einem „Knowledge Gap", wonach gerade die Vertreter der jüngeren Generation, die bereits mit alten Medien gut zurechtkamen und diese weiterhin nutzen, sich die neuen Medien mit einer besonderen Handlungskompetenz erschließen.[369] Dies bestätigt auch die Auswertung einer Studie von *Treumann, Meister und Sander* aus dem Jahr 2007, wonach die unterdurchschnittlichen Werte zur Medienkompetenz in der identifizierten Gruppe der „Deprivierten" darauf zurückzuführen sind, „dass die Jugendlichen in einem anregungsarmen sozialen Milieu aufgewachsen sind, das ein geringes kulturelles Kapital aufweist und wenig Impulse zur Auseinandersetzung insbesondere mit Neuen Medien vermittelt, was wiederum dazu führt, dass sie in der Regel keinen qualifikatorisch-interessengeleiteten Anspruch an die Medien entwickeln, zumal auch entsprechende schulische Hilfen und Anstöße nicht auszumachen sind, ..."[370]

Eine vergleichbare Untersuchung entstand im Rahmen des Projektes *„UK Children Go Online"* in den Jahren 2003 – 2005 am *Department of Media and Communications* an der *London School of Economics and Political Science*. Ziel war es, Daten zum Umgang von 9- bis 19-Jährigen mit dem Internet zu erheben und daraus bestimmte Muster in Bezug auf unterschiedliche Lebensumstände und soziale Gruppen in Großbritannien abzuleiten. Die Stu-

---

367 Vgl.: Leven, I./Quenzel, G. /Hurrelmann, K. (2010), S. 109.
368 Vgl.: Medienpädagogischer Forschungsverbund Südwest (mpfs) (2009), S. 16 – 18.
369 Vgl.: Ferchhoff, W. (2007), S. 369.
370 Treumann, K. P./Arens, M./Ganguin, S. (2010), S. 174. Für die Studie zum Medienhandeln Jugendlicher von Treumann, Meister und Sander wurden aus einer großen Stichprobe von 3.271 Jugendlichen zwischen 12 und 20 Jahren aus den Bundesländern Mecklenburg-Vorpommern, Sachsen-Anhalt und Nordrhein-Westfalen insgesamt 1.662 Jugendliche mit einer Clusteranalyse untersucht.

die kommt zu dem Schluss, dass man die Erfahrungen, die Kinder, Jugendliche und junge Erwachsene mit Medien machen, nicht verallgemeinern kann. Dennoch stellen die Autorinnen fest, dass sozioökonomische Unterschiede in Bezug auf die Qualität des Zugriffs auf das Internet von zuhause (Verfügbarkeit eines Computers, Geschwindigkeit der Datenübertragung, Unterstützung seitens der Eltern etc.) sowohl in Bezug auf den Einkommensstatus der Eltern als auch auf die Wohnumgebung bestehen. Der eigentliche „Divide" besteht ihrer Ansicht nach darin, dass privilegierte Kinder, Jugendliche und junge Erwachsene das Internet als wissenserweiternde und bereichernde Ressource erleben, während weniger privilegierte Nutzer eher eine passive Nutzungsweise aufweisen.[371] „Hence, a new divide is opening up, one centred on the quality of use."[372]

In der *Shell Jugendstudie 2010* werden vier Nutzertypen in Bezug auf das Internet unterschieden, wobei die soziale Spaltung wiederum deutlich zutage tritt:[373]

Internet-Nutzertyp	Anteil	Charakteristika
Gamer	24 %	• Eher jüngere männliche Nutzer aus der Unterschicht • Nutzung des Internet v.a. zum Computerspielen • Untergeordnete Rolle als Informationsquelle oder Ort der sozialen Vernetzung
Digitale Netzwerker	25 %	• Eher jüngere weibliche Jugendliche • Kein spezifisches Schichtprofil • V.a. Nutzung digitaler sozialer Netzwerke • Verbringen mit 14,5 Stunden die meiste Zeit aller Gruppen im Internet • Surfen häufig „einfach drauflos"

---

371 Ziel der Untersuchung im Rahmen des Projektes „UK Children Go Online" in den Jahren 2003 – 2005 am Department of Media and Communications an der London School of Economics and Political Science war es, Daten zum Umgang von 9- bis 19-jährigen Kindern und Jugendlichen mit dem Internet zu erheben und daraus bestimmte Muster in Bezug auf unterschiedliche Lebensumstände und soziale Gruppen in Großbritannien abzuleiten. Für die Studie wurden in Großbritannien 1.511 Kinder und Jugendliche persönlich sowie 906 Erziehungsberechtigte der 9- bis 17-Jährigen schriftlich befragt. Vgl.: Livingstone, S./Bober, M. (2004), S. 1 – 7.
372 Livingstone, S./Bober, M. (2004), S. 6.
373 Vgl.: Shell Deutschland Holding (Hrsg.) (2010), S. 19 – 20; Leven, I./Quenzel, G./Hurrelmann, K. (2010), S. 105 – 110.

Funktionsuser	17 %	• Eher ältere weibliche Jugendliche und junge Erwachsene • Kein spezifisches Schichtprofil • Beschränken ihre Zeit im Internet auf Dinge, die sich ausschließlich dort erledigen lassen • Priorität haben E-Mails, gezielte Informationssuche sowie Online-Einkäufe • Das Internet ist nützliches Mittel zum Zweck
Multi-User	34 %	• Eher ältere männliche Jugendliche und junge Erwachsene aus den oberen Schichten • Nutzung des Internet überwiegend als gezielte Informationsquelle • Breite Nutzung verschiedener Funktionalitäten sowie Möglichkeiten der sozialen Vernetzung

Abb. 29: Internet-Nutzertypologie der Shell Jugendstudie 2010

Was die Intensität der Internetnutzung anbelangt, weichen die Aussagen deutlich voneinander ab. So beobachten der *Medienpädagogische Forschungsverbund Südwest (mpfs)* und auch der Zukunftsforscher *Opaschowski* eine Zunahme der Zahl der Intensivnutzer mit steigendem Bildungsgrad. Danach liegen bei der regelmäßigen, d. h. mindestens einmal wöchentlichen, Nutzung von Internet/Online-Diensten im privaten Bereich die Gymnasialabsolventen mit 73 % deutlich vor den Hauptschulabsolventen mit 26 %.[374] Die *Shell Jugendstudie 2006* hingegen erkennt einen Anstieg der wöchentlichen Internet-Nutzungsdauer insbesondere bei Jugendlichen und jungen Erwachsenen aus der Unterschicht,[375] und in der Nachfolgestudie aus dem Jahr 2010 wird angeführt, dass gerade für junge Männer mit wenig privilegiertem Hintergrund extensiver Spiel- und Medienkonsum eine hohe Versuchung darstellt.[376] Dies deckt sich mit den Ergebnissen des *Medienkonvergenz Monitoring* an der *Universität Leipzig*, die die Vermutung nahe legen, dass das Internet in sozial benachteiligten Schichten eine ähnliche Funktion übernimmt wie

---

374 Vgl.: Medienpädagogischer Forschungsverbund Südwest (mpfs) (2009), S. 31 – 32; Opaschowski, H. W. (2008), S. 231.

375 Vgl.: Langness, A./Leven, I./Hurrelmann, K. (2006), S. 83. Hierzu ist allerdings festzuhalten, dass die JIM-Studie des mpfs sich auf 12- bis 19-Jährige bezieht, während die Shell-Jugendstudien die große Gruppe der 14- bis 29-Jährigen betrachten.

376 Vgl.: Albert, M./Hurrelmann, K./Quenzel, G. (2010a), S. 42.

der Fernseher, der nachweislich in Familien mit geringem Bildungsniveau deutlich häufiger läuft.[377] Nicht zuletzt setzen laut *Generationenbarometer 2009* Eltern und Großeltern aus der unteren Schicht sehr viel stärker elektronische Medien als „Babysitter" schon bei den 3- bis 5-Jährigen ein (35 %) als dies in der breiten Mittelschicht (19 %) bzw. gehobenen Schicht (13 %) der Fall ist.[378] In jedem Fall ist davon auszugehen, dass der „Digital Divide" sich durch die Häufigkeit der Internet-Nutzung alleine nicht überwinden lässt, d. h. Art und Weise der Mediennutzung tragen zwar zur Integration in Peer-Groups bei, allerdings nicht zur Überwindung des „Digital Divide".[379]

Opaschowski vertritt die These: „Der Umgang mit den neuen Informationstechnologien setzt mehr Bildung, mehr Wissen und mehr Sprachkenntnisse als je zuvor voraus. Ohne eine breite Bildungsoffensive von der Grundschule an besteht eher die Gefahr, dass sich zu den Schreib- und Leseanalphabeten noch ein großes Heer funktionaler Computeranalphabeten gesellt."[380]

Verhältnis neuer Medien zu traditionellen Medien und nicht-medialen Freizeitaktivitäten

Angesichts der dargestellten Nutzungsdauern und -häufigkeiten drängt sich auch die Frage auf, inwieweit die Nutzung der neuen Medien zu Lasten der traditionellen Medien bzw. jugendtypischer nicht-medialer Freizeitaktivitäten geht. Dazu sei eine Bemerkung vorausgeschickt, da nicht selten die immense Ausbreitung der Nutzung digitaler Medien in den vergangenen Jahren gerade bei Jugendlichen und jungen Erwachsenen als „erschreckend" dargestellt

---

377 Der Report zum „Medienkonvergenz Monitoring" basiert im Wesentlichen auf einer im Frühjahr 2007 durchgeführten quantitativen Onlinebefragung, in deren Mittelpunkt die Frage stand, wie jugendliche InternetnutzerInnen im Alter von 12 bis 19 Jahren das konvergente Medienensemble nutzen und welche Entwicklungen es in den konvergenzbezogenen Nutzungsstrukturen Heranwachsender gibt. Die Befragung konzentrierte sich auf Jugendliche, die das Internet nutzen. Als Methode wurde eine weitgehend standardisierte Online-Befragung gewählt. Der Fragebogen wurde auf verschiedenen Internetplattformen für Jugendliche verlinkt. Insgesamt nahmen über 6.000 Personen aus dem gesamten Bundesgebiet teil. Die bereinigte Stichprobe umfasst 5.053 Heranwachsende zwischen 12 und 19 Jahren. Ergänzt werden die Ergebnisse der Onlinebefragung durch Aussagen von ausgewählten Jugendlichen, die ihre präferierten Medieninhalte mit dem konvergenten Medienensemble verfolgen. Es handelt sich um Aussagen aus Intensivinterviews mit 40 Heranwachsenden zwischen 12 und 19 im Rahmen des qualitativen Teils des Monitorings und um Angaben von jugendlichen Besuchern der Computerspielemesse Games Convention in Leipzig. Vgl.: Schorb, B./Keilhauer, J./Würfel, M./Kießling, M. (2008), S. 50.
378 Vgl.: Köcher, R. (2009), S. 34.
379 Vgl.: Schulmeister, R. (2008), S. 82; Schorb, B./Keilhauer, J./Würfel, M./Kießling, M. (2008), S. 50.
380 Vgl.: Opaschowski, H. W. (2008), S. 233.

wird: Es gilt zu bedenken, dass bestimmte Medien schlichtweg früher nicht zur Verfügung standen, so dass es nur natürlich ist, dass ihr Konsum zugenommen hat und dass zudem viele Medien in den vergangenen Jahren deutlich preiswerter und damit auch für unterschiedliche soziale Schichten und Altersgruppen erschwinglicher geworden sind.[381]

In einem ersten Schritt sollen die **medialen Aktivitäten** der jüngeren Generation näher hinterfragt werden. Übereinstimmend weisen die meisten Studien zur Mediennutzung von Jugendlichen und jungen Erwachsenen bei einem generellen Anstieg der Mediennutzung eher auf eine Ergänzung als auf eine Substitution traditioneller medialer Aktivitäten hin, auch wenn Nutzung, Nutzungszeit und Rangfolge der Freizeitinteressen nicht immer unbedingt deckungsgleich sind.[382] Nachfolgend sind exemplarisch einige Ergebnisse aufgezeigt.

Verbraucheranalyse (VA) Klassik 2009 Bevorzugte mediale Freizeitbeschäftigungen der 18- bis 29-Jährigen[383]	Medienpädagogischer Forschungsverbund Südwest (mpfs) JIM-Studie 2009 Tägliche bzw. mehrmals wöchentliche mediale Aktivitäten der 12- bis 19-Jährigen[384]	Repräsentativbefragung der BITKOM 2012 zur Mediennutzung in der Gruppe der 14- bis 29-Jährigen[385]

• Musik hören (98 %)
 • DVD anschauen (96 %)
 • Fernsehen (91 %)
 • PC/Internet nutzen (80 %)
 • Ins Kino gehen (77 %)
 • Zeitschriften lesen (69 %)
 • Radio hören (66 %)
 • Computer-/Videospiele spielen (50 %)
 • Tageszeitungen lesen (46 %)
 • Bücher lesen (43 %)
 • Hörbuch hören (17 %)
	• Fernseher (90 %)
	 • Internet (90 %)
	 • Handy (88 %)
	 • MP3 (83 %)
	 • Radio (74 %)
	 • Musik-CDs/-Kassetten (67 %)
	 • Tageszeitung (42 %)
	 • Bücher (41 %)
	 • Computer-/Konsolenspiele (offline) (35 %)
	 • Computer (offline) (35 %)
	 • **Digitale Fotos machen (33 %)**
		• Internet (98 %), davon
		   - Soziale Netzwerke (91 %)
		   - Mobiles Internet (55 %)
		 • Fernsehen (97 %)
		 • Radio (91 %)
		 • Zeitschriften (91 %)
		 • Tageszeitungen (86 %)

---

381 Vgl.: Schulmeister, R. (2008), S. 80.
382 Zu diesem Ergebnis kommt auch Schulmeister in seiner Vergleichsuntersuchung von über 50 Studien zur Mediennutzung Jugendlicher. Vgl.: Schulmeister, R. (2008).
383 Vgl.: Glas, I. (2009), S. 39 – 40.
384 Vgl.: Medienpädagogischer Forschungsverbund Südwest (mpfs) (2009), S. 16 – 18.
385 Vgl.: BITKOM (2012). An der Repräsentativbefragung des Meinungsforschungsinstituts Aris für den BITKOM nahmen im März 1.000 Einwohner ab 14 Jahren teil.

• Zeitschriften/Magazine (29 %) • DVD/Video (29 %) • Tageszeitung (online) (16 %) • Hörspielkassetten/-CDs (14 %) • Zeitschriften (online) (11 %) • Digitale Filme/Videos machen (7 %) • Kino (1 %)	

Abb. 30: Vergleich der medialen Aktivitäten von Jugendlichen und jungen Erwachsenen

Bei der geschlechtsspezifischen Betrachtung in der „JIM"-Studie des Medienpädagogischen Forschungsverbundes Südwest (mpfs) zeigt sich, dass Mädchen eher den Fernseher nutzen und Bücher lesen, während Jungen mehr Zeit im Internet und mit Computer- und Konsolenspielen verbringen.[386]

Der Zeitvergleich der Untersuchungen des Medienpädagogischen Forschungsverbundes Südwest (mpfs) zwischen den Jahren 1998 und 2009 ergibt erwartungsgemäß einen Bedeutungszuwachs des Internets, belegt jedoch auch, dass sich die Nutzung von Fernseher und Radio kaum reduziert hat und die Lesehäufigkeit von Büchern gar um zwei Prozentpunkte zunahm.[387] Dies untermauern weitere Studien für die verschiedenen Altersgruppen der Jugendlichen und jungen Erwachsenen.[388] In der BITKOM-Umfrage im März 2012 überholte erstmals das Internet in der Altersgruppe der 14- bis 29-Jährigen den Fernseher – allerdings nur sehr knapp mit einem Prozentpunkt.[389]

Was die Nutzungsdauer der unterschiedlichen Medien anbelangt, so steht eine Aussage im Rahmen der Langzeituntersuchung „Time Budget 12" von SevenOne Media exemplarisch für das übereinstimmende Ergebnis zahlreicher Studien: „Auch bei der jüngeren Generation, den 14–29-Jährigen, zeigt sich, dass das Internet die Nutzungsdauer der anderen Medien kaum beeinflusst.

---

386 Vgl.: Medienpädagogischer Forschungsverbund Südwest (mpfs) (2009), S. 16 – 18.
387 Vgl.: Medienpädagogischer Forschungsverbund Südwest (mpfs) (2009), S. 18.
388 Vgl.: FOCUS Medialine (2009); Verlagsgruppe Bauer/Axel Springer (2008), S. 22; Sierke, B. R. A./Albe, F. (2010), S. 36 – 37; van Eimeren, B./Ridder, C.-M. (2005), S. 493 ff.; MTV Networks (2007), S. 9 – 18.
389 Vgl.: BITKOM (2012).

Obwohl die Online-Zeit der jungen Generation deutlich zunimmt [von 12 auf 69 Minuten], verliert kein anderes Medium in nennenswertem Umfang. Fernsehen, Zeitschriften, Kino, Bücher und der Teletext werden von den 14–29-Jährigen heute genauso lange wie oder sogar etwas länger genutzt als vor sechs Jahren. Die Nutzung von Radio und Video/DVD hat sogar beträchtlich zugenommen. Einen leichten Rückgang verzeichnet hier nur die Tageszeitung. In weiten Teilen entspricht die Entwicklung der Mediennutzung von 14–29-Jährigen damit auch der Entwicklung in der Gesamtbevölkerung."[390]

Angesichts eines naturgemäß begrenzten Zeitkontingents ist somit auch von einer Parallelnutzung unterschiedlicher Medien auszugehen. Nicht selten surfen Jugendliche und junge Erwachsene während des „Chattens" gleichzeitig im Internet, hören Musik und/oder sehen fern. Hinzu kommt der Austausch per Chat über laufende TV-Sendungen. Die jüngere Generation ist allerdings offenbar sehr gut dazu in der Lage, aus einer Vielzahl von Reizen den jeweils interessantesten herauszufiltern und umgibt sich daher gezielt mit unterschiedlichen Reizquellen, um auswählen zu können.[391] Hinzu kommt: „Die junge Generation hat sich inzwischen zu einer Medien-Generation entwickelt, die alles sehen, hören und erleben und vor allem im Leben nichts verpassen will."[392] Und so wird das verfügbare „Medienensemble", d. h. die Vielfalt aus Fernsehen, Radio, Internet etc., meist komplementär im Sinne einer bestmöglichen Befriedigung der Präferenzen[393] bzw. in einer Art „Aufgabenverteilung" zu unterschiedlichen Zeiten und Zwecken genutzt, wie z. B. das Radio und die Tageszeitung weiterhin primär zur ersten Informationsversorgung am Morgen und das Fernsehen überwiegend zur Unterhaltung am Abend. Das Internet wird den ganzen Tag über genutzt, überwiegend jedoch nachmittags.[394]

Für die Zukunft gehen Experten allerdings von Substitutions- bzw. Displacementeffekten aus, bei denen der Internet-PC als Rezeptionsmedium dient, das

---

390 SevenOne Media GmbH (2005a), S. 18. Die Langzeitstudie „Time Budget 12" von SevenOne Media wurde im Zeitraum von 1999 bis 2005 durch die forsa Gesellschaft für Sozialforschung und statistische Analysen mbH durchgeführt. Die Grundgesamtheit umfasste deutsche Personen von 14 bis 49 Jahren in Deutschland, aus denen Stichproben von insgesamt 10.414 Personen mittels computergestützter Telefoninterviews anhand eines strukturierten Fragebogens interviewt wurden.
391 Vgl.: SevenOne Media GmbH (2005a), S. 22; MTV Networks (2007), S. 9 – 18.
392 Opaschowski, H. W. (2008), S. 221.
393 Vgl.: Schorb, B./Keilhauer, J./Würfel, M./Kießling, M. (2008), S. 57.
394 Vgl.: SevenOne Media GmbH (2005b).

die Funktion insbesondere von Trägermedien wie DVD oder CD im Bereich der Video- und Musiknutzung übernimmt. Ein komplettes Verschwinden der traditionellen Medien wie Funk und Fernsehen aus den Lebenswelten der Jugendlichen und jungen Erwachsenen prognostizieren sie jedoch nicht.[395]

Was die nicht-medialen Freizeitaktivitäten anbelangt, zeigt sich eine ähnliche Tendenz wie bereits bei den traditionellen Medien – es findet eher eine Ergänzung als eine Ersetzung statt. D. h. trotz des enormen Bedeutungszuwachses des Internets gehören in nahezu allen relevanten Studien Treffen mit Freunden nach wie vor zu den beliebtesten und häufigsten Freizeitaktivitäten.[396]

Prägung durch die neuen Medien

Ebenfalls wird die Frage diskutiert, inwieweit Jugendliche und junge Erwachsene in ihrem Denken und Handeln durch die neuen Medien geprägt werden oder aber ob sie diese lediglich in ihre jugendtypischen Entwicklungsprozesse und Verhaltensweisen integrieren bzw. diese mit Unterstützung der Medien neu gestalten.

So finden sich wissenschaftliche Arbeiten aus der Neurowissenschaft und weiteren Disziplinen, insbesondere aus den USA, die von Veränderungen im Gehirn von Jugendlichen und jungen Erwachsenen infolge der erhöhten Mediennutzung berichten. Auf der „Negativseite" der Bilanz stehen dabei Attribute wie die Schwächung der Fähigkeit zum zwischenmenschlichen Kontakt bis hin zur Aufmerksamkeitsdefizitstörung sowie das permanente Streben nach neuen Reizen und sofortiger Rückmeldung. Als durchaus positiv wird hingegen gewertet, dass es zu effizienteren Gehirnprozessen aufgrund der Schärfung des Verstandes kommt, die sich unter anderem darin äußern, schneller auf visuelle Stimuli zu reagieren, zwischen unterschiedlichen Tätigkeiten hin und her zu springen sowie größere Informationsmengen schneller zu verarbeiten und zu entscheiden, was wirklich relevant ist.[397] Interessanterweise glauben britische

---

395 Vgl.: Verlagsgruppe Bauer/Axel Springer (2008), S. 23; Schorb, B./Keilhauer, J./Würfel, M./Kießling, M. (2008), S. 57.
396 Vgl.: Schulmeister, R. (2008), S. 32 – 34; MTV Networks (2007), S. 9 – 18; Viacom Brand Solutions (2008), S. 14; DJI (2010b); Leven, I./Quenzel, G./Hurrelmann, K. (2010), S. 96. Nähere Ausführungen zu den nicht-medialen Freizeitaktivitäten und dem Stellenwert von Freundschaften finden sich in Kapitel III 2.2 (Freundschaft/Soziale Kontakte und Freizeitgestaltung).
397 Vgl.: Nolte, D. (2009); Meyers, R. A. (2009), S. 206 – 207; Schulmeister, R. (2008), S. 13 – 18.

Forscher, eine anatomische Veränderung aufgrund der hohen SMS-Frequenz bei Jugendlichen und jungen Erwachsenen beobachtet zu haben. Danach ist der Daumen inzwischen muskulöser und geschickter als die restlichen Finger und wird in bestimmten Situationen instinktiv anstelle des Zeigefingers benutzt, z. B. beim Drücken einer Türklingel.[398]

Andere Autoren sehen zwar durchaus eine Beeinflussung der jungen Menschen durch die neuen Medien gegeben, glauben allerdings nicht, dass „die Ankunft der Medien die Prozesse und Gesetze der Sozialisation nicht außer Kraft"[399] setzt. Sie führen Untersuchungen an, in denen deutlich wird, dass sich das Freizeitverhalten der heutigen Jugend nicht entscheidend verändert hat und dass auch Einstellungen und Präferenzen nicht deutlich von vorherigen Jugendgenerationen abweichen. So ist beispielsweise nach wie vor für Jugendliche und junge Erwachsene der Kontakt zu „Peers" entscheidend für ihre Entwicklung und Selbstfindung.[400] Dieser Kontakt wird lediglich über Handy, Computer etc. neu organisiert. In einem Interview gibt ein 13-Jähriger an, sein Handy zu benötigen, um das Haus verlassen zu können, da er ansonsten ja nicht für seine Freunde erreichbar sei. Sie sind für diese Generation normale Hilfsmittel, um ihren alterstypischen Bedürfnissen nachzugehen, und werden in die üblichen Sozialisationsprozesse einbezogen anstatt sie originär zu bestimmen.[401] Und so „deutet alles darauf hin, dass moderne Techniken ein integraler Bestandteil des jugendlichen Lebens sind, ihr Besitz fraglos vorausgesetzt wird und mit die Basis für die Inklusion in verschiedene jugendrelevante Bezüge darstellt."[402]

Nicht von der Hand zu weisen ist der Umstand, dass die Parallelnutzung unterschiedlicher Medien, nicht selten auch im Sinne des „Multitasking" interpretiert,[403] durchaus mit einer gewissen Oberflächlichkeit einhergehen

---

398 Vgl.: Trendbüro/Steinle, A./Wippermann, P. (2003), S. 126 – 127.
399 Schulmeister, R. (2008), S. 10.
400 Vgl.: Schulmeister, R. (2008), S. 32 – 34; MTV Networks (2007), S. 9 – 18; Viacom Brand Solutions (2008), S. 14.
401 Vgl.: Treumann, K. P./Meister, D. B./Sander, U. (2007), S. 29; 103; Viacom Brand Solutions (2008), S. 14; Hartung, A./Schorb, B. (2007), S. 6 – 10; Tully, C. J. (2008), S. 166; Trendbüro/Steinle, A./Wippermann, P. (2003), S. 123 – 124. Vgl. hierzu auch Kapitel III 2.2 zur Freizeitgestaltung Jugendlicher und junger Erwachsener.
402 Tully, C. J. (2008), S. 187.
403 Vgl.: Schulmeister, R. (2008), S. 63.

kann.[404] So geben in einer Umfrage aus dem Jahr 2002 von den befragten Jugendlichen und jungen Erwachsenen 63 % an, zu den so genannten „Fast-Food-Lesern" zu gehören, d. h. sie lesen weniger, schneller sowie oberflächlicher und praktizieren somit auch in diesem Bereich eine selektive Informationsverarbeitung.[405] Zu einer ähnlichen Erkenntnis kommt auch eine aktuelle britische Studie.[406]

Gefahren der Mediennutzung

Im Zusammenhang mit den Gefahren der Mediennutzung steht die Frage im Blickpunkt, inwieweit die jüngere Generation die Fähigkeit mitbringt, bestimmte Gefährdungen durch das Internet angemessen abschätzen zu können.[407] Vor allem bei der Preisgabe persönlicher Daten besteht ein Risiko darin, dass diese für nicht gewünschte Zwecke genutzt werden oder aber dass Inhalte, die aus einer Laune heraus bzw. in einer bestimmten Lebensphase eingestellt wurden, noch Jahre später ausschlaggebend für die Absage eines Ausbildungsplatzes oder einer Arbeitsstelle sein oder dem Partner gegenüber unangenehme Fragen aufwerfen können.[408]

Tatsächlich ist die jüngere Generation im Umgang mit unterschiedlichen Medien und verfügbaren Informationen deutlich schneller, kreativer und unverkrampfter als noch die Generationen vor ihr. So bearbeiten und verbreiten sie Nachrichten, Fotos oder Musik, die ihren Geschmack treffen, ohne sich unbedingt Gedanken darüber zu machen, wie viel sie dadurch von sich selbst preisgeben bzw. wie intensiv sie unter Umständen andere damit beeinflussen können. Gerade in Online-Communities zeigen sich Jugendliche und junge Erwachsene recht sorglos, indem sie beispielsweise den Zugriff auf ihre persönlichen Daten nicht nur ihren persönlich bekannten Freunden, sondern wiederum auch deren in der Community aktiven Freunden usw. gestatten. Unterschiedliche Disziplinen wie Psychologie, Soziologie, Evolutionsbiologie und Ökonomie versuchen derzeit noch zu ergründen, weshalb die jüngere

---

404 Vgl.: Opaschowski, H. W. (2008), S. 222.
405 Vgl.: Opaschowski, H. W. (2008), S. 227 – 228.
406 Vgl.: Telegraph (2010).
407 Vgl.: de Witt, C. (2000), S. 1 – 12.
408 Vgl.: Palfrey, J./Gasser, U. (2008), S. 6 – 7; 27 – 28; 36.

Generation bereit ist, ungemein viel von sich preiszugeben.[409] Auch stufen die unter 20-Jährigen in einer Umfrage des *Instituts für Demoskopie Allensbach* zum Thema „Gesprächskultur" deutlich weniger Themen als „Tabuthemen" ein als die älteren Kohorten.[410] Eine mögliche Erklärung liegt darin, dass die Aktivitäten in Netzwerken erst dann eine emotionale Qualität erhalten, wenn die Akteure einen gewissen „Exhibitionismus" zeigen und sich den anderen öffnen. Dies bringt auch eine gewisse Art der Selbstdarstellung und -inszenierung mit sich. Eine weitere geht in die Richtung, dass die heutige jüngere Generation in einer „Talkshow-Kultur" der privaten TV-Sender groß geworden ist, in der es nahezu selbstverständlich erscheint, in aller Öffentlichkeit Familienkonflikte auszutragen, Gefühle zu gestehen oder sich über bestimmte Problemstellungen zu äußern.[411]

Nichts desto trotz berichten Jugendliche und junge Erwachsene auch von bereits gemachten negativen Erfahrungen, die ein vorsichtigeres Verhalten nach sich ziehen bzw. sind sich bewusst, dass beispielsweise die Kontaktaufnahme durch das Internet durchaus erhebliche Gefahren birgt. So gibt immerhin ein Viertel der Befragten in der „*JIM*"-Studie des *Medienpädagogischen Forschungsverbundes Südwest (mpfs)* an, aus dem eigenen Freundeskreis sei bereits einmal jemand im Internet „fertig gemacht worden", und 48 % der regelmäßigen Internetnutzer bei *„UK Children Go Online"* äußern die Befürchtung, von potenziell gefährlichen Personen über das Netz kontaktiert zu werden.[412] Eine aktuelle Umfrage der *TU Darmstadt* weist auch darauf hin, dass unter 20-Jährige durchaus kritisch der Preisgabe ihrer persönlichen Daten in sozialen Netzwerken und der entsprechenden Verwertung gegenüber-

---

409 Vgl.: Palfrey, J./Gasser, U. (2008), S. 6 – 7; 27 – 28; 36; Livingstone, S./Bober, M. (2004), S. 1 – 7; Medienpädagogischer Forschungsverbund Südwest (mpfs) (2009), S. 48 – 49; Leven, I./Quenzel, G./Hurrelmann, K. (2010), S. 109.

410 An der Umfrage des Instituts für Demoskopie Allensbach im Auftrag von BILD der FRAU und JACOBS zum Thema „Gesprächskultur" im Jahr 2008 nahmen 1.843 Personen ab 16 Jahren teil. Vgl.: Institut für Demoskopie Allensbach (2009), S. 3.

411 Vgl.: Trendbüro/Steinle, A./Wippermann, P. (2003), S. 130 – 131.

412 Vgl.: Medienpädagogischer Forschungsverbund Südwest (mpfs) (2009), S. 48 – 49; Livingstone, S./Bober, M. (2004), S. 1 – 7.

stehen. Die meisten von ihnen geben allerdings an, sich „damit abfinden" zu müssen und die Netzwerke dennoch, wenn auch vorsichtiger zu nutzen.[413]

Die Frage nach möglichen Gefahren und Risiken, die mit der vermehrten Nutzung neuer Medien und hier insbesondere des Internet einher gehen, gewinnt an Relevanz, wenn man sich noch einmal die Untersuchung des *Instituts für Demoskopie Allensbach* in Erinnerung ruft, nach der 89 % der Befragten Fernsehen, DVD und Videos, gefolgt von Internet, Computer und Handy mit 85 % der Nennungen für die entscheidende Sozialisationsinstanzen der Gegenwart halten. Erst dann werden die Eltern mit 75 % als Einflussgrößen aufgeführt, Lehrer und Erzieher rangieren mit 47 % bzw. 41 % eher auf den hinteren Plätzen.[414]

Bevorzugte Aktivitäten in der Nutzung neuer Medien

Einen Anhaltspunkt dahingehend, inwieweit die Jugendlichen und jungen Erwachsenen die neuen Medien in ihre üblichen jugendrelevanten Prozesse einbeziehen, liefern Daten zu den bevorzugten Aktivitäten, die sie mit diesen verfolgen. Dabei berichten zahlreiche Studien übereinstimmend, dass Kommunikation und Information im Mittelpunkt der Nutzung neuer Medien durch Jugendliche und junge Erwachsene stehen,[415] darunter auch die Untersuchung „Generation Internet" der *Bauer Media KG*.[416]

Was den Bereich **Kommunikation** anbelangt, so überrascht dies kaum, denn der Austausch mit „Peers" nimmt gerade in der Jugendphase eine immense Bedeutung zur Ablösung von der Herkunftsfamilie ein und lässt sich durch neue Medien noch deutlich intensiver betreiben als in der Vergangenheit:

---

413 Im Rahmen des Projektes „Der Preis des Kostenlosen" an der TU Darmstadt nahmen im Frühjahr 2012 insgesamt 1375 Personen mit einem Durchschnittsalter von 38,5 Jahren, von denen 75 % mindestens einmal im Monat soziale Netzwerke nutzen, an einer Online-Befragung teil. Vgl.: Buxmann, P./Gerlach, J./Wenninger, H. (2012), S. 11.

414 Vgl.: Institut für Demoskopie Allensbach (2007), S. 8.

415 Vgl.: Statistisches Bundesamt (2008), S. 368 – 369; SevenOne Media GmbH (2005a), S. 25; Verlagsgruppe Bauer/Axel Springer (2008), S. 25; ARD/ZDF (2009d). Nach der ARD-ZDF-Online-Studie dominieren Kommunikation und Information die Internetnutzung in allen Altersgruppen.

416 Unter dem Titel „Generation Internet" veröffentlichte die Bauer Media KG, Anzeigen- und Onlinevermarkter der Bauer Verlagsgruppe, eine 2005 durchgeführte Studie über die Online-Gewohnheiten von Jugendlichen. Im Auftrag von bravo.de führte das Institut iconkids & youth insgesamt 1.050 persönliche Interviews mit Mädchen und Jungen im Alter von 10 bis 19 Jahren durch. Vgl.: Bauer Media KG (2005).

„Die permanente Erreichbarkeit in Verbindung mit der Gewissheit, keine Mitteilung oder ‚Botschaft' zu verpassen, übt auf Jugendliche einen besonderen Reiz aus."[417] Gleichaltrigenkulturen im Internet entwickeln sich mit zunehmendem Alter der Kinder. Zu diesem Zeitpunkt wird das Online-Sein gleichermaßen zum „Muss", um Freundschaften zu pflegen.[418] Etwa die Hälfte der Zeit, die Jugendliche und junge Erwachsene mit dem Internet verbringen, entfällt auf den Bereich Kommunikation und hier insbesondere auf Instant-Messenger-Dienste, Online-Communities bzw. digitale Netzwerke und E-Mails.[419] Die unterschiedlichen Formen der Kommunikation – d. h. face-to-face versus elektronisch – werden von der jüngeren Generation individuell je nach ihren aktuellen Bedürfnissen genutzt.[420]

Dies steht auch im Zusammenhang mit der zunehmenden Mobilität der Jugendlichen und jungen Erwachsenen: „Wer immer unterwegs ist, ist froh, wenigstens eine Bleibe im Netz zu haben und zu wissen: Wo auch immer ich mich aufhalte, hier treffe ich immer jemanden."[421]. Und so fallen auch Trennungen, z. B. in einer Fernbeziehung und/oder aufgrund eines Auslandsaufenthaltes während des Studiums, etwas leichter, da das Gefühl entsteht, sich nicht ganz „aus den Augen zu verlieren".[422] Dass die Kommunikation mittels neuer Medien generell nicht zu einer Anonymisierung des Kontaktes gerade von „Peers" untereinander führt, lässt sich auch an dem bereits angeführten Ergebnis der britischen Studie „UK Children Go Online" festmachen.[423]

Zur Nutzung des Internets als **Informationsmedium** gibt es ebenfalls zahlreiche wissenschaftliche Erkenntnisse. Auch hier ist die Affinität für die neuen Medien eng mit jugendtypischen Verhaltensweisen verbunden: „Computer und Internet sind für die Jugendlichen nicht nur die zentralen Informationsmedien, sie bieten Jugendlichen auch Zugang zu einer Welt unbegrenzter Möglichkeiten. Hier gehen sie auf Entdeckungsreise und befriedigen ihre

---

417 Opaschowski, H. W. (2008), S. 239.
418 Vgl.: DJI (2010b).
419 Vgl.: Medienpädagogischer Forschungsverbund Südwest (mpfs) (2009), S. 33 – 44; Leven, I./ Quenzel, G./Hurrelmann, K. (2010), S. 103.
420 Vgl.: Livingstone, S./Bober, M. (2004), S. 1 – 7.
421 Trendbüro/Steinle, A./Wippermann, P. (2003), S. 124.
422 Vgl.: Trendbüro/Steinle, A./Wippermann, P. (2003), S. 129. 52 % der 20- bis 35-Jährigen in einer SPIEGEL-Umfrage hatten schon einmal eine Fernbeziehung. Vgl.: DER SPIEGEL (2009), S. 54.
423 Vgl.: Livingstone, S./Bober, M. (2004), S. 1 – 7.

Neugier."[424] Neues aus der Welt der Mode, des Sports oder über „Stars und Sternchen", aber auch Hilfestellung zur Lösung persönlicher Probleme stehen im Mittelpunkt der informationsbezogenen Internetnutzung. Viele Jugendliche und junge Erwachsene suchen online allerdings auch nach Informationen für Schule und Studium, zu beruflichen Perspektiven oder Weiterbildungsangeboten sowie über das aktuelle Zeitgeschehen.[425] Für etwa die Hälfte der für sie interessanten Themen ist das Internet für die Jugendlichen und jungen Erwachsenen Informationsmedium Nummer eins, allerdings nehmen auch Zeitungen und Zeitschriften eine gewisse Relevanz ein – abhängig vom Themenbereich. D. h. der jüngeren Generation ist durchaus bewusst, dass auch andere Medien als das Internet eine hohe Informationskompetenz besitzen.[426] Allerdings lässt sich nicht von der Hand weisen, dass das Gefühl, durch eine entsprechende Medienkompetenz die eigene Autonomie zu steigern, über das Internet am intensivsten vermittelt wird.[427]

Weitere typische Nutzungsgründe der jüngeren Generation in Bezug auf das Internet sind Online-Spiele, der Download von Musik- oder Videodateien sowie der Online-Einkauf.[428] Ähnlich wie auch bei anderen Medien erhoffen sich die Jugendlichen und jungen Erwachsenen durch die Nutzung des Internets Spaß, Vertreiben der Langeweile, Erlebnis und Entspannung.[429] Dabei wird etwa ab dem Alter von 14 Jahren der Computer als Bezugspunkt für unterschiedliche mediale Angebote (z. B. Musik, Filme etc.) immer wichtiger und wird von ihnen auch multifunktionaler genutzt als von den Jüngeren, um „ihre Präferenzen breiter in ihrem Alltag zu verankern, ihre bevorzugte Musik, Filme, Fernsehsendungen oder Spiele auf verschiedene Weise zu erleben und ihr präferenzbezogenes Wissen auszubauen."[430]

---

424 Trendbüro/Steinle, A./Wippermann, P. (2003), S. 120.
425 Vgl.: Medienpädagogischer Forschungsverbund Südwest (mpfs) (2009), S. 33 – 44; Livingstone, S./Bober, M. (2004), S. 1 – 7; Leven, I./Quenzel, G./Hurrelmann, K. (2010), S. 104.
426 Vgl.: Medienpädagogischer Forschungsverbund Südwest (mpfs) (2009), S. 11 – 13.
427 Vgl.: Trendbüro/Steinle, A./Wippermann, P. (2003), S. 121.
428 Vgl.: Livingstone, S./Bober, M. (2004), S. 1 – 7; Statistisches Bundesamt (2008), S. 368 – 369; SevenOne Media GmbH (2005a), S. 25; Medienpädagogischer Forschungsverbund Südwest (mpfs) (2009), S. 51. Nach der Studie des mpfs kauft mehr als die Hälfte der teilnehmenden 12- bis 19-Jährigen regelmäßig für sich oder andere im Internet ein.
429 Vgl.: DJI (2010b).
430 Schorb, B./Keilhauer, J./Würfel, M./Kießling, M. (2008), S. 34.

Spezifika der Nutzung von Online-Anwendungen zeigen sich **nach unterschiedlichen Alters- und Bildungsgruppen sowie zwischen den Geschlechtern:**

- Geschlechtsspezifisch lässt sich festhalten, dass bei Mädchen und jungen Frauen eher der Kommunikationsaspekt im Vordergrund steht, während von Jungen und jungen Männern bevorzugt online gespielt wird.[431] Die Jungen nutzen häufiger kostenlose Downloads und suchen nach Informationen über Sport, Computer bzw. Computerspiele, während die Mädchen sich eher über Stars und Prominente sowie Mode online informieren.[432] Grundsätzlich weisen Frauen mit Ausnahme des Empfangens bzw. Versendens von E-Mails durchweg niedrigere Nutzungsraten auf als Männer.[433]

- Bei den 10- bis 11-Jährigen dominieren die Recherche nach Informationen sowie das Spielen auf Websites, während die 13- bis 14-Jährigen verstärkt über das Internet kommunizieren. Gleichzeitig weisen sie eine erhöhte Handynutzung auf.[434] Bei den 14- bis 19-Jährigen nehmen die ersten drei Ränge die Nutzung von Suchmaschinen, das Versenden bzw. Empfangen von E-Mails sowie Instant Messaging ein, gefolgt von der Nutzung von Online-Communities, Gesprächsforen, Newsrooms und Chats sowie „einfach so im Internet surfen". Bei den 20- bis 29-Jährigen ist die Rangfolge nahezu identisch, wobei sie bereits deutlich geringere Nutzungsraten bei Communities, Foren etc. und auch Instant Messaging aufweisen und vergleichsweise häufiger zielgerichtet nach bestimmten Angeboten suchen.[435]

- Was Online-Spiele anbelangt, stellt der *Medienpädagogische Forschungsverbund Südwest (mfps)* durchaus überdurchschnittlich hohe Nutzungsdauern von Jugendlichen und jungen Erwachsenen mit geringem Bildungsniveau in diesem Bereich fest.[436]

---

431 Vgl.: Verlagsgruppe Bauer/Axel Springer (2008), S. 26.
432 Vgl.: Bauer Media KG (2005).
433 Vgl.: ARD/ZDF (2009g).
434 Vgl.: DJI (2010b).
435 Vgl.: ARD/ZDF (2009f); ARD/ZDF (2009g).
436 Vgl.: Medienpädagogischer Forschungsverbund Südwest (mfps) (2009), S. 33 – 44.

Divergierend sind die Aussagen zur Nutzung von **Web 2.0** Anwendungen durch Jugendliche und junge Erwachsene. So spricht die *jugendspezifische Auswertung der Verbraucheranalyse 2008* von einer intensiven Nutzung zum Ausdruck der eigenen Kreativität,[437] während der *Medienpädagogische Forschungsverbund Südwest (mpfs)* ein eher verhaltenes Interesse am aktiven „Mitmachen" im Internet beobachtet[438] – ein Ergebnis, das auch in der *ARD/ZDF-Onlinestudie* gestützt wird, wonach lediglich 10 % der Befragten an einer Nutzung interessiert, weitere 15 % etwas interessiert sind. Dabei zeigen sich keine signifikanten Unterschiede zwischen älteren und jüngeren Nutzern.[439]

Deutlich wird darüber hinaus in neueren Studien, dass die Ansprüche an die **zeitsouveräne Verfügbarkeit medialer Angebote** vor allem für die jüngeren und die mittlere Generation von zunehmender Bedeutung ist.[440] Dies erklärt auch, weshalb Jugendliche und junge Erwachsene mobile Geräte zur Mediennutzung immer mehr bevorzugen. So überholt das Handy bzw. Smartphone als Medium zur Kontaktaufnahme, Internetnutzung, Terminvereinbarung etc. aufgrund immer weiter zunehmender Funktionalitäten allmählich den Computer.[441] Handys dienen auch noch stärker als Computer der sozialen Identifikation und der Selbstdarstellung – nicht zuletzt dadurch, dass sie stets präsent sind.[442] Es wird prognostiziert, dass die neuen Technologien künftig noch intensiver als bisher dazu genutzt werden, der Komplexität des Alltags Herr zu werden und ihm Struktur zu geben, z. B. zur Organisation von Kontakten, zur Erinnerung an Termine oder zur Pflege des persönlichen Netzwerks.[443]

Technik-Affinität der jüngeren Generation

Es zeigt sich, dass Jugendliche und junge Erwachsene die digitalen Technologien zwar in hohem Maße nutzen, von einer ausgeprägten Technik-Affinität allerdings dennoch nicht per se gesprochen werden kann. Zwar zeigen sie

---

437 Vgl.: Verlagsgruppe Bauer/Axel Springer (2008), S. 25.
438 Vgl.: Medienpädagogischer Forschungsverbund Südwest (mpfs) (2009), S. 33 – 44.
439 Vgl.: Fisch, M./Gscheidle, C. (2006), S. 435.
440 Vgl.: Oehmichen, E. (2004), S. 145.
441 Vgl.: Schulmeister, R. (2008), S. 16.
442 Vgl.: Trendbüro/Steinle, A./Wippermann, P. (2003), S. 121.
443 Vgl.: Trendbüro/Steinle, A./Wippermann, P. (2003), S. 139 – 140.

durchaus mehr Interesse an modernen Technologien als die älteren Generationen,[444] sie interessieren sich allerdings weniger für die zugrundeliegenden
technischen Zusammenhänge oder sind gar mehrheitlich Experten auf dem
Gebiet der Hardware oder Programmierung.[445] Bezeichnend ist in diesem Zusammenhang, dass Oberstufenschüler bei der Frage nach den Kompetenzen,
die für sie im Beruf im Jahr 2020 voraussichtlich am wichtigsten sein werden,
die kommunikative Kompetenz am höchsten bewerten, IT-Kompetenz allerdings nur auf Rang fünf sehen.[446]

Hinzu kommt, dass viele Kinder, Jugendliche und junge Erwachsene das Internet nur sehr eingeschränkt nutzen, indem sie kaum mehr als eine Handvoll
unterschiedlicher Websites besuchen. Nicht selten sind sie nicht in der Lage,
Dateien herunterzuladen oder Inhalte zu bearbeiten. Sie nutzen die Websites
eher als Quelle von Unterhaltung und Information, z. B. durch die Rezeption
auditiver und audio-visueller Inhalte, sowie zur Kommunikation denn als
Möglichkeit, sich z. B. in Foren kritisch zu äußern oder aktiv zu beteiligen.
Dort, wo sie aktiv gestalten, tun sie dies überwiegend im sozial-kommuni-
kativen Bereich, z. B. durch das Bearbeiten und Einstellen von Bildern in soziale Netzwerke.[447]

Auch das Potenzial an technischen Möglichkeiten, die Handys inzwischen bieten, wird von Jugendlichen und jungen Erwachsenen nur partiell genutzt. Im
Mittelpunkt der Nutzung stehen wiederum die Rezeption von Inhalten sowie
soziale und kommunikative Aspekte.[448]

Während vielfach unter Kompetenzen in Bezug auf die neuen Medien nur
Zugang zu Datenquellen und Handhabung von Programmen verstanden
wird, umfasst ein erweitertes Verständnis auch interpretierende und bewertende Aspekte, vor allem in Bezug auf Inhalte, die aus dem Internet bezogen

---

444 Vgl.: Glas, I. (2009), S. 28.
445 Vgl.: Schulmeister, R. (2008), S. 17 – 18.
446 Vgl.: Sierke, B. R. A./Albe, F. (2010), S. 38.
447 Vgl.: Livingstone, S./Bober, M. (2004), S. 1 – 7; Schorb, B./Keilhauer, J./Würfel, M./Kießling, M.
    (2008), S. 15 – 17. An dieser Studie nahmen 5053 Jugendliche im Alter von 12 – 19 Jahren im Rah-
    men einer Online-Befragung sowie 40 Intensiv-Interviews teil.
448 Vgl.: Schorb, B./Keilhauer, J./Würfel, M./Kießling, M. (2008), S. 23; 54; Medienpädagogischer For-
    schungsverbund Südwest (mpfs) (2008); Medienpädagogischer Forschungsverbund Südwest (mfps)
    (2009).

werden (in Anlehnung an die Definition der Medienkompetenz des Educational Testing Service ETS aus den USA, die in „Access", „Manage", „Integrate", „Evaluate" und „Create" differenziert).[449] Gerade bei den beiden letzten Kategorien weisen Jugendlichen und junge Erwachsene vielfach Defizite auf, wie unterschiedliche Studien aus dem In- und Ausland zeigen.[450]

3.1.2 Multitaskingfähigkeit

Nicht selten wird der jüngeren Generation eine hohe Fähigkeit zum Multitasking zugesprochen. Auch wenn Multitasking zweifelsohne in unterschiedlichen Generationen anzutreffen ist, scheint es durch die neuen Medien deutlich befördert zu werden, da z. B. gleichzeitiges Musikhören beim Surfen im Internet sehr viel einfacher zu realisieren ist als während des konzentrierten Verfolgens eines Fernsehprogramms oder des Lesens eines Buches. Multitasking bedeutet in diesem Zusammenhang beispielsweise, unterschiedliche Medien wie Computer bzw. Internet und Fernsehen oder Radio parallel zu nutzen oder während eines (Telefon-)Gesprächs online nach Informationen zu recherchieren. Andere Autoren verstehen unter Multitasking aber durchaus auch die Fähigkeit, z. B. Sport, Beruf und soziale Interessen zeitlich wie mental miteinander zu vereinbaren.[451] Jugendlichen und jungen Erwachsenen wiederum wird Multitasking in besonders hohem Maße zugeschrieben, da deren Nutzung neuer Medien sich nachweislich kontinuierlich steigert, während gleichzeitig traditionelle Medien nahezu unverändert genutzt werden und auch Familie und Freunde keineswegs an Bedeutung für die Gestaltung der Freizeit einbüßen.[452] Und auch die aktuelle *Oxford Internet Survey* zeigt einen deutlich höheren Anteil der jüngeren Generation an den „Multitaskern":[453]

---

449 Vgl.: Educational Testing Service (2002).
450 Vgl.: UCL (2008), S. 8; 23; Palfrey, J./Gasser, U. (2008), S. 7; Livingstone, S./Bober, M. (2004), S. 1 – 7.
451 Vgl.: Laick, S. (2009). S. 21.
452 Vgl.: Meyers, R. A. (2009), S. 205 – 206; Raeburn, P. (2009); Oblinger, D./Oblinger, J. L. (2005). Vgl. hierzu auch Kapitel III 2.2 (Freundschaft/Soziale Kontakte und Freizeitgestaltung) sowie Kapitel III 3.1 (Medienkompetenz und Multitaskingfähigkeit).
453 Dutton, W. H./Helsper, E. H./Gerber, M. M. (2009), S. 37. In allen Gruppen, besonders aber unter den Frauen und Studierenden, zeigen sich seit der vergleichbaren Studie aus dem Jahr 2007 deutlich höhere Multitasking-Quoten. Für die Studie wurden 2.013 Interviews mit Personen über 14 Jahren in Großbritannien geführt.

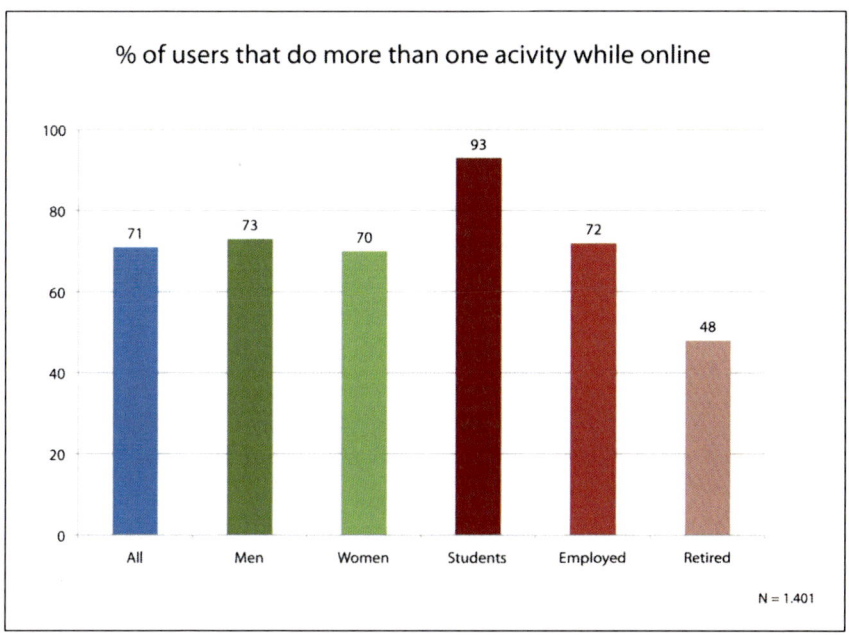

Abb. 31: Prozentualer Anteil an Personen, die mehr als eine Aktivität ausführen, während sie online sind

Eine der Begründungen hierfür ist sicherlich darin zu sehen, dass Jugendliche und junge Erwachsene mit einer größeren Selbstverständlichkeit und daher auch mit einem geringeren Konzentrationsaufwand mit Computer und Internet umgehen als ältere Generationen. So gibt auch in einer Befragung im Jahr 2005 fast ein Drittel der befragten Jugendlichen an, während der Hausaufgaben meist gleichzeitig zu telefonieren, zu chatten, fernzusehen, Musik zu hören oder im Internet zu surfen. Die Schlussfolgerung liegt nahe und wird auch von einigen Experten vertreten, dass die jüngere Generation aufgrund ihrer Fähigkeit zum Multitasking auch durchaus in der Lage ist, mehrere Arbeitsaufgaben gleichzeitig zu erhalten und selbst zu priorisieren.[454]

---

454 Vgl.: Bruch, H./Kunze, F./Böhm, S. (2010), S. 124; HRM (2010); Palfrey, J./Gasser, U. (2008), S. 232.

Allerdings finden sich inzwischen ebenso Studien zum Thema Multitasking, z. B. von der *Stanford University* und der *Vanderbilt University*, die bezweifeln, dass das menschliche Gehirn in größerem Umfang zum mehrgleisigen Arbeiten und Denken überhaupt in hoher Qualität fähig ist. Die Forscher konstatieren zum einen, dass es zwar durchaus möglich ist, durch gezieltes Training Aufgaben schneller hintereinander zu erledigen, sie letztlich das Gehirn jedoch immer nacheinander abarbeitet. Des Weiteren zeigen Untersuchungen, dass bei „chronischen Multitaskern" die Unkonzentriertheit größer ist als bei Menschen, die nicht zu dieser Kategorie gehören und sie länger für Aufgaben brauchen als andere.[455] Diese Vermutung besteht auch in Bezug auf das Erreichen eines Lerneffektes bei den oben beschriebenen Paralleltätigkeiten während der Erledigung der Hausaufgaben.[456] Ebenso schnitten 97,5 % der Probanden in einem Test der *University of Utah* beim Multitasking schlechter ab als wenn sie die Aufgaben getrennt voneinander erfüllten. Die verbleibenden 2,5 % bezeichnet das Forscherteam als „Supertasker", deren Gehirn offenbar bestens darauf eingestellt ist, sich auf das Wichtige zu konzentrieren und Unwichtiges herauszufiltern. Einiges spricht dafür, dass die moderne digitale Welt diese Fähigkeit fördert, jedoch ist die Forschung zur Thematik des Multitasking noch nicht abgeschlossen.[457]

3.2 Veränderungsbereitschaft und Innovationsfähigkeit

Die jüngere Generation ist den beständigen Wandel und den Umgang mit hoher Dynamik und der Notwendigkeit schneller Anpassung gewohnt, so dass von einer hohen Veränderungsbereitschaft auszugehen ist.[458] Darüber hinaus ist ihr bewusst, dass sie in der Arbeitswelt keine lebenslange Beschäftigung im gleichen Berufsfeld bei ein und demselben Arbeitgeber erwarten kann, sondern immer wieder vor „neue Anfänge" gestellt wird. Dies ist durchaus mit ei-

---

455 Vgl.: Raeburn, P. (2009); Baldwin, C. (2009); Vanderbilt University (2009); UCL (2008), S. 18.
456 Vgl.: Palfrey, J./Gasser, U. (2008), S. 232; HRM (2010).
457 Vgl.: Zittlau, J. (2010).
458 Vgl.: Bruch, H./Kunze, F./Böhm, S. (2010), S. 124.

nem gewissen Maß an Unsicherheit, aber gleichzeitig auch mit Hoffnung verbunden.[459]

Auch fällt es jüngeren Personen in der Regel leichter, Ansichten zu ändern, während die ältere Generation vielfach ein Leben lang bestimmte Ansichten zu Politik, Lebensgewohnheiten oder Kaufverhalten beibehielt. Diese veränderte Einstellung der Jugendlichen und jungen Erwachsenen ist insbesondere darauf zurückzuführen, dass ihr eine immer wieder aktualisierte Fülle an Informationen aus unterschiedlichsten Quellen zur Verfügung steht und sie häufig in Kontakt mit neuen Menschen tritt.[460]

Die *Shell Jugendstudie 2006* identifizierte als zentrales Thema der Jugend, „einen Platz in der Gesellschaft eingeräumt zu bekommen", woraus sich schließen lässt, dass dieser Platz nicht als selbstverständlich angenommen wird und die Jugendlichen und jungen Erwachsenen die Notwendigkeit empfinden, sich durch Leistungs- und Anpassungsbereitschaft zu „vermarkten".[461] Diese Tendenz zeigt sich in der aktuellen Auflage der Studie im Jahr 2010 noch deutlicher – für Zuverlässigkeit, Sicherheit und Ordnung passt sich die jüngere Generation danach gerne an und gliedert sich in bestehende Strukturen ein.[462] Vielfach wird von einer prekären Situation gesprochen, in der sich Jugendliche und junge Erwachsene befinden. Dabei ist der Begriff „prekär" allerdings weniger in materieller Hinsicht als vielmehr im Hinblick auf die Unsicherheit und Instabilität, die das Leben und Arbeiten der jüngeren Generation prägt und ihnen ein hohes Maß an Veränderungsbereitschaft abverlangt, zu verstehen.[463] So werden zu Beginn des Erwerbslebens häufig Tätigkeiten in atypischen Beschäftigungsformen wie z. B. befristeten Arbeitsverhältnissen ausgeübt.[464] Die viel beschworene „Generation Praktikum", gekennzeichnet durch mehrmalige unbezahlte und unterqualifizierte Praktika, gibt es allerdings nach Erkenntnissen des *Instituts der deutschen Wirtschaft* Köln nicht in

---

459 Vgl.: Parment, A. (2009), S. 16 – 54, 110 – 128; Opaschowski, H. W. (2008), S. 496 – 497; Richter, G. (2009), S. 17 – 21.
460 Vgl.: Parment, A. (2009), S. 42.
461 Vgl.: Willert, M./Picot, S. (2008), S. 93 – 95.
462 Vgl.: Albert, M./Hurrelmann, K./Quenzel, G. (2010a), S. 37.
463 Vgl.: von Rohr, M./Schulz, S. (2009), S. 21.
464 Vgl.: Eichhorst, W./Thode, E. (2011), S. 8.

der „breiten Masse", sondern überwiegend in einzelnen Berufsfeldern, wie z. B. bei Absolventen der Studienrichtungen Kunst und Kultur.[465]

Befragungen zeigen immer wieder, dass Innovationsfähigkeit vor allem jüngeren Menschen zugesprochen wird. Dies hängt nicht zuletzt mit der rasanten Ausbreitung technischer Neuerungen zusammen, die in Wirtschaft und Gesellschaft überwiegend über jüngere Menschen vorangetrieben werden. Auch wenn der Zusammenhang zwischen dem biologischen Alter und der Innovationsfähigkeit in zahlreichen gerontologischen Studien bereits seit Jahren eindeutig widerlegt ist, werden in Unternehmen auf Basis dieses sich hartnäckig haltenden Vorurteils in den Bereichen Forschung und Entwicklung sowie im Marketing und in der Unternehmensplanung überwiegend jüngere Mitarbeiter beschäftigt, neue Produkte werden von jungen Mitarbeitern hergestellt bzw. entwickelt.[466] Während Innovationsfähigkeit altersunabhängig ist, unterscheiden sich innovationsförderliche und -hemmende Einflüsse durchaus je nach Generation. So fühlen sich Jüngere weniger innovativ, wenn man ihnen zu wenig Gestaltungs- und Handlungsspielraum lässt und Entscheidungen aufzwingt.[467]

3.3 Selbstvertrauen, Eigenverantwortung und Eigeninitiative

In zahlreichen US-Quellen wird die jüngere Generation sehr selbstbewusst bzw. selbstbezogen, fast narzisstisch im Sinne einer „Generation Me"[468], die überwiegend den eigenen Vorteil sieht, dargestellt. Deutsche Quellen relativieren dieses Bild, und auch eine US-amerikanischen Langzeitstudie (*The Monitoring of Future Survey 1976 – 2006*), an der insgesamt nahezu 450.000 „High School Seniors", also Schüler im Alter zwischen ca. 14 und 18 Jahren, teilnahmen, konnte keine nennenswerten generationalen Unterschiede in Bezug auf Charakteristika wie Egoismus und Selbstvertrauen feststellen.[469]

---

465 Vgl.: IW Köln (2011).
466 Vgl.: Wolff, H./Spieß, K./Mohr, H. (2001), S. 96 – 97, 106; Kornwachs, K. (2000), S. 200.
467 Vgl.: Pack, J./Buck, H./Kistler, E./Mendius, H. G./Morschhäuser, M./Wolff, H. (2000), S. 28 – 29.
468 Vgl.: u.a.: Twenge, J. M. (2006).
469 Vgl.: Trzesniewski, K. H./Donnellan, M. B. (2009).

Fest steht, dass die heutigen Kinder und Jugendlichen bzw. jungen Erwachsenen sehr viel stärker dazu erzogen wurden und werden, ihre Werte und Meinungen zu vertreten als die Generationen vor ihnen. Ihre Freiräume und Mitspracherechte, z. B. in Bezug auf Familienentscheidungen, wachsen stetig.[470] So geben im *Generationen-Barometer 2009* immerhin 43 % der 16- bis 29-Jährigen an, dass sie als Kind vieles mit entscheiden durften (verglichen mit 28 % der 30- bis 44-Jährigen, 26 % der 45- bis 59-Jährigen und 15 % der über 60-Jährigen) und ihre Interessen stark gefördert wurden.[471] In der Folge weisen sie eine hohe Bereitschaft auf und sehen es als selbstverständlich an, auch im Arbeitskontext ihre eigenen Meinungen und Wünsche kundzutun und auf eventuelle Ungereimtheiten oder Missstände hinzuweisen.[472] Auch die Interaktivität, die kennzeichnend für die jüngere Generation ist, wird von einigen Experten als Auslöser für ein verstärktes Selbstbewusstsein angesehen.[473]

Fest steht ebenfalls, dass sich unter den Angehörigen der jüngeren Generation deutlich mehr Kinder finden, die in vergleichsweise komfortablen finanziellen und gesellschaftlichen Verhältnissen aufgewachsen sind als in den Vorgängergenerationen und sehr viel mehr Aufmerksamkeit und liebevolle Fürsorge erfahren haben als diese.[474] „Die Generation Y ist in einer ‚kinderzentrierten' Gesellschaft groß geworden, wie es sie wohl bisher so nicht gegeben hat. Wahrscheinlich weil sie so viel Beachtung und auch hohe Erwartungen ihrer Eltern erfahren, zeigen diese jungen Menschen ein hohes Maß an Selbstbewusstsein bis hin zu Anflügen von Überheblichkeit."[475] *Parment* betont in diesem Kontext, dass die häufige Verwendung der „Ich"-Formulierung von Angehörigen der jüngeren Generation – im Vergleich zu den vorzugsweise genutzten „Wir"-Sätzen der älteren Generationen – nicht zwangsläufig ein Zeichen von Egozentrik sein muss.[476] Vielmehr wird nicht selten die höhere Autonomie der jüngeren Generation im Vergleich zu den Vorgängergenerationen – auf die im folgenden Kapitel eingegangen werden soll –

---

470 Vgl.: Lancaster, L. C./Stillman, D. (2002), S. 31 ; FOCUS Medialine (2009).
471 Vgl.: Köchel, R. (2009), S. 9.
472 Vgl.: Parment, A. (2009), S. 103.
473 Vgl.: de Witt, C. (2000), S. 1 – 12; Schulmeister, R. (2008), S. 10; Tapscott, D. (1998).
474 Vgl.:: Köcher, R. (2009), S. 9.
475 Laick, S. (2009), S. 21.
476 Vgl.: Parment, A. (2009), S. 32.

nicht selten mit Egoismus in Zusammenhang gebracht.[477] Das *Trendbüro* merkt an: „Wir haben es mit einer Generation von Individualisten zu tun, aber nicht mit einer Generation von Egoisten."[478] Man möchte sich zwar durchaus individuell darstellen, jedoch gleichzeitig Teil einer vernetzten Gemeinschaft und nicht isoliert sein.[479]

Dabei zeigen sich in der *Shell Jugendstudie 2010* allerdings deutliche Unterschiede in den sozialen Schichten. So blicken Jugendliche und junge Erwachsene aus den beiden obersten sozialen Schichten auf eine anspruchsvolle Ausbildung zurück oder stehen kurz vor deren erfolgreichem Abschluss und wissen durchaus, dass sie am Arbeitsmarkt erwünscht und vergleichsweise „rar" sind. Dies wird untermauert durch die Tatsache, dass Unternehmen bedingt durch den demografischen Wandel immer stärker gerade an Schulen und Hochschulen um den qualifizierten Nachwuchs werben. Und auch wenn Widrigkeiten und Rückschläge zu verkraften sind, ziehen junge Menschen aus diesen Schichten ihr Selbstvertrauen weiterhin aus ihren stabilen familiären Bindungen, von denen sie immer wieder „aufgefangen werden". Bereits die Jugendlichen aus der Mittelschicht zeigen sich skeptischer ob ihrer Perspektiven, in die Selbstsicherheit mischen sich Zweifel – letztlich begegnen sie allerdings den Herausforderungen, die sich ihnen stellen, auch noch mit Zuversicht und Pragmatismus. Diejenigen Vertreter der jüngeren Generation, die aus prekären familiären bzw. materiellen Verhältnissen stammen, stehen – wie gesehen – der gesellschaftlichen Zukunft und ihren eigenen Chancen im Leben pessimistisch gegenüber. Die Angst, zu den „in der Gesellschaft Abgehängten" zu gehören, ist groß, das Selbstwertgefühl entsprechend belastet. Hier ist durchaus auch das Potenzial für problematische Verhaltensweisen gegeben, obgleich zu konstatieren ist, dass sich auch der Großteil der „abgehängten" Jugendlichen an die gesellschaftlichen Regeln hält.[480]

Letztlich trifft es wohl die Gesamtsicht der *Shell Jugendstudie 2010* am besten: „Insgesamt betrachtet erweisen sich die Jugendlichen in Deutschland nach wie vor als selbstbewusste Generation, die es gelernt hat, mit dem ge-

---

477 Vgl.: Trendbüro/Steinle, A./Wippermann, P. (2003), S. 45.
478 Trendbüro/Steinle, A./Wippermann, P. (2003), S. 14.
479 Vgl.: Trendbüro/Steinle, A./Wippermann, P. (2003), S. 63 – 64.
480 Vgl.: Parment, A. (2009), S. 81; Albert, M./Hurrelmann, K./Quenzel, G. (2010b), S. 345 – 346.

sellschaftlichen Druck umzugehen, und die sich auch unter schwierigen Rahmenbedingungen behaupten kann."[481]

Der bereits angesprochene Wandel in der Sozialisation der Jugendlichen und jungen Erwachsenen hin zu mehr Mitsprache- und Entscheidungsrechten in der Familie, führt dazu, dass die jüngere Generation es als sehr viel selbstverständlicher ansieht, bereits früh Verantwortung zu übernehmen.[482] Darüber hinaus gilt: „Jugendliche wissen, dass die Welt keine Gewissheit mehr bietet. Das sehen sie an ihren Eltern, die plötzlich ihren Job verlieren oder sich scheiden lassen. [...] Orientierung bieten somit nicht mehr Mama und Papa, die müssen sie sich selber suchen."[483]

Hinzu kommt, dass junge Menschen sehr viel früher als ihre Eltern die Möglichkeit haben, sich insbesondere dank des Internets ihre eigene Meinung zu bilden und aufgrund gestiegener Freiräume auch eigenständig zu agieren – ihre Autonomie steigt. Sie wird auch durch das Bewusstsein gestärkt, dass Beziehungen sowohl auf privater als auch auf beruflicher Ebene brüchig sind und sie sich immer wieder Veränderungen gegenüber sehen, getreu dem Motto „Jeder ist seines Glückes Schmied". Die persönliche Kompetenz wird zum wichtigsten Sicherungsanker.[484]

In der Folge gehört „eigenverantwortlich leben und handeln" zu den zentralen Werten der Jugendlichen und jungen Erwachsenen in der *Shell Jugendstudie 2010*. 90 % der Befragten messen diesem Aspekt eine hohe bzw. sehr hohe Bedeutung bei. Damit zeigt sich noch einmal eine deutliche Steigerung im Vergleich zum Jahr 2002 (84 %).[485]

3.4 Lernbereitschaft und -fähigkeit

Bedingt durch eine Bildungslandschaft, die zahlreiche Perspektiven bietet, und das Bewusstsein, dass eine Ausbildung nicht für ein Leben trägt, bringt die

---

481 Vgl.: Shell Deutschland Holding (Hrsg.) (2010), S. 15.
482 Vgl.: Parment, A. (2009), S. 103.
483 Trendbüro/Steinle, A./Wippermann, P. (2003), S. 40.
484 Vgl.: Trendbüro/Steinle, A./Wippermann, P. (2003), S. 45; Haaf, M./Bauer, P. (2012), S. 30.
485 Vgl.: Gensicke, T. (2010), S. 197.

jüngere Generation eine hohe Lernbereitschaft und Lernfreude mit.[486] Da sie danach streben, ihren eigenen „Wert" auf dem internen und externen Arbeitsmarkt zu erhöhen, möchten die Jugendlichen und jungen Erwachsenen neue Fähigkeiten erlernen und ihre Wissensbasis erweitern.[487]

Vieles deutet darauf hin, dass die jüngere Generation grundsätzlich nicht anders lernt als andere Generationen, auch wenn ihr Lernverhalten nicht abschließend erforscht ist und Ergebnisse bislang überwiegend für Studierende und hier in erster Linie aus dem US-amerikanischen Raum vorliegen. Fest steht allerdings, dass sich die Lernmedien im Zuge der technologischen Entwicklung verändern. So nutzen Jugendliche und junge Erwachsene beispielsweise das Internet stärker zur Recherche als Bücher, infolgedessen auch die Bibliothek als klassischer Ort der Informationsbeschaffung an Bedeutung verliert. Lernen wird dabei als vernetzte Aktivität verstanden, für die unterschiedliche Informationsquellen genutzt und vielfältige Erfahrungen miteinander verknüpft werden. Dies entspricht der immer breiteren Streuung von Wissen und Information in unterschiedlichen Kontexten. Jugendliche und junge Erwachsene erwarten des Weiteren immer mehr, zu beliebigen Zeiten und von beliebigen Orten auf Informationen zugreifen zu können. Dies ist ebenso Ausdruck eine gewissen Pragmatismus wie des Wunsches nach einer Ausgewogenheit zwischen Leistung, Genuss und Spaß. Die jüngere Generation bevorzugt praktische, effiziente Lernprozesse, mit denen sie effektiver lernen und dabei auch Spaß haben kann. Einen spielerischen Umgang mit Lernen erlauben insbesondere audiovisuelle und interaktive Medien, die aus dem Freizeitbereich vertraut sind.[488] Vielfach wird auch durch Ausprobieren und Selbermachen gelernt, wobei Autonomie und Selbstbestimmtheit eine große Rolle für die Motivation und das Engagement spielen. Die Definition eindeutiger Grenzen ist allerdings entscheidend und wird auch vehement von der jüngeren Generation eingefordert, z. B. in Form eines klaren Feedbacks.[489]

---

486 Vgl.: Bruch, H./Kunze, F./Böhm, S. (2010), S. 124; Gensicke, T. (2006), S. 183 – 184.
487 Vgl.: Paine, J. W. (2006).
488 Vgl.: Meyers, R. A. (2009), S. 205 – 206; 212 – 213; Tulgan, B. (2004), S. 23 – 31; Richter, G. (2008), S. 9; Hasebrook, J. P. (2008); HRM (2010); Palfrey, J./Gasser, U. (2008), S. 290 – 291.
489 Vgl.: Trendbüro/Steinle, A./Wippermann, P. (2003), S. 11; 149 – 150

Im Bereich der Schul- und Hochschulbildung werden Aussagen von Lehrern und Professoren nicht mehr unreflektiert als richtig angenommen, sondern vielfach – nicht zuletzt im Internet – hinterfragt. Ein Verhalten, das sich auch im beruflichen Kontext wiederfindet. Ein immanentes Bedürfnis, sich beständig zu verbessern und Fragen bzw. Probleme offen anzusprechen führt bei der jüngeren Generation dazu, dass sie Lehrende wie Vorgesetzte oder erfahrenere Kollegen „löchert", was diese nicht als Infragestellung ihrer Kompetenz, sondern vielmehr als den Wunsch, Hintergründe zu erfahren und Wissen aufzubauen, akzeptieren sollten. Gerade an den Hochschulen finden sich Lehrende nicht selten einer Zuhörerschaft gegenüber, die parallel im Internet surft. Eine US-amerikanische Studie weist nach, dass die jüngere Generation zwar keine Tageszeitungen mehr liest und damit nicht geballte Information zu einem gesetzten Zeitpunkt, z. B. am Frühstückstisch, konsumiert, sondern vielmehr den ganzen Tag über Informationsfetzen aus den unterschiedlichsten Medien „aufschnappt" – dabei aber auch nicht zwangsläufig schlechter oder oberflächlicher informiert sein muss. Wenn ein bestimmtes Thema ihr Interesse besonders weckt, informieren sich die Jugendlichen und jungen Erwachsenen nicht selten sehr viel intensiver darüber als es über eine Tageszeitung oder die TV-Nachrichtensendung am Abend möglich wäre, diskutieren das Thema online und geben unter Umständen auch ein entsprechendes Feedback.[490] Es gilt: „Aufmerksamkeit wird in einer Informationsgesellschaft als knappe und damit wertvolle Ressource angesehen, erhält eine Information keine, so mindert sich ihr Wert."[491] Des Weiteren neigt die jüngere Generation im Vergleich zu den Älteren nicht mehr zur „Wissensanhäufung" in Form von Büchern oder Dateien, sondern verlässt sich darauf, dass Wissen im Bedarfsfall – überwiegend über das Internet – verfügbar ist.[492]

Nicht selten wird darauf hingewiesen, dass die Aufmerksamkeitsspanne der jüngeren Generation deutlich geringer ist als die der Vorgängergenerationen, da sie es gewohnt ist, mehrere Aktivitäten gleichzeitig auszuführen bzw. kurz und knapp zu kommunizieren. Daraus folgt, dass sie textlastige Formate wie Bücher oder Zeitschriften meiden und kurze, prägnante Informationsfragmen-

---

490 Vgl.: Palfrey, J./Gasser, U. (2008), S. 290 – 291; Hasebrook, J. P. (2008).
491 Hebecker, E. (2001), S. 181.
492 Vgl.: Meyers, R. A. (2009), S. 206.

te – die ggf. nur die „halbe Wahrheit" wiedergeben – bevorzugen oder zu „Fast-Food-Lesern" werden.[493] Zudem besteht die Vermutung, dass es beim Lernen für die jüngere Generation infolge der immensen Beeinflussung durch Reize und Komplexität der Lebenswelt, in der sie aufwächst, heute einer größeren Außenstimulation durch Reize sowie eines aktiven Mitgestaltens bedarf.[494]

Sozialisiert in einer Welt der Informationsüberflutung mit immensen Wahlmöglichkeiten und Angeboten, auch medialer Art, hat sich die jüngere Generation ein effizientes Verhalten im Umgang mit äußeren Reizen angeeignet und Strategien der Selektion entwickelt. Die Vertreter dieser Generation sind sich durchaus bewusst, dass nicht jede Entscheidung optimal getroffen werden kann. Eine Informationsflut stellt für ältere Generationen sehr viel schneller eine Belastung dar, da sie gewohnt sind, alle gebotenen Informationen aufzunehmen, zu bewerten oder zu bearbeiten und sich daher dem Druck aussetzen, dies auch bei ständig steigender Menge an Informationen weiter bewältigen bzw. sinnvolle Auswahlentscheidungen treffen zu müssen.[495] Dieser Selektionsmechanismus birgt durchaus die Gefahr, dass der jüngeren Generation wichtige Inhalte entgehen,[496] zumal – wie gesehen – ihre Fähigkeiten zur Bewertung gerade von Informationen aus dem Internet als eingeschränkt eingestuft werden. Auch hierin liegt eine Art „Digital Divide": „Nicht die potenziell erreichbaren Informationen, sondern die Kompetenzen der Auswahl, Bewertung und zweckorientierten Nutzung sind die entscheidenden Schlüsselqualifikationen für den Wissenserwerb. Nur wer neben den technischen Voraussetzungen über diese inhaltlichen Kompetenzen verfügt, ist in der Lage, der so genannten Informationsflut zu begegnen."[497]

---

493 Vgl.: Opaschowski, H. W. (2008), S. 227 – 228; McCrindle, M./Wolfinger, E. (2009), S. 154 – 155; Hasebrook, J. P. (2008); Palfrey, J./Gasser, U. (2008), S. 294 – 297.
494 Vgl.: Trendbüro/Steinle, A./Wippermann, P. (2003), S. 145.
495 Vgl.: Parment, A. (2009), S. 40 – 41; HRM (2010).
496 Vgl.: Richter, G. (2008), S. 9.
497 Hebecker, E. (2001), S. 182.

3.5 Teamfähigkeit, Kommunikationsfähigkeit und Empathie

Vertreter der jüngeren Generation sind es gewohnt, sich bereits deutlich früher in organisierten Gruppen zu bewegen als noch die Elterngeneration, nicht zuletzt bedingt durch den immer jüngeren Eintritt in Kindergärten oder Kindertagesstätten. Auch in Schule und Ausbildung werden Team- und Projektarbeiten zunehmend gefördert, so dass bereits in jungen Jahren die Selbstverständlichkeit der Teamarbeit erlebt wird.[498] Hinzu kommt, dass die neuen Medien, die Jugendliche und junge Erwachsene – wie gesehen – sehr intensiv nutzen, eine starke Vernetzung fördern, indem Kommunikation nahezu von jedem Ort und zu jeder Zeit zu mehr als einer Person möglich wird. In der Folge verbringt die jüngere Generation sowohl real als auch virtuell viel Zeit in Gruppen und übt dadurch sowohl bestimmte Gruppenregeln als auch Loyalität ein.[499]

Auch wenn es auf den ersten Blick paradox erscheinen mag, weist vieles darauf hin, dass gerade die größere Selbstständigkeit und Autonomie, durch die sich die jüngere Generation auszeichnet, ein hohes Maß an Teamfähigkeit erfordert und auch einen ausgeprägten Wunsch nach Teamwork nach sich zieht.[500] Denn zur Orientierung in einer Welt, in der die Wahlmöglichkeiten ständig ansteigen, Beziehungen in Familie und Arbeitswelt vielfach brüchig sind und die Veränderungsgeschwindigkeit zunimmt, ist Vernetzung unerlässlich, um sich Rat und Rückversicherung zu holen. Gemäß der Spieltheorie ist gerade dann, wenn Menschen immer wieder – sei es real oder virtuell – aufeinander treffen, eigennütziges Verhalten zu Lasten anderer nicht erfolgversprechend. Gerade in der Netzwerkkultur wird der Einzelne daher immer wieder mit den Konsequenzen seines eigenen Handelns konfrontiert: „In einer vernetzten Welt, wo das Ergebnis meines Handelns von anderen abhängt, macht Egoismus schlichtweg keinen Sinn."[501] Eine hohe Teamorientierung bedingt unweigerlich auch eine ausgeprägte Kommunikationsbereitschaft. Diese wird auch von den Oberstufenschülern in der Studie *„Arbeitswelten*

---

498 Vgl.: Laick, S. (2009). S. 21; Oblinger, D./Oblinger, J. L. (2005); Trendbüro/Steinle, A./ Wippermann, P. (2003), S. 48.
499 Vgl.: Meyers, R. A. (2009), S. 208 – 209.
500 Vgl.: Weyermann, E. (2003), S. 2 – 3; Zukunftsinstitut (2008).
501 Trendbüro/Steinle, A./Wippermann, P. (2003), S. 46.

2020" bei der Frage nach den Kompetenzen, die 2020 im Beruf für sie am wichtigsten sein werden, am höchsten eingestuft.[502]

Der Umstand, dass Kommunikation gerade über neue Medien eine zentrale Rolle im Leben von Jugendlichen und jungen Erwachsenen einnimmt, sagt viel über ihre Kommunikationsbereitschaft, allerdings nicht zwangsläufig über bestimmte Aspekte der Kommunikationsfähigkeit aus. So wird nicht selten bemängelt, dass es der jüngeren Generation an tradierten Umgangsformen der Kommunikation, wie z. B. die Verwendung von Gruß- und Schlussformeln auch in E-Mails, mangelt. Generell ist zu bemerken, dass die Kommunikation der jüngeren Generation deutlich offener als bei den Älteren verläuft. Die Vertreter dieser Generation gehen davon aus, dass ihr Netzwerk alle Fragen beantwortet. Es ist ihnen nicht peinlich zu fragen, gleichzeitig teilen sie freigiebig Erfahrungen und Inhalte – unter Umständen auch mit der direkten Konkurrenz. Ältere Menschen haben oft noch gelernt, dass man das, was man weiß, für sich behält, um daraus einen Wettbewerbsvorteil zu ziehen.[503] Darüber hinaus ändert sich die Form der Kommunikation: Anstatt über den Flur zu einem Kollegen zu laufen, schreiben Angehörige der jüngeren Generation eher E-Mails. Anstatt an der Tür zu klingeln, wenn ein Freund abgeholt wird, erhält dieser eine kurze SMS. Mit einem Anruf muss man heute nicht mehr warten, bis man zuhause ist, sondern kann ihn mobil tätigen, eine Antwort auf eine Nachricht dauert heute nicht mehr den Postweg, sondern erfolgt im Chat unmittelbar.[504]

Zur bevorzugten Form der Kommunikation der Jugendlichen und jungen Erwachsenen teilen sich die Meinungen. So kommt die britische Studie *UK Children Go Online* zu dem Ergebnis, dass persönliche und elektronische Kommunikation gleichrangig sind und je nach aktuellen Bedürfnissen und Situationen genutzt werden.[505] Die bereits angesprochene Umfrage des *Instituts für Demoskopie Allensbach* zum Thema „Gesprächskultur" ergibt allerdings Unterschiede in den Präferenzen der unter 20-Jährigen bzw. der 20- bis 29-Jährigen. Danach befragt, wie sie sich vorzugsweise mit anderen austau-

502 Vgl.: Sierke, B. R. A./Albe, F. (2010), S. 38.
503 Vgl.: HRM (2010); Kofler, K./Güntert, A. (2011), S. 57.
504 Vgl.: McCrindle, M./Wolfinger, E. (2009), S. 156; ZEIT Online (2010).
505 Vgl.: Livingstone, S./Bober, M. (2004), S. 1 – 7.

schen, wählen 50 % der älteren Kohorte das persönliche Gespräch, gefolgt von ausgiebigen Telefonaten, Chats und SMS (zum Vergleich: Bei den 30- bis 44-Jährigen präferieren noch 65 % das persönliche Gespräch). Für die 14- bis 20-Jährigen hingegen stehen Chats, SMS, Telefonate und E-Mails noch vor dem persönlichen Gespräch, das lediglich eine Zustimmung von 36 % findet.[506] Nicht selten fällt es Vertretern der jüngeren Generation auch schwer, genau zuzuhören, da sie sich vielen Reizen gleichzeitig aussetzen.[507]

Die jüngere Generation tritt zu einer Zeit in den Arbeitsmarkt ein, in der die Heterogenität in Teams unweigerlich ansteigt. Alternde Belegschaften, die Ausweitung der Erwerbstätigkeit von Frauen sowie globale Arbeitsmärkte bedingen eine neue Vielfalt in der Arbeitswelt. An diese Vielfalt müssen sich die Jugendlichen und jungen Erwachsenen nicht im gleichen Maße gewöhnen wie die Älteren, da sie in einer deutlich heterogeneren Gesellschaft sozialisiert wurden. Eine der Chancen einer heterogenen Belegschaft liegt in dem Potenzial einer höheren Teamorientierung und Flexibilität.[508]

3.6 Kompetenzen – Das kann die jüngere Generation

So vielfältig wie die jüngere Generation selbst stellt sich auch die Ausprägung bestimmter Kompetenzen unter den Jugendlichen und jungen Erwachsenen dar. Dennoch lassen sich bestimmte Muster identifizieren. Was die Medienkompetenz der jüngeren Generation anbelangt, so ist zunächst einmal festzuhalten, dass die neuen Medien eine zunehmende Rolle im Leben der Jugendlichen und jungen Erwachsenen spielen und als Selbstverständlichkeit in die Alltagsgestaltung integriert werden. Dabei unterscheidet sich allerdings der Umgang mit den neuen Medien je nach sozialem Hintergrund – so leben Eltern mit höherem Bildungsstand die Nutzung unterschiedlicher Medien sowie den verantwortungsbewussten Umgang mit ihnen vor, während in Familien mit niedrigerem Bildungsniveau eher ein passives Nutzungsverhalten aufweisen. Obgleich die jüngere Generation die neuen Medien immer intensiver nutzt, zeigt sich gleichzeitig eine nahezu unveränderte Nutzung traditioneller

---

506 Vgl.: Institut für Demoskopie Allensbach (2009), S. 2.
507 Vgl.: Meyers, R. A. (2009), S. 213 – 216.
508 Vgl.: Meyers, R. A. (2009), S. 215 – 216.

Medien, wie z. B. Fernsehen oder Zeitschriften, sowie eine weiterhin hohe Bedeutung nicht-medialer Freizeitaktivitäten, wie z. B. Treffen mit Freunden. In der Folge ist zwar durchaus von einer gewissen Beeinflussung Jugendlicher und junger Erwachsener durch die neuen Medien auszugehen, die allerdings herkömmliche Sozialisationsprozesse und Verhaltensmuster nicht entscheidend verändert. Der hohe Nutzungsgrad neuer Medien geht dabei nicht zwangsläufig mit einer ausgeprägten Technik-Affinität der jüngeren Generation einher. Vielmehr ist das Interesse an den zugrundeliegenden technischen Zusammenhängen vielfach ebenso gering ausgeprägt wie die Kompetenzen in Bezug auf bewertende und interpretierende Aspekte der Internetnutzung. Die neuen Medien befördern Multitasking, so dass Jugendlichen und jungen Erwachsenen die entsprechenden Fähigkeiten in besonders hohem Maße zugeschrieben werden. Allerdings sprechen Studien auch dafür, dass das menschliche Gehirn nun in eingeschränktem Umfang zu Multitasking überhaupt in der Lage ist.

Die Jugendlichen und jungen Erwachsenen wurden in hohem Maße dazu erzogen, ihre Meinungen und Werte zu vertreten sowie Entscheidungen bereits im Kindesalter mitzutreffen. Darüber hinaus wuchsen viele Vertreter dieser Generation als „Wunschkinder" und/oder Einzelkinder auf und erfuhren eine intensive Aufmerksamkeit und Unterstützung. Infolgedessen weisen sie in der Regel ein gesundes Selbstbewusstsein sowie den Wunsch, früh Eigenverantwortung zu übernehmen, auf. Dabei ist eher von Individualismus als von Egoismus auszugehen. Allerdings treten auch hier deutliche Unterschiede in den sozialen Schichten zutage – wer einen guten Bildungsabschluss hat, ist sich durchaus bewusst, am Arbeitsmarkt „rar" und begehrt zu sein, wer eher über eine geringe Bildung verfügt, ist in seinem Selbstbewusstsein stark eingeschränkt und geprägt von der Angst vor dem „Abrutschen".

Diese Angst ist es nicht zuletzt, die das Bewusstsein der Jugendlichen und jungen Erwachsenen dafür schärft, dass eine Ausbildung nicht mehr für ein Leben trägt und dass die vielfältigen Perspektiven der Bildungslandschaft sinnvoll genutzt werden sollten. Aus diesem Bewusstsein heraus entsteht eine hohe Lernbereitschaft und Lernfreude. Dabei lernt die jüngere Generation nicht grundsätzlich anders als andere Generationen, dennoch verändern sich die Lernmedien und die Einstellung zu Lehrenden. Deren Aussagen werden nicht mehr unreflektiert übernommen, sondern hinterfragt – nicht zuletzt auch aus dem Bedürfnis heraus, sich zu verbessern und offen mit Unklarheiten umzugehen. Sozialisiert in einer Welt der Informationsüberflutung mit immensen Wahlmöglichkeiten und Angeboten hat sich die jüngere Generation ein effizientes Verhalten im Umgang mit äußeren Reizen angeeignet und Strategien der Selektion entwickelt. Darüber hinaus bringt sie die nötige Veränderungsbereitschaft mit, um sich dem bereits zur Gewohnheit gewordenen ständigen Wandel anzupassen.

Vertreter der jüngeren Generation sind es gewohnt, sich bereits sehr früh in organisierten Gruppen zu bewegen, und auch in Schule und Ausbildung werden Team- und Projektarbeiten immer stärker gefördert. Gerade die größere Selbstständigkeit und Autonomie erfordert auch ein hohes Maß an Teamfähigkeit und bringt den Wunsch nach Teamwork mit sich. Eine hohe Teamorientierung bedingt allerdings nicht unweigerlich auch eine hohe Kommunikationsfähigkeit. Fest steht, dass sich die Formen und die Art der Kommunikation im Vergleich zu älteren Generationen verändern.

4. Erwartungen der jüngeren Generation an die Arbeit

Neben den Werten, Einstellungen und Kompetenzen der jüngeren Generation interessiert auch die Frage, was diese von einem (künftigen) Arbeitgeber erwartet bzw. mit welchen Wünschen, Hoffnungen und Ängsten sie in das Berufsleben eintritt. Im Blickpunkt stehen hierbei:

- Beschäftigungssicherheit.
- Einfluss-, Gestaltungs- und Entwicklungsmöglichkeiten.
- Leistungsgerechtes Entgelt.
- Führung und Zusammenarbeit.
- Work Life Balance.
- Gegenseitige Loyalität, Wertschätzung und Bindung.
- Technische Ausstattung.

4.1 Beschäftigungssicherheit

Die Entwicklungen der vergangenen Jahre haben gezeigt, dass die lebenslange Beschäftigung in einem Berufsbild und bei einem Arbeitgeber zum „Auslaufmodell" wird und ein neuer Vertrag zwischen Arbeitgeber und Arbeitnehmer entsteht, der keine bedingungslose Sicherheit garantiert. Dies hat die jüngere Generation sehr viel stärker verinnerlicht, da es Teil ihrer Sozialisation und ihrer ersten Schritte im Erwerbsleben war bzw. ist, als die mittlere und ältere Generation.[509] In der Folge kommt es zu einer scheinbar ambivalenten Situation. Einerseits ist der Wunsch nach Sicherheit sehr hoch ausgeprägt, andererseits verhält sich die jüngere Generation pragmatisch entsprechend der neuen Situation in der Arbeitswelt und hält nicht „bedingungslos" an einem einmal erlangten Arbeitsverhältnis fest. Nachfolgend sollen beide Aspekte kurz dargestellt werden, wobei die Vermutung nahe liegt, dass „Sicherheit" neu definiert wird.

Das Streben nach einem sicheren Arbeitsverhältnis ist in nahezu allen Umfragen unter Jugendlichen und jungen Erwachsenen deutlich zu vernehmen. So wird in drei unabhängigen Untersuchungen unter Studierenden von *Access*[510], *manager magazin* (Studie *„Generation05"*) und *Ernst & Young* sowie in der Umfrage unter Oberstufenschülern für die Studie *„Arbeitswelten 2020"* die Sicherheit des Arbeitsplatzes als eines der entscheidenden Kriterien für die Wahl eines künftigen Arbeitgebers genannt,[511] und auch Befragungen im Querschnitt aller Bildungsschichten weisen ähnlich hohe Werte für die Arbeitsplatzsicherheit gerade bei Jüngeren und hier wiederum bei Jugendlichen und jungen Erwachsenen mit geringem Bildungsniveau auf.[512]

Der Wunsch nach Sicherheit lässt auch Studierende zunehmend Abstand von der Selbstständigkeit nehmen und sich in Richtung auf größere Konzerne bzw. solche Unternehmen bzw. Branchen orientieren, in denen sie ein vergleichsweise geringes Risiko erwarten, ihren Arbeitsplatz zu verlieren. Bereits bei der

---

509 Vgl.: Meyers, R. A. (2009), S. 203; Laick, S. (2009), S. 21; Ponzellini, A. M. (2009), S. 5.

510 Für die „Access-Absolventenstudie 2004" wurden über 5.000 examensnahe Studierende unterschiedlicher Fachrichtungen befragt.

511 Vgl.: Scheltwort, S. (2004), S. 18 – 24; manager magazin (2005); Werle, K. (2005); Ernst & Young GmbH (2009), S. 4; Sierke, B. R. A./Albe, F. (2010), S. 44.

512 Vgl.: Opaschowski, H. W. (2008), S. 111 – 112; Braun, M./Scholz, E. (2008), S. 140 – 141.

Berufswahl stehen eine langfristige Perspektive und Arbeitsplatzsicherheit im Fokus.[513] So ist beispielsweise das Auswärtige Amt seit Jahren einer der beliebtesten Arbeitgeber bei Akademikern, im Jahr 2010 nahm es sogar den Spitzenplatz in einer Umfrage unter Young Professionals ein.[514]

Die Sorge vor Arbeitsplatzverlust bzw. davor, keinen Arbeits- oder Ausbildungsplatz zu finden – nach der schlechten Wirtschaftslage und Armut die zweitgrößte Sorge der Jugendlichen und jungen Erwachsenen – ist in der *Shell Jugendstudie 2010* im Vergleich zu 2006 von 69 % auf 62 % zurückgegangen, doch bleibt festzuhalten, dass noch im Jahr 2002 lediglich 55 % der Befragten sich hierzu besorgt äußerten. Dabei lassen sich bestimmte Spezifika ausmachen: So zeigen sich junge Frauen deutlich skeptischer als die jungen Männer, und nicht überraschend fällt der Rückgang der entsprechenden Ängste bei Jugendlichen und jungen Erwachsenen aus der Unterschicht in einer realistischen Einschätzung deutlich geringer aus als bei der gleichen Altersgruppe aus der Mittelschicht, oberen Mittelschicht und Oberschicht.[515]

Auch in der bereits erwähnten Befragung des *Bundesministeriums für Arbeit und Soziales* ist die Sorge um den Verlust des Arbeitsplatzes bei den unter 20-Jährigen mit am stärksten ausgeprägt. Die 25- bis 29-Jährigen wiederum zeigen eher unterdurchschnittliche Werte, während die Sorge mit zunehmendem Alter wieder ansteigt und ihren zweiten Höhepunkt bei der Gruppe der 45- bis 49-Jährigen erreicht:[516]

---

513 Vgl.: Scheltwort, S. (2004), S. 18 – 24.
514 Vgl.: Weilbacher, J. C. (2011), S. 42.
515 Vgl.: Shell Deutschland Holding (Hrsg.) (2010), S. 16; Leven, I./Quenzel, G./Hurrelmann, K. (2010), S. 117 – 120.
516 BMAS (2008), S. 96.

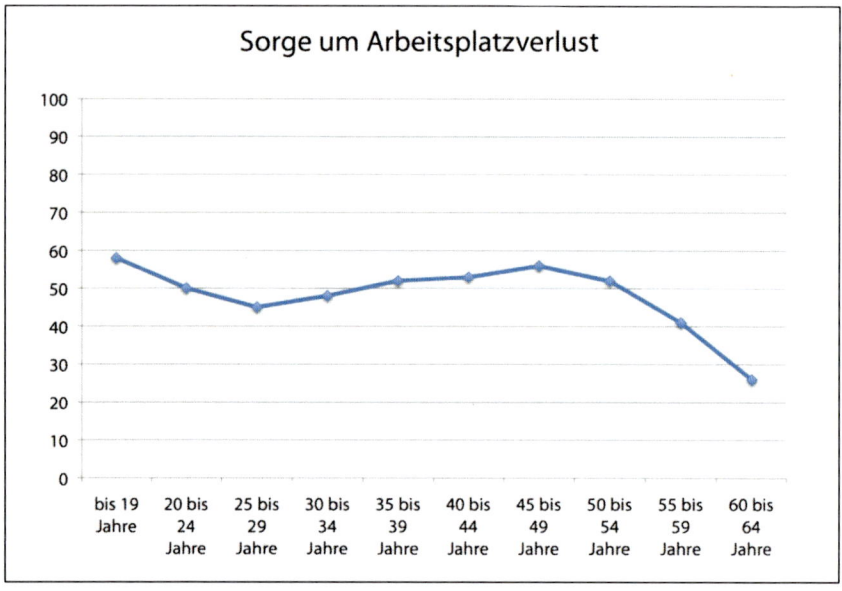

Abb. 32: Sorge um Arbeitsplatzverlust nach Altersgruppen

Die generationenspezifische Sonderauswertung der Studie „Was ist gute Arbeit?" der Initiative Neue Qualität der Arbeit (INQA) weist eine hohe Übereinstimmung aller Altersgruppen zur empfundenen Qualität ihrer Arbeit, d. h. der Ausgewogenheit von be- und entlastenden Faktoren, auf. Lediglich in der Frage nach der Belastung durch die Sorge, den Arbeitsplatz zu verlieren bzw. bei Verlust des Arbeitsplatzes keine gleichwertige Stelle mehr zu finden, zeigen sich ebenfalls bei den Befragten unter 25 Jahren sowie den mittleren Altersgruppen deutlich höhere Werte.[517]

In die gleiche Richtung weist eine weitere Repräsentativbefragung – danach befragt, ob sie lieber eine Lohnkürzung oder eine Kündigung in Kauf nehmen würden, wenn es einem Betrieb schlechter geht, antworten 77 % der 18- bis

---

517 Für die Studie „Was ist gute Arbeit?" der Initiative Neue Qualität der Arbeit (INQA) wurden im Jahr 2004 die Arbeits- und Lebenssituation von etwa 5.400 abhängigen und selbstständigen Beschäftigten sowie deren Erwartungen an „gute Arbeit" berücksichtigt. Die Studie wurde als generationenspezifische Sonderauswertung verwendet. Vgl.: INQA (2004), S. 19; 30 – 31.

24-Jährigen (im Vergleich zu einem Zustimmungswert von 71 % über alle Altersgruppen hinweg), sie würden Lohnkürzungen vorziehen.[518] Dieses Ergebnis bestätigt eine europaweite Studie, in der die befragten unter 30-Jährigen Jobsicherheit deutlich höher bewerten als das Entgelt (94 % bewerten Jobsicherheit als sehr wichtig oder wichtig im Vergleich zu 83 % Zustimmung mit Bezug zum Entgelt).[519]

Woher rührt diese ausgeprägte Angst vor Arbeitsplatzverlust, dieser immense Wunsch nach Sicherheit bei der jüngeren Generation? „Sie sind aufgewachsen in der Sattheit und Sorglosigkeit der achtziger und neunziger Jahre und erlebten, als sie erwachsen wurden, die Bedrohung dieses Wohlstandskokons. Sie erlebten am Ausgang ihrer Jugend Arbeitslosenzahlen von über fünf Millionen, die Geburt von Hartz IV. Sie lernten, dass die Demografie ihre Rente auffrisst, dass das 21. Jahrhundert China gehört. Der 11. September 2001, der Tag, an dem der Welt die Sicherheit abhandenkam, war das historische Ereignis ihres Lebens. [...] Das Gefühl der Unsicherheit prägte ihr Erwachsenwerden."[520]

Erstaunlicherweise gehen die gleichen Studierenden, die in der Umfrage von *Ernst & Young* Arbeitsplatzsicherheit sehr hoch bewertet hatten, allerdings zu 86 % davon aus, nach ihrem Abschluss zügig eine Anstellungen zu finden, die ihren Erwartungen und Qualifikationen entspricht, d. h. bei ihnen scheint die Sorge um die Beschäftigung selbst nicht ausgeprägt zu sein.[521] Dies spricht einerseits dafür, dass der jüngeren Generation durchaus bewusst ist, dass eine entsprechende Qualifikation wie ein abgeschlossenes Studium die Chancen auf dem Arbeitsmarkt deutlich erhöht. Dies spricht andererseits auch dafür, dass Sicherheit für die jüngere Generation nicht mehr die „Job Security" bedeutet, die Angehörige der älteren Generation erwartet bzw. über viele Jahre hinweg gelebt haben, d. h. dauerhafte Sicherheit eines bestimmten Arbeitsplatzes bei einem bestimmten Unternehmen. Vielmehr strebt die jüngere Generation nach „Career Security", bei der es um die lebenslange Beschäfti-

---

518 Repräsentativbefragung von 2000 Personen ab 14 Jahren. Vgl.: Opaschowski, H. W. (2008), S. 128.
519 Vgl.: Méda, D./Delay, B. (2008), S. 16.
520 Von Rohr, M./Schulz, S. (2009), S. 18.
521 Vgl.: Ernst & Young GmbH (2009), S. 4. Allerdings liegt der Anteil der ostdeutschen Studierenden in der Umfrage lediglich bei 17 %, was ggf. eine gewisse Verzerrung des Ergebnisses zur Folge haben kann.

gungsfähigkeit geht, d. h. danach, sich Kompetenzen anzueignen, die einen für unterschiedliche Tätigkeiten bei unterschiedlichen Arbeitgebern befähigen.[522]

4.2 Einfluss-, Gestaltungs- und Entwicklungsmöglichkeiten

Bereits bei der Auswahl des Studienfaches spielt für zwei Drittel der Studierenden in der *Ernst & Young* Umfrage das persönliche Interesse eine entscheidende Rolle.[523] Spannende Arbeitsaufgaben, immer wieder neue Herausforderungen und interessante Fragestellungen machen bei der Wahl eines Arbeitgebers und bei der Entstehung von Motivation und Bindung für viele Jugendliche und junge Erwachsene den Unterschied.[524]

Bedingt durch ihre Sozialisation gehört für die jüngere Generation zu einem interessanten und herausfordernden Arbeitsumfeld auch die Möglichkeit, selbstständig zu arbeiten, Verantwortung zu übernehmen, Entscheidungen zu treffen sowie sich in gewisser Weise selbst zu verwirklichen und „Autonomie" zu erfahren.[525] Gerade durch Entscheidungsfreiheit wird die Motivation der jüngeren Arbeitnehmer deutlich gefördert, wie nicht zuletzt die Studie von *Towers Perrin* zeigt, bei der ausreichende Entscheidungsfreiheit von den 20- bis 34-Jährigen auf Platz 3 der Top-Treiber der Mitarbeitermotivation gesehen wird.[526] Auch die Young Professionals in der *Instant Talent Studie* messen attraktiven Arbeitsaufgaben und viel Eigenverantwortung eine hohe Wichtigkeit in ihrem aktuellem Job zu – zeigen sich allerdings bei der tatsächlichen Attraktivität der Aufgaben nicht sonderlich zufrieden mit ihren Arbeitgebern.[527] D. h. die jüngere Generation ist in einem geringeren Maße als die vorherigen Generationen bereit, auch uninteressante Tätigkeiten auszuführen.

---

522 Vgl.: Lancaster, L. C./Stillman, D. (2002), S. 53 – 54; Rump, J./Eilers, S. (2006), S. 21 – 23; Trendbüro/Steinle, A./Wippermann, P. (2003), S. 156.
523 Vgl.: Ernst & Young GmbH (2009), S. 4.
524 Vgl.: Gertz, W. (2007).
525 Vgl.: Laick, S. (2009). S. 21 – 22; Meyers, R. A. (2009), S. 203; Trendbüro/Steinle, A./Wippermann, P. (2003), S. 144.
526 Vgl.: Towers Perrin (2007), S. 19 – 20.
527 Vgl.: Werle, K. (2008), S. 136.

Ungern lassen sich Jugendliche und junge Erwachsene in starre Raster einordnen, sondern bevorzugen vielmehr Flexibilität bzw. die Möglichkeit, ihre Arbeitsumgebung möglichst bezogen auf den jeweiligen Bedarfsfall, z. B. ein konkretes Projekt zu gestalten.[528] Infolgedessen kommt der jüngeren Generation der seit einiger Zeit zu beobachtende Trend zur Projektwirtschaft, zu virtuellen Teamstrukturen und Vernetzung sowie zum Arbeiten in flexiblen Arbeitsmodellen sehr entgegen. Denn solche Arbeitsprozesse und -strukturen bieten Abwechslung, geringere Verweildauern und Perspektiven. Zudem erkennen die Jugendlichen und jungen Erwachsenen deren zunehmende Notwendigkeit zur Sicherung der Wettbewerbsfähigkeit und damit auch von Arbeitsplätzen in einem immer globaleren und komplexeren Umfeld. Allerdings spüren sie gleichermaßen, dass sie selbst durch einen solchen Kontext Instabilität erfahren, so dass sie nach einem ausgleichenden Stabilitätsfaktor suchen, den sie in der Familie, in Freundschaften, aber zunehmend auch in sozialen Netzwerken, die sie „überall mit hinnehmen" können, finden.[529]

Der jüngeren Generation ist durch die Trends am Arbeitsmarkt in den vergangenen Jahrzehnten darüber hinaus sehr bewusst, dass eine einmal erworbene schulische bzw. berufliche Ausbildung nicht ein Leben lang trägt und sie sich beständig weiter entwickeln muss. In diesem Sinne haben für Jugendliche und junge Erwachsene persönliche Entwicklungsmöglichkeiten auch sehr viel mit Arbeitsplatzsicherheit im Sinne der eigenen Beschäftigungsfähigkeit (Employability) zu tun. Sie werden daher bei der Wahl eines Arbeitgebers, aber auch bei der Frage, inwieweit man das Bedürfnis verspürt, sich nach einer neuen Beschäftigung zu orientieren, groß geschrieben, wie zahlreiche Autoren aus dem In- und Ausland übereinstimmend berichten.[530] „Mit der kühlen Gewissenhaftigkeit eines Schachspielers sammeln sie die einzelnen Kompetenzen wie Bausteine auf dem Weg nach oben ein.[531]

Beispielhaft seien hier die bereits dargestellten Studien „Generation05" des *manager magazins* sowie von *Ernst & Young* oder auch die Umfrage des Be-

---

528 Vgl.: Gertz, W. (2007).
529 Vgl.: Hofmann, J./Rollwagen, I./Schneider, S. (2007), S. 29 – 30; Rollwagen, I. (2009), S. 20.
530 Vgl.: Paine, J. W. (2006); Opaschowski, H. W. (2008); Werle, K. (2008), S. 136; Zukunftsinstitut (2010), S. 55. Vgl. hierzu auch Kapitel III 4.6 (Gegenseitige Loyalität, Wertschätzung und Bindung).
531 Werle, K. (2008), S. 137.

ratungsunternehmens *Watson Wyatt Heissmann* angeführt, bei der sich auf Rang drei der attraktivsten Zusatzleistungen bzw. Benefits eines Unternehmens eine fundierte Karriereplanung, gefolgt von regelmäßigen Mitarbeitergesprächen als Voraussetzung für die persönliche Weiterentwicklung und konkreten Weiterbildungsangeboten auf den Plätzen vier und fünf finden.[532]

Darüber hinaus stellen Entwicklungsmöglichkeiten einen wichtigen Einflussfaktor auf die Motivation, mit der eine Tätigkeit ausgeübt wird, dar.[533] „Lebenslanges Lernen wird für die nächste Generation zur Selbstverständlichkeit. An den Weiterbildungsmöglichkeiten messen die Jugendlichen daher auch in großem Maß die Attraktivität ihrer Arbeitgeber. Genau das macht den Job bei den Konzern-Klassikern in Zukunft immer interessanter. Denn sie bieten die Option auf internationale Erfahrungen. Und anders als die kleinen, mittelständischen Betriebe haben die Großunternehmen umfangreiche Weiterbildungsprogramme.“[534] Und so messen die 25- bis 35-Jährigen in einer Umfrage der *Deutschen Universität für Weiterbildung (DUW)* ebenso wie die Young Professionals in der *Instant Talent Studie* der persönlichen Entwicklung und guten Aufstiegschancen eine hohe Bedeutung bei. Sie äußern gleichzeitig unzufrieden mit dem, was sie hierzu tatsächlich bei ihren Arbeitgebern vorfinden.[535]

Der Karrierebegriff selbst befindet sich im Wandel. So verstehen junge Menschen nach einer Befragung aus dem Jahr 2008 unter Karriere[536]

- eine Arbeit zu haben, die Spaß macht (58 %),

- berufliche Aufstiegschancen zu haben (54 %),

- Erfolgserlebnisse zu haben und anerkannt zu werden (52 %),

- eigene berufliche Vorstellungen verwirklichen zu können (49 %),

---

532 Im Jahr 2008 befragte das internationale Beratungsunternehmen Watson Wyatt Heissmann in Kooperation mit der Personalmarketingagentur c rund 8.500 Arbeitnehmer aus Deutschland danach, welche Zusatzleistungen oder sogenannte Benefits sie neben ihrem regulären Gehalt am attraktivsten finden. Vgl.: Gertz, M. (2008).
533 Vgl.: Towers Perrin (2007), S. 19 – 20.
534 Trendbüro/Steinle, A./Wippermann, P. (2003), S. 156.
535 Für die Studie „Motivieren, Binden, Weiterbilden" der Deutschen Universität für Weiterbildung (DUW) wurden vom Meinungsforschungsinstitut Forsa 1.002 Erwerbstätige zwischen 25 und 65 Jahren befragt. Hinzu kamen Experteninterviews. Vgl.: DUW (2012); Werle, K. (2008), S. 136.
536 Repräsentativbefragung von 2.000 Personen ab 14 Jahren. Vgl.: Opaschowski, H. W. (2008), S. 120.

- überdurchschnittlich viel Geld zu verdienen (45 %),
- sich in der Arbeit selbst zu verwirklichen (39 %),
- als Vorgesetzte/r in Führungsposition tätig zu sein (26 %),
- eine berufliche Tätigkeit von hohem Ansehen auszuüben (22 %) sowie
- lange Arbeitszeiten und wenig Freizeit zu haben (11 %).

Ähnlich lauten die Karriereziele der Studierenden in der Studie „Generation05":[537]

- Interessante Arbeitsinhalte (93 %).
- Anerkennung der eigenen Leistung (86 %).
- Ausgewogenheit zwischen Arbeits- und Privatleben (82 %).
- Entwicklungschancen für die eigene Persönlichkeit (81 %).
- Weiterbildungsmöglichkeiten (81 %).
- Selbstständiges Arbeiten (80 %).
- Vereinbarkeit von Beruf und Familie (79 %).
- Arbeitsplatzsicherheit (73 %).
- Erreichen einer Führungsposition mit entsprechender Verantwortung (55 %).
- Internationale Kontakte (53 %).
- Hohes Einkommen (42 %).
- Hohes Prestige des Berufs oder der Position (27 %).

Dabei zeigt sich mit Bezug auf die vertretenen Geschlechter, dass weibliche Studierende häufiger die Work-Life-Balance, die Vereinbarkeit von Beruf und Familie, die Anerkennung der eigenen Leistung und die Arbeitsplatzsicherheit anstreben. Was die Studienrichtungen anbelangt, weisen Wirtschaftswissen-schaftler überdurchschnittlich häufig den Wunsch nach Anerkennung der ei-

---

537 Vgl.: manager magazin (2005); Werle, K. (2005).

genen Leistung, nach einer Führungsposition, nach hohem Einkommen und Prestige sowie Möglichkeiten der Weiterbildung auf, während sie auf ein ausgewogenes Verhältnis von Arbeits- und Privatleben weniger Wert zu legen scheinen.[538]

Die Karriereorientierung ist bei den Jugendlichen und jungen Erwachsenen also durchaus gegeben, allerdings verbunden mit Spaß an der Arbeit und Selbstverwirklichung. Dies bestätigt auch die Befragung im Rahmen von „Arbeitswelten 2020", in der mehr als 60 % der Oberstufenschüler den Wunsch äußern, in einer Führungsposition zu arbeiten und gar knapp über 62 % von einem überdurchschnittlich hohen Einkommen träumen.[539] Gleichzeitig ist aber die „Karriere um jeden Preis" für viele Jüngere aufgrund der veränderten Wertigkeit von Arbeit, auf die noch näher einzugehen sein wird, nicht mehr erstrebenswert. Gerade Neueinsteiger, die bei Kollegen und Vorgesetzten in den angestrebten Positionen beobachten, dass diese nur selten vor 22 Uhr ihr Büro verlassen und sich infolge dessen ihre privaten Beziehungen verschlechtern, entscheiden immer häufiger, dass dies für sie nicht in Frage kommt: „Diese Karrieregeneration der Zukunft wählt mehr die Form der ‚sanften Karriere', will ebenso leistungsmotiviert, zielstrebig und erfolgsorientiert sein, lässt sich aber nicht mehr nur von ‚harten Prinzipien' wie Geld, Macht und Aufstiegsstreben leiten. Sie hat Freude am Erfolg und an der Verwirklichung eigener beruflicher Vorstellungen."[540] Lediglich 22 % der Jugendlichen und jungen Erwachsenen in der Shell Jugendstudie 2010 sind bereit, im Interesse eines bedingungslosen Erfolgsstrebens der Karriere alles zu opfern.[541]

Der jüngeren Generation ist bewusst, dass sie ihren Karriereverlauf nur bedingt vorhersehen kann – während in der Vergangenheit nicht selten der Karriereweg innerhalb eines Unternehmens vergleichsweise klar vorgezeichnet schien. Karriere bzw. persönliche Werdegänge werden stark individualisiert betrachtet, d. h. dahingehend beurteilt, ob sie den Einzelnen persönlich voranbringen und sehr strategisch geplant. Dazu kann allerdings durchaus auch eine „Auszeit" zur Selbstfindung gehören, in jedem Fall allerdings entsprechen

---

538 Vgl.: manager magazin (2005); Werle, K. (2005).
539 Vgl.: Sierke, B. R. A./Albe, F. (2010), S. 42.
540 Opaschowski, H. W. (2008), S. 133 – 134.
541 Vgl.: Shell Deutschland Holding (Hrsg.) (2010), S. 29.

ausdifferenzierte Karrierewege, die nicht einem „Gießkannenprinzip" folgen, den Bedürfnissen der jüngeren Generation in hohem Maße.[542]

Zusammenfassend ist davon auszugehen, dass ein Arbeitnehmer der jüngeren Generation, der seine Bedürfnisse nach Entwicklungs- und Lernmöglichkeiten, Spaß, Bedeutung und eigener Karriere nicht erfüllen kann, am Arbeitsplatz nicht die optimale Leistung erbringen bzw. sich an seinen Arbeitgeber nicht gebunden fühlen wird.[543]

4.3 Leistungsgerechtes Entgelt

Die Aussagen zur Bedeutung des Entgeltes für die jüngere Generation erscheinen auf den ersten Blick widersprüchlich, lassen sich bei genauerer Betrachtung allerdings relativieren.

So ergeben die Studie von *Johnson Controls* sowie die *Access-Absolventenstudie 2004* (für Wirtschaftswissenschaftler)[544] deutlich höhere Rankings für ein leistungsgerechtes Entgelt als beispielsweise die Umfrage „Generation05" oder auch die *Ernst & Young Studentenstudie 2009.*[545] Auch für die befragten Oberstufenschüler in „Arbeitswelten 2020" nimmt das Entgelt eine hohe Bedeutung ein.[546]

Zum einen lässt sich festhalten, dass die jüngere Generation für ihre Leistung und ihr Engagement, die einem hohen Anspruch folgen, durchaus ein angemessenes Entgelt erwartet und sich bereits beim Berufseinstieg nicht „unter Wert verkauft"[547] – im Vergleich zu vielen Älteren, die dem „Senioritätsprinzip" entsprechend erst mit zunehmender Dauer der Betriebszugehörigkeit eine Steigerung ihres Entgelts erfuhren und dies als selbstverständlich empfanden.

Gleichzeitig ist allerdings festzustellen, dass das Entgelt für Jugendliche und junge Erwachsene im Sinne eines „Hygienefaktors" nur eine Facette in Bezug auf die Attraktivität eines Arbeitsverhältnisses darstellt und nicht mehr die zent-

---

542 Vgl.: Parment, A. (2009), S. 77 – 79 ; Werle, K. (2008), S. 136 – 137.
543 Vgl.: Parment, A. (2009), S. 60 – 65.
544 Vgl.: Johnson Controls (2010), S. 12 – 19; Scheltwort, S. (2004), S. 28.
545 Vgl.: Ernst & Young GmbH (2009), S. 4; manager magazin (2005).
546 Vgl.: Sierke, B. R. A./Albe, F. (2010), S. 42.
547 Vgl.: Hergert, S. (2012), S. 57.

rale Bedeutung einnimmt wie für Vorgängergenerationen. Dies liegt nicht zuletzt darin begründet, dass sich gerade für höher Qualifizierte „Belohnung" in zunehmendem Maße nicht mehr ausschließlich über Geld definiert, sondern auch über Faktoren wie Spaß, Sinn und Zeit für private Belange oder Weiterbildungsmöglichkeiten.[548] Dies zeigt unter anderem die Befragung des Beratungsunternehmens *Watson Wyatt Heissmann*, wonach bei den Zusatzleistungen oder Benefits, die Arbeitnehmer neben ihrem regulären Gehalt am attraktivsten finden, keine materiellen Vergünstigungen, sondern vielmehr Möglichkeiten, sich Arbeitszeit (75 %) bzw. Arbeitsort (50 %) flexibel gestalten zu können, genannt werden. Dabei steht eine verbesserte Vereinbarkeit des Berufs mit Freizeit und Familie im Vordergrund. Eine fundierte Karriereplanung folgt auf Platz drei, regelmäßige Mitarbeitergespräche als Voraussetzung für die persönliche Weiterentwicklung sowie konkrete Weiterbildungsangebote auf den Plätzen vier und fünf. Erst danach werden geldwerte Benefits genannt. So ist nur für 39 % der Befragten ein Firmenwagen attraktiv. Besonders denkwürdig erscheint dabei, dass 90 % der Befragungsteilnehmer angeben, bei ihrer nächsten Bewerbung würden entsprechende Benefits den Ausschlag geben und gleichzeitig gerade einmal 6 % die Benefits gut heißen, die ihr derzeitiger Arbeitgeber anbietet.[549] Dies bestätigen auch Experten aus den USA und Australien, die davon ausgehen, dass insbesondere spezifische „Belohnungen", wie z. B Entscheidungsmöglichkeiten bezüglich Arbeitsaufgaben und Arbeitsplatz, Zeit und Geld für Weiterbildung oder flexible Arbeitszeiten als Incentives besonders förderlich sind.[550]

4.4 Führung und Zusammenarbeit

In diesem Kontext stehen besonders die gelebte Unternehmenskultur sowie der Führungsstil im Fokus.

---

548 Vgl.: Opaschowski, H. W. (2008), S. 146; Meyers, R. A. (2009), S. 210 – 212; HayGroup (2011), S. 8; Hergert, S. (2012), S. 56.
549 Vgl.: Gertz, M. (2008).
550 Vgl.: Meyers, R. A. (2009), S. 210 – 212; Zaslow (2007); McCrindle, M./Wolfinger, E. (2009), S. 152 – 153.

4.4.1   Bedeutung von Kollegialität und Unternehmenskultur

Das Verhältnis zu anderen bei der Arbeit ist für die jüngere Generation, für die soziale Kontakte – seien sie virtuell oder real – eine hohe Bedeutung einnehmen, sehr wichtig.[551] Das zeigt die *Instant Talent Studie* mit einer hohen Wertschätzung von Kollegialität durch die Young Professionals ebenso wie die *Ernst & Young Studentenstudie 2009*, bei der Kollegialität als wichtigstes Merkmal genannt wird, das sich die Studierenden an einem künftigen Arbeitsplatz wünschen.[552] Auch spricht diese Studie dafür, dass die jüngere Generation eine partizipative Unternehmenskultur bevorzugt, in der sie ihre Ideen und Vorstellungen bis zu einem gewissen Maße einbringen kann.[553] Eine hohe Bedeutung nimmt es dabei ein, sich mit den Visionen und Zielen ihres Unternehmens identifizieren zu können, für die sich die Jugendlichen und jungen Erwachsenen dann auch leidenschaftlich einsetzen.[554] Dies untermauert nicht zuletzt die Studie von *Towers Perrin*, in der die 20- bis 34-Jährigen unter den Top-Treibern der Mitarbeitermotivation das Interesse der Unternehmensleitung an den Mitarbeitern auf Rang 1 sehen (verglichen mit Rang 3 bei den 35- bis 49-Jährigen und Rang 4 bei der Generation 50+).[555]

4.4.2   Bevorzugter Führungsstil

Auch der Führungsstil gehört zu den entscheidenden Kriterien für die Wahl eines künftigen Arbeitgebers, wie wiederum beispielsweise die Befragung von *Ernst & Young* zeigt[556] und spielt eine große Rolle in Bezug auf die Wechselabsichten von Young Professionals in der *Instant Talent Studie*, die sich mehrheitlich unzufrieden mit dem Führungsstil in ihrem derzeitigen Job äußern.[557]

Überwiegend in den USA, aber zunehmend auch von deutschen Experten wird der Wunsch der jüngeren Generation nach der Wertschätzung ihrer Arbeit in Form eines regelmäßigen Feedbacks durch Vorgesetzte betont.[558] Da-

---

551 Vgl.: McCrindle, M./Wolfinger, E. (2009), S. 142 – 143.
552 Vgl.: Werle, K. (2008), S. 136; Ernst & Young GmbH (2009), S. 15.
553 Vgl.: Laick, S. (2009). S. 21.
554 Vgl.: Meyers, R. A. (2009), S. 215 – 216.
555 Vgl.: Towers Perrin (2007), S. 19 – 20.
556 Vgl.: Ernst & Young GmbH (2009), S. 15.
557 Vgl.: Werle, K. (2008), S. 136.
558 Vgl.: Richter, G. (2008), S. 9; Koller, N. (2010); Meyers, R. A. (2009), S. 204 – 205; Zaslow, J. (2007); Werle, K. (2008), S. 136.

bei wird auch auf eine gewisse Ungeduld hingewiesen, die als charakteristisch für Jüngere gilt.[559] Die Jugendlichen und jungen Erwachsenen sind in eine Welt hineingeboren, in der größtenteils materieller Wohlstand herrscht und die politischen Strukturen gemäßigt sind, so dass die Eltern sich deutlich stärker auf ihre Kinder konzentrieren konnten als dies noch in ihrer eigenen Generation der Fall war. Sie erhielten dadurch das Gefühl, „etwas Besonderes" zu sein. So wurde bei einer Umfrage unter US-amerikanischen College-Studierenden die Aussage „I think I am a special person" von deutlich mehr Befragten bejaht als noch bei einer vergleichbaren Befragung im Jahr 1982.[560] Zudem wurde ihnen das Gefühl vermittelt, alles erreichen zu können, was sie sich vornehmen, das Feedback der Eltern zu ihren „Projekten" war meist ermunternd und positiv. Wie bereits dargestellt, finden sich in der Befragung im Rahmen des *Generationen-Barometers 2009* deutlich mehr jüngere Teilnehmer, die davon berichten, von ihren Eltern häufig gelobt worden zu sein und viel Aufmerksamkeit erhalten zu haben als bei den älteren Generationen.[561] Auch in der schulischen Ausbildung wird zunehmend darauf geachtet, Kinder und Jugendliche nicht zu negativ zu bewerten, sondern ihnen zu vermitteln, dass sie es besser könnten.[562] Dies gilt nicht nur für die USA, sondern auch für Deutschland, wo beispielsweise seit der Reform der Grundschulordnung in Rheinland-Pfalz im Jahr 2008 ein besonderes Augenmerk auf die Berücksichtigung der Fähigkeiten und Fertigkeiten jedes einzelnen Kindes sowie auf eine darauf aufbauende individuelle Ausgestaltung von Lernangeboten und Leistungsnachweisen gelegt wird. Zeugnisnoten werden mit entsprechenden Erläuterungen über die Kompetenzen der Kinder sowie darauf, wie diese ihre Leistung verbessern könnten, versehen. Bereits in Klasse zwei erfolgt ein Feedback-Gespräch zwischen Lehrer, Eltern und Kind, das dokumentiert wird.[563]

Daraus folgern Wissenschaftler, vor allem in den USA, dass diese jungen Menschen auch in ihrer Ausbildung und im Berufsleben mit einer kontinuierli-

---

559 Vgl.: Tyler, K. (2007).
560 Vgl.: Meyers, R. A. (2009), S. 204 – 205; Zaslow, J. (2007).
561 Vgl.: Köcher, R. (2009), S. 9. Vgl. hierzu auch Kapitel II 2.2.2 (Wandel der Erziehungsziele und -werte).
562 Vgl.: Meyers, R. A. (2009), S. 204 – 205; Zaslow, J. (2007).
563 Vgl.: Fichter, M./ Weber-Hellmann, P./ Janic, D. (2009), S. 8 – 11; LandesElternBeirat Koblenz Neustadt Trier (2008).

chen Art von Feedback bzw. Belobigung rechnen. Die Reaktionen einiger US-amerikanischer Berater muten zweifelsohne überzogen an, wenn sie beispielsweise Unternehmen empfehlen, den Kindern ihrer Angestellten kleine Dankes-Nachrichten zu schicken: „Thanks for letting dad work hier. He's terrific!" oder aber ihren Vorgesetzte die Vorgabe zu erteilen, ihren Mitarbeitern mindestens 48 Dankes- oder Lobes-Nachrichten im Jahr zukommen zu lassen.[564]

Angemessenes und konstruktives Feedback allerdings erscheint tatsächlich angesichts der beschriebenen Sozialisation der jüngeren Generation ein Weg für Führungskräfte, Motivation zu wecken und Engagement zu erhalten. Hinzu kommt der Wunsch, permanent in Austausch mit dem Umfeld zu treten, so wie es die jüngere Generation unter anderem aus sozialen Netzwerken gewohnt ist. Dabei ist es entscheidend, dass das Feedback unmittelbar erfolgt, ehrlich ist sowie individuell und proaktiv formuliert wird.[565] Daraus lässt sich folgern: „Führungskräfte, die nur im Rahmen des jährlichen Mitarbeitergesprächs mit dem Betreffenden reden und seine Leistung anerkennen, werden schnell den Zugang verlieren."[566] Dazu gehört auch, dass privaten Belangen Raum in der Kommunikation zwischen Führungskraft und Mitarbeiter eingeräumt wird, denn gerade die jüngere Generation erwartet, ganzheitlich wahrgenommen zu werden.[567] Hinzu kommt der Umstand, dass sich Umfragen zufolge Jugendliche und junge Erwachsene bedingt durch die hohe Komplexität und Veränderungsgeschwindigkeit ihres beruflichen und privaten Umfeldes nach Strukturen und Orientierung sehnen, die nicht zuletzt ein regelmäßiges Feedback über die eigene Arbeitsleistung bzw. Verbesserungspotenziale bieten.[568] So wünschen sich viele Jüngere eine Führungskraft, die „more coach than commander" ist.[569]

Weiterhin schätzen Jugendliche und junge Erwachsene nicht zuletzt aufgrund der bereits dargestellten steigenden Freiheitsgrade in ihrer Erziehung einen Führungsstil, der weniger von Anordnungen, Bestimmungen und Kontrolle

---

564 Vgl.: Meyers, R. A. (2009), S. 204 – 205; Zaslow, J. (2007).
565 Vgl.: Richter, G. (2008), S. 9; Meyers, R. A. (2009), S. 210 – 212; Kofler, K./Güntert, A. (2011), S. 61.
566 Vgl.: Mesmer, A. (2010).
567 Vgl.: Asgodom, S. (2011) ; HayGroup (2011), S. 8.
568 Vgl.: Meyers, R. A. (2009), S. 204 – 205; Zaslow, J. (2007).
569 Vgl.: McCrindle, M./Wolfinger, E. (2009), S. 169 – 173.

gekennzeichnet ist als vielmehr von Handlungsspielräumen, Vertrauen und der Möglichkeit, an Entscheidungen beteiligt zu werden.[570] „For Gen Yers, the ideal leader gives public affirmation, encourages, rewards, remembers names and interests of their staff and creates an emotionally safe, friendly, collegial environment where people feel free to contribute ideas."[571]

Autoritäten spielen für die jüngere Generation nicht die gleiche Rolle wie für die Vorgängergenerationen. Zwar akzeptieren und respektieren sie Autoritäten und auch Hierarchien durchaus, hinterfragen diese jedoch gleichermaßen und wünschen sich gegenseitigen Respekt.[572] Die Kinder der 80er Jahre wurden in der Regel deutlich freier und offener erzogen und zur Äußerung ihrer eigenen Meinung aufgefordert, so dass ältere Personen nicht per se als Autorität anerkannt werden und sich generell Respekt nicht alleine auf Rang und Alter bezieht. Vielmehr gehen die Jugendlichen und jungen Erwachsenen davon aus, dass man sich Autorität durch entsprechendes Wissen bzw. eine entsprechende Erfahrung „erwerben" muss.[573] Hinzu kommt der „Netzwerkgedanke", der auch das berufliche Denken und Handeln der jüngeren Generation prägt: In einem Netzwerk ist es nicht entscheidend, jedem Einzelnen konkrete Anweisungen zu geben, sondern vielmehr, allen Akteuren Handlungsspielräume zu gewähren, während sie auf ein gemeinsames Ziel hinarbeiten in einer dynamischen Zusammenarbeit vieler. Dieses Ziel muss als „grobe Richtung" vorgegeben sein, so z. B. im Arbeitskontext von einer Führungskraft. Stimmt dieser Zusammenhang, werden Autoritäten von der jüngeren Generation durchaus akzeptiert.[574]

4.5 Work-Life-Balance

Die jüngere Generation ist sich sehr wohl bewusst, in einer Leistungsgesellschaft zu leben und scheut auch keine harte Arbeit, um ihre hoch gesteckten

---

570 Vgl.: Meyers, R. A. (2009), S. 203; 215 – 216.
571 McCrindle, M./Wolfinger, E. (2009), S. 147.
572 Vgl.: SPReW (2006), S. 16; Kofler, K./Güntert, A. (2011), S. 59.
573 Vgl.: Parment, A. (2009), S. 29; Laick, S. (2009). S. 21; Schulmeister, R. (2008), S. 11 – 12.
574 Vgl.: Trendbüro/Steinle, A./Wippermann, P. (2003), S. 147; Zukunftsinstitut (2010), S. 17.

Ziele zu erreichen.[575] Gleichzeitig hat sie allerdings auch ein gesundes Bewusstsein für die Gefahren, die mit einer hohen beruflichen Belastung einhergehen. Sie strebt daher, wie bereits angedeutet, eine Synthese aus Leistung und Lebensgenuss an. Dies zeigen zahlreiche Umfragen unabhängig voneinander. Insbesondere wenn man Jugendliche und junge Erwachsene nach den Beweggründen für die Wahl eines Arbeitgebers befragt, stehen Begriffe wie „Work-Life-Balance" oder „Vereinbarkeit von Beruf und Familie" in der Gunst weit vor Statussymbolen und Karriere.[576] Im Zeitraum zwischen 2006 und 2009 stieg beispielsweise in der Umfrage des *manager magazins* nach den Top-Arbeitgebern der Anteil der jungen Betriebswirte, für die die Work-Life-Balance einen wichtigen Faktor bei der Arbeitgeberwahl darstellt, von 38,6 % auf mehr als 50 % an.[577]

Bei der Entstehung dieser Wertehaltung spielen unterschiedliche Trends und Entwicklungen eine Rolle. Im Zusammenhang mit der steigenden Bedeutung der Vereinbarkeit von Beruf und Familie ist sicherlich der Umstand entscheidend, dass Frauen zunehmend gleichberechtigt auf den Arbeitsmarkt drängen und die jüngere Generation ein sehr viel modernes Rollenverständnis lebt als noch ihre Eltern. In der Folge streben beide Geschlechter danach, familiäre und berufliche Pflichten in Einklang zu bringen.

Generell beobachten Wissenschaftler seit Jahren, dass die Arbeit nicht mehr die dominante Rolle im Leben einnimmt, sondern sie sich mit außerberuflichen Aktivitäten vereinbaren lassen muss, um Motivation zu fördern. In diesem Zusammenhang wird auch von einem „polyzentrischen Lebenskonzept" gesprochen, wonach die jüngere Generation im beruflichen Kontext gleichermaßen hohe Erwartungen an sich selbst und an ihre Arbeitsumgebung stellt, aber auch weiteren Aspekten des Lebens eine hohe Bedeutung zur Selbstfindung und -verwirklichung beigemessen wird.[578]

---

575 Vgl.: Meyers, R. A. (2009), S. 203 – 207; Zaslow, J. (2007); Shell Deutschland Holding (Hrsg.) (2010), S. 28.
576 Vgl.: Scheltwort, S. (2004), S. 18 – 24; Ernst & Young GmbH (2009), S. 15; manager magazin (2005); Königes, H. (2010); Werle, K. (2008), S. 136.
577 Vgl.: Buchhorn, W./Werle, K. (2011).
578 Vgl.: Ponzellini, A. M. (2009), S. 3 – 5; SPReW (2006), S. 16.

In engem Zusammenhang hierzu steht das zunehmende Verschwimmen der Grenzen zwischen beruflicher und privater Sphäre, das gerade Jugendliche und junge Erwachsene als nahezu selbstverständlich empfinden. Dafür zeichnet in hohem Maße die technologische Entwicklung verantwortlich. Und so haben Angehörige der jüngeren Generation einerseits kaum Probleme damit, auch außerhalb der eigentlichen Arbeitszeit telefonisch erreichbar zu sein oder neben den privaten auch noch die geschäftlichen E-Mails am Abend abzurufen. Sie erwarten allerdings im Gegenzug, dass ihnen ebenso am Arbeitsplatz private Erledigungen wie Telefonate oder Internet-Surfen zugestanden werden.[579] Nur 14 % der Befragten in einer Umfrage der BITKOM sind niemals außerhalb der regulären Arbeitszeit per E-Mail, Handy oder Smartphone erreichbar. Gleichzeitig nutzen aber auch 25 % täglich am Arbeitsplatz privat das Internet.[580]

Und schließlich lässt sich bei der jüngeren Generation eine hohe Sensibilität dafür erkennen, dass ein Leben „auf der Überholspur" nicht über eine verlängerte Erwerbszeit hinweg aufrecht erhalten werden kann, ohne dabei „auszubrennen". Gerade der technische Fortschritt führt zu einer immensen Beschleunigung und Verdichtung des Lebens und Arbeitens,[581] doch auch das Gefühl, in der Freizeit möglichst viel und möglichst ständig etwas Neues erleben zu müssen und die immer vielfältiger werdenden Optionen in der Lebensführung privat wie beruflich bestmöglich zu nutzen, führen viele jüngere Menschen bereits vergleichsweise früh an ihre physischen und psychischen Grenzen. So entsteht gerade bei ihnen der unbedingte Wunsch nach „Entschleunigung".[582] Hier kommt eine weitere sozialisationsbedingte Besonderheit der jüngeren Generation zum Tragen: Viele Jugendliche und junge Erwachsene haben die Fragilität beruflicher wie privater Beziehungen oder auch gesundheitliche Beeinträchtigungen durch Überlastung in der eigenen Familie erlebt, denn gerade ihre Elterngeneration zeichnete sich durch hohes zeitliches Engagement im Beruf aus. Sie sind daher nicht mehr willens, dem Beruf ihr Privatleben bedingungslos unterzuordnen.

---

579 Vgl.: Parment, A. (2009), S. 98 – 99; SPReW (2006), S. 16.
580 Vgl.: Scheer, A.-W. (2010), S. 5. Bei der Befragung wurde keine Abstufung nach Altersgruppen vorgenommen.
581 Vgl.: ZEIT Online (2010).
582 Vgl.: Held, J./Bibouche, S./Billmann, L./Kempf, M./Kröll, T. (2011b), S. 216 – 217.

Nicht zuletzt gilt angesichts sinkender Erwerbspersonenzahlen und steigender Nachfrage nach qualifizierten Arbeitskräften auch: „Work-life balance has always been a consideration in a career but never before have employees had the leverage to demand it."[583] Gerade von den besser Qualifizierten aus den höheren sozialen Schichten wird ein einseitiges Karrierestreben zunehmend abgelehnt, wie auch die *Shell Jugendstudie 2010* verdeutlicht.[584] Sie sind es auch, die nicht selten bei Bewerbungsgesprächen offensiv ihre Ansprüche an die Vereinbarkeit der künftigen Tätigkeit mit privaten Belangen wie Hobbys oder der Familie bekunden.[585] Gleichzeitig zeigen Umfragen unter Arbeitgebern und Führungskräften jedoch, dass das Verständnis für ein verringertes Karrierestreben und eine höhere Wertschätzung außerberuflicher Entlastungsmomente, z. B. im Sinne einer Einhaltung der Regelarbeitszeit, Vermeidung von Überstunden oder einem Wunsch nach Einschränkung von Reise- bzw. Auslandseinsätzen, noch vergleichsweise gering ist.[586] Dies sehen die Absolventen offenbar durchaus realistisch. Denn laut der *Access-Absolventenstudie 2004* erwarten angehende Elektroingenieure eine 39,9-Stunden-Woche, Top-Absolventen bereits 40,7 Stunden und Wirtschaftswissenschaftler gar 46,1 Stunden,[587] die Befragten im Rahmen der Studie „*Generation05*" rechnen mit durchschnittlich 47,7 Arbeitsstunden pro Woche.[588] Ein ähnliches Bild zeigt sich in der Umfrage von *Ernst & Young*:[589]

---

583 McCrindle, M./Wolfinger, E. (2009), S. 141.
584 Vgl.: Gensicke, T. (2010), S. 220 – 221.
585 Vgl.: Kofler, K./Güntert, A. (2011), S. 59.
586 Vgl.: Königes, H. (2010).
587 Vgl.: Scheltwort, S. (2004), S. 18 – 24.
588 Vgl.: manager magazin (2005); Werle, K. (2005).
589 Ernst & Young GmbH (2009), S. 16.

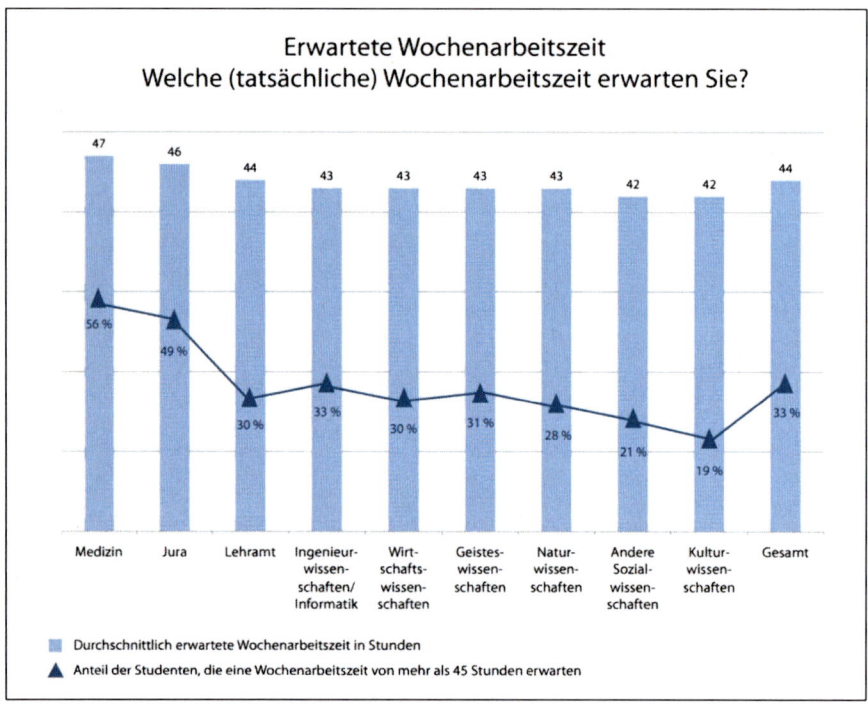

Abb. 33: Erwartete Wochenarbeitszeit unter Studierenden unterschiedlicher Fachrichtungen

Dem stehen 39,5 Stunden gegenüber, die sich die Studierenden im Schnitt als Wochenarbeitszeit wünschen würden.[590]

Hier spricht auch die hohe Unzufriedenheit der Young Professionals in der *Instant Talent Studie* mit der ausgeglichenen Work Life Balance bei ihren derzeitigen Arbeitgebern eine deutliche Sprache.[591] Dies mag auch damit zusammenhängen, dass die meisten derjenigen, die sich heute in verantwortungsvollen Positionen in Unternehmen befinden, anderen Generationen entstammen und sich in der Folge ihre Wertigkeiten deutlich unterscheiden.

---

590 Vgl.: manager magazin (2005); Werle, K. (2005).
591 Vgl.: Werle, K. (2008), S. 136.

4.6 Gegenseitige Loyalität, Wertschätzung und Bindung

Immer wieder ist zu lesen, dass die Loyalität in den letzten Jahren und Jahrzehnten gerade unter den Jüngeren abnimmt. Das gilt für den Konsumbereich, Freizeitanbieter, Kirchen und Vereine gleichermaßen, da es immer schwerer wird, aufgrund der Vielzahl von Wahlmöglichkeiten und neuen Medien die Aufmerksamkeit auf ein bestimmtes Angebot zu lenken.[592] Auch im beruflichen Kontext wird die sinkende Dauer der durchschnittlichen Betriebszugehörigkeit nicht selten mit einem „flatterhaften" Charakter der jüngeren Generation und mit einer abnehmenden Loyalität assoziiert.[593] Dies bedarf jedoch einer differenzierten Betrachtung.

Für die jüngere Generation spielen emotionale Aspekte bei der Wahl eines Arbeitgebers bzw. bei der Beurteilung ihrer Arbeitssituation und -zufriedenheit eine große Rolle. In der Folge ist es auch nicht abwegig, dass ein (anderweitiges) Stellenangebot trotz eines niedrigen Entgelts angenommen wird, wenn im Gegenzug bestimmte emotionale Faktoren befriedigt werden. Bedingt durch ihre Sozialisation mit einer Fülle von Wahlmöglichkeiten und gewohnt, auf vergleichsweise geringe Widerstände im Leben zu treffen, sehen sich die heutigen Jugendlichen und jungen Erwachsenen einem bestimmten Arbeitgeber nicht unbedingt langfristig verpflichtet und scheuen auch nicht davor zurück, auf Probleme, Hindernisse oder nicht zufriedenstellende Perspektiven unter anderem mit dem Wechsel des Unternehmens zu reagieren.[594] Allerdings ist die Loyalität jüngerer Arbeitnehmer während der Dauer eines Beschäftigungsverhältnisses in Bezug auf ihre Aufgaben und ihr Team durchaus gegeben,[595] und sie streben angesichts ihrer hohen Leistungsorientierung danach, „einen guten Job zu machen".[596]

Vieles deutet auf eine Neudefinition des Loyalitätsbegriffes hin. Erste Hinweise geben Umfragewerte zum Thema „Treue" der jüngeren Generation im privaten wie beruflichen Bereich. So wird Treue als Wert eine sehr hohe Bedeutung

---

592 Vgl.: Parment, A. (2009), S. 39 – 40.
593 Vgl.: McCrindle, M./Wolfinger, E. (2009), S. 134 – 135.
594 Vgl.: Bruch, H./Kunze, F./Böhm, S. (2010), S. 124 – 125; Parment, A. (2009), S. 128; Werle, K. (2008), S. 136.
595 Vgl.: Kofler, K./Güntert, A. (2011), S. 56; McCrindle, M./Wolfinger, E. (2009), S. 134 – 135.
596 Vgl.: McCrindle, M./Wolfinger, E. (2009), S. 134 – 135; Parment, A. (2009), S. 128; Paine, J. W. (2006).

beigemessen. Dies wird einerseits damit begründet, dass die Jugendlichen und jungen Erwachsenen gerade im familiären Bereich nicht selten Brüche erlebt haben, die ihre Sehnsucht nach dauerhaften Beziehungen verstärken. Andererseits befindet sich jedoch der Treue- und damit auch der Loyalitätsbegriff im Wandel. Für die Dauer einer Beziehung – ganz gleich ob zu einem Lebenspartner oder einem Arbeitgeber – wird Treue groß geschrieben, ohne allerdings einen Anspruch auf „Lebenslänglichkeit" zu erheben.[597] 58 % der Studierenden aus der Studie „Generation05" sehen „den ein oder anderen" Berufswechsel im Verlauf ihres Erwerbslebens auf sich zukommen, 14 % „häufige" Wechsel. Dabei finden sich unter den Vertretern dieser Meinungen überdurchschnittlich viele Wirtschaftswissenschaftler. Nur 11 % erwarten eine konstante Berufskarriere. Zu ihnen gehören insbesondere angehende Juristen und Naturwissenschaftler.[598]

Die Befragten der *Ernst & Young Studentenstudie 2009* erwarten folgende Dauer der Zugehörigkeit zu ihrem ersten Arbeitgeber:[599]

---

597 Vgl.: Trendbüro/Steinle, A./Wippermann, P. (2003), S. 54.
598 Vgl.: manager magazin (2005); Werle, K. (2005).
599 Ernst & Young GmbH (2009), S. 18.

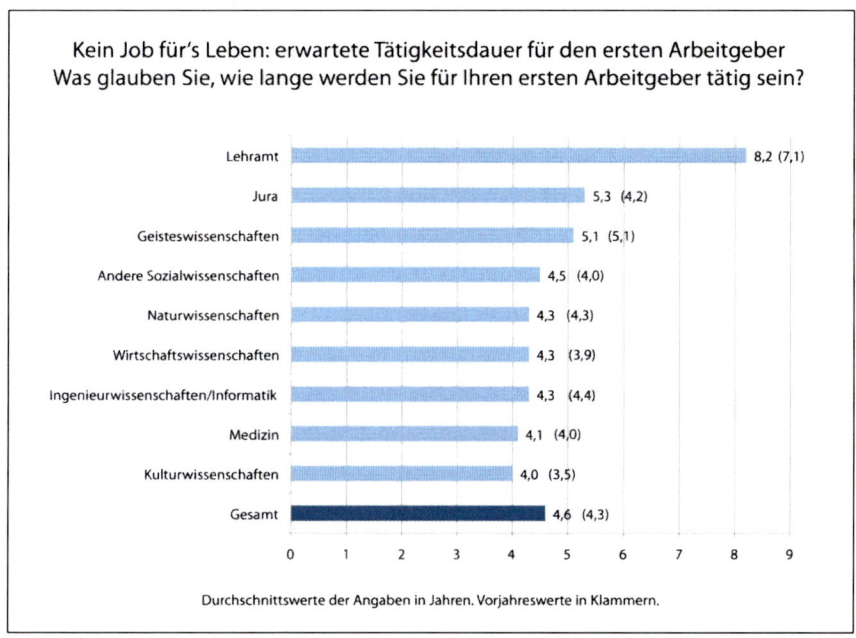

Abb. 34: Erwartete Tätigkeitsdauer im ersten Arbeitsverhältnis

Insgesamt betrachtet lässt sich feststellen, dass die jüngere Generation auf die sich wandelnde Arbeitswelt reagiert: Karriereperspektiven für gut Qualifizierte sowie eine hohe Wertschätzung für Erfahrungen, die in unterschiedlichen Arbeitskontexten, z. B. auch durch Auslandsaufenthalte und über stetige Weiterentwicklung gewonnen wurden (im Vergleich zu dem traditionellen Karriereweg bei einem Arbeitgeber) veranlassen sie dazu, Chancen zu ergreifen, die sich ihnen bieten, um voranzukommen, während ältere Generationen in erster Linie auf Sicherheit, ein geregeltes Leben und Konstanz setzen.[600] Gerade das Bewusstsein, dass eine ständige Weiterentwicklung der eigenen Kompetenzen unerlässlich ist, lässt die jüngere Generation sich von ihrem Arbeitgeber abwenden, wenn dieser ihr keine entsprechenden Perspektiven bietet.[601] In der *Instant Talent Studie* wird dies für die Gruppe 25- bis 35-Jährigen, die

---

600 Vgl.: McCrindle, M./Wolfinger, E. (2009), S. 134 – 135; Parment, A. (2009), S. 26 – 28; 54.
601 Vgl.: Paine, J. W. (2006); McCrindle, M./Wolfinger, E. (2009), S. 134 – 135.

bereits erste Erfahrungen in Fach- und Führungspositionen sammeln konnten, deutlich: Immerhin 46,8 % der Befragten geben an, innerhalb der nächsten beiden Jahre das Unternehmen verlassen zu wollen, 19,5 % möchten im eigenen Unternehmen den Job wechseln. Als Ursache geben 40 % an, sich Sorgen um ihren beruflichen Aufstieg zu machen, doch nahezu ebenso viele (39 %) würden den Arbeitgeber auch dann wechseln, wenn sie hochzufrieden sind – wenn es die Karriere erfordert.[602]

Loyalität hängt also zunehmend von einem neuen Vertrag zwischen Arbeitgeber und Arbeitnehmer ab. Die jüngere Generation sieht sich nicht länger in einem Abhängigkeitsverhältnis, sondern vielmehr in einer „Win-win-Situation", in der beide Seiten von Erhalt und Steigerung der Beschäftigungsfähigkeit profitieren. Das Aufwiegen von Treue und Loyalität auf Seiten des Mitarbeiters gegen die Zusage einer lebenslangen Beschäftigung auf Seiten des Unternehmens in Form eines „sozialen Vertrages" ist nicht mehr möglich. In einem „psychologischen Vertrag" bindet der Arbeitgeber im Hinblick auf seine eigenen Ziele die passenden Mitarbeiter für einen definierten Zeitraum an sich. Der Arbeitnehmer geht nur mit demjenigen Unternehmen einen Vertrag ein, das seine Kompetenzen aktuell nachfragt und vor allem wertschätzt. Dieser „psychologische Vertrag" führt zu einer beiderseitigen Ökonomisierung des Loyalitätsbegriffs und damit letztendlich zu einer Partnerschaftsbeziehung zum Arbeitgeber, die auf „gleicher Augenhöhe" erfolgt.[603] D. h. gerade „Führungskräfte werden härter an der Herstellung persönlicher Loyalität arbeiten müssen, indem sie den Ansprüchen der Mitarbeiter entgegenkommen und ihnen eine selbstbestimmte Arbeitsweise und individualisierte Führung ermöglichen."[604] Das Verhältnis zur Arbeit kann damit in gewisser Weise – zumindest für die gut Qualifizierten – als konsumorientiert bezeichnet werden. „Man sieht Arbeit und Arbeitgeber als eine Wahl, die man selbst treffen kann, grundsätzlich nicht anders als die Wahl zwischen Produkten und Dienstleistungen, die man als Konsument trifft."[605]

---

602 Vgl.: Werle, K. (2008), S. 135.
603 Vgl.: Blancke, S./Roth, C./Schmid, J. (2000), S. 11 – 12; Sattelberger, T. (2003), S. 64 – 66; McCrindle, M./Wolfinger, E. (2009), S. 134 – 135; Scholz, C. (2003), S. 140 ff.; Werle, K. (2008), S. 141.
604 HayGroup (2011), S. 8.
605 Parment, A. (2009), S. 128.

So wird auch das Verlassen eines Arbeitgebers nicht als Disloyalität oder kompletter Bruch, sondern als normale Veränderung im Laufe des Erwerbslebens gesehen. Deshalb ist auch nicht ausgeschlossen, dass man eines Tages zurückkehrt – wenn auch bei bzw. nach der Trennung seitens des Unternehmens bzw. der Führungskraft entsprechende Wertschätzung signalisiert wird.[606] Umgekehrt reagieren Angehörige der jüngeren Generation äußerst sensibel darauf, wenn gegebene Versprechen des Arbeitgebers, z. B. in Bezug auf die Vereinbarkeit von Beruf und Familie, nicht eingehalten werden. Sie sind dann „schneller bei der Konkurrenz, als manchem Chef lieb ist."[607] Auch fühlen sie sich wenig wertgeschätzt, wenn sie sich trotz formal besserer Qualifikation als ältere Kollegen mit einem vergleichsweise geringen Einkommen und teils prekären Arbeitssituationen konfrontiert sehen.[608] Ein Aspekt, der in diesem Zusammenhang nicht unterschätzt werden sollte, ist die zunehmende Offenheit, Missstände oder unbefriedigende Arbeitsbedingungen über Social Media einer breiten Öffentlichkeit kundzutun. Loyalität muss daher auch über Integrität und Aufrichtigkeit in Organisationen gefördert werden.[609]

4.7   Technische Ausstattung

Für die jüngere Generation ist es selbstverständlich, die modernen Technologien und die damit verbundenen Optionen, mit denen sie aufgewachsen ist und die sie privat nutzt, auch am Arbeitsplatz vorzufinden. Daraus ergibt sich ein erheblicher Attraktivitätsfaktor eines (künftigen) Arbeitsplatzes, eine moderne technologische Ausstattung wird als Anerkennung gewertet.[610] Wie weit dies geht, ist strittig. So konstatiert ein Unternehmensvertreter in einem Interview mit der Zeitschrift Computerwoche: „Die Generation Y verzeiht es uns nicht, wenn der Arbeitsplatz nicht vom ersten Tag an perfekt ausgestattet ist."[611] Andere wiederum gehen davon aus, dass die jüngere Generation zwar eine Basisausstattung an moderner Technik erwartet, um ihre Tätigkeit entsprechend ausführen zu können, jedoch keine überzogenen Ansprüche auf-

---

606 Vgl.: McCrindle, M./Wolfinger, E. (2009), S. 145, Werle, K. (2008), S. 142; HayGroup (2011), S. 8.
607 Gertz, W. (2007).
608 Vgl.: SPReW (2006), S. 12 – 13.
609 Vgl.: HayGroup (2011), S. 9.
610 Vgl.: Richter, G. (2008), S. 9; Weyermann, E. (2003), S. 2 – 3; Johnson Controls (2010), S. 12 – 19.
611 Königes, H. (2010).

weist oder dieses Kriterium anderen, wie z. B. Entwicklungsperspektiven oder Sicherheit des Arbeitsplatzes bei der Arbeitgeberwahl, vorzieht.[612]

Unbestritten ist allerdings, dass es in hohem Maße den Neigungen und Kompetenzen der jüngeren Generation entspricht, wenn Kommunikation und Information im Unternehmen sowie im Außenkontakt, z. B. mit Lieferanten und Kunden, aber auch mit ausländischen Niederlassungen über „moderne Kanäle" erfolgen, die schnelle Reaktionszeiten und eine hohe Vernetzung gewährleisten und damit – aus Sicht der Jugendlichen und jungen Erwachsenen – ein effizientes Arbeiten ermöglichen. Ebenso „spielen" Angehörige der jüngeren Generation gerne mit neuen Technologien und erschließen sich deren Nutzungsmöglichkeiten durch Ausprobieren, was ein erhebliches Verbesserungspotenzial für Unternehmen birgt.[613] Bedenklich stimmt in diesem Kontext allerdings, dass Jugendliche und junge Erwachsene offenbar wenig Verständnis für die Einhaltung bestimmter Sicherheitsrichtlinien in Bezug auf IT-Anwendungen im Unternehmen zeigen.[614]

Nicht zuletzt erwartet die jüngere Generation auch, dass sie mit einer hohen zeitlichen und räumlichen Flexibilität moderne Technologien nutzen kann. In diesem Kontext zeigt sich auch der Wunsch nicht weniger Jugendlicher und junger Erwachsener, von ihrem Arbeitgeber mobile Endgeräte wie Laptop, Handy und Smartphone zur Verfügung gestellt zu bekommen, um überall und jederzeit auf Informationen zugreifen und kommunizieren zu können. So gibt bei der weltweiten Befragung von *Johnson Controls* mehr als jeder Zweite der 18- bis 25-Jahren diesen Wunsch an.[615] Dies steht im Zusammenhang zwischen der bereits angesprochenen Verwischung der Grenzen zwischen privater und beruflicher Sphäre und dem Wunsch nach Autonomie im eigenen Handeln.

In der Diskussion steht bereits seit längerer Zeit die private Nutzung von E-Mail-Diensten und dem Internet während der Arbeitszeit. Einige Unternehmen haben beides untersagt, da sie keine Kontrollmöglichkeiten im Hinblick auf

---

612 Vgl.: Gertz, W. (2007).
613 Vgl.: Weyermann, E. (2003), S. 2 – 3.
614 Vgl.: Wippermann, B. (2010), S. 20.
615 Vgl.: Johnson Controls (2010), S. 12 – 19.

eine „vertretbare private Nutzungsdauer" sehen und die Beeinträchtigung der Arbeitsleistung durch entsprechende Aktivitäten befürchten. In einer aktuellen Umfrage der Zeitschrift *Computerwoche* gibt etwa die Hälfte der Befragten an, den Mitarbeitern während der Arbeitszeit den Zugriff Online-Plattformen wie z. B. Facebook zu gewähren, für 40 % der Unternehmensvertreter kommt dies nicht in Frage. Etwa ein Fünftel der Arbeitgeber erlaubt das uneingeschränkte Surfen, die Hälfte setzt zeitliche Limits.[616] Für die jüngere Generation jedoch stellt aufgrund ihrer Neigung zum Multitasking die private Nutzung von Internet und E-Mail keinerlei Hindernis für ein effizientes Arbeiten dar. Jugendliche und junge Erwachsene gehen vielmehr davon aus, dass sich die Gesamt-Effizienz erhöht, da für sie die Grenzen zwischen Arbeits- und Privatzeit deutlich fließender sind und sie eine Zeitersparnis darin sehen, private Erledigungen online vorzunehmen und so nicht früher den Arbeitsplatz verlassen zu müssen.[617] Werden Verbote ausgesprochen, wie z. B. eine Sperrung von Online-Diensten wie Twitter oder Facebook oder das Verbot, während der Arbeitszeit private E-Mails zu verschicken, so sehen gerade Vertreter der jüngeren Generation dadurch nicht selten bereits eine erhebliche Einschränkung der Arbeitgeberattraktivität gegeben.[618]

Für Angehörige der älteren Generationen, die mit einer strikten Trennung von Arbeitstätigkeit und privaten Aktivitäten sozialisiert wurden, ist dies schwer nachvollziehbar. Eine Lösung können Richtlinien zur Häufigkeit und Art der Internetnutzung darstellen, die angemessen erscheinen.[619]

---

616 An der im Mai 2010 durchgeführten Befragung „Erste Gehversuche mit der Generation Y" der Zeitschrift Computerwoche beteiligten sich 152 Personen. Die Kreis der Befragten bestand zu rund 50 Prozent aus CIOs und IT-Chefs, zu einem Viertel aus Personalverantwortliche und zu einem Viertel aus sonstige Führungskräfte, die für IT-Personal zuständig sind. Vgl.: Königes, H. (2010).
617 Vgl.: Meyers, R. A. (2009), S. 213 – 214; Richter, G. (2008), S. 9.
618 Vgl.: Rusch, T. (2010); Kofler, K./Güntert, A. (2011), S. 61.
619 Vgl.: Meyers, R. A. (2009), S. 213 – 214.

4.8 Erwartungen an die Arbeit – das will die jüngere Generation

Generell ist davon auszugehen, dass Arbeitnehmer der jüngeren Generation sehr viel mehr Kriterien in die Wahl eines Arbeitsplatzes einbeziehen als die früheren Generationen, wie die nachfolgenden Rankings im Rahmen unterschiedlicher Studien zeigen:[620]

Jugendstudie „Generation 05" des manager magazins[621]	Ernst & Young Studentenstudie 2009[622]
• Interessante Arbeitsinhalte (93 %) • Anerkennung der eigenen Leistung (86 %) • Ausgewogenheit zwischen Arbeits- und Privatleben (82 %) • Entwicklungschancen für die eigene Persönlichkeit (81 %) • Weiterbildungsmöglichkeiten (81 %) • Selbstständiges Arbeiten (80 %) • Vereinbarkeit von Beruf und Familie (79 %) • Arbeitsplatzsicherheit (73 %) • Erreichen einer Führungsposition mit entsprechender Verantwortung (55 %) • Möglichkeit zu internationalen Kontakten (53 %) • Hohes Einkommen (42 %) • Hohes Prestige des Berufs oder der Position (27 %)	• Kollegialität • Jobsicherheit • Führungsstil (Respekt, Vertrauen etc.) • Selbstständigkeit/Eigenverantwortliches Arbeiten • Vereinbarkeit von Beruf und Familie • Weiterbildungsmöglichkeiten im Unternehmen • Gehalt/Mögliche Gehaltssteigerungen • Flache Hierarchien/Teamarbeit • Karrierechancen, die das Unternehmen bietet • Innovativität/Innovationskraft des Unternehmens • Attraktive Arbeitsumgebung/Büro • Übernahme gesellschaftlicher Verantwortung/gesellschaftliches Engagement des Unternehmens

Abb. 35: Kriterien von Studierenden für die Wahl eines Arbeitsplatzes

Die Ergebnisse zeigen nicht zuletzt, dass die jüngere Generation danach strebt, auf möglichst effiziente Weise unterschiedliche Lebensziele miteinander in Einklang zu bringen und so ihre persönliche Work-Life-Balance ausgewo-

---

620 Die „Access-Absolventenstudie 2004" findet in dieser Übersicht keine Berücksichtigung, da in Bezug auf das Ranking entscheidender Eigenschaften künftiger Arbeitgeber ausschließlich Wirtschaftswissenschaftler befragt wurden und darüber hinaus eine Differenzierung in „High Potentials" und „Andere" erfolgt, so dass es im Gesamtüberblick zu einer Verzerrung der Ergebnisse kommen würde.
621 Vgl.: manager magazin (2005).
622 Vgl.: Ernst & Young GmbH (2009), S. 15.

gener zu gestalten. So wird beispielsweise bei der Arbeitsplatzwahl auch der Standort des potenziellen Arbeitgebers daraufhin bewertet, inwieweit sich dort Möglichkeiten befinden, in Pausenzeiten Einkäufe zu erledigen bzw. wie weit dieser von Kinderbetreuungseinrichtungen entfernt liegt.[623]

Auch das Image und Renommee eines potenziellen Arbeitgebers sowie der Produkte bzw. Dienstleistungen, für die dieser steht, spielt für die jüngere Generation eine zunehmende Rolle bei der Arbeitsplatzwahl. Dazu gehören nicht zuletzt die Werte, die ein Unternehmen nach außen hin vermittelt, z. B. im Hinblick auf die Übernahme sozialer Verantwortung. Dies steht im Zusammenhang mit der Bedeutsamkeit der eigenen Tätigkeit bzw. dem Wunsch, mit der eigenen Arbeit etwas bewegen zu können, der die jüngere Generation leitet.[624]

Auch *Johnson Controls*, der weltweit größte Anbieter integrierter Real Estate und Facility Management Dienstleistungen, hinterfragt in der Studie „Oxygenz" die Erwartungen der „Generation Y", zu der in dieser Studie die 18- bis 25-Jährigen gezählt werden, an ihre künftigen Arbeitsplätze, insbesondere im Hinblick auf die Arbeitsumgebung. Für Deutschland ergeben sich folgende Werte:[625]

- 87 % der Teilnehmer erwarten einen eigenen Schreibtisch, den sie gestalten können (zum Vergleich: in China erwarten dies nur 55 % der Befragten, in Großbritannien 64 % und in den USA 81 %). Nur 8 % der Befragten in Deutschland wären bereit, ihren Schreibtisch zu teilen, z. B. im Sinne von Job Sharing, 5 % könnten sich mit einem so genannten „Hot Desk"-System anfreunden, bei dem Schreibtische genutzt werden, die gerade frei sind.

- 60 % geben an, sich erst an Arbeitsplätzen mit einer Größe von 12 – 16 m² wohl zu fühlen (der internationale Durchschnitt liegt bei 8 – 12 m²).

---

623 Vgl.: Parment, A. (2009), S. 79 – 80.
624 Vgl.: Parment, A. (2009), S. 82 – 83; Eisner, S. (2005); Sierke, B. R. A./Albe, F. (2010), S. 44; Towers Perrin (2007), S. 19 – 20; manager magazin (2005); Werle, K. (2005).
625 Im Rahmen der global angelegten Untersuchung „Oxygenz: Generation Y and the Workplace" von Johnson Controls wurden 2010 in Deutschland 1.479 Teilnehmer online befragt, darunter 841 im Alter zwischen 18 und 25 Jahren. Vgl.: Johnson Controls (2010), S. 12 – 19.

- 76 % der Befragten würden flexible Arbeitszeiten einem traditionellen „9-to-5"-Modell vorziehen.

- 73 % würden gerne viel mobil arbeiten, jedoch erwarten nur 41 %, dass ein künftiger Arbeitgeber ein solches Modell anbietet.

- Nahezu 60 % der Befragten erwarten ein Handy für Arbeitszwecke, mehr als die Hälfte ein Laptop, ebenfalls nahezu die Hälfte ein Smartphone oder ein ähnliches Gerät.

- Das Gehalt steht an oberster Stelle der Kriterien für die Auswahl eines Arbeitgebers, gefolgt von den künftigen Kollegen und der Bedeutung der Aufgaben. Diese hohe Bedeutung des Gehalts findet sich in keinem anderen der im Rahmen der Studie untersuchten Länder.

- Als wichtigste Faktoren für Kreativität am Arbeitsplatz werden die Menschen, die Atmosphäre sowie das Umfeld bzw. die Arbeitsbedingungen genannt.

- Die wichtigsten Faktoren für Produktivität sind aus Sicht der Befragten die technologische Ausstattung des Büros sowie wiederum die Menschen und das Umfeld bzw. die Arbeitsbedingungen.

Unternehmen sollten sich darüber im Klaren sein, dass der jüngeren Generation deutlich mehr Informationen über Arbeitsbedingungen, Vergütung, Karrieremöglichkeiten etc. als Vergleichswerte zu unterschiedlichen Arbeitgebern verfügbar sind als den Generationen vor ihr. Dies zum einen über soziale Netzwerke, in denen gezielt Beschäftigte potenziell interessanter Unternehmen angesprochen und um ihre Meinung gebeten werden, zum anderen auch über spezielle Portale und Foren für Arbeitgebervergleiche, wie z. B. www.kununu.com. Auch kommt es nicht selten vor, dass Bewerber darum bitten, sich mit Mitarbeitern des künftigen Arbeitgebers unterhalten zu dürfen, um sich über die Arbeitsbedingungen zu informieren.[626]

---

626 Vgl.: Parment, A. (2009), S. 76 – 77; 109; 144.

5. Die jüngere Generation im Überblick

Der jüngeren Generation werden von Trendforschern und Wissenschaftlern unter äußerst unterschiedlichen Begrifflichkeiten vielfältige Attribute zugeschrieben. Vertreter dieser Generation, die sich bereits im Arbeitsmarkt befinden oder in Kürze eintreten, werden zusammenfassend auch nicht selten als „Digital Natives" bezeichnet, da die technischen Möglichkeiten und Kommunikationswege des digitalen Zeitalters für sie bereits zur Selbstverständlichkeit geworden sind. Die jüngere Generation lebt in Spannungsfeldern. So zeigt sich bei ihnen eine äußerst hohe Leistungsbereitschaft, jedoch gleichermaßen eine Forderung nach Freude an der Arbeit. Dies steht einerseits im Zusammenhang mit einer generellen Entwicklung hin zu einer Wertesynthese, d. h. in der Gesellschaft ist zu beobachten, dass traditionelle und moderne Werte gleichermaßen geschätzt und verkörpert werden.[627] Andererseits klagen viele Jugendliche und junge Erwachsene über Zeitnot und wünschen sich „Nischen zum Verschnaufen". Es ist daher auch davon auszugehen, dass die Forderung nach Freude an der Arbeit etwas mit „Entschleunigung" zu tun hat.[628]

Ständiger Wandel und Innovationssprünge sowie die Instabilität beruflicher wie privater Beziehungen prägen die Sozialisation der Jugendlichen und jungen Erwachsenen erheblich, und sie reagieren ebenso sensibel wie pragmatisch auf Veränderungen in der Gesellschaft: „Leistungsorientierung und das Suchen nach individuellen Aufstiegsmöglichkeiten im Verbund mit einem ausgeprägten Sinn für soziale Beziehungen im persönlichen Nahbereich prägen diese Generation und grenzen sie damit auch von dem Protest- und Rebellionsimage ab, das in der Öffentlichkeit nach wie vor als Sinnbild für eine sogenannte Jugendbewegung gesehen wird."[629] Die jüngere Generation hat verinnerlicht, dass es vor allem auf sie selbst ankommt, wenn es darum geht, die Chancen, die das Leben bietet, zu ergreifen. Persönliches Scheitern wird weniger dem System zugeschrieben, wie es bei Vorgängergenerationen nicht selten der Fall war, sondern vielmehr der eigenen Verantwortlichkeit. In der

---

627 Vgl.: Opaschowski, H. W. (2008), S. 591 – 594; Klages, H. (2001), S. 10 – 12; Hillmann, K.-H. (2003), S. 286.
628 Vgl.: Trendbüro/Steinle, A./Wippermann, P. (2003), S. 181; 184.
629 Schneekloth, U. (2010), S. 129.

Folge konzentriert sich die große Mehrheit darauf, der Komplexität der eigenen Lebens- und Arbeitssituation gerecht zu werden anstatt idealistische Veränderungen der gesellschaftlichen und politischen Zusammenhänge anzustreben.[630] Und so ist die starke Tendenz zur Individualisierung, der die jüngere Generation kennzeichnet, gleichzeitig mit der Orientierung an gemeinsamen Zielen gekoppelt. Hinter der Orientierung an gemeinsamen Zielen verbirgt sich das Wissen, in Arbeitsprozessen mit komplexen Aufgaben und Projekten konfrontiert zu sein, die nicht allein zu bewältigen sind. Eine Studie aus dem Dienstleistungsbereich legt nahe, dass Ich-Orientierung und Gemeinschafts-Orientierung miteinander verbundene Bereiche sind, d. h. nicht als Gegensätze, sondern vielmehr teilweise sogar kompensatorisch (z. B. die Ich-Orientierung als handlungsleitend im Beruf, die Gemeinschafts-Orientierung als handlungsleitend im Privatbereich) erlebt werden.[631]

Es ist für die jüngere Generation selbstverständlich, dass Lernen über den gesamten beruflichen Werdegang hinweg stattfindet und Bildung den Schlüssel auf dem Weg in eine positive Zukunft darstellt – und dies über alle Bildungsformen und sozialen Schichten hinweg. Beruflichen Erfolg definieren die Jugendlichen und jungen Erwachsenen dabei nicht mehr zwangsläufig über Karriere, Status und Entgelt, sondern vielmehr über eine ausgewogene Balance zwischen beruflichen Herausforderungen, für die sie sich außerordentlich ziel- und leistungsorientiert zeigen, sowie Lebensgenuss als „Entschleunigungsstrategie".[632] Die jüngere Generation hält damit dem Druck, dem sie sich gegenüber sieht, stand und vertraut voller Zuversicht darauf, „mit persönlichem Einsatz und individueller Geschicklichkeit allen sozialen und ökonomischen Widrigkeiten zum Trotz ihren eigenen Weg zu machen."[633]

Ihre Loyalität für einen Arbeitgeber ist echt und belastbar, jedoch nicht mehr „lebenslang" und bedingungslos wie bei früheren Generationen. Gerade die gut Qualifizierten wissen sehr wohl um ihre Alternativen am Arbeitsmarkt und gehen einen „Vertrag auf Zeit" ein, der besonders dann brüchig wird, wenn

---

630 Vgl.: von Rohr, M./Schulz, S. (2009), S. 21.
631 Vgl.: Held, J./Bibouche, S./Billmann, L./Kempf, M./Kröll, T. (2011a), S. 85.
632 Vgl.: Shell Deutschland Holding (Hrsg.) (2010), S. 16 – 17; Willert, M./Picot, S. (2008), S. 93 – 95; Trendbüro/Steinle, A./Wippermann, P. (2003), S. 27; Landesstiftung Baden-Württemberg gGmbH (2005), S. 36 – 37; Verlagsgruppe Bauer/Axel Springer (2008), S. 15.
633 Albert, M./Hurrelmann, K./Quenzel, G. (2010b), S. 343.

sich keine Entwicklungsperspektiven mehr bieten oder gegebene Versprechen, beispielsweise in Bezug auf die Vereinbarkeit von Beruf und Familie, nicht eingehalten werden. Es lässt sich daher festhalten, dass die jüngere Generation durchaus ein hohes Maß an Beschäftigungsfähigkeit oder Employability mitbringt, die – wie gesehen – einen entscheidenden Wettbewerbsvorteil in einem immer dynamischer und komplexer werdenden Arbeits- und Wettbewerbsumfeld darstellt.

Zusammenfassend lässt sich die jüngere Generation wie folgt beschreiben:

- Individuelle Orientierung, abnehmende Akzeptanz von kollektiven Mustern.

- Hohes Commitment, wenn die Tätigkeit Freude macht, als sinnvoll angesehen wird und eine Perspektive bietet.

- Forderung von Partizipation und aktiver Mitgestaltung.

- Wunsch nach Handlungsspielräumen und Autonomie.

- Abkehr von der (systemimmanenten) Akzeptanz von Hierarchien, Hinterfragen der Legitimation von Hierarchien und Trend zu delegativer Führung.

- Hohe Leistungsorientierung, ohne die Lebensqualität aus dem Auge zu verlieren.

- Trend zur „sanften Karriere" – Wunsch nach Werdegängen unter Berücksichtigung der Verlängerung der Lebensarbeitszeit sowie der Lebensphasenorientierung.

- Renaissance der traditionellen Werte „Fleiß und Ehrgeiz".

- Aktiver Umgang mit Wahlmöglichkeiten und Ausschöpfung von vorhandenen Optionen mit der möglichen Konsequenz von geringeren Verweildauern.

- Flexibilität und Veränderungsbereitschaft.

- Abnahme der Frustrationstoleranz.

- Bewusstsein der Notwendigkeit von (lebenslangem) Lernen.

- Vernetzung in Kommunikation und Kooperation sowohl face to face als auch virtuell.

- Demokratisierung von Information und Kommunikation (nicht zuletzt durch die technischen Möglichkeiten).

- Work-Life-Balance: Entschleunigung und Stabilisierung in einer schnelllebigen und verdichteten Arbeitswelt.

- Wunsch nach Aufmerksamkeit und Fürsorge.

IV ZUSAMMENSPIEL DER GENERATIONEN

Wie bereits dargestellt, wurde und wird die Arbeitswelt, in der sich die jüngere Generation bewegt, in erheblichem Maße von den Vertretern der mittleren und älteren Generation geprägt. Zudem agieren die unterschiedlichen Generationen tagtäglich im Arbeitskontext miteinander. Da die jüngere Generation, wie gesehen, in vielen Bereichen um ihren Status als „begehrte Nachwuchskräfte" weiß, ist nicht anzunehmen, dass sie sich den Werten und Normen der Älteren uneingeschränkt anpassen wird, wie es bei vergangenen Generationen vielfach der Fall war. Daher soll es in einem ersten Schritt darum gehen, die Profile der mittleren und älteren Generation herauszuarbeiten, um dann abzuleiten, inwiefern sich aus dem Miteinander der Generationen Konfliktpotenziale, aber auch Chancen für die tägliche Arbeit und die Wettbewerbsfähigkeit von Unternehmen ergeben. Hierauf aufbauend lassen sich entsprechende betriebliche Handlungsstrategien entwickeln.

1. Die Profile der mittleren und älteren Generation

Das Augenmerk liegt nun also zunächst darauf zu ermitteln, wie die mittlere und ältere Generation „ticken". Dabei erfolgt die Betrachtung nicht in der inhaltlichen Tiefe wie für die jüngere Generation, orientiert sich jedoch an der gleichen grundsätzlichen Gliederung.

Hierzu ist allerdings folgendes anzumerken: Bedingt durch das höhere Lebensalter der mittleren und älteren Generation spielen in deren Werte, Haltungen und Einstellungen, in die Ausprägung ihrer Kompetenzen und schließlich auch in ihre Erwartungen an die Arbeit neben sozialisationsbedingten Faktoren auch die im Lebensverlauf bereits gemachten Erfahrungen in den unterschiedlichsten Lebens- und Berufsphasen hinein. Eine klare Trennung dieser erfahrungs- und lebens- bzw. berufsphasenbezogenen Effekte von den sozialisationsbedingten Ausprägungen ist nicht realisierbar, so dass die nachfolgenden Ausführungen auch diese stets mit einbeziehen.

1.1 Werte, Haltungen und Einstellungen der mittleren und älteren Generation

Vorausgeschickt sei dieser Betrachtung, dass es einige zentrale Werte gibt, die sich über die unterschiedlichen Generationen hinweg als stabil in ihrer Bedeutung erweisen. Dabei handelt es sich *Generationenstudie der Hanns-Seidel-Stiftung* um die Werte Kontakt/Vertrauen, Sicherheit, Harmonie/Ästhetik, Verantwortung und Pflichtgefühl, die bereits seit 1993 die „Top 5" aller Altersgruppen darstellen, sowie in der *Verbraucheranalyse 2009* um die Werte Sichere Zukunft, Familie/Partnerschaft, Finanzielle Unabhängigkeit sowie Spaß/Freude. Dies spiegelt das Bedürfnis nach Sicherheit, Beständigkeit und Geborgenheit in einer von sozialen, wirtschaftlichen und gesellschaftlichen Veränderungen geprägten Zeit wider, das alle Generationen eint.[634] Nichts desto trotz zeigen sich in Bezug auf weitere zentrale Werte auch Unterschiede.

1.1.1 Familie und Partnerschaft

Je älter die befragten Alterskohorten im *Generationen-Barometer 2009* sind, desto geringer sind ihre Zustimmungswerte zu Fragen nach einer glücklichen und liebevollen Kindheit, nach Aufmerksamkeit, Lob und Respekt seitens der Eltern, Beteiligung an Entscheidungen sowie Förderung eigener Interessen. So berichten die 45- bis 59-Jährigen im Generationenbarometer 2009 häufig, die über 60-Jährigen noch einmal häufiger von körperlichen Züchtigungen in ihrer Kindheit, während bei den 16- bis 29-Jährigen auf ein Fehlverhalten eher ein klärendes Gespräch folgt(e).[635] Das Verhältnis zu den eigenen Eltern bzw. zur Herkunftsfamilie wird erst seit den 90er Jahren durchgehend von der überwiegenden Mehrheit der jüngeren Generation, die sich heute zumeist im mittleren Lebensalter befindet, in unterschiedlichen Studien als gut oder sehr gut bezeichnet.[636]

Was die eigene Familiengründung anbelangt, so äußerten diesen Wunsch bei den unter 34-Jährigen in den 80er und 90er Jahren − also der heutigen mittleren Generation − nur knapp über die Hälfte.[637] Das hohe Bedürfnis nach

---

634 Vgl.: Hanns Seidel Stiftung (2005); Meier, B./Schröder, C. (2007), S. 98; Glas, I. (2009), S. 15.
635 Vgl.: Köcher, R. (2009), S. 9; 14.
636 Vgl.: Shell Deutschland Holding (Hrsg.) (2010), S. 17 − 18.
637 Vgl.: Shell Deutschland Holding (Hrsg.) (2010), S. 18.

Karriere und materieller Sicherheit ließ in der Tat nicht wenige Angehörige dieser Generation die Entscheidung für Kinder zeitlich nach hinten verlagern oder aufgeben. Diejenigen, die ihren Kinderwunsch realisiert haben, sind heute noch überwiegend in der aktiven Familienphase mit minderjährigen Kindern im Haushalt. Sie, die noch eher traditionell sozialisiert wurden, befinden sich nicht selten in einem inneren Konflikt dahingehend, wie sie Beruf und Familie miteinander vereinbaren können. Einerseits ist es in dieser Generation – vor allem in Westdeutschland – noch nicht selbstverständlich, Kinder bereits in einem sehr jungen Alter und/oder ganztägig fremdbetreuen zu lassen. Andererseits sind sich die 36- bis 54-Jährigen sehr wohl darüber im Klaren, dass eine Erwerbstätigkeit beider Partner im Hinblick auf die finanzielle Situation während und vor allem nach der aktiven Erwerbsphase, aber auch vor dem Hintergrund steigender Scheidungsraten eine immer höhere Bedeutung einnimmt. Derzeit setzt die mittlere Generation die Vereinbarkeit von Beruf und Familie noch überwiegend in der Form um, dass Väter in Vollzeit, Mütter jedoch nur in Teilzeit erwerbstätig sind, selbst wenn die Kinder bereits das Teenageralter erreicht haben.[638]

Die ältesten Vertreter der mittleren Generation, die sogenannten „Baby Boomer", leben teils ebenfalls noch mit eigenen Kindern im Haushalt, teils tragen sie auch bereits Pflegeverantwortung. Auch die ältere Generation ab 55 Jahren lebt in äußerst unterschiedlichen familiären Situationen: Während einige wenige von ihnen noch minderjährige Kinder haben, liegt bei anderen die „aktive Familienphase" lange zurück, wieder andere übernehmen bereits Betreuungsaufgaben für die eigenen Enkelkinder.[639]

1.1.2 Freundschaft/Soziale Kontakte und Freizeitgestaltung

Im Rahmen der Studie „JOUNGMINDER", die vom TV-Sender MTV in Auftrag gegeben wurde, untersuchte SAKS media solutions im Jahr 2004 die Freizeit-, Medien- und Markengewohnheiten der mittleren Generation (in dieser Studie wurden die 30- bis 49-Jährigen hierunter gefasst). Bei dieser Altersgruppe hängt die Art der Freizeitgestaltung stark von beruflichen und sozialen Verpflichtungen, d. h. insbesondere Partnerschaft und Familie, sowie den finanzi-

---

638 Vgl.: Sachverständigenkommission zum Achten Familienbericht (2012), S. 117 – 119.
639 Vgl.: Richter, G. (2009), S. 20; Bruch, H./Kunze, F./Böhm, S. (2010), S. 97 – 107.

ellen Möglichkeiten ab. Insgesamt jedoch nimmt die Freizeit einen hohen Stellenwert ein, das Bemühen, sie möglichst effektiv und „sinnvoll" zu nutzen, ist groß. Das Zusammensein mit Freunden wird als sehr wichtig empfunden und gleichermaßen als Gegenpol zu Beruf und Familie gesehen. Ebenfalls eine große Rolle spielen Konzert- und Kinobesuche. Medien nutzen die Vertreter der mittleren Generation selbstverständlich und funktional, d. h. sie sind für sie Teil ihres Alltags, ohne jedoch eine herausragende Funktion einzunehmen wie es bei den 14- bis 29-Jährigen die Regel ist. Sie lassen sich ebenso wie die Jugend durch Werte wie Aktivität, Individualität, Freiheit und Freundschaft ansprechen. Im Gegensatz zu jüngeren Kohorten kommt allerdings auch „Elternschaft" als eigenständiger Wert hinzu, während die Bedeutung des „Fun-Faktors" deutlich reduziert ist. Was Freundschaften anbelangt, so ist eine Verschiebung weg von der Quantität hin zur Qualität zu beobachten, d. h. es lassen sich angesichts familiärer und beruflicher Verpflichtungen nicht alle Freundschaften aufrecht erhalten, doch werden die verbleibenden intensiver gepflegt.[640] Für die ältere Generation gilt, dass sie wieder mehr Zeit mit Freunden verbringt, nachdem die Kinder das Haus verlassen haben.

Generell verändert sich bei den über 55-Jährigen das Freizeitverhalten vielfach noch einmal grundlegend. Diejenigen Angehörigen der älteren Generation, die es sich leisten können, sind sehr aktiv, reisen, treiben Sport oder vertiefen bestehende Interessen im Rahmen von privaten Weiterbildungsangeboten. Sie streben in gewisser Weise nach Selbstverwirklichung und Lebensgenuss. Dies steht einerseits im Zusammenhang dazu, dass ihnen zunehmend die „Endlichkeit des Seins" bewusst wird, da sie in Familie und Freundeskreis bereits häufiger mit schweren Erkrankungen oder gar Todesfällen konfrontiert werden.[641] Andererseits bereiten sie sich mit zunehmendem Alter auf die Gestaltung der nachberuflichen Phase vor. Soziologen bezeichnen die heutige ältere Generation auch als „Pioniere", da bislang keine Generation vor ihnen vor der Chance stand, eine „jahrzehntelange nachberufliche Lebensphase, bei relativ guter Gesundheit, ausreichendem Einkommen

---

640 Für die durch die SAKS media solutions durchgeführte Studie wurden Ende 2004 in vier Gruppendiskussionen von jeweils 3 – 4 Stunden jeweils 8 – 10 regelmäßige Seher von MTV zwischen 30 und 49 Jahren zu deren Lebenswelt befragt. Vgl.: MTV (2004), S. 16 – 21.
641 Vgl.: Oertel, J. (2007), S. 114; Bruch, H./Kunze, F./Böhm, S. (2010), S. 99.

und hohen Kompetenzen subjektiv auszugestalten"[642]. Dadurch gewinnen die Lebensphasen jenseits der Erwerbsarbeit an Bedeutung, der Ruhestand ist weit mehr als „der Rest des Lebens", sondern steht für viele für eine Neuorientierung. Dies ist nicht zuletzt darauf zurückzuführen, dass die heutigen Älteren deutlich besser qualifiziert, gesünder und materiell besser abgesichert sind als die Generationen vor ihnen.[643]

1.1.3 Engagement, Motivation und Zufriedenheit

Generell wird Engagement und Motivation durch die Arbeit dann gefördert, wenn die gestellte Aufgabe herausfordernd, aber realistisch erfüllbar, nicht zu einfach, aber auch nicht zu komplex ist.[644] Die Generation, die sich in der mittleren Lebensphase befindet, steht nicht selten an einem „Scheideweg", an dem sie Zwischenbilanz zieht und sich ihre Motivation im Hinblick auf ihr weiteres berufliches und privates Leben entscheidet.[645] Das Arbeitsumfeld spielt eine zentrale Bedeutung dabei, ob es in dieser „Reifephase" zu einem weiteren persönlichen Wachstum oder eher zur Stagnation kommt,[646] denn die 36- bis 54-Jährigen verfügen bereits über eine gewisse Erfahrung und lassen sich infolgedessen auch vor allem durch das konkrete Aufzeigen von Perspektiven motivieren.

Ältere Mitarbeiter sind nicht mehr oder weniger motiviert als jüngere. Dies verdeutlicht nicht zuletzt eine Untersuchung im Rahmen der *Initiative Neue Qualität der Arbeit*, in der Beschäftigte über 50 Jahren überdurchschnittlich häufig angeben, in den vergangenen vier Wochen mit Freude gearbeitet zu haben, von der eigenen Arbeit begeistert gewesen zu sein, stolz auf ihre Arbeit zu sein und sich mit ihrem Unternehmen besonders verbunden zu fühlen.[647] Allerdings verändern sich mit zunehmendem Alter durchaus die Moti-

---

642 Uhlendorff, H. (2008), S. 133 unter Verweis auf Karl, F. (2005).
643 Vgl.: Opaschowski, H.-W. (2008), S. 501 – 502.
644 Vgl.: Ulich, E. (2005), S. 201 – 210.
645 Vgl. hierzu auch Kapitel II 2.3.3 (Lebens- und Arbeitssituation der mittleren und älteren Generation).
646 Vgl.: Bruch, H./Kunze, F./Böhm, S. (2010), S. 104 – 105; 120 – 121; Graf, A. (2002), S. 69.
647 Im Jahr 2004 wurden vom Internationalen Institut für Empirische Sozialökonomie Inifes im Rahmen der „Initiative Neue Qualität der Arbeit" 7.444 abhängig und selbstständig Beschäftigte zu ihren derzeitigen Arbeitsbedingungen befragt. Vgl.: Meier, B./Schröder, C. (2007), S. 211 – 213.

vationsstrukturen. In der Literatur finden sich insbesondere die folgenden Zusammenhänge:[648]

- Mit zunehmendem Alter nimmt in der Regel die Motivationswirkung von Einkommen, Status, Macht und Aufstiegschancen ab.

- Dahingegen nimmt die Motivationswirkung von Arbeitsplätzen, die wenig Druck, Probleme und Spannungen mit sich bringen, sowie von ganzheitlichen und vollständigen Arbeitsaufgaben und Wertschätzung des Erfahrungswissens zu.

- Ebenfalls einen Bedeutungszuwachs erfährt das Arbeitsklima im Sinne des gegenseitigen Respekts und kollegialen Umgangs miteinander sowie der Verbundenheit mit dem Unternehmen.

Ein Rückgang der Leistungsmotivation älterer Arbeitnehmer kann in der Folge insbesondere durch folgende Faktoren ausgelöst werden:[649]

- Fehlende soziale Anerkennung durch Kollegen und/oder Vorgesetzte

- Abwertende Zuschreibungen.

- Schlechtes Betriebsklima.

- Führungsfehler.

- Negative Unternehmenskultur.

- Frühverrentungsbestrebungen.

Die Aussagen zur Arbeitszufriedenheit unterschiedlicher Altersgruppen differieren. Während es durchaus Untersuchungen gibt, die keine gravierenden Unterschiede erkennen,[650] weist eine Studie des *Bundesministeriums für Arbeit und Soziales* zur Zufriedenheit unterschiedlicher Altersklassen mit ihrer berufli-

---

648 Vgl.: Kooij, D. et al. (2007), S. 6 – 8; Roßnagel, C./Hertel, G. (2006), S. 184; Ulich, E. (2005), S. 209; Becker, M./Labucay, I. (2008), S. 30; Roßnagel, C./Hertel, G. (2007), S. 7 – 11.
649 Vgl.: Brinkmann, R. (2008), S. 10; Hentze, H. (1994), S. 154.
650 Vgl.: Meier, B./Schröder, C. (2007), S. 133; 135.

chen Situation eine deutlich geringere Zufriedenheit der mittleren Generation aus, wie die Grafik veranschaulicht:[651]

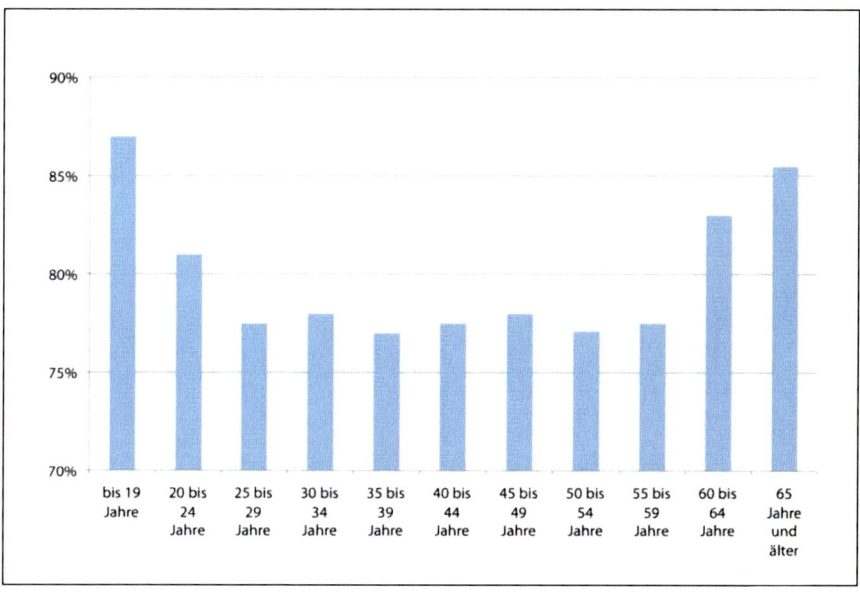

Abb. 36: Arbeitszufriedenheit nach Altersgruppen

Aktuelle Zahlen des *Instituts Arbeit und Qualifikation (IAQ)* auf Basis des SOEP machen deutlich, dass die Arbeitszufriedenheit über alle Altersgruppen hinweg seit 25 Jahren beständig sinkt. Während allerdings in den 1980er Jahren noch die über 50-Jährigen zu den zufriedensten Arbeitnehmern zählten, zeigt sich bei ihnen nun ein überdurchschnittlicher Rückgang der Zufriedenheit. Die generelle Verringerung der Arbeitszufriedenheit führt das *IAQ* auf den steigenden Leistungsdruck, wachsende Ängste vor Jobverlust und die Er-

---

651 Für die 2008 im Auftrag des Bundesministeriums für Arbeit und Soziales (BMAS) durchgeführte Studie wurden in 314 repräsentativ ausgewählten Unternehmen jeweils eine umfassende Mitarbeiterbefragung sowie eine Befragung eines Managementvertreters bzw. Fachverantwortlichen durchgeführt. Untersucht wurde der Zusammenhang zwischen einer mitarbeiterorientierten Unternehmenskultur bzw. der Arbeitsqualität und dem damit eng verbundenen Engagement der Mitarbeiter, im Hinblick auf das Potenzial für den Erfolg und die Wettbewerbsfähigkeit der Unternehmen in Deutschland. BMAS (2008), S. 80 – 81.

schwerung der Vereinbarkeit von Beruf und Familie durch die zunehmende Erwerbsbeteiligung von Frauen zurück.[652]

Generell ist festzuhalten, dass Beschäftigte mit zunehmendem Alter zwar nicht mehr so leicht zufriedenzustellen sind, da sie bereits eine gewisse Erwartungshaltung aufgebaut haben, dass ihre Zufriedenheit jedoch an Nachhaltigkeit gewinnt.

1.1.4 Gesellschaftliche Fragen und Zukunftssicht

Bereits seit vielen Jahrzehnten ist zu beobachten, dass mit zunehmendem Alter der Zukunftsoptimismus sinkt. So gaben am Jahresende 2011 von den 30- bis 59-Jährigen rund die Hälfte an, optimistisch ins neue Jahr zu blicken, während es bei den über 60-Jährigen lediglich jeder Dritte war. Zum Vergleich: Von den unter 30-Jährigen sahen 72 % dem Jahr 2012 eher mit Hoffnungen als mit Befürchtungen entgegen. Trenddaten des *Instituts für Demoskopie Allensbach*, die jährlich im Rahmen dieses so genannten Neujahrs-Stimmungsbarometers für Westdeutschland erhoben werden, zeigen, dass seit Mitte der achtziger Jahre der Anteil der Älteren zunimmt, die dem kommenden Jahr eher pessimistisch entgegensehen. Dies wird nicht zuletzt auf die wachsende Lebenserfahrung und damit auch das größere Bewusstsein für mögliche Gefahren bzw. negative Einflussfaktoren zurückgeführt. Eine Rolle spielt auch die Sorge um die Besitzstandswahrung, die naturgemäß diejenigen stärker umtreibt, die sich bereits finanziell etabliert haben.[653] Die nachfolgende Grafik gibt einen Überblick über die aktuelle Situation:[654]

---

652 Vgl.: Bohulskyy, Y./Erlinghagen, M./Scheller, F. (2011), S. 3; 6.

653 Vgl.: Meier, B./Schröder, C. (2007), S. 95 – 96; Institut für Demoskopie Allensbach (2011), S. 3. An der Befragung des Instituts für Demoskopie Allensbach zum Thema „Sehen Sie dem neuen Jahr mit Hoffnungen oder Befürchtungen gegenüber?" nahmen im Dezember 2011 insgesamt 1828 Personen ab 16 Jahren teil.

654 Vgl.: Institut für Demoskopie Allensbach (2011), S. 4.

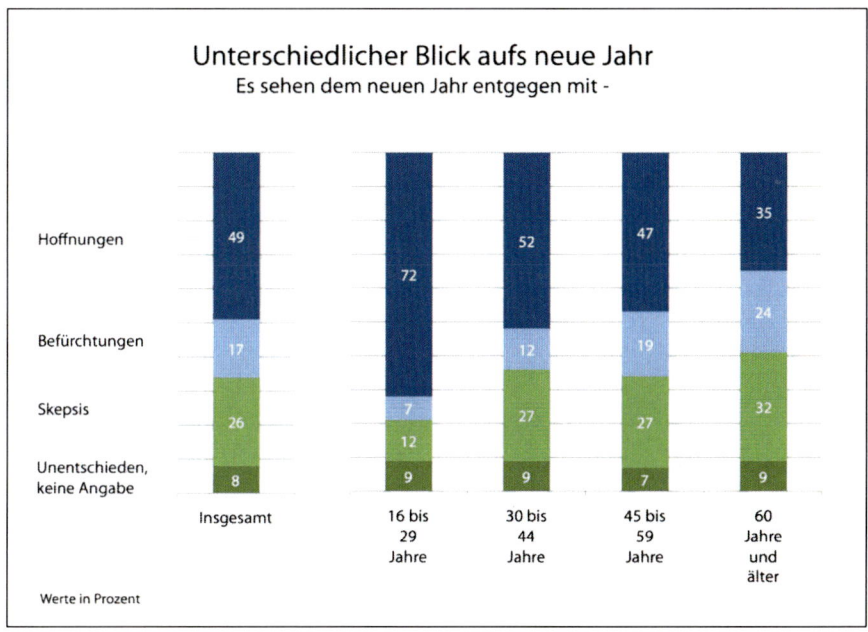

Abb. 37: Zukunftsoptimismus bzw. -pessimismus unterschiedlicher Gruppen

1.1.5 Leistungs- und Zielorientierung

Seit Mitte der 90er Jahre ist eine sich verstärkende Betonung von Werten wie Leistung und Sicherheit sowie Tugenden wie Fleiß und Ehrgeiz zu beobachten.[655] Leistungs- und zielorientierte Werte treten gleichberechtigt in einer Werte-Synthese neben Aspekte der persönlichen Entwicklung sowie den Daseinsgenuss. Für den Wert „Leistung" finden sich in der *Generationenstudie* der *Hanns-Seidel-Stiftung* die höchsten Zustimmungsraten aller Altersgruppen in der mittleren Generation, die hier bei den 45- bis 59-Jährigen angelegt ist, und auch die 60- bis 64-Jährigen räumen der Leistung noch eine hohe Bedeutung ein. Ein Absinken wird erst bei den über 70-Jährigen bemerkt. Dies deckt sich mit anderen Studien, die ebenfalls insbesondere der mittleren und älteren Generation eine hohe Leistungsorientierung und -bereitschaft be-

---

655 Opaschowski, H. W. (2008), S. 591.

scheinigen. Der Daseinsgenuss wird aber trotz der Betonung des Leistungsprinzips als erstrebenswertes Ziel ebenso genannt. Eine mögliche Begründung liegt darin, dass es ebenfalls die Angehörigen der mittleren und älteren Generation sind, die besonders stark den wachsenden Leistungsdruck in der Arbeitswelt bedingt durch Verdichtung und steigende Komplexität spüren und nach einer Balance suchen.[656]

Was die Zielorientierung anbelangt, so ist festzustellen, dass es der mittleren und älteren Generation bedingt durch die bereits gesammelten Erfahrungen im beruflichen Kontext leichter fällt, konkrete Ziele zu formulieren und zu verfolgen. Die Wege zur Zielerreichung berücksichtigen zudem stärker die bereits identifizierten eigenen Stärken und Schwächen.

1.1.6 Gesundheitsbewusstsein und -verhalten

Im Generationenvergleich zeigt sich ein kontinuierlich ansteigendes Gesundheitsbewusstsein sowie entsprechendes Verhalten mit zunehmendem Alter, wie die nachfolgende Grafik aus der *Verbraucheranalyse 2009* veranschaulicht:[657]

---

656 Vgl.: Meier, B./Schröder, C. (2007), S. 94; 97; 99 – 101; 107; Bruch, H./Kunze, F./Böhm, S. (2010), S. 120 – 121; Richter, G. (2009), S. 17 – 21; Oertel, J. (2007), S. 167.
657 Glas, I. (2009), S. 34.

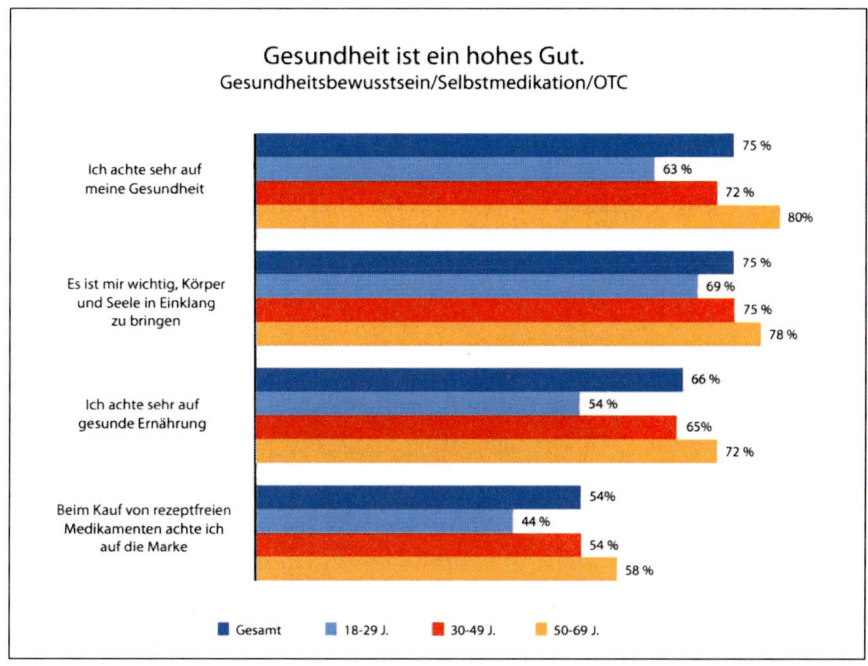

Abb. 38: Gesundheitsbewusstsein unterschiedlicher Altersgruppen

In diese Richtung weisen ebenso die Ergebnisse einer jüngst erschienenen Studie der *DKV (Deutsche Krankenversicherung)* in Zusammenarbeit mit dem *Zentrum für Gesundheit an der Sporthochschule Köln.*[658] Anhand definierter „Benchmarks" für die Bereiche Aktivität, Ernährung, Rauchen, Alkohol und Stress[659] wurde hier für unterschiedliche Altersgruppen erhoben, inwieweit sie diese erfüllen. Dabei zeigt sich folgendes Bild:[660]

---

658 Der DKV-Report „Wie gesund lebt Deutschland?" wurde am Zentrum für Gesundheit der Deutschen Sporthochschule Köln (DSHS) im Auftrag der DKV (Deutsche Krankenversicherung) entwickelt. Die GfK Nürnberg befragte dafür 2.509 Personen im Zeitraum vom 22.3. bis 20.4.2010 telefonisch. Zunächst wurden 2.000 Menschen bundesweit befragt, und dann die Stichprobe in einem Extra-Boost auf mindestens 100 Befragte pro Bundesland erweitert (Ausnahme Bremen und das Saarland, die daher gemeinsam mit Niedersachsen bzw. Rheinland-Pfalz aufgeführt sind). Vgl.: DKV (2010).

659 Die Benchmark für den Bereich Aktivität ist dann erfüllt, wenn die aktuelle WHO-Mindestempfehlung von 30 Minuten moderater Bewegung, davon jeweils mindestens 10 Minuten am Stück, an fünf Tagen pro Woche erreicht wird. Im Bereich Ernährung müssen zwei Drittel der abgefragten Ernährungsempfehlungen der Deutschen Gesellschaft für Ernährung verwirklicht werden. Diese umfassen eine vollwertige

Altersgruppen	18- 29 Jahre	30 – 45 Jahre	46 – 65 Jahre	über 65 Jahre
Erreichen aller Benchmarks = „rundum gesund leben"	7,4 %	10,8 %	14,8 %	20,7 %
Erreichen der Benchmark im Bereich „Aktivität"	60,5 %	57,0 %	57,0 %	61,2 %
Erreichen der Benchmark im Bereich „Ernährung"	32,1 %	42,9 %	50,2 %	60,5 %
Erreichen der Benchmark im Bereich „Rauchen"	67,0 %	68,6 %	73,1 %	89,7 %
Erreichen der Benchmark im Bereich „Alkohol"	76,6 %	85,3 %	82,5 %	78,1 %
Erreichen der Benchmark im Bereich „Stress"	46,8 %	40,8 %	49,2 %	59,8 %

Abb. 39: Erreichen definierter gesundheitsrelevanter „Benchmarks" durch unterschiedliche Altersgruppen

Die Ursachen für dieses steigende Gesundheitsbewusstsein sowie den besseren Umgang mit der eigenen Gesundheit im Hinblick auf die definierten Benchmarks werden vor allem in ersten gesundheitlichen Beeinträchtigungen gesehen, denen sich die mittlere und insbesondere die ältere Generation gegenüber sieht. Hinzu kommen Erfahrungen, die in zunehmendem Maße im Freundes- und Familienkreis mit Erkrankungen und/oder Todesfällen ge-

---

Ernährung mit Gemüse, Obst, Fisch, wenig Fleisch, wenig Süßigkeiten und Knabbereien, mit regelmäßigen Mahlzeiten, für die man sich ausreichend Zeit nimmt. Da man von einem gesunden Verhalten beim Rauchen nicht sprechen kann, erreichen nur die Menschen die Benchmark, die angeben, nicht zu rauchen. Bei Alkohol hingegen gilt der gelegentliche Genuss von einem Glas Wein oder Bier als nicht gesundheitsschädlich, so dass die Benchmark erreicht, wer nicht oder nur in Maßen trinkt (bis 300 ml Bier oder 200 ml Wein am Tag). Das subjektive Empfinden von Stress hat große Bedeutung für die Gesundheit eines Menschen. Die Benchmark erreicht, wer keinen Stress empfindet, oder wer Stress empfindet und ihn wirksam bekämpft, z.B. mit Bewegung, Entspannungsverfahren, einem Treffen mit Freunden, Musik und guten Büchern. Vgl.: DKV (2010).
660 DKV (2010).

macht werden. Deutlich wird allerdings auch, dass gerade die mittlere Generation noch Nachholbedarf hat, wenn es um die Reduzierung stressbedingter Gesundheitsbelastungen geht bzw. dass es den 30- bis 45-Jährigen besonders schwer fällt, die vielfältigen Anforderungen im privaten und beruflichen Bereich ohne Stressempfinden zu bewältigen.

Bereits ab dem jungen Erwachsenenalter von ca. 25 Jahren verschlechtert sich das subjektive Gesundheitsempfinden kontinuierlich. Das tatsächliche Krankheitsrisiko steigt ab dem jungen Erwachsenenalter mäßig und dann noch einmal bei den Mittvierzigern merklich an. Nach einer Phase der Stagnation zwischen dem 55. und 69. Lebensjahr nimmt es einen steilen Anstieg bei den Älteren. Betrachtet man die 15- bis 49-Jährigen sowie die über 50-Jährigen separat, so ist die Krankenquote der älteren Gruppe doppelt so hoch.[661] Das heißt, es lässt sich nicht von der Hand weisen, dass die physische Leistungsfähigkeit mit zunehmendem Alter tendenziell rückläufig ist. Probleme ergeben sich daraus allerdings erst dann, wenn sich die physischen Arbeitsanforderungen im gleichen Zeitraum nicht verändern, d. h. an einem bestimmten Punkt, der bei jedem Menschen individuell verschieden ist, ist die Reservekapazität aufgebraucht und eine Gesundheitsgefährdung droht.[662]

1.1.7   Gleichstellung und Toleranz

Für die mittlere Generation, insbesondere die Geburtsjahrgänge von 1966 – 1979, ist zu konstatieren, dass sie in der Regel noch vergleichsweise traditionell sozialisiert wurde, entweder mit nur einem erwerbstätigen Elternteil – dem Vater – oder im „Zuverdiener-Modell" mit geringumfänglicher Erwerbstätigkeit der Mutter. Sie befindet sich deshalb nicht selten in einem Rollenkonflikt dahingehend, sich von traditionellen Mustern zu lösen und eine gleichberechtigtere Aufgabenverteilung zu leben. *Parment* spricht von einer Generation, die zwar die traditionellen Werte ihrer Eltern in Frage stellte, jedoch letztlich doch in ähnlichen Mustern ihr Leben führt: „Sie haben die Chancen, die das

---

661 Vgl.: Meier, B./Schröder, C. (2007), S. 151 – 154.
662 Vgl.: Ilmarinen, J./Tempel, J. (2002).

Leben bietet, verpasst. Es hat ihnen einfach der Mut und die erforderliche Energie gefehlt."[663]

Die ältere Generation erlebte die eigenen Eltern noch durchweg im sehr traditionellen Rollenverhältnis, vielfach war in der Jugendzeit den Frauen dieser Generation der Zugang zu bestimmten Berufsbildern oder Ausbildungsgängen bzw. dem Studium stark erschwert bzw. unmöglich. Ein allmähliches Aufbrechen dieser Muster brachte erst die Bildungsexpansion der 60er Jahre mit sich.[664] Und so findet sich bei der älteren Generation noch deutlich häufiger als bei den jüngeren Kohorten eine traditionelle Rollenverteilung zwischen Männern und Frauen in Bezug auf Fürsorge- und Hausarbeit. In der Folge dominierten in der Arbeitswelt, die diese Generation kennt, eindeutig die Männer, Frauen waren vor allem in typisch weiblichen Berufsfeldern anzutreffen. Die Erwerbsarbeit erhält Priorität vor dem Privatleben, beide Sphären sind klar voneinander abgegrenzt.[665]

1.1.8 Geld und Konsum

Die jüngeren Vertreter der mittleren Generation in den mittleren und späten Dreißigern – auch als „Generation 30" bezeichnet – aus der mittleren und oberen Schicht, die sich keineswegs in prekärer finanzieller Lage befinden, sind dennoch nicht selten frustriert über ihre finanziellen Spielräume. Dies steht in engem Zusammenhang dazu, dass sie ihre eigenen Errungenschaften an dem messen, was sie selbst als Kinder erlebten, wie z. B. zwei Autos pro Familie, ein eigenes Haus oder mehrere Urlaubsreisen pro Jahr, und sich dabei im Hintertreffen sehen. Objektiv betrachtet, liegen die Gehälter – auch inflationsbereinigt – heute deutlich über dem, was in den 1980er Jahren üblich war, und gerade unter den gut Qualifizierten ist die Arbeitslosenquote gering. Experten sprechen von einem Wahrnehmungsproblem, da die Eltern der heutigen „Thirtysomethings" zu einer Aufsteigergeneration zu zählen sind, so dass es den Kindern nahezu unmöglich ist, die eigenen Eltern noch einmal zu übertreffen. Des Weiteren ist davon auszugehen, dass die jungen Männer und Frauen zu viel auf einmal wollen: „Ihre Eltern haben sich keine Weltreise ge-

---

663 Parment, A. (2009), S. 16.
664 Vgl.: Oertel, J. (2007), S. 157.
665 Vgl.: Richter, G. (2009), S. 21; Bruch, H./Kunze, F./Böhm, S. (2010), S. 97 – 98.

gönnt als Studenten. Die haben auch nicht über Sabbaticals nachgedacht, als sie jung waren, und hatten in ihrer Kindheit keinen Laptop im Zimmer, als Student kein iPhone in der Tasche."[666] Nicht selten steht während Schule und Studium – nicht zuletzt bedingt durch den langen Verbleib im Elternhaus – mehr Geld zur freien Verfügung als zu Beginn der beruflichen Laufbahn.[667] Und so erscheint es der „Generation 30" heute sehr viel schwieriger, nicht „zurückzubleiben", wenn sie sich mit den Eltern vergleicht. Dabei gerät nur zu leicht in Vergessenheit, dass sich die Prioritäten heute vielfach anders verteilen, da die jungen Erwachsenen sehr viel mehr Wert auf ihre persönliche Freiheit und Freizeit legen sowie deutlich höhere Ansprüche in Bezug auf ihre Lebenshaltung an den Tag legen – und sich deshalb beispielsweise die Dienste einer Putzfrau leisten, was für die Eltern undenkbar gewesen wäre.[668]

Die so genannte Baby-Boomer-Generation wuchs zu Zeiten des deutschen „Wirtschaftswunders", also mit einer positiven gesellschaftlichen Grundstimmung mit dem Wunsch nach der Schaffung einer gemeinsamen Wertgrundlage auf. Die Märkte waren eher von Mangel gekennzeichnet als von dem heutigen Überfluss, so dass diese Generation früh verinnerlichte, mit Geld und Eigentum eher sparsam und vorsichtig umzugehen. Kaufentscheidungen werden daher auch heute noch von Baby Boomern weniger von Emotionen als vielmehr von sachlichen Überlegungen und funktionalen Aspekten geleitet.[669] Auch die ältere Generation neigt aufgrund erfahrener Entbehrungen in Kindertagen und der Prägung durch die eigenen Eltern aus der Kriegsgeneration zu Sparsamkeit.[670] Dennoch gilt gerade für die heutigen über 50-Jährigen, dass sie insgesamt betrachtet die reichste Generation aller Zeiten darstellen und sich „etwas gönnen möchten".[671]

---

666 Weiguny, B. (2010), S. 42.
667 Vgl.: Leuzinger-Bohleber, M. (2010), S. 42.
668 Vgl.: McCrindle, M./Wolfinger, E. (2009), S. 29; Weiguny, B. (2010), S. 41.
669 Vgl.: Parment, A. (2009), S. 21 – 24.
670 Vgl.: Oertel, J. (2007), S. 167.
671 Vgl.: Regionalmanagement Wirtschaftsregion Bamberg-Forchheim GmbH (2010), S. 12 – 15; Meier, B./Schröder, C. (2007), S. 94.

1.1.9 Bildung

Zwar zeigen sich heute noch gewisse Differenzen im Bildungsniveau der unterschiedlichen Generationen, doch sind diese insbesondere in der älteren Generation überwiegend auf die Bildungsexpansion innerhalb der weiblichen Bevölkerung im Verlauf der vergangenen Jahrzehnte zurückzuführen, die die folgende Grafik aus dem *Nationalen Bildungsbericht* 2010 auf Basis des Mikrozensus 2008 verdeutlicht:[672]

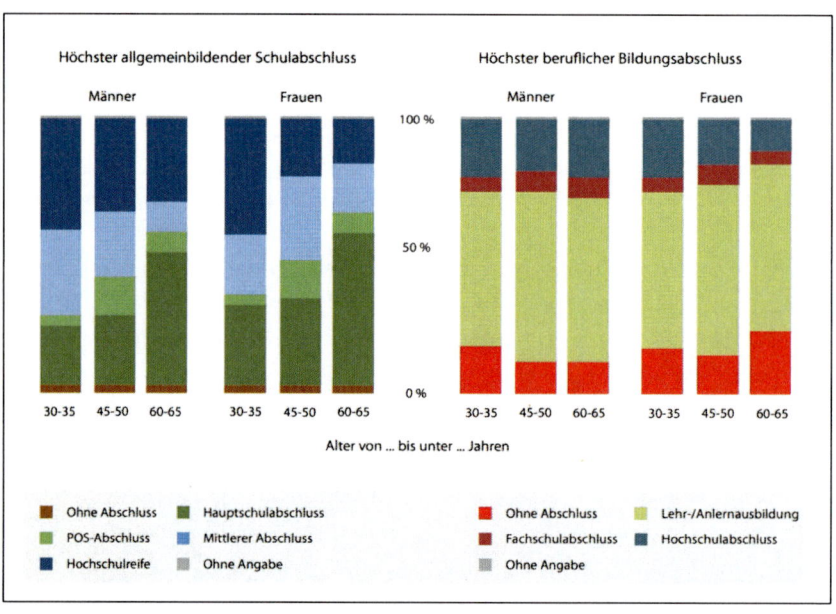

Abb. 40: Schul- und Bildungsabschlüsse nach Altersgruppen und Geschlecht 2008

Da in der Regel die formale Bildung etwa bis zum dreißigsten Lebensjahr abgeschlossen ist, lässt sich bereits heute absehen, dass eine immer stärkere Angleichung des formalen Bildungsniveaus stattfindet. Dies bedeutet allerdings gleichzeitig, dass nicht mit einem nennenswerten Anstieg des Qualifikationsniveaus innerhalb der Bevölkerung zu rechnen ist.[673]

---

672 Autorengruppe Bildungsberichterstattung (2010), S. 37.
673 Vgl.: Meier, B./Schröder, C. (2007), S. 138.

Betrachtet man die Weiterbildungsbeteiligung im Lebensverlauf, so zeigt sich, dass mit zunehmendem Alter die Teilnahme an Weiterbildungsveranstaltungen stetig abnimmt. Allerdings nimmt gleichzeitig der Anteil der „Selbstlerner" unter den Älteren ständig zu, d. h. selbst wenn eher weniger institutionelle Angebote nachgefragt werden, so ist dennoch eine hohe Bereitschaft zur Weiterbildung gegeben.[674] Einen Hinweis darauf, dass es bei älteren Beschäftigten weniger an der Einsicht in die Notwendigkeit von Bildung bzw. Weiterbildung mangelt als an den entsprechenden Angeboten, gibt eine Studie des *Instituts für Gerontologie* an der *TU Dortmund* im Rahmen der Initiative „Wirtschaftsfaktor Alter". Sie zeigt sehr deutlich die Diskrepanz zwischen den gewünschten und tatsächlich angebotenen Weiterbildungsmaßnahmen für Mitarbeiter über 50 Jahren. So geben 69,6 % der Befragten an, dass sie sich spezielle Weiterbildungsangebote für Ältere wünschen, 81,5 % möchten in Weiterbildungsaktivitäten einbezogen werden. Nach Aussagen der teilnehmenden Arbeitgeber bieten jedoch nur 13,5 % solche speziellen Weiterbildungsmöglichkeiten an, 58,8 % beziehen explizit auch Ältere in ihre Aktivitäten mit ein.[675]

1.2 Kompetenzen der mittleren und älteren Generation

Auch was die Kompetenzen anbelangt, wird für die mittlere und ältere Generation die gleiche Perspektive gewählt wie für die jüngeren Kohorten, um eine gewisse Vergleichbarkeit zu gewährleisten.

1.2.1 Medienkompetenz und Multitaskingfähigkeit

Fest steht, dass Angehörige der jüngeren Generation mit einer Vielzahl neuer Medien vertraut sind und sie diese als selbstverständlich in ihrem Leben betrachten, während sie für die mittlere und insbesondere für die ältere Genera-

---

674 Vgl.: Flüter-Hoffmann, C. (2011), S. 31.
675 Für die Umfrage des Instituts für Gerontologie wurden 3.107 Arbeitnehmer über 50 Jahre in einem sozialversicherungspflichtigen Beschäftigungsverhältnis z.B. zur Einschätzung der eigenen Leistungsfähigkeit, gelebter Altersbilder oder Maßnahmen zur Sicherung der Arbeitsfähigkeit befragt. Parallel wurde eine Befragung mit 393 Arbeitgebern aus Betrieben ab 10 Beschäftigten und unterschiedlichen Branchen (Dienstleister, verarbeitendes Gewerbe, Handel) zu Altersbildern und Age-Management-Maßnahmen im Unternehmen durchgeführt. Vgl.: Eitner, C. (2011), S. 57.

tion noch immer in vielen Bereichen „Neuerungen" darstellen.[676] Nach Meinung einiger Experten entsteht dadurch ein „Generationen-Gap" zwischen der Jugend, die den neuen Medien gegenüber aufgeschlossen ist und den älteren Kohorten, die ihnen eher verunsichert gegenüber stehen.[677] Der Begriff der „Digital Natives" im Vergleich zu „Digital Immigrants" der Baby-Boomer-Generation nach *Prensky*,[678] den *McCrindle* um die Begrifflichkeit der „Digital Aliens" für die heutigen Älteren, die nicht mehr im Erwerbsleben stehen, sowie der „Digital Adaptives" für die mittlere Generation ergänzt,[679] erscheint daher durchaus berechtigt. Allerdings weisen gerade die Angehörigen der mittleren Generation inzwischen nahezu gleich hohe Nutzungsraten für das Internet auf wie die Jüngeren. In einer aktuellen Umfrage der BITKOM geben 92 % der 14- bis 29-Jährigen und 90 % der 30 – 49-Jährigen an, das Internet privat oder beruflich zu nutzen, bei den 50- bis 64-Jährigen sind es immerhin noch 62 %. Lediglich die über 65-Jährigen nutzen nur zu 32 % das weltweite Netz.[680] Und auch die Kommunikation über E-Mail etc. ist für die mittlere Generation ebenso selbstverständlich wie für die Jüngeren, ihre Nutzerzahlen bei sozialen Netzwerken steigen.[681] Allerdings sind sie dort eher weniger bereit, zu private Angelegenheiten preiszugeben bzw. sehen noch deutlich mehr Tabus als die jüngere Generation.[682]

Die neuen Medien befördern Multitasking, so dass Jugendlichen und jungen Erwachsenen die entsprechenden Fähigkeiten in besonders hohem Maße zugeschrieben werden, für die das Leben und Arbeiten von Anfang an im Zeichen dieser Medien stand.[683] Doch auch die Jahrgänge 1966 – 1979, also

---

676 Vgl.: Meyers, R. A. (2009), S. 205 – 206; Tully, C. J. (2008), S. 171.

677 Vgl.: de Witt, C. (2000), S. 1 – 12.

678 Marc Prensky, ein US-amerikanischer Pädagoge, Berater und Autor zahlreicher Publikationen entwickelte die Kategorisierung der Gesellschaft in „Digital Natives", die im digitalen Zeitalter geboren wurden und sozusagen die digitalen Technologien als Muttersprache sprechen, und „Digital Immigrants", in deren Leben digitale Technologien eingetreten sind, die ihnen allerdings zeitlebens etwas fremd bleiben. Vgl.: Prensky, M. (2001), S. 1.

679 Vgl.: McCrindle, M./Wolfinger, E. (2009), S. 52 – 53.

680 Vgl.: Scheer, A.-W. (2010), S. 3.

681 Vgl.: Bruch, H./Kunze, F./Böhm, S. (2010), S. 122 – 123.

682 Vgl.: Palfrey, J./Gasser, U. (2008), S. 6 – 7; 27 – 28; 36; Livingstone, S./Bober, M. (2004), S. 1 – 7; Medienpädagogischer Forschungsverbund Südwest (mpfs) (2009), S. 48 – 49; Leven, I./Quenzel, G./Hurrelmann, K. (2010), S. 109; Institut für Demoskopie Allensbach (2009), S. 3.

683 Vgl.: Laick, S. (2009). S. 21; Meyers, R. A. (2009), S. 205 – 206; Raeburn, P. (2009); Oblinger, D./Oblinger, J. L. (2005); Dutton, W. H./Helsper, E. H./Gerber, M. M. (2009), S. 37.

die jüngeren Vertreter der mittleren Generation, sind nachweislich sehr gut dazu in der Lage, viele Informationen zur gleichen Zeit zu verarbeiten und in Ideen und Handlungen umzusetzen, d. h. sie besitzen eine hohe Informationsverarbeitungskompetenz, da sie in einem vergleichsweise jungen Alter mit modernen Medien in Berührung kamen. Ihre Kompetenzen eignen sich besonders gut für Recherchetätigkeiten, konzeptionelle und innovative Aufgabenbereiche sowie internationale Tätigkeiten (aufgrund ihrer meist ausgeprägten Fremdsprachenkenntnisse).[684]

1.2.2 Veränderungsbereitschaft und Innovationsfähigkeit

Die mittlere Generation, und hier besonders die Jahrgänge 1966 – 1979 machten ihre ersten Schritte in der Berufswelt im Zuge einer voranschreitenden Dezentralisierung und Verflachung der Hierarchien. Der technologische Wandel nahm Fahrt auf und veränderte das Arbeiten im Hinblick auf die Abnahme körperlich belastender sowie gering qualifikatorischer und die Zunahme wissensintensiver Tätigkeiten. Damit einher ging eine zunehmende Beschleunigung, die hohe Anforderungen an den Einzelnen stellte, nicht zuletzt in Bezug auf das lebenslange Lernen. Auch im privaten Bereich veränderte sich das Leben durch den Einzug technischer Neuerungen wie Computern, Handys etc. Wie keine andere hat diese Generation „beide Welten" aktiv erlebt bzw. ist gerade im beruflichen Kontext gezwungen, mit den Entwicklungen Schritt zu halten. Für diejenigen Vertreter der mittleren Generation, die in Ostdeutschland aufwuchsen, fand die Sozialisation noch nahezu vollständig in der DDR statt, d. h. sie mussten sich im Erwachsenenalter gerade in beruflicher Hinsicht neu orientieren und etablieren. Ihnen kann also generell eine hohe Fähigkeit zur Veränderung bescheinigt werden. Allerdings erfordert in der mittleren Generation in der Regel die private Situation eine gewisse Beständigkeit. Die Verantwortung für einen Partner bzw. eine Familie, der Kauf eines Eigenheims und damit einhergehende finanzielle Verpflichtungen schränken die Veränderungsbereitschaft in dieser Lebensphase vielfach in gewisser Weise ein.[685]

---

684 Vgl.: Bruch, H./Kunze, F./Böhm, S. (2010), S. 122 – 123.
685 Vgl.: Bruch, H./Kunze, F./Böhm, S. (2010), S. 105 – 107; 115.

Auch wenn Innovationsfähigkeit nicht selten eher jüngeren Mitarbeitern zugeschrieben wird, gilt: „Derselbe Mitarbeiter, dieselbe Mitarbeiterin können sich in unterschiedlichen Situationen und Organisationen als innovativ oder als nicht-innovativ erweisen. Das heißt zugleich: Jüngere wie Ältere können innovationsfähig sein, wenn sie Kompetenzen erworben haben, Neuerungen (mit) auf den Weg zu bringen und/oder zu einem erfolgreichen Ende zu führen."[686]

Unter anderem wird das innovative Verhalten Älterer entscheidend durch die im Verlauf der Erwerbsbiografie gemachten Erfahrungen beeinflusst, d. h. je negativer entsprechende Erfahrungen im Laufe der Jahre sind, desto zurückhaltender sind die Betreffenden darin, sich an Veränderungsprozessen zu beteiligen. Hinzu kommt eine erfahrungsbedingt ausgeprägtere Problemsicht, die einerseits gerade auf Jüngere hinderlich wirken kann, andererseits jedoch auch wertvolle Beiträge zum Innovationsprozess leistet. Diese Unterschiede im Innovationsverhalten sind jedoch durchaus produktiv und sollten komplementär genutzt werden.[687] In Bezug auf ältere Beschäftigte zeigt eine Untersuchung, dass insbesondere Autonomie und Feedback des Vorgesetzten einen positiven Zusammenhang zur Ideengenerierung aufweisen und bei der Bewältigung unsicherer Arbeitssituationen sowie beim Lernen neuer Technologien helfen. Wenn es um die Implementierung von Ideen geht, wirken Autonomie und die Möglichkeit zum Wissenstransfer unterstützend.[688] Dabei bringen Ältere in der Regel insbesondere eine größere Übersicht über Unternehmen, Produkte und Prozesse, verbunden mit einem hohen praktischen Urteilsvermögen, eine höhere Fehlertoleranz sowie eine umfangreichere Einsicht in ihre eigenen Stärken und Schwächen als wertvolle Eigenschaften in den Innovationsprozess ein.[689] Ihr höheres Erfahrungswissen bildet einerseits einen wichtigen Baustein der Innovationsfähigkeit, andererseits ist durchaus die Gefahr einer „Erstarrung" nicht zu verleugnen, da eine Tendenz entsteht, bekannten Lösungswegen und -prozessen nicht selten unreflektiert der Vorzug zu geben. Daher haben sich gemischte Teams aus erfahrenen und jungen Mitarbeitern

---

686 Jasper, G./Fitzner, S. (2000), S. 144 – 145.
687 Vgl.: Jasper, G./Fitzner, S. (2000), S. 163 – 167, 188.
688 Vgl.: Molter, B. et al. (2007), S. 811 – 812; Stegmaier, R. et al. (2006), S. 246. Die Studien beziehen sich in der Regel auf Beschäftigte ab 45 Jahren.
689 Vgl.: Jasper, G./Rohwedder, A./Schletz, A. (2001), S. 67.

in Innovationsprozessen besonders bewährt.[690] Voraussetzung ist allerdings, dass diese sorgfältig zusammengestellt, auf ihre Aufgabe vorbereitet und während des Prozesses begleitet werden. Ältere hinterfragen eher als Jüngere den Sinn einer Innovation. Sie gehören darüber hinaus häufiger zu den Innovateurstypen, bei denen die Umfeldbedingungen entscheiden, inwieweit sie sich für innovative Veränderungen motivieren und mobilisieren lassen. Ermunterung im Sinne einer motivationalen Unterstützung ist für sie besonders wichtig. Dazu gehört ein förderliches Umfeld, das Kompetenzentwicklung und innovatives Betätigen ermöglicht und anregt.[691] Dazu gehört aber auch, ältere Beschäftigte gezielt in Entwicklungsprojekte und Verbesserungsprozesse einzubeziehen. Dies entspricht laut der bereits angeführten Studie des *Instituts für Gerontologie* an der *TU Dortmund* dem ausdrücklichen Wunsch der über 50-jährigen Befragten (73,9 %), umgesetzt wird es allerdings nach eigenen Angaben nur in 20,6 % der teilnehmenden Betriebe.[692]

1.2.3   Selbstvertrauen, Eigenverantwortung und Eigeninitiative

Gerade den Jahrgängen 1946 – 1955 der älteren Generation wird das kritische Hinterfragen von Routinen sowie Durchsetzungsfähigkeit verbunden mit einem selbstbewussten Auftreten in Bezug auf das eigene Erfahrungswissen und den erworbenen Status bescheinigt. Sie zeigten in ihrer Jugend eine starke Orientierung an postmaterialistischen Werten, indem sie eine Veränderung der gesellschaftlichen Zustände forderten und sich intensiv mit der Elterngeneration und deren Werten, Haltungen und Rollenbildern auseinandersetzten (Generationenkonflikte der so genannten „68er"). Ähnliches gilt für die „Baby Boomer", die infolge der hohen Zahl Gleichaltriger bereits früh mit dem Thema Konkurrenz vertraut wurden und dadurch lernten, sich zu behaupten.[693] Für ein ausgeprägtes Selbstbewusstsein der mittleren und älteren Generation im Arbeitskontext spricht auch die Tatsache, dass Erfahrung und Reife in hohem Maße zur Ausprägung dieser Eigenschaft beiträgt, indem sich der Einzelne bewusst wird, wo er steht und wo seine Stärken liegen.

---

690 Vgl.: Bruch, H./Kunze, F./Böhm, S. (2010), S. 105 – 107; 115; Astor, M. (2003), S. 161.
691 Vgl.: Jasper, G./Fitzner, S. (2000), S. 179, 187 – 188.
692 Vgl.: Eitner, C. (2011), S. 57.
693 Vgl.: Bruch, H./Kunze, F./Böhm, S. (2010), S. 99 – 105; 118 – 121.

Wenig selbstbewusst agieren allerdings Arbeitnehmer, die die 50 überschritten haben, wenn sie auf der Suche nach einem neuen Arbeitsplatz sind. Dies insbesondere nach längeren Phasen der Arbeitslosigkeit bzw. nach arbeitgeberseitigen Kündigungen. Sie kämpfen dabei einerseits mit Selbstzweifeln („Kann ich diesen neuen Anforderungen genügen, mich auf sie einstellen?"), andererseits antizipieren sie die noch immer verbreiteten Vorurteile gegenüber älteren Arbeitnehmern. Im Sinne einer „Self Fulfilling Prophecy" verhalten sie sich noch deutlich stärker als jüngere Arbeitssuchende entsprechend des Defizitmodells und stellen ihre Kompetenzen nicht offensiv genug dar.[694]

Zu eigenverantwortlichem und eigeninitiativem Handeln wurden die älteren Kohorten weit weniger erzogen als die heutige jüngere Generation, wie das *Generationenbarometer 2009* verdeutlicht (vgl. Kapitel III 2.2.2).[695] Bei den jüngeren Vertretern der mittleren Generation, d. h. denjenigen, die sich im Alter von ca. 40 Jahren befinden, ist nicht selten eine gewisse Zögerlichkeit zu beobachten, sich zur Verantwortung zu bekennen, die das Erwachsenenleben mit sich bringt: „Manchmal muss ich mich daran erinnern, dass ich Ende dreißig bin. Und nicht zu denken, wann immer es Probleme gibt: Jetzt müsste man einem Erwachsenen Bescheid geben."[696]

1.2.4 Lernbereitschaft und -fähigkeit

Aktuelle Untersuchungen zeigen deutlich, dass die Lernfähigkeit und Lernmotivation älterer Arbeitnehmer[697] nicht per se geringer ist als die ihrer jüngeren Kollegen. Was Bedarf und Inhalte der Weiterbildung anbelangt, konnte nachgewiesen werden, dass sich ältere Mitarbeiter durchaus sehr engagiert bezüglich ihrer persönlichen Kompetenzentwicklung zeigen und ähnliche Inhalte einfordern wie ihre jüngeren Kollegen.[698] Die Lernbereitschaft kann mit dem Alter sogar zunehmen. Dennoch ist in der Praxis nicht selten ein Absinken der Lernbereitschaft und -motivation mit zunehmendem Alter zu erken-

---

694 Vgl.: Schormann, T. (2011).
695 Vgl.: Höpflinger, F./Hugentobler, V. (2005), S. 241 – 242; Bruch, H./Kunze, F./Böhm, S. (2010), S. 99 – 105; 118 – 121.
696 Kehlmann, D. (2012), S. 26.
697 Untersuchungen zu diesem Forschungsgegenstand beziehen sich überwiegend auf Personen ab 45 Jahren, so dass hier die mittlere und ältere Generation gleichermaßen angesprochen sind.
698 Vgl.: Fölsch, T. (2005), S. 298.

nen. So berichten Studien aus den späten neunziger Jahren übereinstimmend von einer geringen Weiterbildungsbeteiligung Älterer und zum Teil auch einer geringen Motivation zum Lernen. Aus diesen Zusammenhängen lässt sich unschwer ableiten, dass die Bedingungen für alter(n)sgerechte Weiterbildung in vielen Unternehmen für die älteren Beschäftigten wenig motivierend sind. Lernprobleme bei älteren Beschäftigten sind in der Regel auf das Fehlen arbeitsbezogener Lernanreize und Lernangebote und somit auf das Fehlen von Lernerfahrungen zurückzuführen. So bevorzugen Ältere beispielsweise ein selbstbezogenes Lernen, das in einem Sinnzusammenhang zu ihrer Arbeitstätigkeit steht. Hinzu kommt der Umstand, dass viele Ältere sich in altersgemischten Weiterbildungsgruppen, in denen sie derzeit noch eher die Ausnahme bilden, eher unwohl fühlen. Eine Rolle spielt ebenfalls die Aufstiegsorientierung, die sich mit zunehmendem Alter verringert. Denn in vielen Unternehmen steht Weiterbildung in einem engen Zusammenhang zur Befähigung für höherwertige Positionen oder eine anderweitige Karriereentwicklung.[699] Allerdings entscheiden viele ältere Arbeitnehmer auch durchaus rational, wenn es um das Interesse an Weiterbildungsveranstaltungen geht: Da sich die Aufstiegschancen ab dem 50. Lebensjahr – in zahlreichen Unternehmen schon davor – drastisch verringern, fehlt vielfach die Einsicht in die Sinnhaftigkeit der eigenen Bemühungen um Weiterentwicklung. Auch das noch immer verankerte Bewusstsein eines vorzeitigen Ruhestandes als erstrebenswertes (und realisierbares) Ziel lässt viele den vermeintlich bequemeren Weg ohne Weiterbildungsaktivitäten vorziehen.[700]

Tatsächlich glauben viele ältere Beschäftigte, sie seien nicht mehr zum Lernen fähig. Hier ist allerdings eine Wechselwirkung zwischen Selbst- und Fremdbild als Ursache zu vermuten.

1.2.5   Teamfähigkeit, Kommunikationsfähigkeit und Empathie

Ein beherrschendes Erlebnis für die „Baby Boomer" (1956 – 1965) ist, wie bereits angesprochen, aufgrund der hohen Zahl Gleichaltriger das der Konkurrenz in Familie, Schule, Ausbildung und Studium, aber daraus resultierend auch eine hohe Teamorientierung, da Kooperation unerlässlich war. Ebenso

---

699 Vgl.: Bergmann, B. (2006), S. 40; Lichtsteiner, R. A. (2004), S. 151; Zacher, H. (2007), S. 17 – 18.
700 Vgl.: BauA (2004).

schreibt man ihnen aufgrund dieser Sozialisationserlebnisse eine hohe Sozialkompetenz in Form von Hilfsbereitschaft, Kompromissbereitschaft und Kooperationsfähigkeit zu. Diese kann nicht zuletzt in einer vermittelnden Rolle zwischen den unterschiedlichen Generationen genutzt werden.[701]

Die bereits angesprochene Umfrage des *Instituts für Demoskopie Allensbach* zum Thema „Gesprächskultur" ergibt Unterschiede in den Präferenzen der verschiedenen Altersgruppen in Bezug auf ihr Kommunikationsverhalten. Danach befragt, wie sie sich vorzugsweise mit anderen austauschen, wählen 65 % der 30- bis 44-Jährigen das persönliche Gespräch, bei den über 60-Jährigen sind es sogar 70 %.[702]

Eine große Rolle im Zusammenhang mit Team- und Kommunikationsfähigkeit spielt auch die Empathie, die der Einzelne mitbringt. Hierzu lässt sich konstatieren, dass die moralische und ethische Kompetenz in der Regel mit zunehmendem Alter ansteigt.[703] Generell werden soziale Kompetenzen insbesondere der mittleren und älteren Generation zugeschrieben.

1.3 Erwartungen der mittleren und älteren Generation an die Arbeit

Was die Erwartungen an die Arbeit anbelangt, so wird in Bezug auf die mittlere und ältere Generation auf einen Betrachtungsaspekt verzichtet, der als sehr spezifisch für die jüngere Generation anzusehen ist: Die Erwartungen an die technische Ausstattung.

1.3.1 Beschäftigungssicherheit

Für die Angehörigen der mittleren Generation erhöht sich einerseits durch ein vielfach hohes Maß an Spezialisierung, das in diesem Alter bereits erreicht wurde, die gefühlte Arbeitsplatzsicherheit beim aktuellen Arbeitgeber. Diejenigen, die beruflich etabliert sind, identifizieren sich mit ihrer Organisation, erleben angemessene soziale Absicherung und angemessene Bezahlung und tragen häufig auch Personalverantwortung, während die weniger Etablierten

---

701 Bruch, H./Kunze, F./Böhm, S. (2010), S. 104 – 105; 120 – 121.
702 Vgl.: Institut für Demoskopie Allensbach (2009), S. 2.
703 Vgl.: Richter, G. (2009), S. 193.

sich zwar mit ihrer Aufgabe, weniger jedoch mit ihrer Organisation identifizieren können. Andererseits ist sich diese Generation allerdings auch bewusst, dass ein hoher Grad an Spezialisierung die Chancen auf dem allgemeinen Arbeitsmarkt verringert, zumal sie in der Regel aufgrund der aktiven Partnerschafts- und Familienphase regional wenig mobil ist.[704] Gerade die Jahrgänge 1956 – 1965 erlebten bei ihren ersten Schritten auf dem Arbeitsmarkt Ende der 70er und Anfang der 80er Jahre bereits Krisenjahre mit Arbeitslosigkeit und wirtschaftlichen Einschränkungen. Im Vergleich zu der Geburtskohorte vor ihnen waren Unsicherheiten in Bezug auf den persönlichen Lebens- und Berufsweg für sie realistisch, so dass sie für entsprechende Risiken durchaus sensibilisiert sind.[705] Ebenso fühlen sich vor allem die älteren Vertreter der mittleren Generation nicht selten bedroht von der zunehmenden Deregulierung des Arbeitsmarktes und ihren fehlenden Kompetenzen im Vergleich zu den jüngeren Arbeitnehmern, insbesondere in Bezug auf deren intuitiven Umgang mit der IT.[706]

Auch bei den über 55-Jährigen zeigt sich eine ambivalente Situation: Zwar sind sich viele ihrer angestammten Position im Unternehmen sicher, doch sind sie auch sensibel dafür, auf dem Arbeitsmarkt sehr viel höheren Risiken zu begegnen als jüngere Arbeitnehmer und weisen insgesamt ein hohes Sicherheitsbedürfnis auf.[707] Dabei spielen Aspekte wie der Verlust des einmal erworbenen Status und materieller Annehmlichkeiten ebenso eine Rolle wie die Befürchtung, auf dem Arbeitsmarkt ggf. dauerhaft ohne Chancen zu bleiben. Bedingt durch ein steigendes Erstgeburtsalter sowie vergleichsweise lange Ausbildungszeiten sehen sich auch viele Angehörige der älteren Generation noch hohen finanziellen Verpflichtungen, z. B. bezogen auf die Ausbildung ihrer Kinder oder noch nicht vollständig abbezahlte Immobilien gegenüber. Dadurch verringert sich nach Ansicht von Experten die Bereitschaft vieler älterer Beschäftigter, sich neuen Aufgaben und Perspektiven zuzuwenden, da diese auch mit einem Risiko materieller Verluste und der Veränderung bestimmter Gewohnheiten behaftet sein könnten. Die Folgen können eine zu hohe

---

704 Vgl.: Richter, G. (2009), S. 19; SPReW (2006), S. 12 – 13.
705 Bruch, H./Kunze, F./Böhm, S. (2010), S. 104 – 105.
706 Vgl.: Richter, G. (2009), S. 19; SPReW (2006), S. 12 – 13.
707 Vgl.: Oertel, J. (2007), S. 167.

Spezialisierung, einseitige Kompetenzentwicklung und Belastung sein. Ebenso wie die mittlere Generation wissen auch die Älteren um die nur bedingte Transferierbarkeit ihrer vielfach hoch spezialisierten Kompetenzen.[708] Darüber hinaus ist ihnen klar, dass „Learning-by-doing" heute in vielen Unternehmen nicht mehr als wirkliche Qualifikation zählt, wie dies in der Vergangenheit noch vielfach der Fall war, als beispielsweise auch anspruchsvolle Positionen durchaus ohne Studienabschluss erreichbar waren.[709] Und so verändert sich mit zunehmendem Alter drastisch das Vertrauen darin, beim Verlust des aktuellen Arbeitsplatzes wieder eine vergleichbare Stelle zu finden. Während zwar auch viele der unter 30-Jährigen sowie der unter 50-Jährigen einen Stellenwechsel als schwierig einstufen, halten ihn knapp die Hälfte der 50- bis 59-Jährigen und mehr als 60 % der 60- bis 69-Jährigen für praktisch unmöglich.[710] Tatsächlich stellt sich die Jobsuche für Ältere vielfach schwierig dar, da sie ein gewisses Gehaltsniveau gewohnt sind und erwarten.[711]

1.3.2 Einfluss-, Gestaltungs- und Entwicklungsmöglichkeiten

In der Arbeitswelt verstärkten sich in den prägenden ersten Jahren, die die Jahrgänge 1956 – 1965, also große Teile der mittleren Generation, im Beruf verbrachten, die bereits vorhandenen Tendenzen hin zu Mitarbeiterorientierung und Partizipationskulturen, so dass Vertreter dieser Kohorte in jedem Fall an Einfluss- und Gestaltungsmöglichkeiten interessiert sind. Sie suchen permanent nach Entwicklungsmöglichkeiten und messen sich gerne mit anderen. Dabei zeigen sie sich sehr durchsetzungsstark, aber gleichzeitig auch konsens- und kritikfähig. Sie sind intrinsisch motiviert, orientieren sich aber auch am eigenen Vorankommen. In der Regel haben die Angehörigen dieser Generation ihren Berufseinstieg bereits erfolgreich gemeistert und sich eine gewisse Routine sowie erstes Erfahrungswissen angeeignet.

Gerade die mittlere Generation hat im Verlauf ihres Berufslebens eine Verdichtung der Arbeitsanforderungen, dünner werdende Personaldecken und die Verknappung von Budgets, z. B. für übertarifliche Leistungen erlebt. Sie

---

708 Vgl.: Richter, G. (2009), S. 20 – 21; 32 – 33.
709 Vgl.: SPReW (2006), S. 12 – 13.
710 Vgl.: Meier, B./Schröder, C. (2007), S. 134.
711 Vgl.: SPReW (2006), S. 12 – 13.

steht gewissermaßen zwischen den Vorzügen, die die älteren Generationen noch genießen durften und den zunehmenden Herausforderungen und Grenzverschwimmungen, denen sich die Jüngeren gegenübersehen. Ihnen ist bewusst, dass sie länger werden arbeiten müssen, ohne dass sie jedoch noch in den Genuss der Altersversorgung kommen werden wie die Generationen vor ihnen. Für viele sind sowohl materiell als auch in Bezug auf die Karriereperspektiven die beruflichen Möglichkeiten bereits größtenteils ausgeschöpft. Denn bis vor wenigen Jahren konzentrierte sich die Personalentwicklung primär auf die unter 45-jährigen – die Karriereplanung sollte bis zu diesem Alter abgeschlossen sein. Anders herum gesagt: Wer es bis zu diesem Zeitpunkt nicht geschafft hatte, eine bestimmte Position zu erreichen, dem eröffneten sich danach meist keine weiteren Perspektiven.[712]

Viele Angehörige der mittleren Generation befinden sich daher im beruflichen Kontext in einer Art „Warteschleife": Sie möchten in die oberen Führungsetagen aufsteigen, da sie bereits auf eine umfangreiche Berufserfahrung zurückblicken, finden diese allerdings nicht selten mit „Baby Boomern" besetzt, die immer später in den Ruhestand gehen. Gleichzeitig strebt die jüngere Generation auf den Arbeitsmarkt, die nicht mehr per se bereit ist, bestimmte Privilegien, wie z. B. auch Führungsverantwortung, rein auf das Alter bzw. die Berufserfahrung beziehen zu lassen.[713]

Aufgrund der bedeutenden Rolle von Entwicklungsmöglichkeiten und Karriere für die soziale Anerkennung gerade in der mittleren Generation sollten Karriereziele und -perspektiven klar kommuniziert werden.[714] Hier liegt eine entscheidende Schnittstelle, um die Motivation und Leistungsfähigkeit der Mitarbeiter in diesem Alter auch für die kommenden Jahre aufrecht zu erhalten. Denn gerade im Alter zwischen 40 und 50 Jahren ist die Gefahr einer generellen Lebens- und Sinnkrise besonders hoch. Routine kann leicht auch mit Perspektivenlosigkeit und einer Verringerung der Motivation einhergehen, wenn von betrieblicher Seite nicht entgegengesteuert wird.[715] Ebenso wie die

---

712 Vgl.: Regnet, E. (2004), S. 54-55; 63; 68; Richter, G. (2009), S. 18; 31; Bruch, H./Kunze, F./Böhm, S. (2010), S. 104 – 105; 120 – 123.
713 Vgl.: McCrindle, M./Wolfinger, E. (2009), S. 27; Richter, G. (2009), S. 18 – 20.
714 Vgl.: Bruch, H./Kunze, F./Böhm, S. (2010), S. 122 – 123.
715 Vgl.: Regnet, E. (2004), S. 54-55; 63; 68; Richter, G. (2009), S. 18; 31; Bruch, H./Kunze, F./Böhm, S. (2010), S. 104 – 105; 120 – 123.

„innere Kündigung" kann sich in dieser Phase die Bereitschaft, zum dauerhaften Leistungsträger für das Unternehmen zu werden, manifestieren. Untersuchungen aus dem Bereich des mittleren Management zeigen, dass sich diese Altersgruppe insbesondere größere Freiräume und mehr Verantwortung, sowie die Möglichkeit zur Wissensweitergabe an andere wünscht. Jeder zweite der Befragten äußert auch den Wunsch nach einem weiteren Aufstieg – allerdings stuft nur jeder fünfte dies als realistisch ein.[716] Hinzu kommt bei vielen Beschäftigten der Wunsch nach einer stärkeren Work-Life-Balance, infolgedessen ggf. Werten wie Familie, Partnerschaft oder Gesundheit Vorrang vor Karrierestreben, beruflichem Status und Konkurrenz mit Kollegen gegeben werden.[717]

Obgleich die ältere Generation Arbeit eher als ein Mittel zum Zweck als eine Form der Selbstverwirklichung ansieht,[718] lässt sich dennoch aus arbeitswissenschaftlicher Sicht ein genereller, d. h. nicht generationenspezifischer, Zusammenhang zwischen Einfluss- und Gestaltungsmöglichkeiten in der Arbeit einerseits sowie Motivation, Verbesserung des Selbstwertgefühls und Bereitschaft zur Übernahme von Verantwortung erkennen.[719] Das Karrierestreben der älteren Arbeitnehmer ist deutlich schwächer ausgeprägt als bei den jüngeren Kohorten. Ebenso ist ihr Konkurrenzdenken nicht mehr so stark anzutreffen.[720] So empfinden in der Umfrage der *Deutschen Universität für Weiterbildung* nur noch 17 % der 56- bis 65-Jährigen Aufstiegs- und Entwicklungsmöglichkeiten als „sehr wichtig".[721]

1.3.3 Leistungsgerechtes Entgelt

In der Praxis beziehen die unter 35-Jährigen am häufigsten vergleichsweise niedrige Einkommen, so dass sich in der Befragung „Was ist gute Arbeit?" auch mehr als die Hälfte dieser Altersgruppe unzufrieden mit dem eigenen Einkommen zeigt. Ähnlich verhält es sich mit den Vollzeitbeschäftigten in den

---

716 Vgl.: Regnet, E. (2004), S. 54-55; 63; 68; Richter, G. (2009), S. 18; 31; Bruch, H./Kunze, F./Böhm, S. (2010), S. 105.
717 Vgl.: Brinkmann, R. (2007), S. 23.
718 Vgl.: Bruch, H./Kunze, F./Böhm, S. (2010), S. 98.
719 Vgl.: Fuchs, T. (2008), S. 42 – 43.
720 Vgl.: Richter, G. (2009), S. 192.
721 Vgl.: DUW (2012).

mittleren und höheren Altersgruppen, bei denen mit der Höhe des Einkommens die Zufriedenheit mit dem Verhältnis zwischen der eigenen Leistung und dem Einkommen zunimmt.[722] Allerdings ist zu konstatieren dass sich die ältesten am Arbeitsmarkt aktiven Arbeitnehmergruppen (Jahrgänge 1946 – 1955) in der Regel durch materielle Anreize kaum noch motivieren lassen, da sie sich überwiegend in einer gesicherten finanziellen Position – sowohl im aktuellen beruflichen Status als auch im Hinblick auf die zu erwartenden Rentenbezüge – befinden. In der Folge kann Motivationswirkung eher über Anerkennung und die Befriedigung des Bedürfnisses nach Selbstverwirklichung erzielt werden, aber auch über Freizeitausgleich.[723]

1.3.4   Führung und Zusammenarbeit

Die Jahrgänge 1966 – 1979, also die jüngeren Vertreter der mittleren Generation, bevorzugen eine pragmatische, zielorientierte Führung. Arbeit ist für sie nicht mehr individuelle Sinnerfüllung, sondern ihre Einstellung zur Arbeit ist aufgrund erlebter Krisen eher pragmatisch und realistisch, sie streben stärker nach materiellen Leistungsanreizen und Statussymbolen als die älteren (und auch die jüngeren) Kohorten. Sie sind weder ausgeprägt hierarchieorientiert noch ausgeprägt konsensorientiert. In jedem Fall bevorzugen sie eine klare und ehrliche Kommunikation und Delegation von Aufgaben.[724]

Bei den Älteren am Arbeitsmarkt findet sich der Wunsch einer ganzheitlichen Sicht- und Herangehensweise im Miteinander von Führungskraft und Mitarbeiter, z. B. im Sinne einer Kommunikation, die auch private Belange einschließt oder im Sinne einer Verantwortung, die sich eher auf Arbeitszusammenhänge und die Entwicklung des Unternehmens bezieht als auf konkrete Arbeitsaufgaben.[725] Der bevorzugte Führungsstil der Jahrgänge 1935 – 1945 ist hierarchieorientiert mit klaren Ansagen. Dabei erwarten sie eine persönliche Kommunikation. Respekt vor Autoritäten ist für sie selbstverständlich, dazu gehört auch, dass Anweisungen bzw. Meinungen kaum in Frage gestellt werden. Allerdings müssen jüngere Führungskräfte sie erst von ihren Kompe-

---

722 Vgl.: Fuchs, T. (2008), S. 48.
723 Vgl.: Bruch, H./Kunze, F./Böhm, S. (2010), S. 116.
724 Vgl.: Bruch, H./Kunze, F./Böhm, S. (2010), S. 120 – 123.
725 Vgl.: Richter, G. (2009), S. 192.

tenzen überzeugen. Darüber hinaus wünschen sie sich von Kollegen und Vorgesetzten, dass ihr Erfahrungswissen wertgeschätzt wird und in Entscheidungen eingebracht werden darf. Im Umgang mit anderen zeigen sie ausgeprägte soziale Kompetenzen ebenso wie Loyalität, Zuverlässigkeit, hohe Lösungskompetenz und Stressresistenz. Die Jahrgänge 1946 – 1955 streben bereits stärker nach einer sinnorientierten, partizipativen Führung sowie nach Zielen, die sich mit ihren Wertvorstellungen vereinbaren lassen. Sie legen auch noch sehr viel Wert auf persönliche Kommunikation, in der auch Gelegenheit zum kritischen Hinterfragen gegeben wird. Allerdings haben diese Jahrgänge schon eher als die ältere Kohorte durch die eigenen Kinder und den Arbeitsalltag Kontakt zu modernen Informations- und Kommunikationstechnologien.[726]

1.3.5 Work-Life-Balance

Für Arbeitnehmer, die sich in der aktiven Familienphase befinden, nimmt Work-Life-Balance erwartungsgemäß eine besonders hohe Bedeutung ein. Deutlich wird dies nicht zuletzt in einer repräsentativen Befragung durch die *Gesellschaft für Konsumforschung (GfK)* im Auftrag des *Bundesfamilienministeriums* unter 25- bis 39-jährigen Arbeitnehmern mit eigenen Kindern unter 18 Jahren. Danach räumen 92 % der Vereinbarkeit von Familie und Beruf Vorrang vor einem hohen Gehalt ein.[727] Dabei ist es nicht unbedingt eine Verkürzung der Arbeitszeit, die angestrebt wird, sondern vielmehr der Wunsch, Zeit und Ort des Arbeitens flexibel gestalten zu können, um so belastende und entlastende Elemente individuell aufeinander abzustimmen, wie mehrere Studien zeigen.[728]

Allerdings wurde die mittlere und ältere Generation in einer Arbeitswelt sozialisiert, in der Arbeit im Büro und Freizeit zuhause stattfand, so dass für sie die Frage nach der Grenzziehung zwischen privater und beruflicher Sphäre noch immer eine vergleichsweise hohe Relevanz einnimmt. Insgesamt möchten nach einer Umfrage im Auftrag der BITKOM allerdings fast drei Viertel der

---

726 Vgl.: Bruch, H./Kunze, F./Böhm, S. (2010), S. 117 – 118.
727 Vgl.: BMFSFJ (2007a).
728 Vgl.: Richter, G. (2008), S. 9; Gertz, W. (2008); McCrindle, M./Wolfinger, E. (2009), S. 142; Königes, H. (2010); Weyermann, E. (2003), S. 2 – 3.

deutschen Arbeitnehmer gerne flexibler bzw. (auch) von zuhause aus arbeiten. Die hierbei am stärksten vertretene Altersgruppe sind die 30- bis 49-Jährigen, die zu drei Vierteln regelmäßig zuhause arbeiten möchten oder dies bereits tun. Immerhin gilt dies allerdings auch für 72 % der über 50-Jährigen. Weniger gefragt ist Heim- bzw. Telearbeit bei den 18- bis 29-Jährigen (58 %).[729]

Mit Bezug zu dem empfundenen Zeit- und Termindruck am Arbeitsplatz zeigen sich in der Untersuchung *„Was ist gute Arbeit?"* nur geringfügige Alterseffekte dahingehend, dass sich die meisten Befragten mäßig bis sehr stark belastet fühlen, jedoch sind die 35- bis 55-Jährigen als die am stärksten belastete Gruppe zu identifizieren. Dies mag von ihrer vielfach vorhandenen Doppelbelastung im Rahmen der Vereinbarkeit von Beruf und Familie herrühren. Dementsprechend sind es auch die unter 55-Jährigen, die in stärkerem Umfang von einer Belastung durch unzureichende Berücksichtigung privater Belange bei der Arbeitszeitgestaltung berichten.[730] In eine ähnliche Richtung weist eine Befragung der *Bertelsmann Stiftung*, bei der die Befragten mittleren Alters der Vereinbarkeit beruflicher und privater Belange eine hohe Bedeutung zumessen und diese als wichtigste Voraussetzung dafür ansehen, um das Renteneintrittsalter von 65 Jahren zu erreichen.[731] Viele Angehörige der Jahrgänge 1956 – 1965 leben noch mit eigenen Kindern im Haushalt, zum Teil tragen sie auch bereits Pflegeverantwortung. Beruflich stehen sie vielfach derzeit auf dem Höhepunkt. Auch die meisten Angehörigen der Jahrgänge 1966 – 1979 befinden sich in der aktiven Familienphase, d. h. sie haben minderjährige Kinder im Haushalt und sind in der Folge mit der Herausforderung konfrontiert, Beruf und Familie zu vereinbaren. Bei vielen Vertretern der älteren Generation ist ebenfalls ein Bedürfnis nach Entlastung zu erkennen, große Veränderungen oder Karriereziele werden nicht mehr angestrebt. Die Jahrgänge 1946 – 1955 brauchen ggf. Entlastung, wenn sie pflegebedürftige Angehörige zu versorgen haben.[732]

---

729 Vgl.: BITKOM (2009).
730 Vgl.: Fuchs, T. (2008), S. 33 – 42.
731 Vgl.: Richter, G. (2009), S. 26.
732 Vgl.: Bruch, H./Kunze, F./Böhm, S. (2010), S. 99; 104 – 105; 115 – 118.

1.3.6 Gegenseitige Loyalität, Wertschätzung und Bindung

Den Jahrgängen 1966 – 1979 wird bereits eine geringer ausgeprägte Loyalität ihrem Arbeitgeber gegenüber bescheinigt als dies für die älteren Kohorten der Fall ist, da sie in einer Arbeitswelt mit zunehmender Unsicherheit, aber auch mit zunehmenden Chancen für qualifizierte Kräfte sozialisiert wurden. In der Folge wechseln sie vergleichsweise häufig den Arbeitgeber, auch auf internationaler Ebene. Den Jahrgängen 1935 – 1945 wird hingegen eine besonders hohe Loyalität nachgesagt. Bedingt durch die Kriegs- und Nachkriegserlebnisse hat diese Generation Entbehrungen erfahren, die sie eher pragmatisch, gewissenhaft und loyal agieren lässt.[733]

Die jüngeren Vertreter der Nachkriegsgeneration möchten ihre berufliche Erfahrung wertgeschätzt und respektiert wissen und treten selbstbewusst auf.[734] *Parment* weist in diesem Zusammenhang darauf hin, dass es im Arbeitsalltag wichtig ist, Erfahrung von Nostalgie zu differenzieren. Nicht selten verweisen ältere Mitarbeiter auf ihre Erfahrung in Situationen, in denen sie im Grunde eher aus nostalgischen Gründen tradierte Verhaltensweisen oder Abläufe beibehalten möchten.[735] Möglicherweise rührt daher die Empfindung vieler Angehöriger der älteren Generation, ihr Erfahrungswissen werde nicht in ausreichendem Maße wertgeschätzt. *Richter* konnte zeigen, dass viele Ältere die Weitergabe von Erfahrungswissen einerseits als wichtige Aufgabe und Sinn der Kooperation mit Jüngeren ansehen, sich hiervon andererseits allerdings auch Wertschätzung und die Erweiterung ihres aktuellen Wissensstandes versprechen.[736]

Im Zusammenhang mit den Themen Loyalität und Bindung gilt es auch, sich mit den Bedingungen für den Wunsch nach einem frühen bzw. späten Ausstieg aus dem Erwerbsleben zu beschäftigen. Dabei erweist sich die Gruppe der Älteren allerdings als sehr heterogen – während einige bereits mit 55 Jahren ihren Ausstieg planen, stehen andere mit Mitte 60 noch fest im Erwerbsleben und beschäftigen sich nur bedingt mit dem bevorstehenden Ruhe-

---

733 Vgl.: Bruch, H./Kunze, F./Böhm, S. (2010), S. 114 – 115; 122 – 123; Oertel, J. (2007), S. 167.
734 Vgl.: Oertel, J. (2007), S. 167.
735 Vgl.: Parment, A. (2009), S. 32.
736 Vgl.: Richter, G. (2009), S. 21.

stand.[737] Die Hintergründe für den Wunsch nach einem eher frühen oder eher späten Renteneintritt sind insbesondere in der Qualität der Arbeitsplätze zu suchen, an denen die älteren Beschäftigten verbleiben oder die sie verlassen möchten. Während bei jüngeren Arbeitnehmern unbefriedigende Arbeitsumstände üblicherweise zu einem eingeschränkten Wohlbefinden und auch in einem sinkenden Beitrag zum Umsatz führen, resultiert eine Überlastung oder zu geringe Wertschätzung ihrer Leistungen bei älteren Arbeitnehmern nicht selten darin, dass sie sich aus dem Arbeitsleben zurückziehen möchten.[738] Auch Untersuchungen aus den USA zeigen, dass es neben persönlichen Faktoren wie Gesundheit oder finanziellen Verhältnissen sowie der Erfüllung von Pflichtzeiten für die Rentenversicherung insbesondere der Umgang mit älteren Arbeitnehmern im Kontext von Organisation, Führung und Personalarbeit ist, der über den Verbleib im Unternehmen oder das Anstreben des Ruhestandes entscheidet.[739] Zusammenfassend lässt sich konstatieren, „...dass Ältere durchaus gerne im Berufsleben bleiben, wenn die Rahmenbedingungen stimmen."[740] Dazu gehören soziale Kontakte, eine angemessene finanzielle Absicherung für die Zeit nach dem Erwerbsleben sowie Zufriedenheit mit der beruflichen Situation.[741]

Die Jahrgänge 1956 – 1965 sind die erste Generation, die überwiegend nicht mehr einen frühen Rentenbeginn wird realisieren können – dies aber bei den Vorgängerkohorten als nahezu selbstverständlich erlebt hat. Ähnlich verhält es sich mit der Kohorte der zwischen 1966 und 1979 Geborenen, die den frühen Eintritt in den Ruhestand bei den eigenen Eltern kennengelernt hat und doch weiß, dass sie deutlich länger erwerbstätig sein wird. Hierfür muss früh Bewusstsein geschaffen werden, Perspektiven sind aufzuzeigen.[742] Älteren Kollegen gegenüber empfinden die Angehörigen der mittleren Generation nicht selten einen gewissen Neid, da diese vielfach noch von dem vorzeitigen Eintritt in den Ruhestand profitieren.[743] Dennoch zeigen sich gerade die jüngeren

---

737 Vgl.: Richter, G. (2009), S. 21.
738 Vgl.: van den Broeck, A./Notelaers, G./de Witte, H. (2007), S. 3 – 4.
739 Vgl.: Farr, J. L./Tesluk, P. E./Klein, S. R. (1998), S. 154.
740 Meier, B./Schröder, C. (2007), S. 132.
741 Vgl.: Meier, B./Schröder, C. (2007), S. 132.
742 Vgl.: Bruch, H./Kunze, F./Böhm, S. (2010), S. 120 – 121; Höpflinger, F. (2005), S. 101 – 102.
743 Vgl.: SPReW (2006), S. 12 – 13.

Vertreter der mittleren Generation sehr realistisch. So glauben von den 35- bis 39-Jährigen in einer Umfrage 82 %, dass sie auch nach dem Eintritt in die so genannte nachberufliche Phase noch etwas werden dazu verdienen müssen.[744]

1.4 Die mittlere und ältere Generation im Überblick

Nicht selten wird eine hohe Leistungsfähigkeit in Zusammenhang mit jüngeren Menschen gebracht. Dabei umfasst Leistungsfähigkeit sehr unterschiedliche Kompetenzen, deren interindividuelle Unterschiede, d. h. die Unterschiede in der Leistungsfähigkeit innerhalb der Alterscluster, mit dem Alter zunehmen – d. h. es ist keineswegs von einem generellen Nachlassen der Leistungsfähigkeit mit dem Alter auszugehen. Diese interindividuellen Unterschiede werden von folgenden Bedingungsfaktoren beeinflusst:[745]

- Gesundheitszustand.
- Stimulierende Umwelt- bzw. Arbeitsbedingungen.
- Bildungsstand.
- Sozioökonomischer Status.
- Lebensstil.
- Soziale Kontakte.

Die folgende Übersicht stellt die bislang vielfältig belegten unterschiedlichen altersbezogenen Veränderungen der Leistungsfähigkeit dar. Es zeigt sich, dass es sowohl Fähigkeiten und Kompetenzen gibt, die ab einem gewissen Alter abnehmen und damit eher bei der jüngeren Generation anzutreffen sind als auch solche, die gleich bleiben oder sich sogar verbessern. Es sind also Veränderungen in der Struktur des Leistungsvermögens, nicht jedoch generelle Leistungsminderungen, die mit zunehmendem Alter eintreten (es sei denn, die Berufsbiografie fördert diese):[746]

---

744 Vgl.: Richter, G. (2009), S. 26.
745 Vgl.: Flake, C. (2005), S. 28; Börsch-Supan, A./Düzgün, I./Weiss, M. (2006), S. 5; BMAS (2012), S. 17.
746 Vgl.: Skirbekk, V./Max-Planck-Institut für demografische Forschung (2003), S. 3; 8 – 9; Börsch-Supan, A./Düzgün, I./Weiss, M. (2006), S. 5 – 6; Arnds, P./Bonin, H. (2003), S. 140; van den Broeck,

Tendenzielle Verschlechterung mit zunehmendem Alter	Keine Veränderung mit zunehmendem Alter	Tendenzielle Verbesserung mit zunehmendem Alter
• Geistige Wendigkeit. • Kombinationsfähigkeit. • Genauigkeit der Beurteilung. • Wahrnehmungs- geschwindigkeit von Signalen. • Lerngeschwindigkeit bei Lerninhalten, die sich stark von bereits vor- handenem Wissen un- terscheiden. • Muskelkraft. • Körperliche Leistungs- fähigkeit. • Seh- und Hörvermögen. • Tastsinn. • Organfunktionen. • Adaptionsvermögen. • Geschwindigkeit der In- formationsaufnahme und -verarbeitung bei komplexen Aufgaben. • Risikobereitschaft. • Reaktionsvermögen. • Abstraktionsfähigkeit. • Widerstandsfähigkeit bei hohen physischen und psychischen Dauerbelas- tungen. • Kurzzeitgedächtnis. • Aufstiegsorientierung.	• Aufmerksamkeit. • Konzentrationsfähigkeit (ggf. sogar zunehmend). • Merkfähigkeit im Lang- zeitgedächtnis. • Zielorientiertes und planvolles Handeln. • Kooperationsfähigkeit. • Kommunikationsfähig- keit (ggf. sogar zuneh- mend). • Physische Ausdauer und physisches Durchhalte- vermögen. • Kreativität. • Lernfähigkeit (unter an- gepassten didaktischen Voraussetzungen). • Fähigkeit zur Informati- onsaufnahme. • Intelligenz. • Systemdenken. • Leistungs- und Zielorien- tierung. • Entscheidungsfähigkeit. • „Tacit Knowledge", d. h. prozessbezogenes Wis- sen, das zum Lösen täg- licher Problemstellungen benötigt wird. • Individuelles Verhalten am Arbeitsplatz, z. B. Hilfestellung, Demon- strieren von Eigeninitia- tive oder Pünktlichkeit.	• Geübtheit. • Qualitätsbewusstsein. • Sorgfalt. • Genauigkeit. • Erfahrung. • Urteilsvermögen. • Sicherheitsbewusstsein. • Arbeitssicherheit. • Zuverlässigkeit. • Lebens- und Berufser- fahrung. • Ausgeglichenheit. • Verantwortungs- bewusstsein. • Betriebstreue. • Sprachliche Gewandt- heit/Ausdrucks- vermögen. • Kritisches Denken. • Selbstständigkeit. • Konfliktfähigkeit. • Fähigkeit zum dispositi- ven Denken. • Fähigkeit zur Übernah- me von Führungs- verantwortung. • Kenntnisse betrieblicher und produktionsbezoge- ner Zusammenhänge. • Allgemeinwissen. • Pflicht- und Verantwor- tungsbewusstsein. • Qualität der so genann- ten „job matches" ge- mäß der „Matching- Theorie". Danach ist die Wahrscheinlichkeit für eine optimale Passung zwischen Anforderungs-

A./Notelaers, G./de Witte, H. (2007), S. 7 – 8; Clemens, W./Künemund, H./Zimmermann, K. F. (2003), S. 56 – 57; Wolff, H./Spieß, K./Mohr, H. (2001), S. 50; Winkler, R. (2005), S. 134; Zacher, H. (2007), S. 10 – 13; Wollert, A. (2008), S. 402

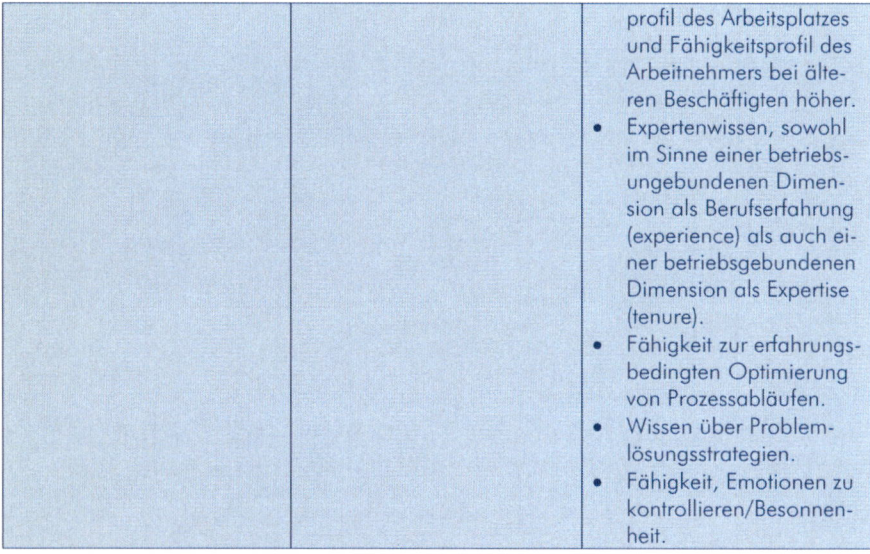

Abb. 41: Veränderungen der Leistungsfähigkeit im Altersverlauf

Beim Blick auf die Leistungsmerkmale wird deutlich, dass sich durchaus be-stimmte nachlassende Fähigkeiten durch andere kompensieren lassen. Ein Beispiel für einen Ausgleich zwischen kognitiven Fähigkeiten und Erfahrung lässt sich bei der Texterfassung feststellen: Hier zeigen ältere Beschäftigte die gleiche Leistung wie jüngere, da sie zwar langsamer, dafür aber effizienter bestimmte ihnen übertragene Aufgaben erledigen. Man spricht in diesem Zu-sammenhang auch von der Kompensationshypothese bzw. „selektiven Opti-mierung mittels Kompensation" oder aber von der Plastizität kognitiver Res-sourcen, wenn Menschen lernen, gewisse altersbezogene Schwächen auszu-gleichen. Dies lässt sich allerdings in erster Linie im eigenen Tätigkeitsbereich, nicht jedoch bei neuen, komplexen Anforderungen, umsetzen.[747]

---

747 Vgl.: Skirbekk, V./Max-Planck-Institut für demografische Forschung (2003), S. 7; Schneider, L./Rostocker Zentrum zur Erforschung des demografischen Wandels (2006), S. 6; Hooshmandi-Robia, B. (2004), S. 22; Warr, P. (1993), S. 238 – 239; Kliegel, M./Jäger, T. (2007), S. 50; Baltes, P./Baltes, M. (1990).

Eine Befragung des *Bundesverbands deutscher Banken* aus dem Jahr 2004 weist mit Bezug zur Leistungsfähigkeit älterer Arbeitnehmer (ab 55 Jahren) zwar darauf hin, dass die jüngere Generation diese geringer einstuft als ältere Kohorten. So glauben 37,3 % der 18- bis 24-Jährigen, ältere Arbeitnehmer erbrächten im Vergleich zu jüngeren weniger Leistung (verglichen mit 21,5 % der 25- bis 29-Jährigen, 26,4 % der 30- bis 39-Jährigen, 21,5 % der 40 – 49-Jährigen, 15,4 % der 50- bis 59-Jährigen sowie 15,9 % der über 60-Jährigen). Letztlich geht jedoch in einer leicht abgewandelten Fragesituation auch mehr als die Hälfte der 18- bis 24-Jährigen (54,2 %) davon aus, dass das Alter keinen Unterschied bezüglich der Leistungsfähigkeit macht.[748]

2. Die Generationenprofile im Vergleich

Nachfolgend sind „auf einen Blick" die Werte, Einstellungen und Haltungen, die Kompetenzen sowie die Erwartungen an die Arbeit der jüngeren, mittleren und älteren Generation dargestellt:[749]

---

748 An der Befragung des Bundesverbandes deutscher Banken zur Leistungsfähigkeit älterer Arbeitnehmer nahmen im Jahr 2004 insgesamt 1.516 Personen ab 18 Jahren teil. Vgl.: Meier, B./Schröder, C. (2007), S. 38.

749 Vgl.: Bruch, H./Kunze, F./Böhm, S. (2010), S. 70; 111; 126; SPReW (2006), S. 12 – 13; Voelpel, S./Leibold, M./Früchtenicht, J.-D. (2007), S. 110 – 111.

	Jüngere Generation	Mittlere Generation	Ältere Generation

Werte, Einstellungen und Haltungen	Jahrgänge ab 1980:
	• Extrinsische Motivation: Karriere und monetäre Anreize, aber nicht um jeden Preis
	• Toleranz
	• Spannungsfeld zwischen Leistungs- und Lebensgenussorientierung
	• Pragmatismus
		• Jahrgänge 1966 – 1979:
		  ○ Materielle Werte
		  ○ Individualismus
		  ○ Mittlere Lebensphase
		  ○ Späte Familienplanung
		• Jahrgänge 1956 – 1965:
		  Zeit der ersten Lebensbilanz
			• Intrinsische Motivation: Wertschätzung, Unabhängigkeit und Partizipation
			• Jahrgänge 1946 – 1955:
			  ○ Postmaterielle Werte
			  ○ Hoher Wert von Selbstbestimmung und Mitsprache
			• Jahrgänge 1935 – 1945:
			  ○ Materielle Werte
			  ○ Kurz vor dem Ruhestand
			  ○ Kinder meist aus dem Haus
			  ○ Bewusstsein über Endlichkeit des Daseins

Kompetenzen	Jahrgänge 1966 – 1979:	Jahrgänge 1956 – 1965:	Jahrgänge 1946 – 1955:	Jahrgänge 1935 – 1945:
• Schnelle Auffassungsgabe • Schnelle Verarbeitung von Wissen • Gute körperliche Konstitution • Hohe Lernbereitschaft • Technologieaffinität bzw. intuitiver Umgang mit IT • Hohe Flexibilität • Hohe Mobilität • Körperliche und geistige hohe Leistungsfähigkeit • Hohe Lernfähigkeit • Wenig Erfahrungswissen • Innovationsfähigkeit • Multitaskingfähigkeit	▫ Pragmatismus ▫ Rationalismus ▫ Kurzfristige Loyalität ▫ Hohe körperliche und geistige Leistungsfähigkeit ▫ Leistungsbereitschaft ▫ Stressresistenz ▫ Flexibilität ▫ Suchen Balance zwischen Beruf und Privatem ▫ Individualismus	▫ Durchsetzungsfähigkeit ▫ Teamfähigkeit ▫ Erfahrung mit Konkurrenz und Konflikten ▫ Umweltbewusstsein ▫ Emanzipation ▫ Erste Rückgänge der Leistungsfähigkeit, die durch Einsatzbereitschaft und Erfahrungswissen ausgeglichen werden können ▫ Konsensfähigkeit ▫ Konfliktfähigkeit	▫ Idealismus ▫ Anspruchsbewusstsein ▫ Rückgang körperlicher und geistiger Leistungsfähigkeit ▫ Stark inter-individuelle Differenzen in der Leistungsfähigkeit ▫ Großes Erfahrungswissen ▫ Hohe Sozialkompetenz ▫ Hohe Arbeitsmoral	▫ Zuverlässigkeit ▫ Loyalität ▫ Pflichtbewusstsein ▫ Kritische Phase für psychische und physische Leistungsfähigkeit ▫ Immenses Erfahrungswissen ▫ Gelassenheit ▫ Hohe Sozialkompetenz

247

Erwartungen an die Arbeit			
• Bevorzugung strukturierter Weiterbildungsformen • Etablierung im Berufsleben • Unabhängigkeit vor der Familiengründung • Umgang mit der „Rush Hour" des Lebens • Kommunikation über neue Medien • Kritisches Hinterfragen von Autoritäten • Starke und visionäre Führung aufgrund geringer Lebens- und Arbeitserfahrung	• Jahrgänge 1966 – 1979: ○ Karriereorientierung ○ Etablierung im Berufsleben ○ Kommunikation über neue Medien ○ Klarheit in Zielen und Führung • Jahrgänge 1956 – 1965: ○ Aufzeigen weiterer Entwicklungs-chancen in Phase der Zwischenbilanz ○ Konsensorientierte Führung	• Jahrgänge 1946 – 1955: ○ Skepsis gegenüber Autoritäten ○ Höhepunkt des Berufslebens ○ In der zweiten Lebenshälfte angekommen ○ Persönliche Kommunikation ○ Partizipative Führung ○ Hohe Bedeutung der Sinnhaftigkeit der Tätigkeit ○ Bevorzugung von selbstgesteuertem, praxisorientiertem Lernen • Jahrgänge 1935 – 1945: ○ Respekt für Hierarchie und Vorgesetzte ○ Persönliche Kommunikation ○ Einbindung des Erfahrungswissens in Entscheidungen ○ Möglichkeit des flexiblen Übergangs in den Ruhestand ○ Bevorzugung von selbstgesteuertem, praxisorientiertem Lernen	

Abb. 42: Vergleich der Generationenprofile

Es lässt sich folgendes Fazit ziehen: Jede Altersgruppe weist gewisse Stärken auf, die im Unternehmen zielgerichtet miteinander kombiniert werden sollten, um ebenfalls vorhandene generationsspezifische Schwächen bestmöglich zu kompensieren.[750]

3. Generationenverhältnisse

Generationenverhältnisse lassen sich anhand der drei Grundmuster

- Generationenkonflikt oder negative Interdependenz
  (ausgeprägte Wert- oder Interessenskonflikte zwischen Generationen),

- Generationensolidarität oder positive Interdependenz
  (v. a. innerhalb von Familien durch gegenseitige Hilfestellungen, aber auch auf außerfamiliärer Ebene z. B. in Projektform) sowie

- Segregation
  (unterschiedliche Interessen der Generationen existieren relativ unabhängig voneinander, z. B. im Freizeitbereich)

einteilen. Dabei sind oft mehrere Muster gleichzeitig wirksam, so dass das Verhalten der Generationen nicht selten vieldeutig und auch widersprüchlich erscheint.[751] In diesem Kontext interessieren insbesondere die Veränderungen im Generationenverhältnis sowie gängige Stereotype, Vorurteile und Potenziale.

3.1 Veränderungen im Generationenverhältnis

Als zentrale Veränderungen im Generationenverhältnis sind folgende anzusehen:

- Solidarische familiäre Leistungen zwischen den Generationen sind nur noch bedingt möglich, da aufgrund der wachsenden beruflichen Mobili-

---

750 Vgl.: Oertel, J. (2007), S. 212.
751 Vgl.: Uhlendorff, H. (2008), S. 136 – 137; Höpflinger, F. (1999), S. 20 ff.; Richter, G. (2009), S. 14; Franz, J./Frieters, N./Scheunpflug, A./Tolksdorf, M./Antz, E.-M. (2009), S. 29 – 30.

tät viele Eltern und Kinder weit voneinander entfernt leben. Hinzu kommt, dass sich wandelnde Familienformen und sinkende Kinderzahlen bedingen, dass nicht selten eine Person mit der Pflegeverantwortung für mehr als zwei Elternteile, im Falle einer erneuten Eheschließung also vier ältere Menschen, konfrontiert ist.[752]

- Während in der Vergangenheit in der Regel von einem Zuwachs an Wissen und Erfahrung mit zunehmendem Alter auszugehen war, wodurch Jüngere primär von Älteren lernen konnten, gilt dieses Verhältnis heute nicht mehr im Sinne einer „Einbahnstraße". Vielmehr nehmen angesichts der sinkenden Halbwertzeit von Wissen und der rasanten Veränderungsprozesse in Bezug auf Bildungsinhalte, technologische Neuerungen und betriebliche Erfordernisse mit dem Alter in gleichem Maße, wie Wissen und Erfahrung nach wie vor ansteigen, auch Wissens- und Erfahrungslücken zu. Diese können die Älteren wiederum eher mit der Hilfe von Jüngeren schließen. Somit kann heute jeder von jedem lernen – abhängig von der Art des Inhalts.[753]

- Als eine der zentralen Entwicklungsaufgaben stellt sich für ältere Generationen die Ausübung der so genannten „Generativität", d. h. die Vermittlung von Erfahrungen und Kompetenzen an jüngere Generationen, dar,[754] während für jüngere Generationen insbesondere die Identitätsbildung zu den entscheidenden Entwicklungsaufgaben zählt. D. h. in einem generationsübergreifenden Austausch geben Ältere etwas von sich und ihrer Lebenserfahrung weiter, wodurch Jüngere in ihrer Identitätsfindung unterstützt werden können.[755] Heute gilt allerdings in zunehmendem Maße: „Die Älteren können nicht mehr für sich in Anspruch nehmen, dass sie die einzige wichtige Instanz sind, die zur Vermittlung und Deutung kulturell gültiger Wissensbestände stimmen und bei Nichteinhaltung sanktionieren, was die *wahren*, *guten* und *richtigen* Normen und Werte

---

752 Vgl.: Franz, J./Frieters, N./Scheunpflug, A./Tolksdorf, M./Antz, E.-M. (2009), S. 11 – 12.
753 Vgl.: Franz, J./Frieters, N./Scheunpflug, A./Tolksdorf, M./Antz, E.-M. (2009), S. 11 – 12.
754 Weitere Entwicklungsaufgaben der älteren Generationen nach Havinghurst, R. J. (1953) sind die Akzeptanz biologischer Vulnerabilitäten und die Auseinandersetzung mit der eigenen Endlichkeit.
755 Vgl.: Uhlendorff, H. (2008), S. 137 – 138 unter Verweis auf Havinghurst, R. J. (1953) und Kessler, E.-M. (2006).

sind, die sich Jugendliche heute aneignen sollen.[...] Der lebenszeitliche Erfahrungsvorsprung der Älteren schwindet".[756]

- Wirtschaftliche Umbrüche führen dazu, dass die althergebrachte Hoffnung, der jüngeren Generation würde es in materieller Hinsicht besser gehen als den Vorgängergenerationen, nicht mehr bedingungslos tragfähig ist. Diese Hoffnung rechtfertigte in gewisser Weise den Einsatz bzw. die Leistungsmotivation der Jüngeren und begründete einen Optimismus im Hinblick auf die eigene Zukunft und die Solidarität zwischen den Generationen.[757]

3.2 Stereotype, Vorurteile und Potenziale

Das Generationenverhältnis wird auch in nicht zu unterschätzender Weise von Stereotypen geprägt, d. h. einzelne Generationen entwickeln zuweilen Vorstellungen von anderen Generationen, die nicht der Realität entsprechen. Als Ursachen sind einerseits der Wunsch, eigene Vorzüge hervorzuheben oder auch die Befürchtung, von anderen Generationen ausgenutzt oder benachteiligt zu werden, zu identifizieren, andererseits aber auch eine unzureichende Kenntnis über die jeweils anderen Generationen.[758] Was auf familiärer Ebene in persönlichen Konflikten aufgrund überzogener bzw. nicht erfüllter Erwartungshaltungen zwischen älteren und jüngeren Generationen zutage tritt, äußert sich auf makrosozialer Ebene als Misstrauen bzw. auch Sorge, die jüngere Generation könnte ihrer Aufgabe nicht gerecht werden, den Fortbestand der Gesellschaft und Solidargemeinschaft und damit auch den Lebensstandard der Älteren im Ruhestand zu sichern. Dies ist offenbar ein „urmenschliches" Verhaltensmuster, denn bereits *Sokrates* soll erkannt haben „Die Jugend von heute liebt den Luxus, hat schlechte Manieren und verachtet die Autorität. Sie widersprechen ihren Eltern, legen die Beine übereinander und tyrannisieren ihre Lehrer."[759] Die Älteren tendieren dazu, ihre eigenen Verhaltensweisen in jungen Jahren positiver zu beurteilen als die der derzeitigen Jugend. Darüber

---

756 Ferchhoff, W. (2007), S. 321.
757 Vgl.: Franz, J./Frieters, N./Scheunpflug, A./Tolksdorf, M./Antz, E.-M. (2009), S. 11 – 12.
758 Vgl.: Mansel, J. (2008), S. 45.
759 Schmidt, H. (2009), S. 20.

hinaus wird unweigerlich ihre Wahrnehmung von ihrer eigenen Perspektive und Prägung stark beeinflusst, d. h. sie messen die jüngere Generation an den Werten und Normen, mit denen sie selbst aufgewachsen sind.[760] Gerade infolge des demografischen Wandels steigt nach Ansicht von Jugendforschern zudem die Aufmerksamkeit für die Verhaltensweisen der knapper werdenden Jüngeren, verbunden mit erhöhtem Argwohn und Vorurteilen. Als Beispiel wird die zunehmende Diskussion um Alkoholmissbrauch und Gewalt unter Jugendlichen und jungen Erwachsenen angeführt, der entgegen gehalten wird, dass auch in der Vergangenheit durchaus derartige Vergehen beobachtet, allerdings nicht in der derzeit vorherrschenden Form in den Medien aufgearbeitet wurden: „Was früher eine Schlägerei war, heißt heute Jugendgewalt."[761] Die schwindende Zahl junger Menschen trägt auch dazu bei, dass das Verhalten der (älteren) Mehrheit in der Bevölkerung zur Norm und das der Jugendlichen und jungen Erwachsenen zwangsläufig zu einem Minderheitenverhalten wird. Das Bild der Erwachsenen wird dadurch vermehrt „vom Hörensagen" geprägt, da im unmittelbaren Umfeld weniger Vertreter der jüngeren Generation erlebt werden als dies in der Vergangenheit der Fall war. So zeigt sich, dass in der Regel einzelne Jugendliche und junge Erwachsene deutlich positiver beurteilt werden als „die Jugend" im Allgemeinen.[762]

Vorurteile gegenüber der jüngeren Generation basieren auch nicht zuletzt auf der Trägheit gesellschaftlicher Kräfte. So haftet den heutigen Jugendlichen und jungen Erwachsenen noch immer das Stigma der „Null-Bock-Generation" an. Diese jedoch war, wie zahlreiche Studien belegen, nur bis etwa zum Ende der achtziger Jahre, also in der Jugendphase der heutigen mittleren Generation, anzutreffen. Ähnlich verhält es sich mit der so genannten „Spaßgeneration", die es ebenso nachweislich nicht gibt, die jedoch nicht selten in der Regenbogenpresse heraufbeschworen wird.[763] Umgekehrt erscheinen allerdings auch die Ankündigungen einiger US-amerikanischer Autoren von einer Generation, die die Arbeitswelt revolutionieren wird, überzogen. Letztlich trifft es wohl am ehesten die *Shell Jugendstudie 2010*, die im

---

760 Vgl.: Höpflinger, F. (2009); Trendbüro/Steinle, A./Wippermann, P. (2003), S. 23.
761 Hondrich, K. O. (1999), S. 85.
762 Vgl.: Höpflinger, F. (2009); Trendbüro/Steinle, A./Wippermann, P. (2003), S. 23; Ferchhoff, W. (2007), S. 177.
763 Vgl.: Trendbüro/Steinle, A./Wippermann, P. (2003), S. 22.

Zusammenhang mit den heutigen 14- bis 29-Jährigen von einer „pragmatischen Generation, die sich behauptet" spricht. Sie bringt auch sehr klar zum Ausdruck, dass es sich bei den Jugendlichen und jungen Erwachsenen, die problematische Verhaltensweisen aufweisen und in der Öffentlichkeit nicht selten als symptomatisch für eine ganze Generation dargestellt werden, um eine kleine Minderheit handelt.[764]

Umgekehrt geraten auch ältere Menschen, die nicht mehr im Erwerbsleben stehen, in den Fokus von Vorurteilen, da sie im Sinne einer zunehmenden Ökonomisierung des Lebens nicht mehr als effizient und „nützlich" eingestuft werden bzw. gerade bei Jüngeren zuweilen der Eindruck entsteht, mit steigenden Abgaben den komfortablen Ruhestand vieler zu finanzieren.[765] Werden Vertreter der jüngeren Generation auf die ältere Generation angesprochen, zeigen sich durchaus Ambivalenzen. So ist das Bild, das Jugendliche und junge Erwachsene von älteren Menschen in der eigenen Familie haben, laut *Shell Jugendstudie 2006* überwiegend positiv, geprägt von Bewunderung für das im Leben Geleistete, insbesondere den Wiederaufbau nach dem Krieg. Sie bezeichnen die ältere Generation mehrheitlich als familienorientiert, pflichtbewusst, fleißig und ehrgeizig sowie einflussreich und sozial engagiert. Auch im *Generationen-Barometer 2009* geben 65 % der 16- bis 29-Jährigen an, von ihren Großeltern geprägt worden zu sein oder von ihnen etwas gelernt zu haben. Geht es allerdings um ältere Arbeitskollegen, ist das Verhältnis nicht selten dadurch getrübt, dass sie sich von diesen wünschen, sie sollten nicht auf eingefahrenen Standpunkten beharren und Ideen der Jüngeren eher zulassen. Problematisch stellen sich offenbar auch die „jungen Alten" dar, die so gar nicht in das klischeehafte Bild der Großeltern passen wollen, weil sie beispielsweise in Hörsälen der Universitäten oder auf Rockkonzerten anzutreffen sind. Auch die materielle Situation von Rentnern wird von Jugendlichen und jungen Erwachsenen nicht einheitlich beurteilt. Während sie die Situation der eigenen Großeltern als zufriedenstellend einstufen, finden sich in

---

764 Vgl.: Shell Deutschland Holding (Hrsg.) (2010); Albert, M./Hurrelmann, K./Quenzel, G. (2010b), S. 347.
765 Vgl.: Mansel, J. (2008), S. 45 – 47; Lohmann, M. (2008), S. 60 – 63.

Bezug auf ältere Menschen außerhalb der Familie die zwei Extrempositionen einer zu guten bzw. zu schlechten finanziellen Ausstattung der Älteren.[766]

Diese Ambivalenzen spiegeln die Ergebnisse der *Shell Jugendstudie 2010* wider: Danach bewerten 52 % der Befragten das heutige Generationenverhältnis als angespannt, 43 % als eher harmonisch. Hier ist im Vergleich zu den Vorgängerstudien eine Erhöhung des Anteils derer, die sich kritisch äußern, zu bemerken, und auch bei der Frage nach der künftigen Entwicklung gehen inzwischen 39 % von einer Verschlechterung des Verhältnisses aus (verglichen mit 27 % in 2006). Die soziale Herkunft spielt dabei keine Rolle.[767]

Doch auch wenn seit den neunziger Jahren immer wieder in Publikationen ein drohender „Krieg der Generationen" heraufbeschworen wird,[768] weisen empirische Untersuchungen darauf hin, dass sich in der Gesellschaft eher ein solidarisches Generationenverhältnis entwickelt. Dies gilt insbesondere für das Verhältnis zwischen der jüngeren und älteren Generation, während die mittlere Generation, die von beiden gefordert wird (z. B. im Sinne von Betreuungs- bzw. Pflegeaufgaben), sich nicht selten überfordert fühlt, worin ein gewisses Konfliktpotenzial zu vermuten ist.[769] Generationenwechsel bedingen nach Ansicht von Soziologen auch in gewisser Weise einen sozialen Wandel. Mit Konflikten geht ein Generationenwechsel allerdings nur dann einher, wenn sich eine Generation bewusst von einer anderen abgrenzt und ihre Interessen deutlich artikuliert – wie z. B. bei der so genannten „68er-Generation" geschehen.[770] Dies ist allerdings bei der heutigen jüngeren Generation nicht zu beobachten.

---

766 Vgl.: Willert, M./Picot, S. (2008), S. 97 – 107; Köcher, R. (2009), S. 37; Schneekloth, U. (2006b), S. 150 – 151; Karl, F. (2008), S. 166 – 167.

767 Vgl.: Willert, M./Picot, S. (2008), S. 99 – 100; Karl, F. (2008), S. 167; Shell Deutschland Holding (Hrsg.) (2010), S. 24; Schneekloth, U./Albert, M. (2010), S. 167.

768 So unter anderem von Frank Schirrmacher in seinem 2005 erschienenen Buch „Das Methusalem-Komplott".

769 Vgl.: Franz, J./Frieters, N./Scheunpflug, A./Tolksdorf, M./Antz, E.-M. (2009), S. 30; Opaschowski, H. W. (2008), S. 486 ff.

770 Vgl.: Willert, M./Picot, S. (2008), S. 91 – 92.

V AUSBLICK: IMPLIKATIONEN FÜR UNTERNEHMEN

1. Umgang mit der Generationendiversität

Die vorangegangenen Ausführungen machen deutlich, dass die jüngere Generation in ihren Werten, Kompetenzen und Erwartungen an die Arbeit nicht unerheblich von der mittleren und älteren Generation differiert. Inwieweit sich hieraus positive und/oder negative Konsequenzen ergeben (können), sollen die folgenden Überlegungen zeigen.

1.1 Chancen und Herausforderungen im Zusammenspiel der Generationen am Arbeitsplatz

In Deutschland beschäftigen sich vielfältige Kampagnen und Publikationen mit der Vereinbarkeit von Beruf und Familie, der Gleichstellung der Geschlechter sowie den Implikationen alternder Belegschaften, während die Generationendiversität kaum thematisiert wird. In den USA stets sie bereits seit Jahren auf der Agenda führender Unternehmen. Dabei trägt eine effiziente Zusammenarbeit der Generationen sowohl zur Zufriedenheit, Motivation und damit auch Produktivität der Beschäftigten bei als auch zur optimaleren Nutzung der Diversität für den Umgang mit Kunden, Lieferanten und weiteren Anspruchsgruppen.[771]

Noch bis vor wenigen Jahrzehnten löste am Arbeitsplatz die jüngere Generation die ältere ab. Heute ergibt sich durch überlappende Lebensphasen ein so genannter „Prinz-Charles-Effekt", verbunden mit einer größeren Vielfalt am Arbeitsplatz.[772] Hinzu kommt, dass in der Vergangenheit unterschiedliche Generationen in der Regel durch hierarchische Strukturen deutlich voneinander abgegrenzt waren. Die älteren, erfahrenen Beschäftigten besetzten aufgrund ihres Wissens- und Erfahrungsvorsprungs in der Organisation die höheren Positionen, während sich die Nachwuchskräfte einen gewissen Status erst er-

---

771 Vgl.: Oertel, J. (2007), S. 5.
772 Vgl.: Oertel, J. (2007), S. 2.

arbeiten mussten.[773] Zwar finden sich solche Strukturen auch heute noch durchaus in zahlreichen Unternehmen, doch die Grenzen verschwimmen zusehends. Dies ist zum einen auf die Abwendung von klassischen Hierarchien gerade in wissensintensiven Bereichen zurückzuführen, zum anderen aber auch auf die zunehmende Komplexität und Flexibilität in Unternehmensabläufen. Hierdurch entstehen in temporären Projekten, über Job Rotation etc. immer wieder neue Teams, in denen sich wiederum in der Regel mehrere Generationen zusammenfinden.[774] Darüber hinaus kommt Folgendes zum Tragen: „In dynamischen Gesellschaften mit einem hohen Innovations- und Wandlungspotenzial erneuern sich die relevanten Informationen und Wissensbestände schneller, während alte obsolet werden. Dementsprechend kann sich die mit der Altersdifferenz – qualitativ und quantitativ – variierende Informations- und Wissensverteilung in der Gesellschaft insbesondere im Hinblick auf aktuelle Probleme und innovative Phänomene dahingehend verschieben, dass die jüngere Generation einen Informations- und Wissensvorsprung gegenüber der älteren erlangt, der tendenziell an Bedeutung gewinnt".[775] Gerade im Bereich computervermittelter Kommunikation und multimedialer Anwendungen vergrößert sich der Wissensabstand zwischen den Generationen, so dass Ältere in diesem Kontext gerade am Arbeitsplatz nicht selten stärker gezwungen sind, von Jüngeren zu lernen als dies in der Vergangenheit der Fall war, als traditionell eher Wissen der Älteren an die Jüngeren weitergegeben wurde.[776] Hieraus wiederum resultiert auch eine Neuordnung der Rollen in vielen Unternehmen, in denen sich Status, Position und auch Entgelt immer stärker an der individuellen Leistung bzw. dem erfolgskritischen Wissen des Einzelnen festmacht und es nicht selten zur Situation kommt, dass Führungskräfte deutlich jünger sind als ihre Mitarbeiter.

Wird die Generationendiversität nicht angemessen berücksichtigt, bleiben Potenziale ungenutzt und es können Verständigungsschwierigkeiten, Reibungsverluste und Probleme in der Zusammenarbeit entstehen. *Bruch* identifiziert

---

773 Vgl.: Paine, J. W. (2006).
774 Vgl.: Paine, J. W. (2006); Oertel, J. (2007), S. 2.
775 Hebecker, E. (2001), S. 110.
776 Vgl.: Hebecker, E. (1997).

drei typische „Fallen", die in Unternehmen mit der Altersdiversität einhergehen und die produktive Energie reduzieren können:[777]

- Korrosionsfalle,
  d. h. es kommt zu Konflikten zwischen den Altersgruppen, die Kommunikation ist erschwert und es mangelt an der Ausrichtung auf ein gemeinsames Ziel.

- Resignationsfalle,
  d. h. es herrscht ein Mangel an Wertschätzung, das Empowerment ist
  unzureichend. Ebenso zeigt sich Perspektivlosigkeit.

- Trägheitsfalle,
  d. h. die Zufriedenheit ist hoch, man hält am Status Quo fest. Dadurch
  erfolgt eine zu langsame oder unzureichende Anpassung an Umweltver-
  änderungen.

Ein generations- und altersgerechtes HR-Management verbunden mit einer
entsprechenden Führung jedoch lässt die produktive Energie steigen. Denn
durch den Erhalt der Lern- und Wandlungsfähigkeit lässt sich die Trägheitsfalle überwinden sowie durch die Begeisterung für gemeinsame Ziele die Gefahr
der Korrosionsfalle bannen, so dass es schließlich durch die Steigerung von
Wertschätzung und Perspektive nicht zu einer Resignationsfalle kommt.[778]

1.2   Mögliche Konfliktfelder und Potenziale

Unterschiedliche Sozialisationsmuster der Generationen führen unweigerlich
zu unterschiedlichen Werten und Verhaltensweisen, aber auch zu unterschiedlichen Interpretationen desselben Verhaltens: „Da gelten die Alten dann als
langsam, umständlich, Hierarchie-ergeben und technikfeindlich. Und die
Jungen als vorlaut, hektisch, Google-hörig und respektlos."[779]

Einige Beispiele sollen veranschaulichen, wo Konfliktpotenziale zu vermuten
sind. So deutet die ältere Generation häufige Arbeitsplatzwechsel im Laufe

---

777 Vgl.: Bruch, H. (2008), S. 15.
778 Vgl.: Bruch, H. (2008), S. 17.
779 Vgl.: Frick, M. (2012), S. 19.

eines Erwerbslebens leicht als Treulosigkeit oder Unzuverlässigkeit, da sie einerseits noch in der Überzeugung sozialisiert wurden, dass eine Berufsausbildung und ein Arbeitsplatz ein Leben tragen (können) und sich andererseits ihre Ansprüche an den Arbeitgeber eher auf die Sicherung ihrer materiellen Basis bezogen. Die jüngere Generation hingegen betrachtet Arbeitsplatzwechsel zum einen als einen natürlichen Prozess im Zuge der abnehmenden Sicherheit von Beschäftigungsverhältnissen und Bindungen an Arbeitgeber. Zum anderen sind die Jugendlichen und jungen Erwachsenen in Zeiten einer größeren Offenheit und Transparenz bezüglich möglicher Ausgestaltungen von Arbeitsverhältnissen groß geworden, so dass sich auch ihre Erwartungen an Weiterentwicklungsperspektiven, Arbeitsbedingungen etc. deutlich erhöht haben und sie den Arbeitsplatz wechseln, wenn diese nicht erfüllt werden und sich ihnen Alternativen bieten. Ähnlich verhält es sich mit dem Kommunikationsverhalten der Jüngeren, die sich durchaus in der Lage sehen, während eines Gespräches über Arbeitsinhalte parallel im Internet nach Informationen zu suchen – dies wiederum gilt unter den älteren Beschäftigten als äußerst unhöflich.[780]

Auch in der Feedback-Kultur liegt ein inhärenter Generationenkonflikt: Während die jüngere Generation konstruktives und offenes Feedback schätzt und regelmäßig und häufig einfordert, haben ältere Mitarbeiter nicht selten kaum gelernt, angemessen Feedback zu geben bzw. damit umzugehen. Sie befürchten, dass ein intensives Feedback mit Misstrauen und Unselbstständigkeit verbunden ist und sind es gewohnt, nur für herausragende Leistungen und nicht bereits für „Selbstverständlichkeiten" Lob auszusprechen,[781] getreu dem Motto „Nicht geschimpft ist schon gelobt!" In engem Zusammenhang hierzu steht die offene Art, in der die Jugendlichen und jungen Erwachsenen üblicherweise kommunizieren und die von vielen Älteren, die eher zu einer zurückhaltenden Art der Kommunikation erzogen wurden, leicht als respektlos und beleidigend interpretiert wird. Verstärkt wird dies durch den Umstand, dass die heutigen Älteren in ihren jungen Jahren in Unternehmen sehr darum bemüht waren, sich den Weg für eine langfristige Tätigkeit bei einem Arbeitgeber zu ebnen und sich daher den damaligen Älteren eher anpassten. Die jüngere Generation, die – wenn sie gut qualifiziert sind – sehr wohl weiß, dass

---

780 Vgl.: Oertel, J. (2007), S. 3.
781 Vgl.: Parment, A. (2009), S. 110; Meyers, R. A. (2009), S. 204 – 205; Zaslow, J. (2007).

sie eine Art „Mangelware" darstellt, sieht für sich nur noch bedingt die Notwendigkeit, sich anzupassen und stellt die über viele Jahre hinweg bewährten Strukturen und Prozesse, die die Älteren geschaffen haben, nicht selten in Frage. Auch sprechen die Jüngeren offen Missstände, Verbesserungspotenziale oder betriebliche Abläufe, die ihnen ineffizient erscheinen, an.[782]

Ein weiterer Aspekt, der Fingerspitzengefühl im Umgang mit unterschiedlichen Generationen erfordert, ist die zunehmende Betonung einer leistungsorientierten Vergütung. Sozialisiert in einer stark senioritätsorientierten Vergütungsstruktur, in der mit zunehmendem Alter in der Regel auch das Entgelt anstieg, sehen sich nun einige „Altgediente" der Situation gegenüber, dass jüngere Kollegen in einem leistungsorientierten System auf der Gehaltsleiter an ihnen vorbeiklettern. Jüngere hingegen akzeptieren nicht unumwunden, dass Lebensalter bzw. Betriebszugehörigkeit mit Erfahrung und Leistung gleichgesetzt wird.[783]

Die Zusammenarbeit mit den „Digital Natives" birgt also sowohl Vor- als auch Nachteile. So erfreut es manch älteren Kollegen, wenn die Auszubildende innerhalb kurzer Zeit eine professionelle Präsentation erstellt, für die er selbst Tage gebraucht hätte. Auf weniger Begeisterung stößt es allerdings, wenn die gleiche Auszubildende – gewohnt, mehrere Dinge parallel zu tun – während der Arbeitszeit ihre Freundschaften in Online-Communities pflegt oder aber im Briefverkehr mit Kunden einen unangemessen lockeren Ton anschlägt, wie er in privaten E-Mails üblich ist. Es kommt in der Folge einer Gratwanderung gleich, den Jugendlichen und jungen Erwachsenen im Arbeitsleben zum einen ihre Gewohnheiten und Eigenheiten zuzugestehen (wie sie auch die Generationen vor ihnen haben und hatten) und zum anderen einen reibungslosen Geschäftsverlauf sicherzustellen. So kann das ihnen eigene Multitasking zwar einerseits diejenigen verwirren, die es nicht gewohnt sind bzw. bei ihnen den Eindruck hinterlassen, der junge Kollege schenke seiner eigentlichen Arbeit zu wenig Aufmerksamkeit. Andererseits jedoch ist es gerade diese Fähigkeit, die viele Vertreter der jüngeren Generation in Stress-

---

782 Vgl.: Buchhorn, W./Werle, K. (2011).
783 Vgl.: Frick, M. (2012), S. 19.

Situationen und bei einer nahezu unüberschaubaren Fülle neuer Entwicklungen und Informationen die Übersicht behalten lässt.

Generell ist zu konstatieren, dass Verschiedenheit der Generationen nicht negativ sein muss, sondern durchaus auch befruchtend sein und Kreativität sowie Innovation anregen kann: „A cross-generational workforce can be a source of contention or a source of learning, productivity, and innovation for an organization [...] The difference between the two lies in an organization's willingness to recognize the differences and commonalities among the generations in its workforce, honor the unique needs and strengths of each generation, and then leverage this awareness for maximum competitive advantage."[784] Anders ausgedrückt: „Je größer die demografische und kulturelle Vielfalt der Arbeitsplätze in einem Unternehmen ist, desto größer ist die Wahrscheinlichkeit, dass immer Mitarbeiter da sind, die mittwochabends, am 1. Weihnachtsfeiertag oder alle zwei Wochen samstagsabends arbeiten können. Manche Menschen arbeiten gerne intensiv zwei Wochen hintereinander, um dann eine Woche frei zu haben, andere arbeiten gerne montags bis donnerstags viele Stunden, um dann ein verlängertes Wochenende im italienischen Sommerhaus verbringen zu können."[785] Die Zauberformel in diesem Zusammenhang lautet Wertschätzung des jeweils Anderen im Sinne seines ganz individuellen Beitrags zum gemeinsamen Erfolg.

2. Berücksichtigung des Profils der jüngeren Generation am Arbeitsplatz

Vorausgeschickt sei, dass es selbstverständlich nicht darum geht, das immanente Spannungsverhältnis zwischen den Interessen bzw. Präferenzen von Arbeitgeber und Arbeitnehmer „auszuhebeln", d. h. es wäre vermessen zu glauben, allen Generationen in ihren Bedürfnissen und Vorstellungen gerecht werden zu können. Des Weiteren kann es nicht Ziel sein, dass die älteren Generationen ihre Grundsätze, Traditionen und Führungsstrategien in Gänze in Frage stellen, um der jüngeren Generation gerecht zu werden. Allerdings werden sie nicht umhin können, gewisse Zugeständnisse zu machen, um die-

---

784 Paine, J. W. (2006).
785 Parment, A. (2009), S. 70.

se Nachwuchskräfte zu binden und die Kommunikation mit ihnen optimal zu gestalten. Nachfolgend sind daher einige beispielhafte Ansätze aufgeführt, die das Miteinander der Generationen verbessern und dem Profil der jüngeren Arbeitnehmer gerecht werden können.

2.1 Ansprache potenzieller Nachwuchskräfte

- Bei der Arbeitssuche werden Identität, Image und soziale Netzwerke immer wichtiger. Vielfach kommunizieren Arbeitgeber Werte, die die jüngere Generation nicht ansprechen bzw. sie bedienen sich falscher Kommunikationskanäle oder -stile. Gerade soziale Netzwerke werden immer häufiger zu „Jobbörsen",[786] werden allerdings noch nicht einmal von der Hälfte der deutschen Unternehmen bei der Suche nach Bewerbern genutzt (39 % im Jahr 2010).[787]

- Aufgrund des zunehmenden Austauschs von Erfahrungen und Einschätzungen zu potenziellen Arbeitgebern im Internet tun Unternehmen gut daran, diesen Dialog indirekt positiv zu beeinflussen. Nicht selten überwinden Unternehmen die Hemmschwelle nicht, sich am virtuellen Dialog im Internet aktiv zu beteiligen. Eine Möglichkeit besteht beispielsweise darin, eigene Mitarbeiter als „Unternehmensbotschafter" auf Websites zur Arbeitgebereinschätzung wie www.kununu.de, in sozialen Netzwerken oder mittels Blogs aktiv werden zu lassen.[788]

- Eine direkte und weniger formelle Ansprache kommt bei den Jüngeren gut an, muss allerdings mit der allgemeinen Kommunikationsstrategie des Unternehmens kompatibel sein.[789]

- Aufgrund des ausgeprägten Wunsches nach der Bedeutsamkeit der eigenen Tätigkeit sollte Angehörigen der jüngeren Generation das Gefühl vermittelt werden, wichtig für das Unternehmen zu sein und nicht einfach nur einen frei gewordenen Arbeitsplatz neu zu besetzen.[790]

---

786 Vgl.: Parment, A. (2009), S. 69.
787 Vgl.: Zukunftsinstitut (2010), S. 27.
788 Vgl.: Rademacher, L./Remus, N./Kamm, S. (2009), S. 12 – 14; Laick, S. (2009), S. 22 – 23.
789 Vgl.: Parment, A. (2009), S. 147 – 148.
790 Vgl.: Eisner, S. (2005).

- Flexibilität ist gefragt, um Vertreter der jüngeren Generation für ein Unternehmen gewinnen und binden zu können. Unterschiedliche Mitarbeiter werden durch unterschiedliche Anreize motiviert – und die Jugendlichen und jungen Erwachsenen erwarten mehr als ältere, ihre Bedürfnisse befriedigt zu sehen.[791]

- Bewerber wünschen sich von Stellenausschreibungen und Vorstellungsgesprächen immer weniger „klassische" Informationen, z. B. zum Leistungs- und Produktspektrum, sondern vielmehr klare Aussagen zu Orientierung und Inhalten, Karriereperspektiven, aber auch zum Umgang mit der Work-Life-Balance im Unternehmen.[792]

- Das zunehmend offensive Werben, gerade an Schulen und Hochschulen, um den qualifizierten Nachwuchs, macht diesen selbstbewusster, informierter und auch anspruchsvoller einem Arbeitgeber gegenüber. Employer Branding wird daher immer wichtiger.[793]

2.2 Führung und Zusammenarbeit

- Bedingt durch die zunehmende Heterogenität von Belegschaften und die hohe Teamorientierung der jüngeren Generation empfiehlt es sich, kollektivistische Werte zu fördern, z. B. durch die Unterstützung virtueller Vernetzungen über Diskussionsforen, Online-News-Gruppen oder soziale Netzwerke. Gerade die Jugendlichen und jungen Erwachsenen sind dann in der Lage, Wissen und Informationen über geografische, soziale und hierarchische Grenzen hinweg zu erlangen.[794]

- Das Bedürfnis der jüngeren Generation nach angemessenem, ehrlichem und regelmäßigem Feedback sollte zum Bestandteil der Führungsstrategien werden, wobei insbesondere spezifischem Lob sowie Incentives im Sinne von Entscheidungs- oder Weiterbildungsmöglichkeiten eine hohe Motivationswirkung zugesprochen wird.[795]

---

791 Vgl.: Parment, A. (2009), S. 139 – 141.
792 Vgl.: Rademacher, L./Remus, N./Kamm, S. (2009), S. 12 – 14; Parment, A. (2009), S. 91.
793 Vgl.: Parment, A. (2009), S. 81.
794 Vgl.: Meyers, R. A. (2009), S. 215 – 216.
795 Vgl.: Zaslow (2007); Meyers, R. A. (2009), S. 210 – 212.

- Ein Vorgesetzter, der Orientierung bietet, jedoch auch Freiräume gewährt, entspricht den Bedürfnissen der jüngeren Generation in idealer Weise.[796]

- Ebenso müssen sich Führungskräfte damit vertraut machen, dass es „den typischen Arbeitstag", an dem Mitarbeiter innerhalb eines bestimmten Zeitrahmens an einem bestimmten Arbeitsplatz anzutreffen sind, nur noch bedingt geben wird. Die mobilen Technologien machen das Arbeiten zu unterschiedlichen Zeiten und an unterschiedlichen Orten möglich, und die jüngere Generation erwartet zunehmend, dass man ihnen diese Freiräume lässt. Dies umso mehr vor dem Hintergrund einer steigenden Selbstverständlichkeit der Vereinbarkeit von Beruf, Familie und Privatleben.[797]

- Um intergenerationale Konflikte in Bezug auf die teils selektive Informationsverarbeitung der jüngeren Generation zu vermeiden, erscheinen proaktive Strategien der Führungskräfte empfehlenswert, wie z. B. die Einführung von Bestätigungs-E-Mails im Anschluss an Anweisungen oder aber die Nutzung elektronischer Medien zur Erinnerung an Termine oder wichtige Aufgaben.[798]

- Ebenso sollten Führungskräfte sich bemühen, sich mit den Technologien vertraut zu machen, mit denen ihre jüngeren Mitarbeiter umgehen und diese zu nutzen, wenn sie mit ihnen kommunizieren.[799]

- In diesem Kontext ist auch zu beachten: „In den Unternehmenswelten der Old Economy lebt die junge Generation noch in einem Dauerkonflikt: Während immer mehr Mitarbeiter (längst nicht mehr nur die Jungen) sich im Internet tummeln und dort eine neue Form des Kooperierens und der Dezentralisierung von Macht erleben, werden sie in der Arbeitswelt der tradierten Unternehmenskulturen oftmals noch von behäbigen Hierarchiestrukturen und strengen Arbeitsvorgaben gequält."[800] Führungskräfte müssen sich bewusst werden, dass ihre Autorität nicht bedingungslos ak-

---

796 Vgl.: McCrindle, M./Wolfinger, E. (2009), S. 169 – 172.
797 Vgl.: Meyers, R. A. (2009), S. 213 – 214.
798 Vgl.: Meyers, R. A. (2009), S. 213 – 214.
799 Vgl.: Meyers, R. A. (2009), S. 215 – 216.
800 Zukunftsinstitut (2010), S. 16.

zeptiert wird und Machtverhältnisse durch eine transparente und wert-schätzende Zusammenarbeit immer wieder von neuem bestätigt werden müssen.

- Die über lange Jahre hinweg gepflegte Strategie, Privates aus dem Arbeitsalltag herauszuhalten, weil im hektischen Tagesgeschäft schlichtweg die Zeit dafür fehlt, trägt nicht mehr. Gerade die jüngeren Beschäftigten erwarten, dass ihre Führungskraft über ihren privaten Hintergrund informiert ist, z. B. weiß, dass gerade die Hochzeit vorbereitet oder ein Haus gebaut wird, und auch Interesse daran zeigt, indem sie nachfragt und ggf. vorübergehende Entlastung anbietet.[801]

- Für einen optimalen Einsatz der zunehmend heterogenen Gruppen im Unternehmen sollten Führungsaufgaben über die Organisation hinweg verteilt und so Gruppen von Mitarbeitern jederzeit handlungsfähig gemacht werden. Dadurch können bestimmte Situationen schneller und effektiver gelöst werden und die Teamorientierung der Jüngeren kann genutzt werden.[802]

- Eine Funktion der jüngeren Mitarbeiter könnte die von Wissenslotsen, d. h. Experten für bestimmte Themen, sowie Wissensmaklern zur Vermittlung bestimmter Inhalte an Wissensnutzer sein. Dadurch erhalten viele Mitarbeiter das Wissen, um Entscheidungen zu treffen und Führungsverantwortung zu übernehmen.[803]

2.3 Personalentwicklung und Weiterbildung

- Der Wunsch der jüngeren Generation nach Selbstverwirklichung ist deutlich ausgeprägt. Daher erscheint es empfehlenswert, Möglichkeiten zur Selbstverwirklichung zu identifizieren, mit denen gleichzeitig eine Effektivitäts-, Kultur- und Imageverbesserung für das Unternehmen einhergeht. Denn es versteht sich von selbst, dass Selbstverwirklichung nicht auf Kosten des Unternehmens bzw. entgegen der Unternehmensinteressen erfol-

---

801 Vgl.: Asgodom, S. (2011) ; HayGroup (2011), S. 8.
802 Vgl.: Meyers, R. A. (2009), S. 213 – 214.
803 Vgl.: Meyers, R. A. (2009), S. 215 – 216.

gen kann. Selbstverwirklichung ist nur so lange von Vorteil, wie sie die Effizienz des Mitarbeiters erhöht und ihn inspiriert.[804]

- Eine interaktive und multi-modale Lernweise kommt Jugendlichen und jungen Erwachsenen am ehesten entgegen, um ihre Aufmerksamkeit und Lernmotivation aufrecht zu erhalten.[805]

- Die Offenheit der jüngeren Generation, ihre eigenen Meinungen und Wünsche kundzutun, kann von Arbeitgebern bei einer entsprechenden Unternehmenskultur in idealer Weise genutzt werden, um die Qualität der Arbeit selbst, aber auch Produkte, Dienstleistungen und Kundenansprache zu verbessern.[806]

- Individuelle Karriereoptionen, die auf die jeweilige Lebensphase und persönliche Leidenschaften abgestimmt sind, stellen für die jüngere Generation einen weitaus größeren Attraktivitäts- und Bindungsfaktor dar als der klassische „Kaminaufstieg".[807]

2.4 Umgang mit Technologie

- Ein Attraktivitätsfaktor von Unternehmen ist für die jüngeren Generationen, die mit modernen Technologien aufgewachsen sind, dass auch ihr Arbeitgeber über diese verfügt und sie am Arbeitsplatz neue Technologien erlernen können.[808]

- Klare Grenzen sollten beim Umgang mit vertraulichen Unternehmensinformationen gezogen werden, da diese sich über soziale Netzwerke deutlich schneller und umfangreicher verbreiten können als dies in einem „realen" Freundeskreis geschehen kann. Auch gilt es zu bedenken, dass die Kultur, sich in Foren über Erfahrungen – und damit auch über Erfahrungen an einem bestimmten Arbeitsplatz bzw. bei einem bestimmten Arbeitgeber – auszutauschen immer gängiger wird. Umgekehrt lässt sich

---

804 Vgl.: Parment, A. (2009), S. 60 – 65 ; Zukunftsinstitut (2010), S. 24.
805 Vgl.: McCrindle, M./Wolfinger, E. (2009), S. 154 – 155; Meyers, R. A. (2009), S. 212 – 213; Tulgan, B. (2004), S. 23 – 31.
806 Vgl.: Parment, A. (2009), S. 70.
807 Vgl.: Rump, J./Eilers, S./Wilms, G. (2011), S. 46 – 49; Zukunftsinstitut (2010), S. 100.
808 Vgl.: Meyers, R. A. (2009), S. 213 – 214.

das soziale Netzwerk, das ein Mitarbeiter mitbringt, durchaus auch für betriebliche Zwecke, z. B. für Informations-Mailings, verwenden.[809]

- Richtlinien zur Häufigkeit und Art der zulässigen Internetnutzung im Unternehmen können helfen, gleichzeitig dem Bedürfnis der jüngeren Generation nach effizienter Nutzung aller zeitlichen Ressourcen und den Befürchtungen älterer Kollegen aber auch Vorgesetzter bezüglich einer Vernachlässigung beruflicher Pflichten durch private Nutzung gerecht zu werden.[810]

2.5 Arbeitssituation

- Wo immer möglich, sollte der jüngeren Generation die Möglichkeit geboten werden, Arbeitszeit und Arbeitsort flexibel zu gestalten, da dies einen immensen Attraktivitäts- und Motivationsfaktor darstellt.[811]

- Gegebene Versprechen sollten in jedem Fall eingehalten werden, da die jüngere Generation durchaus um ihren „Marktwert" weiß und Vertrauensbrüche nicht toleriert.[812]

- Dem Streben nach der Übernahme von Verantwortung durch jüngere Beschäftigte sollte insoweit nachgegeben werden wie es sich mit den betrieblichen Zielen vereinbaren lässt. Beispielhaft hierfür stehen mehrere Lebensmittel- bzw. Drogeriemarktketten, die ihren Auszubildenden zeitweise ganze Filialen übertragen.[813]

---

809 Vgl.: Parment, A. (2009), S. 105 – 107.
810 Vgl.: Meyers, R. A. (2009), S. 213 – 214.
811 Vgl.: Mesmer, A. (2010).
812 Vgl.: Eisner, S. (2005).
813 Vgl.: Zukunftsinstitut (2010), S. 19 unter Verweis auf http://karriere.aldi-sued.de, www.kaufland.de, www.denner.ch, www.superazubi.de und www.dm-drogeriemarkt.de.

VI LITERATURVERZEICHNIS

Albert, M./Hurrelmann, K./Langness, A./Quenzel, G. (2006): Die pragmatische Generation unter Druck: Probleme und Perspektiven, in: Shell Deutschland Holding (Hrsg.)
(2006): 15. Shell Jugendstudie Jugend 2006, Frankfurt a. M. 2006, S. 443 –
451.

Albert, M./Hurrelmann, K./Quenzel, G. (2010a): Jugend 2010: Selbstbehauptung trotz
Verunsicherung?, in: Shell Deutschland Holding (Hrsg.) (2010): 16. Shell Jugendstudie Jugend 2010, Frankfurt a. M., S. 37 – 51.

Albert, M./Hurrelmann, K./Quenzel, G. (2010b): Jugendliche in Deutschland – Optionen
für Politik, Wirtschaft und Pädagogik, in: Shell Deutschland Holding (Hrsg.)
(2010): 16. Shell Jugendstudie Jugend 2010, Frankfurt a. M., S. 343 – 360.

Allespach, M./Bartmann, M. (2011): Junge Generation. Gewerkschaftliche Interpretationen und Ziele, Arbeitsschwerpunkte und Handlungsebenen, in: Huber, B./Wetzel,
D. (Hrsg.) (2011): Junge Generation. Studien und Befunde zur Lebenslange und
den Perspektiven der bis 35-Jährigen, Marburg 2011, S. 9 – 44.

ARD/ZDF (2009a): Grundcharakteristik der MedienNutzerTypologie 2.0, Online verfügbar
unter: http://www.ard-zdf-onlinestudie.de/index.php?id=195&L=0&type=1, letzter Zugriff: 02.08.2010, 19:08 Uhr.

ARD/ZDF (2009b): Pressemitteilung ARD/ZDF-Onlinestudie 2009: Nachfrage nach Videos und Audios im Internet steigt weiter. 67 Prozent der Deutschen sind online,
Online verfügbar unter: http://www.ard-zdf-
onlinestudie.de/index.php?id=188&L=0&type=1, letzter Zugriff: 02.08.2010,
19:08 Uhr.

ARD/ZDF (2009c): Entwicklung der Onlinenutzung in Deutschland 1997 bis 2009,
Online verfügbar unter:
http://www.ard-zdf-onlinestudie.de/index.php?id=186&L=0&type=1,
letzter Zugriff: 02.08.2010, 19:09 Uhr.

ARD/ZDF (2009d): Anteile an der Nutzungsdauer ausgewählter Online-Aktivitätsfelder, in:
http://www.ard-zdf-onlinestudie.de/index.php?id=198&L=0&type=1, letzter Zugriff: 02.08.2010, 19:21 Uhr.

ARD/ZDF (2009e): Durchschnittliche tägliche Verweildauer bei der Onlinenutzung 2002
bis 2009, Online verfügbar unter:
http://www.ard-zdf-onlinestudie.de/index.php?id=182&L=0&type=1,
letzter Zugriff: 02.08.2010, 19:21 Uhr.

ARD/ZDF (2009f): Nutzungshäufigkeit privater Communitys/Netzwerke unter eigenem Profil 2009, Online verfügbar unter: http://www.ard-zdf-onlinestudie.de/index.php?id=167&L=0&type=1, letzter Zugriff: 02.08.2010, 19:22 Uhr.

ARD/ZDF (2009g): Genutzte Onlineanwendungen 2009, Online verfügbar unter: http://www.ard-zdf-onlinestudie.de/index.php?id=184&L=0&type=1. Letzter Zugriff: 02.08.2010, 19:22 Uhr.

ARD/ZDF (2009h): Personen ohne Online-Nutzung 2003 bis 2009, Online verfügbar unter: http://www.ard-zdf-onlinestudie.de/index.php?id=159&L=0&type=1, letzter Zugriff: 02.08.2010, 19:22 Uhr.

Arnds, P./Bonin, H. (2003): Gesamtwirtschaftliche Folgen demographischer Prozesse, in: Herfurth, M./Kohli, M./Zimmermann, K. F. (Hrsg.) (2003): Arbeit in einer alternden Gesellschaft, Opladen 2003, S. 131 – 177.

Asgodom, S. (2011): „Wir müssen das Private wieder in die Firmen hereinlassen", Interview mit Stefanie Hornung, in: http://www.hrm.de/fachartikel/%E2%80%9Ewir-m%C3%BCssen-das-private-wieder-in-die-firmen-hereinlassen%E2%80%9C-, letzter Zugriff: 05.04.12, 09:35 Uhr.

Astor, M. et al. (2000): Das Alter der Inovateure. Ein Handlungsfeld des Innovationsmanagements, in: Köchling A. et al. (Hrsg.) (2000): Innovation und Leistung in älter werdenden Belegschaften, München 2000, S. 214 – 220.

Attac (2010): Was ist Attac?, in: http://www.attac.de/was-ist-attac/, letzter Zugriff: 14.08.2010, 07:37 Uhr.

Autorengruppe Bildungsberichterstattung (2010): Bildung in Deutschland 2010. Ein indikatorengestützter Bericht mit einer Analyse zu Perspektiven des Bildungswesens im demografischen Wandel, Bielefeld 2010.

Baldwin, C. (2009): Media multitasking doesn't work say researchers, Online verfügbar unter: http://www.reuters.com/article/idUSTRE57N55D20090824, letzter Zugriff: 02.08.2010, 19:23 Uhr.

Baltes, P. B./Baltes, M. M. (1989): Optimierung durch Selektion und Kompensation – Ein psychologisches Modell erfolgreichen Alterns, in: Zeitschrift für Pädagogik 35, S. 85 – 105.

BAuA (2004): Mit Erfahrung die Zukunft meistern! Altern und Ältere in der Arbeitswelt, Dortmund 2004.

Bauer, W. (2007): Trends für die Arbeit der Zukunft, Kommunikation und Zusammenarbeit als Treiber von Innovation und Wachstum, Fraunhofer IAO Stuttgart, IAT Universität Stuttgart, März 2007, in: http://www.it-ba.de/microsoft/downloads/ms_1.pdf (Stand: 02.09.2007).

Bauer Media KG (2005): Generation Internet: Bauer Media KG und bravo.de präsentieren eine neue Studie zu den Online-Gewohnheiten junger Zielgruppen, in: http://www.bauermedia.com/presse_mit_datum.0.html?&encryptionKey=&tx_hbv pressreleases_pi1[showUid]=520&cHash=aefeb6df22, letzter Zugriff: 12.08.2010, 13:42 Uhr.

Beck, J. C./Wade, M. (2006): The Kids Are Alright. How the Gamer Generation Is Changing the Workplace, Boston MA 2006.

Becker, M./Labucay, I. (2008): Optimistisch altern. Theoretische Grundlagen und empirische Befunde demographiefester Personalarbeit für altersgemischte Belegschaften. Vortrag anlässlich der 3. Tagung der Marie-Luise und Ernst Becker Stiftung am 18.09.2008 in Bonn.

Bergmann, B. et al. (2006): Innovationen – eine Bestandsaufnahme bei Erwerbstätigen, in: Zeitschrift für Arbeitswissenschaft, Heft 1, Jahrgang 60, S. 17 – 26.

Bertelsmann Stiftung (2007): Work-Life-Balance. Meilenstein für eine zukunftsfähige Gesellschaft, Gütersloh 2007. Online verfügbar unter: http://www.bertelsmannstiftung.de/cps/rde/xbcr/SID-48BFF5DA-77500FE7/bst/Broschuere_Work-Life-Balance.pdf, letzter Zugriff: 02.09.2010, 10:07 Uhr.

Bertelsmann Stiftung (2010): Traditionelle Beschäftigungsverhältnisse im Wandel. Benchmarking Deutschland: Normalarbeitsverhältnis auf dem Rückzug, Gütersloh 2010, Online verfügbar unter: http://www.bertelsmannstiftung.de/bst/de/media/xcms_bst_dms_30593_30594_2.pdf, letzter Zugriff: 02.08.2010, 19:26 Uhr.

BITKOM (2009): Die meisten Arbeitnehmer arbeiten gerne zuhause, in: http://www.bitkom.org/63504_59013.aspx, letzter Zugriff: 19.08.11, 15:24 Uhr.

BITKOM (2012): Jeder Dritte geht per Handy oder Tablet ins Internet, in: http://www.bitkom.org/71750_71745.aspx, letzter Zugriff: 04.04.12, 10:42 Uhr.

Bittman, M./Rice, J. M. (2000): The rush hour: the character of leisure time and gender equity, in: Social Forces 79(1), S. 165-189.

Blancke, S./Roth, C./Schmid, J. (2000): Employability („Beschäftigungsfähigkeit") als Herausforderung für den Arbeitsmarkt – Auf dem Weg zur flexiblen Erwerbsgesellschaft – Eine Konzept- und Literaturstudie (Arbeitsbericht Nr. 157 der Akademie für Technikfolgenabschätzung in Baden-Württemberg), Stuttgart 2000.

Blazek, S./Flüter-Hoffmann, C./Kössler, S./Ottmann, J. (2011): PersonalKompass. Demografiemanagement mit Lebenszyklusorientierung, IW Köln 2011.

BMAS (2008): Unternehmenskultur, Arbeitsqualität und Mitarbeiterengagement in den Unternehmen in Deutschland, Berlin 2008, Online verfügbar unter: http://www.bmas.de/portal/24842/property=pdf/f371__forschungsbericht.pdf, letzter Zugriff: 23.06.2010, 13:12 Uhr.

BMAS (2012): Fortschrittsreport „Altersgerechte Arbeitswelt". Ausgabe 1: Entwicklung des Arbeitsmarkts für Ältere, Berlin 2012. Online verfügbar unter: http://www.bmas.de/SharedDocs/Downloads/DE/PDF-Publikationen/fortschrittsreport-februar-2012.pdf?__blob=publicationFile, letzter Zugriff: 02.04.12, 15:57 Uhr.

BMFSFJ (2007a): Umfrageergebnisse zum Familienleben, Online verfügbar unter: http://www.bmfsfj.de/bmfsfj/generator/Politikbereiche/familie,did=103562.html, letzter Zugriff: 02.08.2010, 19:27 Uhr.

BMFSFJ (2007b): 20-Jährige Frauen und Männer heute, qualitative Untersuchung von Sinus Sociovision, Heidelberg 2007. Online verfügbar unter: http://www.bmfsfj.de/RedaktionBMFSFJ/Broschuerenstelle/Pdf-Anlagen/sinus,property=pdf,bereich=bmfsfj,sprache=de,rwb=true.pdf, letzter Zugriff: 23.08.2010, 11:26 Uhr.

BMFSFJ (2010): Familienreport 2010, Berlin 2010, Online verfügbar unter: http://www.bmfsfj.de/RedaktionBMFSFJ/Broschuerenstelle/Pdf-Anlagen/familienreport-2010,property=pdf,bereich=bmfsfj,sprache=de,rwb=true.pdf, letzter Zugriff: 08.07.2010, 14:04 Uhr.

BMWi (2006): Wissensbilanz – Made in Germany, Leitfaden 1.0 zur Erstellung einer Wissensbilanz, Dokumentation Nr. 536, Berlin 2006.

Böhne, A. (2009): Lebensereignisse im Überblick, in: Armutat, S. (Hrsg.) (2009): Lebensereignisorientiertes Personalmanagement, Bielefeld 2009, S. 40 – 50.

Bohulskyy, Y./Erlinghagen, M./Scheller, F. (2011): Arbeitszufriedenheit in Deutschland sinkt langfristig, IAQ-Report 2011-03. Online verfügbar in: http://www.iaq.uni-due.de/iaq-report/2011/report2011-03.pdf, letzter Zugriff: 21.03.12, 12:13 Uhr.

Börsch-Supan, A./Düzgün, I./Weiss, M. (2006): Alter und Arbeitsproduktivität – Stand der Forschung, Vortrag anlässlich der Tagung der Marie-Luise und Ernst Becker Stiftung in Bad Arolsen am 15.02.2006.

Borchers, A. (1997): Die Sandwich-Generation. Ihre zeitlichen und finanziellen Leistungen und Belastungen, Frankfurt/New York 1997.

bpb (Bundeszentrale für politische Bildung) (2010a): Globalisierung. Zahlen und Fakten, in: http://www.bpb.de/wissen/Y6I2DP,0,Globalisierung.html, letzter Zugriff: 24.08.2010, 15:39 Uhr.

bpb (Bundeszentrale für politische Bildung) (2010b): Arbeitsplatzeffekte durch die Verlagerung wirtschaftlicher Aktivitäten, in: http://www.bpb.de/wissen/OIABBH,0,0,Arbeitsplatzeffekt.html, letzter Zugriff: 25.08.2010, 07:26 Uhr.

bpb (Bundeszentrale für politische Bildung) (2010c): Arbeitsproduktivität in der Industrie nach Verlagerungsstatus, in: http://www.bpb.de/wissen/9NB1NO,0,0,Arbeitsproduktivit%E4t.html, letzter Zugriff: 25.08.2010, 07:29 Uhr.

bpb (Bundeszentrale für politische Bildung) (2010d): Fast Food, in: http://www.bpb.de/wissen/VYGS5X,0,0,Fast_Food.html, letzter Zugriff: 25.08.2010, 09:44 Uhr.

bpb (Bundeszentrale für politische Bildung) (2010g): Musik, in: http://www.bpb.de/wissen/LNDZKG,0,0,Musik.html, letzter Zugriff: 25.08.2010, 09:47 Uhr.

bpb (Bundeszentrale für politische Bildung) (2010h): Jugendaustausch, in: http://www.bpb.de/wissen/58Y9H6,0,0,Jugendaustausch.html, letzter Zugriff: 25.08.2010, 09:48 Uhr.

bpb (Bundeszentrale für politische Bildung) (2010i): Mode, in: http://www.bpb.de/wissen/RHLJVV,0,0,Mode.html, letzter Zugriff: 25.08.2010, 09:55 Uhr.

Brandt, A./Kraft, S./Meyer, C./Neumann, C. (2006): Die Frauen-Falle, in: Der Spiegel (2006), Nr. 17, S. 34 – 45.

Brand eins (2009): Schwerpunkt DENKEN, Nr. 11/2009, Titelseite.

Braun, M./Scholz, E. (2008): Einstellungen zur Arbeit und Arbeitszufriedenheit, in: Datenreport 2008. Ein Sozialbericht für die Bundesrepublik Deutschland, Bonn 2008, S. 140 – 144. Online verfügbar unter: http://www.destatis.de/jetspeed/portal/cms/Sites/destatis/Internet/DE/Content/Pu blikatio-nen/Querschnittsveroeffentlichungen/Datenreport/Downloads/Datenreport2008,p roperty=file.pdf, letzter Zugriff: 02.08.2010, 20:36 Uhr.

Brigitte (2009): Frauen auf dem Sprung. Das Update. Brigitte-Studie im Krisenjahr.

Brinkmann, R. (2008): Berufsbezogene Leistungsmotivation und Leistungsorientierung älterer Arbeitnehmer – Ergebnisse eines explorativen Forschungsprojektes. Vortrag anlässlich der 3. Tagung der Marie-Luise und Ernst Becker Stiftung am 18.09.2008 in Bonn.

Bruch, H. (2008): Demographischer Wandel und Organisationale Energie – Wie Unternehmen ihre Potenziale generationsspezifisch voll nutzen. Vortrag anlässlich des III. Demographie-Kongresses „Demographie 2.0" am 08.09.2008 in Köln. Online verfügbar unter: http://demographie-netzwerk.de/fileadmin/content/news/pdf/bruch.pdf, letzter Zugriff: 21.03.12, 12:12 Uhr.

Bruch, H./Kunze, F./Böhm, S. (2010): Generationen erfolgreich führen. Konzepte und Praxiserfahrungen zum Management des demographischen Wandels, Wiesbaden 2010.

Buchhorn W./Werle, K. (2011): Die Generation des schnellen Aufstiegs, in: http://www.manager-magazin.de/magazin/artikel/0,2828,757208,00.html, letzter Zugriff: 17.04.12, 11:20 Uhr.

Bürgel Wirtschaftsinformationen GmbH & Co. KG (2010): Schuldenbarometer 1. Quartal 2010, in: http://www.buergel.de/presse/pressemitteilungen/457-buergel-studie-schuldenbarometer-1-quartal-2010.html, letzter Zugriff: 15.08.2010, 20:24 Uhr.

Bruch, H./Kunze, F./Böhm, S. (2010): Generationen erfolgreich führen. Konzepte und Praxiserfahrungen zum Management des demographischen Wandels, Wiesbaden 2010.

Buxmann, P./Gerlach, J./Wenninger, H. (2012): Der Preis des Kostenlosen. Erste ausgewählte Ergebnisse der empirischen Untersuchung, in: http://www.is.tu-darmstadt.de/media/bwl5_is/pdk/Preis_des_Kostenlosen_-_Erste_Ergebnisse.pdf, letzter Zugriff: 30.05.12, 13:29 Uhr.

Campbell, R./Heffernan, J. M. (1983): Adult Vocational Behaviour, in: Handbook of Vocational Psychology (Hrsg.: B. Walsh und S.H. Osipow), 1. Aufl., Hillsdale 1983, S. 223-260.

Clemens, W./Künemund, H./Zimmermann, K. F. (2003): Erwerbsbeteiligung und Arbeitsmarkt, in: Herfurth, M./Kohli, M./Zimmermann, K. F. (Hrsg.) (2003): Arbeit in einer alternden Gesellschaft, Opladen 2003, S. 43 – 64.

Curado GmbH (2009): Gesundheitsbewusstsein bei jungen Menschen kaum ausgeprägt, in: http://www.curado.de/Diabetes/Gesundheitsbewusstsein-bei-jungen-Menschen-kaum-ausgepraegt--11388/, letzter Zugriff: 15.08.2010, 22:20 Uhr.

DAK (Deutsche Angestellten-Krankenkasse) (2006): forsa-Studie: Gesundheitsbewusstsein der nächsten Generation, in: http://www.presse.dak.de/ps.nsf/sbl/DB544B18F2C46167C125712B004325DF?open, letzter Zugriff: 17.08.2010, 07:27 Uhr.

De Witt, C. (2000): Medienbildung für die Netz-Generation, in: Medienpädagogik 17.03.2000. Online verfügbar unter: http://www.medienpaed.com/00-1/deWitt1.pdf, letzter Zugriff: 02.08.2010, 19:32 Uhr.

DER SPIEGEL (2009): SPECIAL Nr. 1/2009: Was wird aus mir? Wir Krisenkinder: Das Selbstportrait einer Generation, S. 48 – 55.

DIW (2010): Frauen in Führungspositionen: Stillstand bei der Chancengleichheit, Pressemitteilung zum Führungskräftemonitor 2010, in: http://www.diw.de/de/diw_01.c.358494.de/themen_nachrichten/frauen_in_fuehr ungspositionen_stillstand_bei_der_chancengleichheit.html, letzter Zugriff: 04.10.2010, 11:25 Uhr.

DJI (Deutsches Jugendinstitut) (2010a): Projekt: Digital Divide - Digitale Medien und Kompetenzerwerb im Kindesalter, in: http://www.dji.de/cgi-bin/projekte/output.php?projekt=582, letzter Zugriff: 02.08.2010, 19:32 Uhr.

DJI (Deutsches Jugendinstitut) (2010b): Thema 2010/02: Digital kompetent oder abgehängt? Wege von Kindern und Jugendlichen ins Netz, in: http://www.dji.de/cgi-bin/projekte/output.php?projekt=975&Jump1=LINKS&Jump2=15, letzter Zugriff: 02.08.2010, 20:16 Uhr.

DKV (Deutsche Krankenversicherung) (2010): DKV-Report „Wie gesund lebt Deutschland?". Kurzvorstellung der Ergebnisse – Pressekonferenz am 10. August 2010, in: http://www.dkv.com/downloads/DKV-Report-Wie-gesund-lebt-Deutschland.doc, letzter Zugriff: 15.08.2010, 22:00 Uhr.

Dutton, W. H./Helsper, E. H./Gerber, M. M. (2009): The Internet in Britain 2009, Oxford 2009. Online verfügbar unter: http://akgul.bilkent.edu.tr/oxis2009_report.pdf, letzter Zugriff: 04.08.2010, 10:43 Uhr.

DUW (Deutsche Universität für Weiterbildung) (2012): Weiterbildungsangebote stärken Mitarbeiterbindung, in: http://www.duw-berlin.de/de/presse/pressemitteilungen/pm/datum/2012/03/26/weiterbildungsangebote-staerken-mitarbeiterbindung.html, letzter Zugriff: 05.04.12, 11:43 Uhr.

Dziemba, O. et al. (2007): Lebensstile 2020. Eine Typologie für Gesellschaft, Konsum und Marketing, 1. Auflage, Kelkheim 2007.

Educational Testing Service (2002): Digital Transformation. A Framework for ICT Literacy. A Report of the International ICT Literacy Panel 2002. Online verfügbar unter: http://www.ets.org/Media/Tests/Information_and_Communication_Technology_Li teracy/ictreport.pdf, letzter Zugriff: 02.08.2010, 20:21 Uhr.

Eichhorst, W./Thode, E. (2011): Erwerbstätigkeit im Lebenszyklus. Benchmarking Deutschland: Steigende Beschäftigung bei Jugendlichen und Älteren, Gütersloh 2011.

Eisner, S. (2005): Managing Generation Y, in: SAM Advanced Management Journal, 70, S. 4 – 15. Online verfügbar unter: http://phobos.ramapo.edu/~seisner/Managing.htm, letzter Zugriff: 19.08.2010, 14:58 Uhr.

Eitner, C. (2011): Qualität der Arbeit und empfundene Arbeitszufriedenheit bei älteren Beschäftigten in Korrelation mit dem Altersbild und Age Management im Unternehmen, in: Marie-Luise und Ernst-Becker-Stiftung (2011): Dokumentation der Tagung „Alter und Arbeit im Fokus - neueste Aspekte zur Motivation älterer Arbeitnehmer und Zusammenarbeit von Forschung und Praxis" am 06./07.04.2011, Bonn 2011, S. 52 – 59.

Englisch, G. (2004): Das Ende der Sesshaftigkeit. Gundula Englisch über Jobnomaden, in: Grosz, A./Witt, J. (Hrsg.) (2004): Living at Work. Mit Beiträgen von Ulrich Beck, Klaus Doppler, Matthias Horx, Werner Tiki Küstenmacher, Reinhard Sprenger u.a., München/Wien 2004, S. 186 – 193.

Ernst & Young GmbH (2009): Studenten in Deutschland 2009. Was sie bewegt. Wohin sie wollen. Online verfügbar unter: http://www.de.ey.com/Publication/vwLUAssets/Deutsche_Studenten:_Keine_Angst _vor_Arbeitslosigkeit/$FILE/Studentenstudie_2009.pdf, letzter Zugriff: 02.08.2010, 20:23 Uhr.

Eurostat (2009): Internet usage in 2009 - Households and Individuals, in: http://epp.eurostat.ec.europa.eu/cache/ITY_OFFPUB/KS-QA-09-046/EN/KS-QA-09-046-EN.PDF, letzter Zugriff: 06.10.2010, 14:09 Uhr.

Eurostat (2010): Arbeitskräfteerhebung: Erwerbstätigenquote in der EU27 fiel auf 64,6% im Jahr 2009, Pressemitteilung 117/2010, in: http://epp.eurostat.ec.europa.eu/cache/ITY_PUBLIC/3-04082010-BP/DE/3-04082010-BP-DE.PDF, letzter Zugriff: 06.10.2010, 15:37 Uhr.

Farr, J. L./Tesluk, P. E./Klein, S. R. (1998): Organizational Structure of the Workplace and the Older Worker, in: Schaie, K. W./Schooler, C. (Hrsg.) (1998): Impact of Work on Older Adults, New York 1998, S. 143 – 185.

Ferchhoff, W. (2007): Jugend und Jugendkulturen im 21. Jahrhundert. Lebensformen und Lebensstile, Wiesbaden 2007.

Fichter, M./ Weber-Hellmann, P./ Janic, D. (2009): Portfolioarbeit in der Grundschule „Das kann ich schon - das muss ich noch üben". Die neue Grundschulordnung - Schriftliche Leistungsnachweise inidvidualisieren „Wie machen wir uns auf den Weg?", in: Pädagogische Beiträge: Außergewöhnliche Modelle zur Unterrichts- und Schulentwicklung, Heft 2009/01, S. 8 – 11.

Fisch, M./Gscheidle, C. (2006): Onliner 2006: Zwischen Breitband und Web 2.0 – Ausstattung und Nutzungsinnovation, in: media perspektiven 8/2006, S. 431 – 440. Online verfügbar unter: www.daserste.de/service/0206.pdf, letzter Zugriff: 04.08.2010, 10:45 Uhr.

Flake, C. (2005): Beitrag des Arbeits- und Gesundheitsschutzes zur Entwicklung und zum Erhalt der geistigen Leistungsfähigkeit von Beschäftigten, in: Älter werden im Betrieb. Dokumentation der Fachveranstaltungen „Älter werden im Betrieb" und „Gender Mainstreaming im Arbeits- und Gesundheitsschutz", Eschborn 2005, S. 27 – 30.

Flüter-Hoffmann, C. (2011): Selbstbild und Fremdbild älterer Beschäftigter: Altersbilder in Gesellschaft und Wirtschaft, in: Marie-Luise und Ernst-Becker-Stiftung (2011): Dokumentation der Tagung „Alter und Arbeit im Fokus - neueste Aspekte zur Motivation älterer Arbeitnehmer und Zusammenarbeit von Forschung und Praxis" am 06./07.04.2011, Bonn 2011, S. 24 – 36.

FOCUS Medialine (2009): Kids-Verbraucher-Analyse (Kids-VA, KVA), Online verfügbar unter: http://www.medialine.de/deutsch/wissen/medialexikon.php?snr=2892, letzter Zugriff: 23.07.2010, 10:28 Uhr.

FOCUS Online (2012): Blick hinter die Facebook-Kulissen, in: http://www.focus.de/kultur/kino_tv/medien-blick-hinter-die-facebook-kulissen_aid_713459.html, letzter Zugriff: 22.03.12, 11:54 Uhr.

Fölsch, T. (2005): Altersdifferenzierte Kompetenzentwicklung: Ergebnisse einer empirischen Unternehmensstudie, in: GfA (Hrsg.) (2005): Personalmanagement und Arbeitsgestaltung. Bericht zum 51. Kongress der Gesellschaft für Arbeitswissenschaft vom 22. – 24. März 2005, Dortmund 2005, S. 295 – 298.

Franz, J./Frieters, N./Scheunpflug, A./Tolksdorf, M./Antz, E.-M. (2009): Generationen lernen gemeinsam. Theorie und Praxis intergenerationeller Bildung, Bielefeld 2009.

Frick, M. (2012): Versteh einer die Jugend! Versteh einer die Alten!, in: Handelsblatt Karriere, Ausgabe 1/2012, S. 18 – 21.

Fuchs, T. (2008): Was ist gute Arbeit? Arbeit im Generationenvergleich. Subjektiv wahrgenommene Arbeitsqualität im Spiegel von Arbeitnehmer/-innen verschiedener Altersgruppen, in: http://www.inqa.de/SharedDocs/PDFs/DE/Publikationen/inqa-28-was-ist-gute-arbeit-generationenvergleich.pdf?__blob=publicationFile, letzter Zugriff: 18.05.12, 07:27 Uhr.

Geißler, A. (2003): „Ich hinke etwas der Zeit voraus". Interview mit dem Zeitforscher Karlheinz A. Geißler über die Kosten des Tempowahns und die Notwendigkeit, Zeit als Wohlstandsindikator zu begreifen, in: http://www.stern.de/lifestyle/reise/509202.html?nv=ct_mt, letzter Zugriff: 23.08.2010, 10:25 Uhr.

Gensicke, T. (2006): Zeitgeist und Wertorientierungen, in: Shell Deutschland Holding (Hrsg.) (2006): 15. Shell Jugendstudie Jugend 2006, Frankfurt a. M. 2006, S. 169 – 202.

Gensicke, T. (2010): Wertorientierungen, Befinden und Problembewältigung, in: Shell Deutschland Holding (Hrsg.) (2010): 16. Shell Jugendstudie Jugend 2010, Frankfurt a. M. 2006, S. 187 – 242.

Gertz, W. (2007): Millennials – Was der Nachwuchs wirklich will, in: http://www.computerwoche.de/job_karriere/personal_management/588806/, letzter Zugriff: 19.08.2010, 15:08 Uhr.

Gertz, W. (2008): Flexible Arbeitszeit ist wichtiger als Blackberrys, Online verfügbar unter: http://www.spiegel.de/unispiegel/jobundberuf/0,1518,558159,00.html, letzter Zugriff: 19.08.2010, 15:05 Uhr.

Glas, I. (2009): 3 Generationen im Vergleich, Vortrag zur Verbraucheranalyse, September 2009. Online verfügbar unter: http://www.verbraucheranalyse.de/downloads/37/VA2009_Vortrag_Generationen.pdf, letzter Zugriff: 02.08.2010, 20:34.

Google Ad Planner (2011): Deutsche Unique Visitors ausgewählter sozialer Netzwerke im Dezember 2011, in: http://de.statista.com/statistik/daten/studie/173771/umfrage/besucherzahlen-sozialer-netzwerke-in-deutschland/, letzter Zugriff: 22.03.12, 11:32 Uhr.

Graf, A. (2002): Lebenszyklusorientierte Personalentwicklung, 1. Aufl., Bern, Stuttgart, Wien 2002.

Haaf, M./Bauer, P. (2012): Wenn ich mal groß bin, in: NEON, Ausgabe 100, Mai 2012, S. 26 – 36.

Hanns Seidel Stiftung (2005): Generationenstudie 2005. Wertewandel, politische Einstellungen und gesellschaftliche Konfliktpotenziale im Spannungsfeld von Generationen und Regionen. Ergebnisse einer Repräsentativ-Umfrage der GMS Dr. Jung Gesellschaft für Markt- und Sozialforschung mbH Hamburg im Auftrag der I. und W. Tausend-Stiftung, München 2005. Online verfügbar unter: http://www.hss.de/fileadmin/migration/downloads/Generationenstudie_2005.pdf, letzter Zugriff: 02.08.2010, 20:37 Uhr.

Hartung, A./Schorb, B. (2007): Projekt Identität, in: Computer + Unterricht (2007) 68, S. 6 – 10.

Hasebrook, J. P. (2008): Online-Lernen der „Generation Y", Online verfügbar unter: http://www.hrm.de/SITEFORUM?t=/contentManager/onStory&e=UTF-8&i=1169747321057&l=1&ParentID=1169812225901&StoryID=122278392 5438&highlight=1&keys=Online\-Lernen+%2Bder+%2BGeneration+%2BY&lang=1&active=no, letzter Zugriff: 02.08.2010, 20:45 Uhr.

Havighurst, R. J. (1953): Human development and education, London 1953.

HayGroup (2011): Führungskräfte für eine neue Welt. Was die Zukunft von Führungskräften verlangt, in: http://www.haygroup.com/Leadership2030/downloads/Hay_Group_Leadership_2030_whitepaper.pdf (Stand: 17.04.2012).

Hebecker, E. (1997): Generation @ - Jugend in der Informationsgesellschaft, in: SpoKK (Hrsg): Kursbuch Jugend Kultur. Stile, Szenen und Identitäten vor der Jahrtausendwende, Mannheim 1997, S. 334 – 345.

Hebecker, E. (2001): Die Netzgeneration – Jugend in der Informationsgesellschaft, Frankfurt/New York 2001.

Held, J./Bibouche, S./Billmann, L./Holbein, M. /Kempf, M./Kröll, T. (2011a): Was bewegt junge Menschen? Lebensführung und solidarisches Handeln junger Beschäftigter im Dienstleistungsbereich, Wiesbaden 2011.

Held, J./Bibouche, S./Billmann, L./Holbein, M. /Kempf, M./Kröll, T. (2011b): Lebensführung und solidarisches Handeln in der Krise – Ergebnisse des Forschungsprojektes U35, in: Huber, B./Wetzel, D. (Hrsg.) (2011): Junge Generation. Studien und Befunde zur Lebenslange und den Perspektiven der bis 35-Jährigen, Marburg 2011, S. 205 – 245.

Hentze, H. (1994): Motivation älterer Mitarbeiter. Ergebnisse einer empirischen Untersuchung, in: Personalführung 2/1994, S. 150 – 157.

Hergert, S. (2012): Geld verdienen und Sinn stiften, in: Handelsblatt Nr. 60 Wochenendausgabe 23./24./25. März 2012, S. 56 – 57.

Hillmann, K.-H. (2003): Wertewandel. Ursachen – Tendenzen – Folgen, Würzburg 2003.

Hofmann, J./Rollwagen, I./Schneider, S. (2007): in: Deutsche Bank AG, DB Research (Hrsg.) (2007): Deutschland im Jahr 2020 – Neue Herausforderungen für ein Land auf Expedition, Frankfurt am Main 2007. Online verfügbar unter: http://www.dbresearch.de/PROD/DBR_INTERNET_DE-PROD/PROD0000000000209595.PDF (Stand: 18.12.2011).

Hoffmann, D./Schubarth, W./Lohmann, M. (Hrsg.) (2008): Jungsein in einer alternden Gesellschaft. Bestandsaufnahme und Perspektiven für das Zusammenleben der Generationen, Weinheim/München 2008.

Hooshmandi-Robia, B. (2004): Age Management. Modelle zur Förderung der Arbeitsfähigkeit älterer MitarbeiterInnen, Graz 2004.

Höpflinger, F. (1999): Studienheft Generationenfrage – Konzepte, theoretische Ansätze und Beobachtungen zu Generationenbeziehungen in späteren Lebensphasen, Lausanne 1999. Online verfügbar unter: http://www.hoepflinger.com/fhtop/Generationenfrage.pdf, 04.08.2010, 11:23 Uhr.

277

Höpflinger, F. (2005): Zum Generationenwandel der zweiten Lebenshälfte – neues Altern in einer dynamischen Gesellschaft, in: Clemens, W./Höpflinger, F./Winkler, R. (Hrsg.) (2005): Arbeit in späteren Lebensphasen. Sackgassen, Perspektiven, Visionen, Bern 2005, S. 97 – 125.

Höpflinger, F. (2009): Generationenwandel im Arbeitsleben. Vortrag vom 2. September 2009 an der Gerontologischen Sommerakademie 2009 ‚Ältere Arbeitnehmende', Universität Bern. Online verfügbar unter: http://www.hoepflinger.com/fhtop/ArbeitsweltundGenerationen.pdf, letzter Zugriff: 23.08.2010, 11:29 Uhr.

Höpflinger, F./Hugentobler, V. (2005): Neue Formen der Lebensgestaltung in einer langlebigen Gesellschaft – Perspektiven und Visionen, in: Clemens, W./Höpflinger, F./Winkler, R. (Hrsg.) (2005): Arbeit in späteren Lebensphasen. Sackgassen, Perspektiven, Visionen, Bern 2005, S. 239 – 265.

Hondrich, K. O. (1999): Jugend: eine gesellschaftliche Minderheit. Zum Verhältnis wirtschaftlicher Produktivität und biologischer Reproduktivität von Gesellschaften, in: Diskurs, 9. Jg., H. 1, S. 78 – 87.

Horx, M. (2005): Future Fitness – Wie Sie Ihre Zukunftskompetenz erhöhen. Ein Handbuch für Entscheider, 5. Auflage, Eichborn AG, Frankfurt a. M. 2005.

HRM (2010): „In zwei Minuten kann man heute so viel lernen wie früher in einer Stunde". Interview von Stefanie Hornung mit Wim Veen, in: https://www.hrm.de/SITEFORUM?t=/contentManager/onStory&e=UTF-8&i=1169747321057&l=1&active=no&ParentID=1174309387862&StoryID=1272873977731, letzter Zugriff: 26.07.2010, 16:02 Uhr.

Hurrelmann, K. (2010): Lebensphase Jugend, 10. Auflage, Weinheim 2010.

Hurrelmann, K./Albert, M./Quenzel, G./Langness, A. (2006): Eine pragmatische Generation unter Druck – Einführung in die Shell Jugendstudie 2006, in: Shell Deutschland Holding (Hrsg.) (2006): 15. Shell Jugendstudie Jugend 2006, Frankfurt a. M. 2006, S. 31 – 48.

IAB (2007 C6): Materialsammlung Fachkräftebedarf der Wirtschaft. Ansatzpunkte für Therapien. Arbeitsmarkt für Frauen, Nürnberg 2007.

Ilmarinen, J./Tempel, J. (2002): Arbeitsfähigkeit 2010. Was können wir tun, damit Sie gesund bleiben?, in: Giesert, M. (Hrsg.) (2002): im Auftrag des DGB-Bildungswerk e. V. Hamburg 2002.

Initiative D21 e.V./TNS Infratest (2010): Digitale Gesellschaft. Die digitale Gesellschaft in Deutschland – sechs Nutzertypen im Vergleich, Berlin/München 2010. Online verfügbar unter: http://www.initiatived21.de/wp-content/uploads/2010/03/Digitale-Gesellschaft_Endfassung.pdf, letzter Zugriff: 02.08.2010, 20:54 Uhr.

INQA (Initiative Neue Qualität der Arbeit) (2004): Was ist gute Arbeit – Arbeit im Generationenvergleich. Subjektiv wahrgenommene Arbeitsqualität im Spiegel von Arbeitnehmer/-innen verschiedener Altersgruppen, Dortmund 2004. Online verfügbar unter:
http://www.inqa.de/Inqa/Redaktion/Zentralredaktion/PDF/Publikationen/inqa-28-was-ist-gute-arbeit-generationenvergleich,property=pdf,bereich=inqa,sprache=de,rwb=true.pdf,
letzter Zugriff: 02.08.2010, 21:01 Uhr.

Institut für Demoskopie Allensbach (2007): Werteerziehung in der öffentlichen Meinung. Kurzkommentar zu einer repräsentativen Bevölkerungsumfrage, Allensbach 2007. Online verfügbar unter:
http://www.bmfsfj.de/RedaktionBMFSFJ/Internetredaktion/Pdf-Anlagen/allensbach-umfrage-werteerziehung-lang,property=pdf,bereich=bmfsfj,sprache=de,rwb=true.pdf, letzter Zugriff:
02.08.2010, 21:02 Uhr.

Institut für Demoskopie Allensbach (2009): Auf dem Weg von der persönlichen zur virtuellen Kommunikation? Veränderung der Gesprächskultur in Deutschland. Online verfügbar unter: http://www.ifd-allensbach.de/pdf/prd_0903.pdf, letzter Zugriff:
14.09.2010, 12:58 Uhr.

Institut für Demoskopie Allensbach (2011): Mit Zuversicht ins neue Jahr, Allensbacher Berichte, in: http://www.ifd-allensbach.de/uploads/tx_reportsndocs/prd_1201.pdf,
letzter Zugriff: 31.05.12, 13:20 Uhr.

IW Köln (2011): Generation Praktikum – Es gibt sie nicht. IW-Nachricht vom 05.05.11.

IZMF (Informationszentrum Mobilfunk) (2010): Mobilfunkteilnehmer in Deutschland, in: http://www.izmf.de/html/de/46272.html, letzter Zugriff: 06.10.2010, 14:05 Uhr.

Jasper, G./Fitzner, S. (2000): Innovatives Verhalten Jüngerer und Älterer: Einfluss von Arbeitsumfeld und Erfahrungswissen, in: Köchling, A. et al. (Hrsg.) (2000): Innovation und Leistung mit älterwerdenden Belegschaften, München/Mering 2000, S. 140 – 188.

Jasper, G./Rohwedder, A./Schletz, A. (2001): Innovieren mit alternden Belegschaften, in: Moser, J./Nöbauer, B./Seidl, M. (Hrsg.) (2001): „Vom alten Eisen und anderem Ballast" – Tabus, Schattenseiten und Perspektiven in betrieblichen Veränderungsprozessen, München/Mering 2001, S. 60 – 86.

Johnson Controls (2010): Oxygenz Country Report: Germany. Understanding the Generation Y in Germany: How would they like to work in 2010, London 2010. Online verfügbar unter:
http://www.johnsoncontrols.com/publish/etc/medialib/jci/be/global_workplace_innovation/oxygenz.Par.88160.File.dat/Oxygenz_report_Germany.pdf, letzter Zugriff: 02.08.2010, 21:09 Uhr.

Karl, F. (2005): Generationsübergreifende Arbeit – Schwerpunkt Schule/Kindergarten, in: Braun, J./Kubisch, S./Zeman, P. (Hrsg.) (2005): Erfahrungswissen und Verantwortung – zur Rolle von Seniortrainerinnen in ausgewählten Engagementbereichen, Köln 2005, S. 27 – 75.

Karl, F. (2008): Das Altern der Jungen. Aus der Versenkung geholt: Jugendstudien der letzten 50 Jahre, in: Hoffmann, D./Schubarth, W./Lohmann, M. (Hrsg.) (2008): Jungsein in einer alternden Gesellschaft. Bestandsaufnahme und Perspektiven für das Zusammenleben der Generationen, Weinheim/München 2008, S. 153 – 173.

Kastner, M. (2004): Work Life Balance als Zukunftsthema, in: Kastner, M. (Hrsg.) (2004): Die Zukunft der Work Life Balance. Wie lassen sich Beruf und Familie, Arbeit und Freizeit miteinander vereinbaren? Kröning 2004, S. 1 – 65.

Kaufmann, F.-X. (2005): Schrumpfende Gesellschaft. Vom Bevölkerungsrückgang und seinen Folgen, Frankfurt/Main 2005.

Kehlman, D. (2012): Wörtliches Zitat in: Haaf, M./Bauer, P. (2012): Wenn ich mal groß bin, in: NEON, Ausgabe 100, Mai 2012, S. 26 – 36.

Kessler, E.-M. (2006): Interaktion zwischen älteren Menschen und Jugendlichen - ein psychologisch förderlicher sozialer Kontext für beide Seiten? Dissertation zur Erlangung des „Doctor of Philosophy in Psychology", International University Bremen: Jacobs Center for Lifelong Learning and Institutional Development, Bremen 2006.

Kirchberg, A. (2012): Termine, Termine, Termine, in: Die Rheinpfalz, Nr. 91 vom 18.04.12, S. 5.

Klages, H. (2001): Brauchen wir eine Rückkehr zu traditionellen Werten?, in: Aus Politik und Zeitgeschichte, Bd. 29/2001, S. 7 – 14. Online verfügbar unter: http://www.bpb.de/files/XDM3LM.pdf, letzter Zugriff: 02.08.2010, 21:20 Uhr.

Kliegel, M./Jäger, T. (2007): Wie entwickeln sich kognitive Ressourcen im mittleren und höheren Erwachsenenalter?, in: GfA (Hrsg.) (2007): Die Kunst des Alterns, Dortmund 2007, S. 45 – 55.

Kloepfer, I./Kloepfer, I. (2012): Glucken, Drachen, Rabenmütter. Wie junge Menschen erzogen werden wollen, Regensburg 2012.

Köcher, R. (2009): Generationen-Barometer 09, in: Pressemappe zur Pressekonferenz von „Forum Familie stark machen!", 08.04.2009. Online verfügbar unter: http://www.familie-stark-machen.de/files/generationenbarometer09_pressemappe.pdf, letzter Zugriff: 02.08.2010, 21:25 Uhr.

KOF (2010): KOF Globalisierungsindex 2010, Pressemitteilung 22. Januar 2010, KOF Konjunkturforschungsstelle, ETH Zürich, Januar 2010.

Kofler, K./Güntert, A. (2011): Generation Diva, in: BILANZ, Ausgabe 4/2011, S. 53 – 61.

Königes, H. (2010): Erste Gehversuche mit der Generation Y, in: http://www.computerwoche.de/karriere/hp-young-professional/1937467/index3.html, letzter Zugriff: 19.08.2010, 14:44 Uhr.

Kohli, M. (2003): Generationen in der Gesellschaft. Forschungsbericht 73 der Forschungsgruppe Altern und Lebenslauf (FALL), Berlin 2003. Online verfügbar unter: http://www.fall-berlin.de/index.html?/fdl3.htm, letzter Zugriff: 08.07.2010, 14:03 Uhr.

Koller, N. (2010): Generation Y: Sozialer Managernachwuchs. Interview mit Addie van Rooij, Vice President Human Resources bei Hewlett-Packard (HP) in der Emea-Region, Online verfügbar unter: http://diepresse.com/home/karriere/karrierelounge/573116/print.do, letzter Zugriff: 02.08.2010, 21:25 Uhr.

Kooij, D. et al. (2007): Age-related factors in the motivation to work: What we know and where we need to go, Amsterdam/NL 2007.

Kornwachs, K. (2000): Innovation bei veränderten Altersstrukturen (INVAS) – Fallstudien aus der Software-Entwicklung, in: von Rothkirch, C. (Hrsg.) (2000): Altern und Arbeit: Herausforderung für Wirtschaft und Gesellschaft. Beiträge, Diskussionen und Ergebnisse eines Kongresses mit internationaler Beteiligung, Berlin 2000, S. 198 – 211.

Krieger, S./Weinmann, J. (2008): Familie, Lebensformen und Kinder, in: Datenreport 2008. Ein Sozialbericht für die Bundesrepublik Deutschland, Bonn 2008, S. 27 – 49. Online verfügbar unter: http://www.destatis.de/jetspeed/portal/cms/Sites/destatis/Internet/DE/Content/Publikationen/Querschnittsveroeffentlichungen/Datenreport/Downloads/Datenreport2008,property=file.pdf, letzter Zugriff: 02.08.2010, 20:36 Uhr.

Kuehl, S. L. (1992): Am I obsolete?, in: The Record, July 22, 1992.

Kunz, A. (2010): Wir Seiltänzer, in: Die Rheinpfalz am Sonntag, 30.05.2010, S. 3.

Lack, T. (2004): Wissensmanagement, in: Kremin-Buch, B./Unger, F./Walz, H. (Hrsg.): Wissen – das neue Kapital, Managementschriften, Band 6, Sternenfels 2004, S. 9 – 122.

Laick, S. (2009): Die neue Generation abholen, in: Personalwirtschaft. Magazin für Human Resources. Sonderheft 08/2009 „Employer Branding. Wer aufhört, fällt zurück", S. 21 – 23. Online verfügbar unter: http://archiv.personalwirtschaft.de/wkd_pw/cms/material_pw/2009/082009_extra/PW%20SH%20809%20online-Gesamt.pdf#20, letzter Zugriff: 08.07.2010, 14:01 Uhr.

Lancaster, L. C./Stillman, D. (2002): When Generations Collide. Who They Are. Why They Clash. How to Solve the Generational Puzzle at Work, New York 2002.

LandesElternBeirat Koblenz Neustadt Trier (2008): Mehr individuelle Förderung, weniger Klassenarbeiten, in: http://leb.bildung-rp.de/fileadmin/user_upload/leb.bildung-rp.de/PM_1404__Grundschulordnung.pdf, letzter Zugriff: 13.09.2010, 12:24 Uhr.

Landesstiftung Baden-Württemberg gGmbH (2005): Jugend. Werte. Zukunft. Wertvorstellungen, Zukunftsperspektiven und soziales Engagement im Jugendalter, Stuttgart 2005. Online verfügbar unter: http://www.bwstiftung.de/uploads/tx_ffbwspub/jugend_werte_zukunft.pdf, letzter Zugriff: 05.07.2010, 15:54 Uhr.

Langness, A./Leven, I./Hurrelmann, K. (2006): Jugendliche Lebenswelten: Familie, Schule, Freizeit, in: Shell Deutschland Holding (Hrsg.) (2006): 15. Shell Jugendstudie Jugend 2006, Frankfurt a. M. 2006, S. 49 – 102.

Leuzinger-Bohleber, M. (2010): „Es ist ein Druck auf dieser Generation." Interview von Rainer Hank und Bettina Weiguny mit Marianne Leuzinger-Bohleber, in: Weiguny, B. (2010): Generation 30, in: Frankfurter Allgemeine Sonntagszeitung, Nr. 20, 23.05.2010, S. 41 – 46.

Leven, I./Quenzel, G./Hurrelmann, K. (2010): Familie, Schule, Freizeit: Kontinuitäten im Wandel, in: Shell Deutschland Holding (Hrsg.) (2010): 16. Shell Jugendstudie Jugend 2010, Frankfurt a. M. 2010, S. 53 – 128.

Lichtsteiner, R. A. (2004): Die Leistung älterer Mitarbeitender. Überlegungen und Erfahrungen aus der Praxis, in: von Cranach, M./Schneider, H.-D./Ulich, E. (Hrsg.) (2004): Ältere Menschen im Unternehmen. Chancen, Risiken, Modelle, Bern/Stuttgart/Wien 2004, S. 149 – 161.

Liebau, E. (1997): Generation – ein aktuelles Problem?, in: Liebau, E. (Hrsg.) (1997): Das Generationenverhältnis, Weinheim/München 1997, S. 15 – 37.

Lindgren, M./Fürth, T./Lüthi, B. (2005): The MeWe Generation. What Business and Politics Must Know About the Next Generation, Stockholm 2005.

Livingstone, S./Bober, M. (2004): UK Children Go Online. Surveying the experiences of young people and their parents, London 2004. Online verfügbar unter: http://eprints.lse.ac.uk/395/1/UKCGOsurveyreport.pdf, letzter Zugriff: 02.08.2010, 21:36 Uhr.

Lohaus, A. (2006): Bleib locker. Stresspräventionstraining für Kinder im Grundschulalter. Vortrag im Rahmen der Fachtagung Resilienz – Was Kinder stärkt der Landesvereinigung Gesundheit Niedersachsen e.V. Online verfügbar unter: http://www.gesundheit-nds.de/downloads/11.07.06.vortrag.lohaus.pdf, letzter Zugriff: 18.04.12, 10:24 Uhr.

Lohmann, M. (2008): Die wachsende Lust an der „Jugendgewalt". Der demografische Wandel als Katalysator einer negativen Jugendstereotypisierung, in: Hoffmann, D./Schubarth, W./Lohmann, M. (Hrsg.) (2008): Jungsein in einer alternden Gesellschaft. Bestandsaufnahme und Perspektiven für das Zusammenleben der Generationen, Weinheim/München 2008, S. 51 – 68.

Lutz, C. (1995): Leben und arbeiten in der Zukunft, München 1995.

manager magazin (2005): Jugendstudie "Generation 05". Was Studenten über ihre Zukunft denken. Online verfügbar unter: http://www.manager-magazin.de/koepfe/karriere/0,2828,345522,00.html, letzter Zugriff: 02.08.2010, 21:50 Uhr.

Mannheim, K. (1928): Das Problem der Generationen, in: Wolff, K. H. (Hrsg.) (1964): Karl Mannheim. Wissenssoziologie, Berlin, S. 509 – 565.

Mansel, J. (2008): Kinder und Jugendliche in der Generationengemeinschaft, in: Hoffmann, D./Schubarth, W./Lohmann, M. (Hrsg.) (2008): Jungsein in einer alternden Gesellschaft. Bestandsaufnahme und Perspektiven für das Zusammenleben der Generationen, Weinheim/München 2008, S. 33 – 50.

MBJS (Ministerium für Bildung, Sport und Jugend) (2010): Lebensgestaltung-Ethik-Religionskunde (LER), in: http://www.mbjs.brandenburg.de/sixcms/detail.php/120349, letzter Zugriff: 15.08.2010, 07:21 Uhr.

McCrindle, M./Wolfinger, E. (2009): The ABC of XYZ. Understanding the Global Generations, Sydney 2009.

Medá, D./Delay, B. (2008): Changes in the relation to work, in: http://www.ftu-namur.org/fichiers/SPREW-conf-mutationsEN.pdf, letzter Zugriff: 06.10.2010, 16:50 Uhr.

Medienpädagogischer Forschungsverbund Südwest (mpfs) (2008): KIM-Studie: Kinder + Medien, Computer + Internet. Basisuntersuchung zum Medienumgang 6- bis 13-Jähriger in Deutschland, Stuttgart 2008. Online verfügbar unter: http://www.mpfs.de/fileadmin/KIM-pdf08/KIM2008.pdf, letzter Zugriff: 03.08.2010, 9:28 Uhr.

Medienpädagogischer Forschungsverbund Südwest (mpfs) (2009): JIM-Studie: Jugend, Information, (Multi-)Media. Basisuntersuchung zum Medienumgang 12- bis 19-Jähriger, Stuttgart 2009. Online verfügbar unter: http://www.mpfs.de/fileadmin/JIM-pdf09/JIM-Studie2009.pdf, letzter Zugriff: 03.08.2010, 9:28 Uhr.

Meier, B./Schröder, C. (2007): Altern in der modernen Gesellschaft. Leistungspotenziale und Sozialprofile der Generation 50-Plus. Schriften zur Wirtschaftspolitik aus dem Institut der deutschen Wirtschaft Köln, Köln 2007.

Mesmer, A. (2010): Junge Mitarbeiter wissen, was sie wollen, in: http://www.computerwoche.de/karriere/hp-young-professional/1937564/index.html, letzter Zugriff: 19.08.2010, 14:40 Uhr.

Meyers, R. A. (2009): Mitarbeiter im neuen Millennium – Kommunikation zwischen den Generationen, in: Richter, G. (Hrsg.) (2009): Generationen gemeinsam im Betrieb. Individuelle Flexibilität durch anspruchsvolle Regulierungen, Bielefeld 2009, S. 201 – 220.

Molter, B. et al. (2007): Die Bedeutung von Arbeitsgestaltung für die innovative Leistung älterer Berufstätiger, in: GfA (Hrsg.) (2007): Kompetenzentwicklung in realen und virtuellen Arbeitssystemen, Dortmund 2007, S. 809 – 812.

MTV (2004): Joungminder. Einer Premium-Zielgruppe auf der Spur. Berlin 2004. Online verfügbar unter: http://www.viacombrandsolutions.de/uuid/2cea670f9c09b19e7a6d910e36bfec45, letzter Zugriff: 03.08.2010, 9:35 Uhr.

MTV Networks (2007): Circuits of Cool – Germany. Eine internationale Studie in Zusammenarbeit mit msn. Zusammenfassung der deutschen Ergebnisse. Berlin 2007. Online verfügbar unter: http://www.viacombrandsolutions.de/media/6_research/studien_pdfs/Circuits+of+Cool_Deutschland.pdf, letzter Zugriff: 03.08.2010, 9:41 Uhr.

Naisbitt, J. (2007): Mind set! Wie wir die Zukunft entschlüsseln, München 2007.

Nolte, D. (2009): Von Reiz zu Reiz. Digitale Eingeborene, digitale Einwanderer: Wie der Umgang mit Computern die Gehirne von Kindern und Erwachsenen verändert, in: http://www.tagesspiegel.de/wissen/von-reiz-zu-reiz/1498348.html, letzter Zugriff: 21.08.2010, 07:21 Uhr.

Oblinger, D./Oblinger, J. L. (2005): Is It Age or IT: First Steps Toward Understanding the Net Generation, in: Oblinger, D./Oblinger, J. L. (Hrsg.) (2005): Educating the Net Generation, Online verfügbar unter: www.educause.edu/educatingthenetgen/, letzter Zugriff: 02.08.2010, 21:53 Uhr.

Occupy Germany (2012): Über uns, in: http://www.occupy-germany.com/informationen/uber-uns/ (Stand: 10.02.2012).

Oehmichen, E. (2004): Mediennutzungsmuster bei ausgewählten Nutzertypen. Empirische Erkenntnisse zur Online-Nutzung, in: Hasebrink, U./Mikos, L./Prommer, E. (Hrsg.) (2004): Mediennutzung in konvergierenden Medienumebungen. Band 1, München 2004, S. 115 – 145.

Oertel, J. (2007): Generationenmanagement im Unternehmen, Wiesbaden 2007.

Opaschowski, H. W. (1999): Generation @. Die Medienrevolution entläßt ihre Kinder: Leben im Informationszeitalter, Hamburg 1999.

Opaschowski, H. W. (2002): Wir werden es erleben. Zehn Zukunftstrends für unser Leben von morgen, Darmstadt 2002.

Opaschowski, H. W. (2006a): Deutschland 2020. Wie wir morgen leben – Prognosen der Wissenschaft, 2., erweiterte Auflage, Wiesbaden 2006.

Opaschowski, H. W. (2006b): Das Moses Prinzip. Die 10 Gebote des 21. Jahrhunderts, Gütersloh 2006.

Opaschowski, H. W. (2008): Deutschland 2030. Wie wir in Zukunft leben, Gütersloh 2008.

Pack, J./Buck, H./Kistler, E./Mendius, H. G./Morschhäuser, M./Wolff, H. (2000): Zukunftsreport demographischer Wandel. Innovationsfähigkeit in einer alternden Gesellschaft, Bonn 2000.

Paine, J. W. (2006): Cross-Generational Issues in Organizations, Online verfügbar unter: http://wfnetwork.bc.edu/encyclopedia_entry.php?id=4156&area=All, letzter Zugriff: 02.08.2010, 21:55 Uhr.

Palfrey, J./Gasser, U. (2008): Generation Internet. Die Digital Natives: Wie sie leben. Was sie denken. Wie sie arbeiten, New York/München 2008.

Parment, A. (2009): Die Generation Y – Mitarbeiter der Zukunft. Herausforderung und Erfolgsfaktor für das Personalmanagement, Wiesbaden 2009.

Parment, A./Dyhre, A. (2009): Sustainable Employer Branding. Guidelines, Worktools and Best Practices, Kopenhagen 2009.

Pew Internet & American Life Project (2001): Teenage life online. The rise of the instant-message generation and the Internet's impact on friendships and family relationships. Online verfügbar unter: http://www.pewinternet.org/~/media//Files/Reports/2001/PIP_Teens_Report.pdf.pdf, 04.08.2010, 12:08 Uhr.

Pollak, R. (2008): Soziale Mobilität, in: Statistisches Bundesamt (2008) : Datenreport 2008. Ein Sozialbericht für die Bundesrepublik Deutschland, Bonn 2008, S. 180 – 187. Online verfügbar unter: http://www.destatis.de/jetspeed/portal/cms/Sites/destatis/Internet/DE/Content/Publikationen/Querschnittsveroeffentlichungen/Datenreport/Downloads/Datenreport2008,property=file.pdf, letzter Zugriff: 03.08.2010, 9:44 Uhr.

Ponzellini, A. M. (2009): Young people at work in Europe: policy practices to overcome the unbalance between generations. A comparative perspective, 4th Conference Young People & Societies in Europe and around the Mediterranean, 26./27./28. März 2009. Online verfügbar unter http://www.ftu-namur.org/fichiers/Forli-Ponzellini.pdf, letzter Zugriff: 08.07.2010, 13:54 Uhr.

Prensky, M. (2001): Digital Natives. Digital Immigrants, in: On the Horizon (MCB University Press, Vol. 9 No. 5, October 2001). Online verfügbar unter: http://www.marcprensky.com/writing/Prensky%20-%20Digital%20Natives,%20Digital%20Immigrants%20-%20Part1.pdf, letzter Zugriff: 03.08.2010, 9:46 Uhr.

Rademacher, L./Remus, N./Kamm, S. (2009): Stochern im Nebel, in: Personalwirtschaft. Magazin für Human Resources. Sonderheft 08/2009 „Employer Branding. Wer aufhört, fällt zurück", S. 12 – 14. Online verfügbar unter: http://archiv.personalwirtschaft.de/wkd_pw/cms/material_pw/2009/082009_extra/PW%20SH%20809%20online-Gesamt.pdf#11, letzter Zugriff: 04.08.2010, 12:10 Uhr.

Rading, J. (2010): Lebenszyklusorientierte Personalentwicklung in Zeiten des demografischen Wandels, 1. Aufl., Hamburg 2010.

Raeburn, P. (2009): Multitasking may not mean higher productivity. Interview mit Prof. Clifford Nass, Online verfügbar unter: http://www.npr.org/templates/story/story.php?storyId=112334449, letzter Zugriff: 02.08.2010, 21:55 Uhr.

Raschke, M. (2005): Mittendrin, in: Brand Eins, Ausgabe 08/2005, S. 68 – 74. Online verfügbar unter: http://www.brandeins.de/archiv/magazin/die-mitte/artikel/mittendrin.html, letzter Zugriff: 25.08.2010, 15:18 Uhr.

Regionalmanagement Wirtschaftsregion Bamberg-Forchheim GmbH (2010): Auf Kurs. Auswirkungen des Demografischen Wandels. für die Wirtschaftsregion Bamberg-Forchheim, Nürnberg 2010.

Regnet, E. (2004): Karriereentwicklung 40 +. Weitere Perspektiven oder Endstation?, Weinheim und Basel 2004.

Richter, G. (2008): Generationen im Betrieb – ein wenig beachtetes Handlungsfeld. Vortrag anlässlich des Best Age Demographie – Kongresses in Berlin am 02./03. 09.2008. Online verfügbar unter: http://www.daten.best-age-conference.com/2008/richter.pdf, letzter Zugriff: 03.08.2010, 9:52 Uhr.

Richter, G. (2009): Flexibilität durch lebenslagenorientierte Personalpolitik, in: Richter, G. (Hrsg.) (2009): Generationen gemeinsam im Betrieb. Individuelle Flexibilität durch anspruchsvolle Regulierungen, Bielefeld 2009, S. 11 – 34.

Rickens, C. (2006): Gegenwart und Zukunft, in: http://www.manager-magazin.de/magazin/artikel/0,2828,395921,00.html, letzter Zugriff: 25.08.2010, 15:38 Uhr.

Robert-Koch-Institut (2006): Erste Ergebnisse der KiGGS-Studie zur Gesundheit von Kindern und Jugendlichen in Deutschland, Berlin 2006. Online verfügbar unter: http://www.kiggs.de/experten/downloads/dokumente/kiggs_elternbroschuere.pdf, letzter Zugriff: 14.09.2010, 07:32 Uhr.

Rollwagen I. (2009): in: Deutsche Bank AG, DB Research (Hrsg.) (2009): Projektwirtschaft im Jahr 2020 – Trends & der Strukturwandel der Wertschöpfung sowie die Herausforderungen für das Projektmanagement, Würzburg 2009. Online verfügbar unter: http://www3.informatik.uni-wuerzburg.de/courses/vorl_09_ss/projman/daten/vortraege/Rollwagen_Projektwirtschaft2020.pdf (Stand: 15.12.2011).

Roßnagel, C./Hertel, G. (2006): Altersbedingte Unterschiede in Inhalten und im Zustandekommen von Arbeitsmotivation und Arbeitszufriedenheit, in: Zeitschrift für Arbeitswissenschaft (60), 2006/3, S. 181 – 186.

Roßnagel, C./Hertel, G. (2007): HRM and Age-Related Changes of Work Motivation: Matching Motives, Values, and Interests with Job Characteristics, Bremen/Würzburg 2007.

Rump, J. (2008): Sechs Megatrends, in: trends *09 Personalwirtschaft, Köln 2008, S. 8 – 11.

Rump, J. (2010a): Zweigeteilte Arbeitswelt. Die einen müssen in Bewegung bleiben, die anderen die Balance halten. Mitarbeiter sind nicht gleich, in: Süddeutsche Zeitung (2010), 17.05.2010, Nr. 111, S. 18.

Rump, J. (2010b): Tödliche Routine. Zwischen Langeweile und Innovationsdruck: Angestellte leiden unterschiedlich. Nur wenn Vorgesetzte das erkennen, können sie ihnen helfen, in: http://www.sueddeutsche.de/karriere/motivation-von-mitarbeitern-toedliche-routine-1.940054, 27.04.2010.

Rump, J./Eilers, S. (2005): Employability Management, Ein ganzheitlich-integratives Management-Konzept zur Steigerung der Wettbewerbsfähigkeit von Unternehmen durch Beschäftigungsfähigkeit der Beschäftigten, Abschlussbericht, Ludwigshafen 2005.

Rump, J./Eilers, S. (2006): Managing Employability, in: Rump, J./Sattelberger, T./Fischer, H. (Hrsg.) (2006): Employability Management. Grundlagen, Konzepte, Perspektiven, Wiesbaden 2006, S. 13 – 73.

Rump, J./Eilers, S. (2011): Employability – Die Grundlagen, in: Rump, J./Sattelberger, T. (Hrsg.) (2011): Employability Management 2.0. Einblick in die praktische Umsetzung eines zukunftsorientierten Employability Managements, Sternenfels 2011, S. 73 – 166.

Rump, J./Eilers, S./Wilms, G. (2011): Strategie für die Zukunft – Lebensphasenorientierte Personalpolitik 2.0. Ein Leitfaden für Unternehmen zur Bindung und Gewinnung von Mitarbeiterinnen und Mitarbeitern, Mainz 2011.

Rump, J./Groh, S./Eilers, S. (2006): Beruf und Familie – Auswirkungen auf die Wirtschaft, Mainz 2006.

Rump, J./Schmidt, S. (2004): Lernen durch Wandel – Wandel durch Lernen, Managementschriften, Sonderband 1, Kremin-Buch, B./Unger, F./Walz, H. (Hrsg.), Sternenfels 2004.

Rump, J./Wilms, G./MWVLW (2006): Wissen ist Zukunft, Wissensbilanz als strategisches
Instrument für den Mittelstand, Leitfaden zur Erstellung einer Wissensbilanz in kleinen und mittelständischen Unternehmen, MWVLW (Hrsg.), Bernkastel-Kues 2006.

Rusch, T. (2010): Durch die Brille der Net-Generation. Wie Unternehmen „Digital Natives"
im Internet erreichen können, in: www.hrm.de (passwortgeschützter Mitgliederbe-
reich), letzter Zugriff: 14.05.2010.

Sachverständigenkommission zum Achten Familienbericht (2012): Zeit für Familie. Famili-
enzeitpolitik als Chance einer nachhaltigen Familienpolitik. Achter Familienbericht, Berlin 2012.

Sachverständigenkommission zur Erstellung des Ersten Gleichstellungsberichtes der Bun-
desregierung/Fraunhofer-Gesellschaft zur Förderung der angewandten Forschung
e.V. (2011): Neue Wege – Gleiche Chancen. Gleichstellung von Frauen und
Männern im Lebensverlauf. Gutachten der Sachverständigenkommission an das
Bundesministerium für Familie, Senioren, Frauen und Jugend für den ersten
Gleichstellungsbericht der Bundesregierung. Zentrale Ergebnisse und Handlungs-
empfehlungen, Essen/München 2011. Online verfügbar unter:
http://www.fraunhofer.de/Images/110509_Gleichstellungsbericht_final_tcm7-
78851.pdf, letzter Zugriff: 01.07.11, 10:43 Uhr.

Sattelberger, T. (2003): Employability. Kurs halten trotz Irrungen der Ich-AG, in: PERSO-
NALmagazin, 5. Jahrgang, Heft 11, 2003, S. 64 – 66.

Schäuble, I. (2010): Abschied von der klassischen Familie, Online verfügbar unter:
http://www.focus.de/schule/familie/lebensformen-abschied-von-der-klassischen-
familie_aid_477214.html, letzter Zugriff: 27.07.2010, 07:28 Uhr.

Scheer, A.-W. (2010): Connected Worlds. Wie Lebens- und Technikwelten zusammen-
wachsen, in: http://www.bitkom.org/files/documents/BITKOM-
Praesentation_Connected_Worlds_01_03_2010.pdf, letzter Zugriff: 16.03.12,
13:59 Uhr.

Schein, E. H. (1978): Career Dynamics. Matching Individual and Organizational Needs,
1. Aufl., Reading 1978.

Scheltwort, S. (2004): Ein Job fürs Leben, in: Junge Karriere, Ausgabe 11/04, S. 18-30.

Schirrmacher, F. (2005): Das Methusalem-Komplott, München 2005.

Schmidt, H. (2009): Zielgruppen-Studien Die Jugend von heute, in: werben & verkaufen
Nr. 02 vom 22.05.2009, S. 20.

Schmidbauer, W. (2011): Generation Angst. Interview mit Claus Peter Simon, in: GEO
WISSEN Nr. 48 „Was die Seele stark macht", S. 37 – 41.

Schneider, L./Rostocker Zentrum zur Erforschung des demografischen Wandels (2006): Sind ältere Beschäftigte weniger produktiv? Eine empirische Analyse anhand des LIAB, Rostock 2006.

Schuster, A. (2007): Allzeit bereit, in: Die Rheinpfalz am Sonntag, 09.09.07, S. 3.

Schneekloth, U. (2006a): Politik und Gesellschaft: Einstellungen, Engagement, Bewältigungsprobleme, in: Shell Deutschland Holding (Hrsg.) (2006): 15. Shell Jugendstudie Jugend 2006, Frankfurt a. M. 2006, S. 103 – 144.

Schneekloth, U. (2006b): Die „großen Themen": Demografischer Wandel, Europäische Union und Globalisierung, in: Shell Deutschland Holding (Hrsg.) (2006): 15. Shell Jugendstudie Jugend 2006, Frankfurt a. M. 2006, S. 146 – 167.

Schneekloth, U. (2010): Jugend und Politik: Aktuelle Entwicklungstrends und Perspektiven, in: 129 – 164.

Schneekloth, U./Albert, M. (2010): Entwicklungen bei den „großen" Themen: Generationengerechtigkeit, Globalisierung, Klimawandel, in: Shell Deutschland Holding (Hrsg.) (2010): 16. Shell Jugendstudie Jugend 2010, Frankfurt a. M. 2010, S. 165 – 185.

Schobert, D. B. (2007): Grundlagen zum Verständnis von Work-Life Balance, in: Esslinger, A. S./Schobert, D. B. (Hrsg.) (2007): Erfolgreiche Umsetzung von Work-Life Balance in Organisationen. Strategien, Konzepte, Maßnahmen, Wiesbaden 2007, S. 19 – 33.

Scholz, C. (2003): Spieler ohne Stammplatzgarantie, Weinheim 2003.

Schorb, B./Keilhauer, J./Würfel, M./Kießling, M. (2008): Medienkonvergenz Monitoring Report 2008. Jugendliche in konvergierenden Medienwelten, Leipzig 2008. Online verfügbar unter: http://www.uni-leipzig.de/~umfmed/Medienkonvergenz_Monitoring_Report08.pdf, letzter Zugriff: 04.08.2010, 12:12 Uhr.

Schormann, T. (2011): Ältere Bewerber sind oft nicht selbstbewusst genug, in: http://wirtschaft.t-online.de/vorstellungsgespraech-aeltere-bewerber-oft-nicht-selbstbewusst-genug/id_47691746/index, letzter Zugriff: 03.04.12, 15:06 Uhr.

Schubarth, W./Lohmann, M./Hoffmann, D. (2008): Demografischer Wandel – (k)ein Thema für die Jugendforschung?, in: Hoffmann, D./Schubarth, W./Lohmann, M. (Hrsg.) (2008): Jungsein in einer alternden Gesellschaft. Bestandsaufnahme und Perspektiven für das Zusammenleben der Generationen, Weinheim/München 2008, S. 9 – 30.

Schubarth, W./Speck, K. (2008): Folgen des demografischen Wandels für das Aufwachsen von Jugendlichen. Herausforderungen für Schule und Jugendhilfe, in: Hoffmann, D./Schubarth, W./Lohmann, M. (Hrsg.) (2008): Jungsein in einer alternden Gesellschaft. Bestandsaufnahme und Perspektiven für das Zusammenleben der Generationen, Weinheim/München 2008, S. 113 – 130.

Schüre, Frank (1997): Generation @ Die 18- bis 35jährigen und die Tugend der Orientierungslosigkeit, in: ZEIT Nr.37/1997.

Schulmeister, R. (2008): Gibt es eine „Net Generation"? Version 2.0, Hamburg 2008. Online verfügbar unter: http://www.zhw.uni-hamburg.de/uploads/schulmeister-net-generation_v2.pdf, letzter Zugriff: 03.08.2010, 10:09 Uhr.

Schupp, J./Spieß, C. K. (2008): Lebenssituationen und -einstellungen von Kindern und Jugendlichen, in: Statistisches Bundesamt (2008) : Datenreport 2008. Ein Sozialbericht für die Bundesrepublik Deutschland, Bonn 2008, S. 188 – 192. Online verfügbar unter:
http://www.destatis.de/jetspeed/portal/cms/Sites/destatis/Internet/DE/Content/Publikationen/Querschnittsveroeffentlichungen/Datenreport/Downloads/Datenreport2008,property=file.pdf, letzter Zugriff: 03.08.2010, 10:12 Uhr.

Schuster, A. (2007): Allzeit bereit, in: Die Rheinpfalz am Sonntag, 09.09.07, S. 3.

Seufert, S./Brahm, T. (2007): "Ne(x)t Generation Learning": Wikis, Blogs, Mediacasts & Co. - Social Software und Personal Broadcasting auf der Spur. Themenreihe 1 zur Workshop-Serie. SCIL-Arbeitsbericht 12, St. Gallen 2007. Online verfügbar unter: http://www.scil.ch/fileadmin/Container/Leistungen/Veroeffentlichungen/2007-02-euler-seufert-next-generation-learning.pdf, letzter Zugriff: 03.08.2010, 10:21 Uhr.

SevenOne Media GmbH (2005a): Time Budget 12 (1999 – 2005), Unterföhring 2005. Online verfügbar unter:
http://appz.sevenonemedia.de/download/publikationen/TimeBudget12.pdf, letzter Zugriff: 03.08.2010, 10:23 Uhr.

SevenOne Media GmbH (2005b): Exzerpt aus „Time Budget 12",Online verfügbar unter: http://www.sevenonemedia.de/unternehmen/bibliothek/publikationen/index.php?fuseaction=details&bt_sel_menu=13&mgm_publ_id=306&nofollow=1, letzter Zugriff: 02.08.2010, 21:59 Uhr.

Shell Deutschland Holding (Hrsg.) (2006): 15. Shell Jugendstudie Jugend 2006, Frankfurt a. M. 2006.

Shell Deutschland Holding (Hrsg.) (2010): 16. Shell Jugendstudie Jugend 2010, Frankfurt a. M. 2010.

Sierke, B. R. A./Albe, F. (2010): Bericht zur Studie „Arbeitswelten 2020", Forschungspapier der PFH (Private Fachhochschule Göttingen), Göttingen 2010. Online verfügbar unter:
http://www.pfh.de/images/stories/pfh/pdf/studie_arbeitswelten_2020.pdf, letzter Zugriff: 23.06.2010, 14:16 Uhr.

Sinus Sociovision (2010): Sinus-Milieus 2009, Online verfügbar unter: http://www.sociovision.de/loesungen/sinus-milieus.html, letzter Zugriff: 02.08.2010, 22:04 Uhr.

Skirbekk, V./Max-Planck-Institut für demografische Forschung (2003): Age and Individual Productivity: A Literature Survey, MPIDR Working Paper WP 2003-028, Rostock 2003.

SPReW (Social Patterns of Relation to Work) (2006): Generational approach to the social patterns of relation to work. Executive summary, in: http://www.ftu-namur.org/fichiers/SPREW-D1-web.pdf, letzter Zugriff: 18.08.2010, 12:15 Uhr.

Statistisches Bundesamt (2006): Bevölkerung Deutschlands bis 2050. 11. koordinierte Bevölkerungsvorausberechnung, Wiesbaden 2006. Online verfügbar unter: http://www.destatis.de/jetspeed/portal/cms/Sites/destatis/Internet/DE/Presse/pk/2006/Bevoelkerungsentwicklung/bevoelkerungsprojektion2050,property=file.pdf, letzter Zugriff: 03.08.2010, 10:55 Uhr.

Statistisches Bundesamt (2007a): 4 % mehr Studienanfänger im Studienjahr 2007, Pressemitteilung Nr. 502, in: http://www.destatis.de/jetspeed/portal/cms/Sites/destatis/Internet/DE/Presse/pm/2007/12/PD07__502__213,templateId=renderPrint.psml, letzter Zugriff: 09.09.2010, 13:41 Uhr.

Statistisches Bundesamt (2007b): Hochschulen auf einen Blick, Ausgabe 2007, in: http://www.destatis.de/jetspeed/portal/cms/Sites/destatis/Internet/DE/Content/Publikationen/Fachveroeffentlichungen/BildungForschungKultur/HochschulenAufEinenBlick2007__Pdf,property=file.pdf, letzter Zugriff: 09.09.2010, 13:42 Uhr.

Statistisches Bundesamt (2008): Datenreport 2008. Ein Sozialbericht für die Bundesrepublik Deutschland, Bonn 2008. Online verfügbar unter: http://www.destatis.de/jetspeed/portal/cms/Sites/destatis/Internet/DE/Content/Publikationen/Querschnittsveroeffentlichungen/Datenreport/Downloads/Datenreport2008,property=file.pdf, letzter Zugriff: 03.08.2010, 10:57 Uhr.

Statistisches Bundesamt (2009a): Bevölkerung Deutschlands bis 2060. 12. koordinierte Bevölkerungsvorausberechnung, Wiesbaden 2009. Online verfügbar unter: http://www.destatis.de/jetspeed/portal/cms/Sites/destatis/Internet/DE/Presse/pk/2009/Bevoelkerung/pressebroschuere__bevoelkerungsentwicklung2009,property=file.pdf, letzter Zugriff: 03.08.2010, 10:59 Uhr.

Statistisches Bundesamt (2009b): Geburtenentwicklung, Online verfügbar unter: http://www.destatis.de/jetspeed/portal/cms/Sites/destatis/Internet/DE/Content/Statistiken/Bevoelkerung/AktuellGeburtenentwicklung,templateId=renderPrint.psml, letzter Zugriff: 27.07.2010, 07:41 Uhr.

Statistisches Bundesamt (2009c): Verflechtung deutscher Unternehmen mit dem Ausland. Begleitmaterial zur Pressekonferenz am 17. Februar 2009 in Berlin, Wiesbaden 2009.

Statistisches Bundesamt (2009d): Frauenanteil bei Promotionen steigt auf 42 %, in: http://www.destatis.de/jetspeed/portal/cms/Sites/destatis/Internet/DE/Presse/pm/ 2009/07/PD09__266__213,templateId=renderPrint.psml, letzter Zugriff: 06.10.2010, 14:47 Uhr.

Statistisches Bundesamt (2010): Alles beim Alten: Mütter stellen Erwerbstätigkeit hinten an, in:
http://www.destatis.de/jetspeed/portal/cms/Sites/destatis/Internet/DE/Content/Pu blikatio-
nen/STATmagazin/Arbeitsmarkt/2010__03/2010__03Erwerbstaetigkeit,templateI d=renderPrint.psml, letzter Zugriff: 25.08.2010, 15:00 Uhr.

Stegmaier, R. et al. (2006): Die Bedeutung von Arbeitsgestaltung für die innovative und adaptive Leistung älterer Berufstätiger, in: Zeitschrift für Arbeitswissenschaft, Band 60, Ausgabe 4/2006, S. 246 – 255.

Stelzer, T. (2009): Ich will doch nur spielen, in: DIE ZEIT Nr. 32 vom 30.07.2009. Online verfügbar unter: http://pdf.zeit.de/2009/32/Das-therapierte-Kind-32.pdf, letzter Zugriff: 18.04.12, 10:54 Uhr.

Strauss, W. (1991): The „Constellation" of 1991, in: The Washington Post, February 24, 1991.

Synovate (2007): Leisure time: clean living youth shun new technology, Online verfügbar unter: http://www.synovate.com/news/article/2007/02/leisure-time-clean-living-youth-shun-new-technology.html, letzter Zugriff: 02.08.2010, 22:04 Uhr.

Tapscott, Don (1998): Net Kids. Die digitale Generation erobert Wirtschaft und Gesell-schaft, Wiesbaden 1998.

Telegraph (2010): Students brains ‚rewired' by the internet, in:
http://www.telegraph.co.uk/technology/news/7205852/Students-brains-rewired-by-the-internet.html, letzter Zugriff: 19.08.2010, 15:27 Uhr.

Tesch-Römer, C./Wurm, S./Hoff, A./Engstler, H./Motel-Klingebiel, A. (2006): Der Alters-survey: Beobachtung gesellschaftlichen Wandels und Analyse individueller Verän-derungen, in: Tesch-Römer, C./Engstler, H./Wurm, S. (Hrsg.) (2006): Altwerden in Deutschland. Sozialer Wandel und individuelle Entwicklung in der zweiten Le-benshälfte, Wiesbaden 2006, S. 11 – 46.

Towers Perrin (2007): Was Mitarbeiter bewegt zum Unternehmenserfolg beizutragen – My-thos und Realität. Towers Perrin Global Workforce Study 2007-2008, Deutsch-land-Report, Frankfurt 2007. Online verfügbar unter:
http://www.towersperrin.com/tp/getwebcachedoc?webc=HRS/DEU/2008/20080 1/TPGWSGermany.pdf, letzter Zugriff: 23.06.2010, 11:32 Uhr.

Trendbüro/Steinle, A./Wippermann, P. (2003): Die neue Moral der Netzwerkkinder. Trendbuch Generationen, München 2003.

Treumann, K. P./Arens, M./Ganguin, S. (2010): Die empirische Erfassung von Medienkompetenz mit Hilfe einer triangulativen Kombination qualitativer und quantitativer Forschungsmethoden, in: Herzig, B./Meister, D. M./Moser, H./Niesyto, H. (Hrsg.) (2010): Jahrbuch Medienpädagogik 8. Medienkompetenz und Web 2.0, Wiesbaden 2010, S. 163 – 182.

Treumann, K. P./Meister, D. B./Sander, U. (2007): Medienhandeln Jugendlicher. Mediennutzung und Medienkompetenz. Bielefelder Medienkompetenzmodell, Wiesbaden 2007.

Trzesniewski, K. H./Donnellan, M. B. (2009): Are today's Young People Really That Different from Previous Generations? A Critical Perspective on "Generation Me", Online verfügbar unter: http://www.astcweb.org/public/publication/article.cfm/1/21/3/Narcissism-in-Generation-Y-and-Litigation-Advocacy, letzter Zugriff: 02.08.2010, 22:07 Uhr.

Tulgan, R. (2004): Trends point to a dramatic generational shift in the future workplace, in: Employment Relations Today, 30, S. 23 – 31.

Tully, C. J. (2008): Der Nebenjob – Alltagslernen neben der Schule, in: Wahler, P./Tully, C. J./Preiß, C. (2008): Jugendliche in neuen Lernwelten. Selbstorganisierte Bildung jenseits institutionalisierter Qualifizierung. Schriften des Deutschen Jugendinstituts, 2., erweiterte Auflage, Wiesbaden 2008, S. 83 – 123

Twenge, J. M. (2006): Generation Me: Why today's young Americans are more confident, assertive, entitled – and more miserable than ever before, New York 2006.

Tyler, K. (2007): The Tethered Generation, in: HR Magazine, Vol. 52, No. 5. Online verfügbar unter: http://www.shrm.org/Publications/hrmagazine/EditorialContent/Pages/0507cover .aspx, letzter Zugriff: 19.08.2010, 15:51 Uhr.

UCL (University College London) (2008): Information behaviour of the researcher of the future. A ciber briefing paper, London 2008. Online verfügbar unter: http://www.ucl.ac.uk/infostudies/research/ciber/downloads/ggexecutive.pdf, letzter Zugriff: 02.08.2010, 11:12 Uhr.

Uhlendorff, H. (2008): Alt und Jung außerhalb und innerhalb der Familie, in: Hoffmann, D./Schubarth, W./Lohmann, M. (Hrsg.) (2008): Jungsein in einer alternden Gesellschaft. Bestandsaufnahme und Perspektiven für das Zusammenleben der Generationen, Weinheim/München 2008, S. 133 – 151.

Ulich, E. (2005): Arbeitspsychologie, 6. überarbeitete und erweiterte Auflage, Zürich/Stuttgart 2005

Vanderbilt University (2009): Multitasking Ability Can Be Improved Through Training, Online verfügbar unter: http://www.sciencedaily.com /releases/2009/07/090716113401.htm, letzter Zugriff: 02.08.2010, 22:08 Uhr.

Van den Broeck, A./Notelaers, G./de Witte, H. (2007): Work characteristics and work related well-being of older employees: A Job Demands Resources Model perspective. Working paper for the EAWOP Small Group Meeting "Ageing and work" Tilburg University, The Netherlands, January 18th -20th 2007

Van Eimeren, B./Ridder, C.-M. (2005): Trends in der Nutzung und Bewertung der Medien 1970 bis 2005, in: media perspektiven 10/2005, S. 490 – 504. Online verfügbar unter: http://www.media-perspektiven.de/uploads/tx_mppublications/10-2005_Eimeren.pdf, letzter Zugriff: 02.08.2010, 11:14 Uhr.

Verlagsgruppe Bauer/Axel Springer (2008): Jugendliche in der VerbraucherAnalyse. Lebensgefühl, Werte, Medien-Nutzung, Online verfügbar unter: http://www.bauermedia.de/uploads/media/VA_08_PK_Jugendliche_02.pdf, letzter Zugriff: 23.07.2010, 10:42 Uhr.

Vester, M./Teiwes-Kügler, C./Lange-Vester, A. (2011): „Und diese Mitbestimmung fehlt mir total..." Mentalitäten und interessenpolitische Haltungen junger Arbeitnehmermilieus im Wandel. Ergebnisse einer empirischen Exploration, in: Huber, B./Wetzel, D. (Hrsg.) (2011): Junge Generation. Studien und Befunde zur Lebenslange und den Perspektiven der bis 35-Jährigen, Marburg 2011, S. 45 – 125.

Viacom Brand Solutions (2008): Mindsets 3.0. Viacom Brand Solutions Jugendstudie, Berlin 2008. Online verfügbar unter: http://www.viacombrandsolutions.de/uuid/6cc5d99cc8734722b1f8af3ef0703af6, letzter Zugriff: 03.08.2010, 11:20 Uhr.

Voelpel, S./Leibold, M./Früchtenicht, J.-D. (2007): Herausforderung 50plus. Konzepte zum Management der Aging Workforce: Die Antwort auf das demographische Dilemma, Erlangen 2007.

Volz, R./Zulehner, P. M. (2009): Männer in Bewegung. Zehn Jahre Männerentwicklung in Deutschland. Online verfügbar unter: http://www.bmfsfj.de/RedaktionBMFSFJ/Broschuerenstelle/Pdf-Anlagen/M_C3_A4nner-in-Bewegung,property=pdf,bereich=bmfsfj,sprache=de,rwb=true.pdf, letzter Zugriff: 24.08.2010, 15:20 Uhr.

Von Rohr, M./Schulz, S. (2009): Die Unsichtbaren, in: DER SPIEGEL SPECIAL Nr. 1/2009: Was wird aus mir? Wir Krisenkinder: Das Selbstportrait einer Generation, S. 14 – 23.

Warr, P. (1993): In what circumstances does job performance vary with age?, in: European Work and Organizational Psychologist 1993, 3 (3), S. 237 – 249.

Weilbacher, J. C. (2011): Mal hier, mal dort, in: Human Resources Manager, Ausgabe August/September 2011, S. 42 – 43.

Weiguny, B. (2010): Generation 30, in: Frankfurter Allgemeine Sonntagszeitung, Nr. 20, 23.05.2010, S. 41 – 46.

Weisbrod, B. (2005): Generation und Generationalität in der Neueren Geschichte, in: Aus Politik und Zeitgeschehen 8/2005. Online verfügbar unter: http://www.generationengeschichte.uni-goettingen.de/wbapz.pdf, letzter Zugriff: 28.06.2010, 13:37 Uhr.

Werle, K. (2005): Die junge Elite sitzt auf gepackten Koffern, in: http://www.manager-magazin.de/koepfe/karriere/0,2828,346667,00.html, letzter Zugriff: 02.08.2010, 22:12 Uhr.

Werle, K. (2008): Wir sind dann mal weg, in: managermagazin Ausgabe 06/2008, S. 134 – 142. Online verfügbar unter: http://wissen.manager-maga-zin.de/wissen/image/show.html?did=57145648&aref=image036/2008/05/27/ROMM200800601340142.PDF, letzter Zugriff: 03.09.2010, 13:57 Uhr.

Weyermann, E. (2003): Stabsübergabe auf dem Arbeitsmarkt: Die „Babyboomer" geben ab, die „Millenials" kommen, Online verfügbar unter: http://www.textundauftritt.ch/uploads/media/Millennials_Y_03.pdf, letzter Zugriff: 20.07.2010, 16:56 Uhr.

Willert, M./Picot, S. (2008): Verortung Jugendlicher in der alternden Gesellschaft, in: Hoffmann, D./Schubarth, W./Lohmann, M. (Hrsg.) (2008): Jungsein in einer alternden Gesellschaft. Bestandsaufnahme und Perspektiven für das Zusammenleben der Generationen, Weinheim/München 2008, S. 91 – 111.

Winkler, R. (2005): Ältere Menschen als Ressource für die Wirtschaft und Gesellschaft von morgen, in: Clemens, W./Höpflinger, F./Winkler, R. (Hrsg.) (2005): Arbeit in späteren Lebensphasen. Sackgassen, Perspektiven, Visionen, Bern 2005, S. 127 – 154.

Wippermann, P. (2010): Der Lipstick-Faktor. Wertewandel in der Rezession. Vortrag anlässlich der Tessiner Innovationstage 2010. Online verfügbar unter: http://peterwippermannpresentations.posterous.com/vortrag-tessiner-innovationstage-der-lipstick, letzter Zugriff: 28.06.10, 7:03 Uhr.

Wirtschaftswoche (2007): Die 10 Megatrends des Jahrhunderts, in: Die Wirtschaftswoche, Ausgabe Nr. 7 vom 12.02.2007, S. 22 – 39.

WKO (Wirtschaftskammern Österreichs) (2010): Geburten- und Sterberaten, in: http://www.wko.at/statistik/eu/europa-geburtenrate.pdf, letzter Zugriff: 12.08.2010, 07:34 Uhr.

Wolff, H./Spieß, K./Mohr, H. (2001): Arbeit – Altern – Innovation, Wiesbaden 2001.

Wollert, A. (2008): Bemerkungen über die Lebensphasenorientierte Personalpolitik, in: Sackmann, S. (Hrsg.) (2008): Mensch und Ökonomie. Wie sich Unternehmen das Innovationspotenzial dieses Wertespagats erschließen, Wiesbaden 2008, S. 394 – 409.

Zacher, H. (2007): Relationships between Age and Different Forms of Job Performance: Implications for Human Resource Management, Gießen 2007.

Zaslow, J. (2007): The most-praised generation goes to work, The Wall Street Journal 22.04.2007, Online verfügbar unter: http://online.wsj.com/article/SB117702894815776259.html, letzter Zugriff: 21.06.2010, 14:50 Uhr.

ZEIT Online (2010): Muße braucht Zeit. Ein Gespräch von Ulrich Schnabel mit dem Soziologen und Beschleunigungsforscher Hartmut Rosa über das andauernde Gefühl, noch etwas erledigen zu müssen, in: http://www.zeit.de/2010/01/Interview-Rosa?page=all, letzter Zugriff: 23.08.2010, 10:31 Uhr.

Zittlau, J. (2010): Alles auf einmal – und das auch noch gut, in: Die Rheinpfalz, Nr. 195 vom 24.08.2010.

Zukunftsinstitut (2008): Trendspot #93: Millennial Workforce, in: http://www.zukunftsinstitut.de/verlag/zukunftsdatenbank_detail?nr=2136, letzter Zugriff: 19.08.2010, 15:05 Uhr.

Weitere Fachliteratur im Verlag

Prof. Dr. Jutta Rump, Thomas Sattelberger (Hrsg.)

Employability Management 2.0

Einblick in die praktische Umsetzung eines zukunftsorientierten Employability Managements

2011, 488 S. fester Einband, mit zahlr. Farbabb., € 48,00
ISBN 978-3-89673-570-6

Die Forderung nach Beschäftigungsfähigkeit oder Employability ist keineswegs neu. Die Diskussion um die Schlüsselkompetenzen hat eine lange Tradition und beschäftigt Bildungsfachleute seit Jahrzehnten. Die „Renaissance" der Schlüsselkompetenzen im Kontext von Employability hat ihren Ursprung in den sich verändernden Bedingungen innerhalb und außerhalb von Unternehmen. So erfährt ein konsequentes Employability Management angesichts der zentralen Trends und Herausforderungen in der Arbeitswelt eine zunehmende Bedeutung. Zu nennen sind hier insbesondere der demografische Wandel, die Entwicklung zur Wissensgesellschaft, die Globalisierung, technologische Entwicklungen, der gesellschaftliche Wertewandel sowie der „Vormarsch" der Frauen.

Die Autorinnen und Autoren beleuchten in dem vorliegenden Band einerseits relevante Trendfaktoren, andererseits diskutieren sie die Thematik vor dem Hintergrund unterschiedlicher Generationen und Kontextfaktoren. Nicht zuletzt geben Best Practice aus dem In- und Ausland einen Einblick in die praktische Umsetzung eines zukunftsorientierten Employability Managements.

Prof. Dr. Jutta Rump, Silke Eilers

Ökonomische Effekte des Age Managements

2011, 2. Aufl.,188 S., fester Einband, € 28,00
ISBN 978-3-89673-584-3 (Schriftenreihe des IBE)

Auch wenn der demografische Wandel inzwischen durchaus als ernsthafte Herausforderung für Gesellschaft und Wirtschaft etabliert scheint, klafft dennoch zwischen diesem Bewusstsein und dem konkreten Handeln auf Unternehmensseite in Deutschland eine beträchtliche Lücke.

Die Autorinnen möchten diese Lücke schließen, indem sie insbesondere die Wertschöpfung im Zusammenhang von Age Management thematisieren und so den Nutzen entsprechender Maßnahmen stärker quantifizierbar machen. Dies ermöglicht nicht nur eine zielgruppenspezifische Ansprache der Entscheider im Unternehmen, sondern stellt auch eine wertvolle Unterstützung für die praxisnahe Planung und Umsetzung der entscheidenden Weichenstellungen im Umgang mit dem demografischen Wandel dar.

Prof. Dr. Jutta Rump, Frank Schabel, Stephan Grabmeier

Auf dem Weg in die Organisation 2.0

Mut zur Unsicherheit

2011, 280 S., € 36,00 ISBN 987-3-89673-571-3
(Schriftenreihe des IBE)

Organisationen geraten immer stärker in eine Zwickmühle. Die globalisierten Märkte verlangen von ihnen eine hohe Flexibilität und Dynamik, um deren Tempo mitzugehen. Auf der anderen Seite erwarten die Angestellten von Unternehmen, dass sie ihre Bedürfnisse und Vorstellungen stärker berücksichtigen. Beiden Entwicklungen gerecht zu werden, stellt Unternehmen vor große Herausforderungen und bedeutet, alte Pfade zu verlassen. Die Prinzipien des Web 2.0, wie Offenheit, Interaktion, Vertrauen und Transparenz, bieten Organisationen künftig wichtige Muster und Folien, um den Weg in Richtung einer flexibleren und offeneren Organisationswelt zu beschreiten.

Dabei wird sich diese neue Organisation 2.0 vor allem vier großen Themen annehmen müssen, mit denen sie sich auf die Zukunft vorbereitet: einer stärkeren Fokussierung auf die Mitarbeiter, neuen Führungsprinzipien, flexiblen Organisationsformen und interaktiven Kommunikationsformen. Die Autorinnen und Autoren, die vornehmlich aus der Praxis kommen, beleuchten in dem vorliegenden Fachbuch, welche Elemente die Organisation 2.0 auf diesen vier Ebenen prägen werden und zeigen erste Best Practices auf.

Verlag Wissenschaft & Praxis

Weitere Fachliteratur im Verlag

Prof. Dr. Jutta Rump

Managing Electronic Mobility

Eine Orientierungshilfe für Fach- und Führungs- kräfte zur Technikfolge- abschätzung

2010, 132 S., fester Einband, € 28,00 ISBN 978-3-89673-521-8 (Schriftenreihe des IBE)

Der Einsatz neuer mobiler Technologien verändert die Rahmenbedingungen der bisherigen Arbeitswelten signi- fikant. Die Arbeitsorganisation der Menschen – bisher ge- prägt von der Industriegesellschaft der Nachkriegszeit – muss grundlegend überdacht und in vielen Teilen neu ge- staltet werden. Die bereits vorhandene technische Basis für die Entstehung elektronisch mobiler Arbeit lässt erste Anwendungen bereits erkennen, gleichwohl ist zukünftig mit einer umfassenden Verbreitung elektronisch mobiler Arbeit zu rechnen. Die Auswirkungen und der Einfluss der Informations- und Kommunikationstechnologie, ins- besondere der mobilen Applikationen auf die Arbeitswelt bzw. auf das System Arbeit und dessen Rahmenfaktoren sowie -bedingungen wird als Electronic Mobility bezeich- net.

Im Rahmen der Publikation wird das Forschungsprojekt „Electronic Mobility – technologisch-organisatorischer Wandel durch virtuelle Arbeit" mit seinem Ablauf be- schrieben und seine zentralen Ergebnisse dargestellt. Da- bei werden die Besonderheiten kleiner und mittelständi- scher Unternehmen ebenso fokussiert wie der Umgang unterschiedlicher Altersgruppen mit elektronischen Sys- temen am Arbeitsplatz. Ein ganzheitliches Handlungskon- zept gibt Unternehmen wertvolle Anregungen für die be- triebliche Praxis.

Prof. Dr. Jutta Rump, Silke Eilers, Sybille Groh

Vereinbarkeit von Beruf und Familie

Modeerscheinung oder ökonomische Notwendigkeit?

2007, 236 S., € 30,00 ISBN 978-3-89673-430-3

Bis vor kurzem wurde die Vereinbarkeit von Beruf und Familie eher als sozialpolitisches Thema betrachtet. Diese Einordnung bewirkte einen eingeschränkten Blickwinkel, der andere Perspektiven nur bedingt zuließ. Mittlerweile ändert sich die Perspektive, denn der Zusammenhang zwischen Bevölkerungsentwicklung, Fertilitätsraten und Vereinbarkeit von Beruf und Familie sowie dem wirt- schaftlichen Erfolg wird mehr und mehr wahrgenommen. Es zeigt sich, dass das Thema Vereinbarkeit von Beruf und Familie im Kontext von gesellschaftlichen Phänomenen betrachtet werden muss, wobei die wirtschaftliche Rele- vanz der Thematik unübersehbar ist.

Prof. Dr. Jutta Rump, Silke Schmidt

Lernen durch Wandel Wandel durch Lernen

2004, 352 S., € 30,00 ISBN 978-3-89673-234-7 (Managementschriften)

Täglich werden in den Medien Hiobsbotschaften vom Ar- beitsmarkt gemeldet, Globalisierungseffekte diskutiert, die Entwicklung zur Wissensgesellschaft und der gesellschaft- liche Wertewandel thematisiert sowie demografische Ver- änderungen und ihre Konsequenzen beschrieben. Es wird untersucht, was sich hinter diesen Entwicklungen verbirgt, welchen Einfluss sie haben und welche Herausforderun- gen sich für Unternehmen und den Einzelnen ergeben. Dabei rücken insbesondere folgende Handlungsfelder in den Fokus einer zukunftsorientierten Unternehmenspoli- tik: Management von erfolgskritischem Wissen, intergene- rative und lebensphasenorientierte Personalpolitik, Employability Management und Work-Life-Balance.

Verlag Wissenschaft & Praxis